谨以此书献给我的母亲！

家是一种约定

樊进光 著

浙江工商大學出版社
ZHEJIANG GONGSHANG UNIVERSITY PRESS
·杭州·

图书在版编目(CIP)数据

家是一种约定 / 樊进光著. —杭州 ：浙江工商大学出版社，2019.11

ISBN 978-7-5178-3550-9

Ⅰ. ①家… Ⅱ. ①樊… Ⅲ. ①家庭学 Ⅳ. ①C913.11

中国版本图书馆 CIP 数据核字(2019)第 233207 号

家是一种约定

JIA SHI YIZHONG YUEDING

樊进光 著

责任编辑 刘淑娟　王黎明

封面设计 林朦朦

责任印制 包建辉

出版发行 浙江工商大学出版社

(杭州市教工路 198 号　邮政编码 310012)

(E-mail:zjgsupress@163.com)

(网址:http://www.zjgsupress.com)

电话:0571-88904980,88831806(传真)

排　　版 杭州朝曦图文设计有限公司

印　　刷 杭州宏雅印刷有限公司

开　　本 710mm×1000mm　1/16

印　　张 21.75

字　　数 333 千

版 印 次 2019 年 11 月第 1 版　2019 年 11 月第 1 次印刷

书　　号 ISBN 978-7-5178-3550-9

定　　价 59.00 元

浙江工商大学出版社营销部邮购电话　0571-88904970

前　言

迈入信息时代，互联网、云计算、大数据、人工智能等技术的开发和应用，带动了传统产业的转型升级，也助推了新产业的形成。移动支付、快递外卖、高铁动车便利千家万户，无人驾驶汽车、手术机器人正探索人工智能应用的新领域，一部智能手机将我们与整个世界联系在一起，天下大事尽在掌握之中……科技的发展，真真切切地改变或正在改变我们的生活。我们紧跟时代潮流，享受科技发展的福利，关心着世界大事、国家大事，讨论中美贸易、广义货币、投资理财，每天忙于手机刷屏、转发信息等，但很少真正静下心来关心我们出生、成长的家。

时代在发展，我们外出求学、就业等活动，要求与家人分离；社会在进步，人们谋生、创业需要远离家乡；国家在改革，逐步放宽对户籍的限制，给了人们更多迁徙的便利。特别是家庭经济条件的改善，在解决基本的生存之外，出国留学甚至举家移民已经不是新鲜事了。在这种大背景下，每逢传统节日，总会看到思乡的人们，不顾山高路远，长途跋涉回到自己心心念念的家。尤其临近春节，那份回家团圆的期盼就越发强烈，春节回家成了我国特有的一大文化景观。然而，回家也只是短暂一聚、匆匆一眼，似乎外出的人们，只在特别的时刻，才被思乡的情绪牵绊，流露内心的那份想念。

于是，有这样一些关于家的说法："家是小时候的记忆""家是母亲的味道""家是有爱的地方""家是远方的等待""家是团圆的幸福""家是坚固的城堡""家是温暖的港湾""家是一束阳光""家是一盏明灯""家是社会的细胞"……人们从不同的角度、不同的层面，对家进行形容和描述，表达对家的感受和认识。

生命如花，短暂而美丽。纵观人生历程，家是生命诞生的地方，家是婴儿咿呀的摇篮，家是撒娇做梦的天堂，家是儿时成长的乐园，家是出发探险的起点，家是人生旅途的驿站，家是遮风避雨的场所，家是生命归宿的终点。家见证了一个人从婴儿到儿童，从少年到中年，从老年到死亡，承载着生命的全过程。面对生活的不易和艰辛、生命的脆弱和短暂，家是我们抵挡风雨、疾病、灾害以及各种挫折的“避难所”，是最温暖的地方。

但家中也总有一些磕磕绊绊的事。不同成员处于不同的生命阶段，有着不同的经历、性格、认知、感受，常常对某些事物表现出反感、抵触、分歧、矛盾、争议、冲突，甚至诉诸法律。尤其是在一些特殊时期，如婚恋、生育、就医、年老等时期，对于同一事务，有时虽然目标相同，但因为家庭成员各执一词，最终没有把本可以做好的事情做好，有一种剪不断、理还乱的纠结。如何使每个成员对家有更深入的理解，把一些简单的事情做好，也成为一个迫切需要解决的问题。

为了协调家庭成员之间的关系，做好家中不同时期的重要事务，对抗不同阶段的各种波折，处理家庭与外部世界的关系，规划家庭的未来发展，需要我们从一个全新的角度理解家——家是一种约定。为此，以普通家庭作为基本的考察对象，从具体事例的发生发展过程入手，观察家庭内部、家庭与外部的关系，寻找微观层面事物的发展规律和自身逻辑，分析需要注意的节点、重点、关键点，不断积累认知、经验和体会，从而对家形成一个较为系统全面的认识。

揭开生活最本真的一面，日子是由细节构成的。家庭事务千头万绪，具体而又琐碎。生活与工作、家庭与事业相互关联、交叉、融合，构成了色彩斑斓的家庭生活。从“家是一种约定”的理念出发，有关家庭活动的具体约定内容，总体上可分为内、外两大部分。

夫妻、子女、父母、兄弟姐妹是家庭主要的内部关系的组成部分。于家庭而言，从家庭的建立、磨合，到家庭的运营，需要具备一些基本要素，安排日常具体活动，处理家庭经济发展、医疗安全等重大事务，并关注深层次的观念意识，解决出现的矛盾争议，应对家庭的波动转折。在家庭的子女方面，孩子是家庭的未来和希望。与子女相关的关系需要特别重视，有关生育孩子，以及孩子的保护、入学、教育、就业、成家等，是一个家庭不能回避的问题，带有明显的时间特征。孩子的教育是家庭的重点事务，要明确教育的目标取向，做好爱的教育、规则教育、挫折教育和吃苦教育，抓好基础知识、培养兴趣技能、养成良好习惯，形成正确的认知思维模式，努力使孩子成为一个阳光开朗、坚强自信和全面发展的人。在与父母关系方面，家庭需要完成传承、扶助、赡养、守护、继承等，要平衡好小家庭与大家庭成员的关系，特别是要处理好兄妹之间的关系。此外，还有多种形式的重组家庭，以及养子女、继子女、住家保姆等，表现为家庭的一些特殊情况。

家庭与家族、社会、国家的关系是家庭主要的外部关系。在家庭与家族方面，家族反映家庭的渊源和历史，承继家风家训等家族文化，具有凝聚亲情、互利互助等作用。在家庭与社会方面，从社会起源以及社会分工和多元发展，可以溯源家庭的地位和作用。家庭是组成社会的基本单元，与社会发生密切关联。家庭成员的许多观念、意识来自社会，家庭的活动作用于社会，并对社会产生直接的影响。家庭需要主动融入社会，遵守社会道德和法律规范，完成物品、能力、信息、情感等交换，满足基本生活的物质和精神需求。在家庭与国家方面，国家是历史的产物，从国家的由来出发，理解国家的含义、国家的职能、国家的历史，可以更加深刻感受到有国才有家的道理。国家是每个家庭背后的靠山，国家强大才能使我们挺直腰板。同时，国家是由千千万万家庭组成，需要认识国家的权力来源和国家制度建设，了解国家经济发展、经济调控的作用，积极参与国家建设，维护国家的统一。每个人、每个家都有自己的国家，要用实际行动表达对国家的那份关爱。

深化“家是一种约定”的理念，需要在具体约定内容的基础上，进行系统概括、提升。进一步探讨约定的意义，定义约定的概念，追根溯源、寻找逻辑起点，将社会作为共同参照系；分析约定的组成，概括主体、客体、内容的范围，建立约定的标准；明确约定的方式，包括约定的基础、原则、过程、形式、手段、重点、时机等；针对客体范围，划分约定的边界，区分约定的不同层级和动态边界，平衡隐私权和知情权，辨别无关事件；面对外部条件的变化，保持约定的开放性，以观念的开放带动内容、方式的开放；追求约定的实效，落实约定的执行，完成自我检视、反馈调整，做好督促、评价和强化，积极应对各种突发情况。

建立一个和谐、有序、快乐、幸福的家，是我们的共同心愿。以交流、沟通、协商作为最基本的方式，妥善处理家庭的各类事务，实现家庭关系的与时俱进,促进家庭与社会的良性互动,使每个家庭成员心情舒畅、健康成长,这是提出“家是一种约定”理念的初衷和目的。基于家的基础性作用,全社会应该倡导爱家,把爱家列入社会的核心价值观。

生活需要有诗和远方,但首先要安排好眼前的苟且。或者说,安排好眼前苟且的同时,描绘、憧憬诗和远方。我们深爱着生长的这片土地,而所有的远行都是从我们的家出发。

樊进光

2019 年 2 月 11 日于杭州

目 录

第一章　家的建立

成家是人生的大事。俗话说“男大当婚，女大当嫁”，婚姻是建立家庭的前提。在封建社会，人们遵循的是“父母之命，媒妁之言”，即由父母做主，托媒人从中间说合。通过媒人了解家庭情况、交换生肖庚帖，双方父母觉得合适，男方送上聘礼，一门亲事就定了下来。然后就是选择良辰吉日，男方迎娶新娘，女方带上嫁妆，两位新人拜堂成亲，一个新家就建立了。整个过程有其特定流程，只是双方当事人的自主参与不够，被认为是包办婚姻的老传统。

当今社会，年轻人强调婚姻自主，希望自由恋爱，从找对象、谈恋爱到结婚的整个过程，都能合乎自己的心愿，能由自己掌控。的确，这一切都受法律的保护，也符合人性的基本要求——人生大事当然要自己做主。但是，这个过程有时很漫长，而且结果不一定都圆满，适婚男女有增无减，平均结婚年龄也越来越大。要建立家庭，除了自身和家人的共同努力之外，也需要结合实际调整认知，对过程节点有所理解和认识。

一、寻　觅

爱情是世间最美妙的一件事。它也许发端于“郎骑竹马来，绕床弄青梅”的天真，也许起源于“几回花下坐吹箫，银汉红墙入望遥”的朦胧。青春的少男少女，不自觉地在人群中多看几眼，对异性增加了特殊的好感，有了较多的关注，从而促进交往。感情的东西总是不太说得清，懵懂中走过的岁月，或许有过“一日不见兮，思之如狂”的单恋，或许曾经常保持来往，但因学业繁忙、前途未定、职业无着，内心的那份私密情愫也就没有表露。时光匆匆,很快到了真正找对象的年龄,才发觉不如想象中那么简单、容易。“找对象”,细究起来可以分为“找”“对”“象”三个方面。

(一)“找”

“找”就是寻找、寻访、寻觅、寻求、寻思,可以不分时间、空间、地点去找,采取各种方式,“众里寻他千百度”。也许是“去年今日此门中”,有“人面桃花相映红”的邂逅,然后有“人面不知何处去”的迷惘,还有“桃花依旧笑春风”的无奈;也许在“东风夜放花千树”的时刻,置身“宝马雕车香满路”“笑语盈盈暗香去”的情景,希望有“蓦然回首,那人却在,灯火阑珊处”的惊鸿一瞥。“找”的过程是那样美好,充满美丽的联想、想象,充满不确定性和潜在的惊喜,充满着等待、期盼,或许还有“天涯何处无芳草”的自信,抑或有“多情却被无情恼”的失落。

(二)“对”

“对”就是对待、对号、对比、对路、对眼。如果说“找”可以天马行空、开阔思路,那么“对”就要脚踏实地、回归现实。一是要找适合、投缘的,性格、脾气要对,要对得上号、对得上眼,否则话不投机半句多。二是要找得“对”,要正确地找,找正确的人,不要找错了,找的方式方法也要合适。三是要有所对比,有比较才能有鉴别,思想行为、道德修养要合乎对应的内心预想。四是相合、对等,各方面的条件能基本匹配,门当户对有一定的道理,主要是经济条件、思想理念、生活环境要比较相近。“对”有一定的难度,可能一方是“暖雨晴风初破冻,柳眼梅腮,已觉春心动”,而另一方早已名花有主,只能感叹“可遇而不可求”,空留“恨不相逢未嫁时”的落寞。

(三)“象”

“象”就是形象、印象、想象、意象。形象是一个人的外表样子,对于个人的才华他人一时无法感受和认识而只先由具体外表或姿态、言行举止开始,然后再是思想或情感的交流。印象是客观事物在人的头脑中留下的迹象,是个人的精神面貌和性格特征在他人心中的存在,是个人在相互交往中留给别人的一种感觉。除了好的形象之外还需要给人留下好的印象。想象是一方根据自己的认知,对“象”提出一定的标准要求,包括年龄、身高、学历、职业、收入等,是自身的主观愿望,是一个初步的“尺寸”框框。意象是用语言、文字、图片所传递、所表达的自身的内心意愿,可以是具体的范围,是优先的顺序,也可以是一种描述,如男性未婚、175 厘米以上、全日制本科学历优先、身体健康、无不良嗜好等。找对象,自己应该有个“象”,而不是随便提一个笼统的说法。给年轻人介绍对象,问有什么想法、要求时,往往会得到“不太清楚”“谈得来就行”等回答。这就是典型的没有“象”,如此就无法去“对”,也就无从去“找”。有的热心人给别人牵线时,不问被介绍人的需求,不权衡双方的基本条件,不了解社会的一般做法,乱点鸳鸯谱、拉郎配,这也是一种费时、费力又不讨好的做法。

现代社会给年轻人的交友提供了广阔的空间、崭新的形式。但限于时间、人缘、机遇、内心需求等因素,要找到合适的对象也不是一件容易的事。于是,出现了婚介、红娘、相亲节目的热闹场面,亲戚、同事、朋友的热情介绍,父母对征婚信息的热心收集等方式,林林总总、不一而足。概括起来,找对象的方式主要有三大类:

一是自主式。自主式就是自己主动去找,按照自己的意愿、想法去找,一切由自己决定。年轻人希望在读书、工作等过程中,遇到自己心仪的那个人,然后慢慢培养感情,一切都显得非常自然,认为“车到山前必有路,船到桥头自会直”,最终能修成正果。通过自主的方式找对象,当然是非常理想的,应该说是上乘的做法。但是,在一个班级、一个工作单位或自己平时交际的范围内,要找到适合自己的人生伴侣,并不适合所有人。一些年轻人也想出了许多办法,比如高校举办“女生节”,以增加男、女生接触的机会;举办一些聚会、舞会,男生邀请女生去参加;也有的在网上寻找,前几年非常时兴网恋,个别人在虚拟世界苦苦寻找不顾山高路远去会面。但客观地说,自主式找对象的成功率总体上还是比较低的。

二是帮衬式。帮衬式就是同事、朋友、亲戚,给年轻人提供一些双方的初步情况,然后由他们自己去接触、了解,进退、取舍都由他们自己决定。介绍人只是起到帮助的作用,不问结果、不问原因。我们可以看到,每个工作单位都有许多大妈、大姐,热心给年轻人牵线搭桥,但是仅仅起帮衬的作用,对双方的了解不一定全面,而且介绍人的人脉关系也不一定广泛。一次两次不成功之后，年轻人也不好多次劳烦同事、朋友、亲戚帮忙。

帮衬式的一种特殊情况，就是父母作为帮衬者，也就是常说的“皇帝不急太监急”的模式，常常被社会认为是“催婚”“逼婚”。虽然父母与子女的紧迫感不一样，但从情理上说，父母一般比较了解自己的子女，沟通起来也相对方便。父母帮衬式已经发展成为一种特殊的现象，例如每周六杭州万松书院、黄龙洞的相亲聚会。这种模式的成功率稍高一些，有位老奶奶很开心地在电视上说，她在万松书院为孙子找到了一个很满意的媳妇，她还有一个孙子，准备也去万松书院找。

父母帮衬式的好处是，需求的标准基本清晰，比如有些本地人要求找本地人，有些人对年龄有要求等等，挑选的余地也比较大。同时，可以由双方父母先把基本的情况了解清楚，对年龄、身高、学历、相貌、健康、职业、家境、地域等都心中有数，然后年轻人见面，双方的想法就相对接近。而且，有些年轻人不方便问的问题，父母可以问，情况就了解得比较全面、具体，至少父母这一关是通过了。如果是自主式，一些要求有可能被忽略，这可能是父母与子女意见不一致的一大因素。

三是中介式。中介式就是通过单位或机构组织的活动，认识候选的对象，包括单位组织的相亲活动，婚介组织的会员活动，或者是电视相亲节目，又或者由婚介所直接推荐。由于活动时间比较有限，对方情况不一定了解得全面，个性内向的人机会相对更少一些。就现实情况来看，婚介推荐、介绍的方式常常遭到投诉；电视相亲节目，由于需要有收视率，一些流程的安排可能不是十分合适。

比较上述三种方式，总体来说，父母帮衬式比较可行。当然，这种方式也有一些问题：可能子女与父母的沟通不畅，有的子女不愿与父母沟通，情绪叛逆，对父母挑选的候选人一概不予理会；父母喜欢的人，子女可能不喜欢，或者子女已有心仪的人，只是进展不明显，也没有告诉父母。这两种情况最终的进展难以预料。但是无论如何，如果父母与子女交流充分、配合得好，帮衬式应该说是最好的征婚方式：可以照顾子女的意愿和需求，父母做好陪伴、发挥参谋作用，最终由子女决定，自主权没有改变；先由双方父母接触，可以较充分地了解对方情况，掌握主动权，可进可退；同时，有点像招投标，选择的范围、方向比较清晰，可以从多个候选人之间挑选，也不会因为熟人介绍而难为情。

二、神　往

“关关雎鸠，在河之洲。窈窕淑女，君子好逑。”“蒹葭苍苍，白露为霜。所谓伊人，在水一方。”古往今来有很多文学作品描述相思、恋爱的情感。现代广告也利用这一点，喝酸奶也会有“初恋般的感觉”，令人想入非非，都想体会一下酸酸的、甜甜的味道。当然这只是一种描述，真正的恋爱可能甜酸苦辣咸五味俱全。学校没有开设恋爱课程，好像每个人自然而然都会谈恋爱。但事实上，有些人情商高，有些人情商低；有些人谈得顺利，有些人谈得困难；有些人谈得风生水起，有些人谈得焦头烂额。除了客观条件差异之外，怎么谈还是需要有所准备的。将“谈恋爱”分开，就是“谈”“恋”“爱”三个不同环节。

（一）“谈”

“谈”，就是谈天、谈论、谈吐、谈心，主要是在一起说话。一是，“谈”是一个双方熟悉过程，熟悉是交往的心理前提，熟悉之后慢慢地话就容易说到一起了。特别那些通过征婚或别人介绍的，更需要一个熟悉的过程。双方可以介绍自己、父母、家庭的情况，谈谈自己的成长过程，说说经历的一些事件，聊聊印象深刻的人物，使相互之间有一个初步的了解。二是，“谈”要有“谈资”，平时注意收集整理社会热点、生活聚焦、国家大事、电视节目、热映电影等，这些“谈资”反映自己活动范围、业余爱好、交友情况、生活追求等。三是，“谈”需要一般与重点结合，谈的内容一般要接地气、生活化，先要谈起来；谈的重点是展示自己的思想、个性，观察、了解对方的观点、想法。特别是如果双方的思想产生共鸣，“知音”感就会油然而生。四是，“谈”要有共同的“谈兴”，忌讳对牛弹琴，一方专业很强、爱好很独特、观点很新奇，但对方不感兴趣、听不懂，那就会浪费时间，也就没有什么用；如果一方问个问题，对方答非所问，也是令人沮丧的。“谈”主要是形成共同的思想，一定不要自说自话、自我炫耀。

“谈”最好是面对面。现在有些人喜欢通过社交软件聊天，一般来说效果都很差，彼此间情感“温度”也很难上升；有的人在虚拟世界里聊得热热闹闹，如果双方不见面，也很难更进一步地发展。重要的是双方面对面，喝喝茶、看看电影，或者逛逛公园都可以。“谈”的过程也是双方试探的过程，一方主动邀请过两次，另一方应该主动赴约，这样事情就会顺利进展。如果只有一方主动邀约，另一方每次被动接受，那显然会被认为不够意思，或者有其他情况，双方主动邀约慢慢会冷淡下来。

“谈”实际上是初步接触，此时双方的心理都是非常微妙的，常见的有矜持、不急、等待、比较、犹豫、疑虑、戒备等心态。往往是“我欲将心向明月，谁知明月照他方”，一方觉得还喜欢，另一方还在迟疑；有时是“落花有意随流水，流水无心恋落花”，一段时间后一方就不再主动了，可能还有其他的想法。“谈”的结果经常是“山重水复疑无路”，见了很多人都没有发展下去，很难找到合意的那个人，但是很快会“柳暗花明又一村”，通过自己的寻找或亲戚朋友的介绍，机会总是不断出现。当然，如果采用父母帮衬式征婚，双方基本情况都比较了解，只要双方有了感觉，也可以加快推进，进入下一个阶段。

(二)“恋”

“恋”，是想念依恋、难以忘怀、不忍分离的心理活动和行为。男女之间那种舍不得、离不开的恋情，可以有多种生动甚至是催人泪下的表现：

“云中谁寄锦书来，雁字回时，月满西楼。”“此情无计可消除，才下眉头，却上心头。”有的人“恋”得缠绵。

“海上生明月，天涯共此时。情人怨遥夜，竟夕起相思。”有的人“恋”得深沉。

“相见时难别亦难，东风无力百花残。春蚕到死丝方尽，蜡炬成灰泪始干。”有的人“恋”得痛苦。

“拟把疏狂图一醉，对酒当歌，强乐还无味。衣带渐宽终不悔，为伊消得人憔悴。”有的人“恋”得豁达。

“恋”的心理就是欣赏对方、惦记对方，或者希望有多些时间跟对方在一起。但这种内心感受的“恋”，还只是一方的主观感觉。从客观来讲，“恋”是双方进一步熟悉的过程，在一方或双方觉得合适的时候，应该提出明确双方相处的特殊意思。换句话说，就是确立“男女朋友”关系，这样双方就进入一个新的阶段。双方走动可以更频繁一些，接触可以更紧密一些，说话可以更亲热一些，观察和了解也可以更仔细一些，还可以见见双方的父母。从情理上讲，在明确“男女朋友”关系后，任何一方都不应该再去“找”，或者跟其他人约会。

需要注意的是，“恋”是一种不确定状态，双方离结婚成家还有很远的距离。“恋”的重要作用是进一步了解对方，通过更多、更深入的接触，更全面、更充分了解对方的家庭成员、习惯爱好、为人处事等。当然，如果发现原则性、根本性的问题，一方觉得不合适，也可以单方提出分手，及时终止“恋”的关系，这时双方不会有大的损失。为了进一步加深了解，双方可以共同参加一些活动，通过活动，多方面了解对方的情况，可以加快进入下一个阶段。

（三）“爱”

“爱”，即爱恋、爱慕、爱惜，是对人或事物有很深的感情。“爱”作为男女相爱的情感，常常体现在喜欢、倾慕、依恋、怜惜、抚慰等方面，有时还会因为相爱而难舍难分。爱的表现可以是多样的：

有人“爱”得浪漫，“在天愿作比翼鸟，在地愿为连理枝”。

有人“爱”得精彩，“身无彩凤双飞翼，心有灵犀一点通”。

有人“爱”得真挚，“曾经沧海难为水，除却巫山不是云”。

有人“爱”得坚贞，“我欲与君相知，长命无绝衰。山无陵，江水为竭，冬雷震震，夏雨雪，天地合，乃敢与君绝”。

如果说“恋”是情感萌发的初级阶段，那么“爱”就是心灵交互的高级阶段；如果说“恋”主要是单方想念和不舍的情感表现，那么“爱”应该是双方心理和行为的相互呼应。“爱”的那种喜欢是了解基础上的爱护，“爱”的那种倾慕是思想共鸣后的眷恋，“爱”的那种怜惜是源自骨子里的疼爱，“爱”的那种抚慰是掏心掏肺的付出。爱是一种生发于内心，表达于语言，落实于行动的美好心理感受和行为体验。

现实生活中的“爱”是需要表达的。在“爱”的环节需要通过表达，激发双方的感情。“爱”的表达形式很多：平日里可以送一束花，这是普通的表达；可以送新奇特别的物件，这是浪漫的表达；特殊节日可以买一点礼物，这是心意的表达。当然不仅男方需要表达，女方也同样需要表达，通过这样的方式，双方的心就靠拢了，如果能心灵感应、配合默契，那就达到了“爱”的较高境界。

虽然爱的表面是欢喜，是倾慕，是依恋，但爱的核心应该是真诚，是尊重，是担当。因为要用“爱”作为基础，承载家的所有分量。所以美好的“爱”，也是沉甸甸的，不是轻飘飘一句“我爱你”。特别要警惕有些人借“爱”的名义，把“爱”强加给对方，做对方不愿意、不喜欢的事情，缺少相处的基本尊重、信任和道德。

“爱”也是一个过程，是双方更深入地了解，为今后结婚、一起生活做最后的准备。以结婚为目的的“爱”应该是双方的，是“两好合一好”。如果只是一方所谓的“爱”，那只是单相思或者有其他意图，远远没有进入“爱”的状态。如果双方是真爱，接触一段时间之后，觉得谈得来、比较合适，有明确的“真情表白”，那么结婚就是瓜熟蒂落、水到渠成的事了。

三、许　愿

经过“找”“对”“象”“谈”“恋”“爱”，年轻人在茫茫人海中寻觅到了意中人，需要牵手走进婚姻这座神圣的殿堂。虽然说恋爱是年轻男女两人的事，但结婚必定是双方家庭的事。谈婚论嫁是一个新的阶段，到民政局领取结婚证是法律上的必经手续，双方家庭还有许多实质性的问题需要共同协商确定。

（一）登记

婚姻登记是男女双方结为夫妻的法律保障。根据我国《婚姻法》规定，要求结婚的男女双方必须亲自到婚姻登记机关进行结婚登记。结婚必须是男女双方完全自愿，不许任何一方对他方加以强迫或任何第三者加以干涉。结婚年龄方面，男的要达到 22 周岁，女的要达到 20 周岁。同时，双方须不存在直系血亲、三代以内旁系血亲和患有医学上特殊疾病等禁止结婚情形。

办理结婚登记的当事人，需要提交本人的户口簿、身份证原件，本人无配偶以及与对方当事人没有直系血亲和三代以内旁系血亲关系的签字声明。婚姻登记机关对结婚登记当事人出具的证件、证明材料进行审查，并询问相关情况。对当事人符合结婚条件的，当场予以登记，发给结婚证；取得结婚证，即在法律上确立了夫妻关系。

在结婚登记处可以看到，颁证员对两位当事人说：今天是你们喜结良缘的好日子，我衷心祝福你们！美满的婚姻，既有温馨、浪漫和甜蜜，更有义务、责任和付出。希望你们在今后的生活中，能互敬互爱、互谅互让，孝顺父母、教育子女，忠实守信、包容理解，风雨同舟、同甘共苦，请问你们能做到吗？

两位当事人异口同声说：能做到！

颁证员说：请二位上前领取结婚证。结婚证是证明两位夫妻关系的法律凭证，希望你们珍藏一生！祝你们相亲相爱，婚姻美满，家庭幸福，天长地久！

（二）"结"

"结"就是结缘、结发、结亲，是两个人的结合，更是两个家庭的结合，或者说是基于两个人结婚的家庭的结合。两个人结合的意思很清楚，就是领取结婚证；两个家庭的结合没有那么清晰，许多事需要商量安排，需要双方家庭的相互协调。这时一些风俗、习惯会起到较大的作用。比如，有无婚房，没有婚房的话随哪家住；有婚房的，婚房如何安排，如何装修，费用双方如何支付；如果新购婚房的，写谁的名字，或者一方原先买的婚房能否加上另一方的名字。房子是大事情，给子女买房子，双方父母都会愿意助力，但财力有所不同，双方分担的比例可能不同。同时，又不能像投资一样把比例约定清楚，否则很伤感情。当然购置新房，最好是一碗水端平，一家一半出钱，写上两个人的名字，两个人共同按揭，这是理想的情况。现实中，一般是条件好的一方照顾条件差的一方或男方照顾女方；一方已经购买了婚房的，在方便的时候加另一方名字，如一时不方便，也可以之后再考虑。具体要看双方父母如何商量，以及小两口与双方父母关系如何等。

（三）"婚"

"婚"就是婚事、婚嫁、婚礼，双方重点围绕婚庆仪式和新家生活而开展的一系列活动。除购置房产之外，剩下的就是装修、买家电和家具等，这些具体结婚用品和生活用品的准备，由新人自己决定即可。双方父母在经济上给予一些资助，有条件的还可以考虑买一辆小车，一般由女方家长出钱，作为女儿的陪嫁。婚庆活动中，婚礼是重中之重，时间、地点、人员，流程、司仪、内容，都要仔细考虑。婚礼多数是在酒店举办，婚礼之后常设婚宴，一气呵成，比较方便。也有的喜欢在特定的公园举办仪式，场面较大；有的新人选择参加集体婚礼，这样比较有意义。

【链接】

现代婚礼仪式

生活中常常可以看到这样的婚礼场景：

在教堂、酒店或者青青的草坪上。

婚礼现场被布置得或庄严隆重，或洁白神圣，或张灯结彩。

在舒缓的音乐声中，到了特定的时刻，这音乐突变，烘托出一种欢快、喜庆的特定氛围。

司仪经过简短的开场介绍后，用亲切的声音说：

“请两位新人上前一步，面对面站好。”

“请新郎把右手放在胸口，面对着你前面的这位女人。”

“××先生，你是否愿意××小姐成为你的妻子，与她缔结婚约，永远地敬她、爱她、照顾她、保护她，无论健康与疾病，无论富贵与贫穷，也无论顺境与逆境，都忠贞不渝地与她携手共度一生？”

新郎清晰地回答：“我愿意！”

司仪接着说：

“请新娘把右手放在胸口，面对着你前面的这位男人。”

“××小姐，你是否愿意××先生成为你的丈夫，与他缔结婚约，永远地敬他、爱他、照顾他、保护他，无论健康与疾病，无论富贵与贫穷，也无论顺境与逆境，都忠贞不渝地与他携手共度一生？”

新娘含羞地回答：“我愿意！”

司仪接着说：

“同样的一句我愿意，同样的是发自内心的承诺，承诺两个人永远相亲相爱，承诺两个人永远风雨同舟。那么，有请两位新人交换你们最珍贵的信物。”

两位新人把结婚戒指戴到对方的左手无名指上。

就这样，一个全新的“家”在双方父母和亲朋好友的见证下，在庄严神圣和喜庆感人的氛围中诞生了……

显然，新郎、新娘的相互许愿，是经过慎重的思考和准备的，是发自内心的真实表达，是一种长期到永远的意愿，是排除一切艰难困苦的坚守，是无止境的忠诚，有着构成一个新家的最基本的心理情感。

最重要的是，在婚礼这样特定的隆重场合，新郎、新娘当着亲朋好友的面，郑重地相互表态，这不仅仅是一种仪式，而且是一份庄严承诺。这份承诺是家的基础，是一辈子的付出，是双方的一生约定。

四、憧 憬

唐诗是中国文字的美丽组合，充满着诗情画意。唐诗中描写新婚的场景，要数诗人朱庆馀的《近试上张籍水部》：

“洞房昨夜停红烛，待晓堂前拜舅姑。

妆罢低声问夫婿，画眉深浅入时无?”

时任水部郎中的张籍在《酬朱庆馀》中答道：

“越女新妆出镜心，自知明艳更沉吟。

齐纨未足时人贵，一曲菱歌敌万金。”

朱庆馀的赠诗写得好，渲染新婚洞房、早起梳妆、轻声问丈夫的情景和等待拜见公婆的心情，精雕细琢、优美动人；张籍也答得妙，采菱姑娘刚打扮好来到镜湖，自知貌美，却又沉吟，琳琅歌声胜过丝绸，能抵万金，刻画入微，惟妙惟肖。文人相重，设问酬答俱妙，可谓珠联璧合，传为诗坛千年佳话。

当然，除了用诗歌抒发新婚的心情，新郎、新娘对未来也是浮想联翩。新婚宴尔，自然进入一段蜜月期，呈现出爱情的最美状态。在这一时期，一切生活都是新的，生活中的一切都是美好的。两位新人相敬如宾、卿卿我我、同进同出；相依相伴、相思相望，“上言加餐食，下言长相忆”；有说不完的甜言蜜语，有一种心灵相会的默契，有对未来生活的美好想象。

有条件的可以去蜜月旅游。夏天可以到满洲里，冬天可以到三亚，秋天可以到云、贵、川、藏，春天可以到江、浙、沪、闽。看看山，东岳泰山之雄，西岳华山之险，南岳衡山之秀，北岳恒山之奇，中岳嵩山之峻；看看水，九寨沟、黄果树瀑布、桐乡乌镇、杭州西湖、钱江大潮；看看名胜古迹，北京故宫、颐和园、八达岭长城、西安古城、河南龙岗石窟、山西乔家大院。可以去的地方数不胜数。

有机会的可以走亲访友。陪父母到农家乐吃吃饭，自驾游、采摘游、乡村生态游，到附近走走，看看新农村，看看周边的风景；趁逢年过节拜访亲人，熟悉双方的亲戚，了解他们工作生活、专业特长，认个门、混个脸熟，日后也许需要相互照应；适当的时候会会双方的朋友，扩大新家的社会接触，接收更多的社会信息，整合更多的社会资源。

有时间的可以描绘未来的愿景。设想职业规划，做好本职工作，建立良好关系，实现职务升迁；理论结合实践，解决实际问题，争取职称晋升；立足平凡岗位，努力服务社会，取得相应报酬。考虑学业进修，提升自身学历，取得执业资格，获得从业自由。讨论育儿安排，考虑时间节点，听取父母意见，了解学区情况。对职业、学业、育儿等事项进行初步的思考。

有实力的可以计划今后出国游。来日方长，对出国游可做长远安排，到欧洲看看，到美洲游游，到东南亚走走。外面的世界很精彩，旅游的地方不胜枚举，法国的罗浮宫、凡尔赛宫、枫丹白露宫，意大利的罗马、米兰大教堂、庞贝古城，希腊的雅典、伊亚小镇、帕特农神庙，英国的白金汉宫、巨石阵、圣保罗大教堂，美国的华盛顿、圣地亚哥、旧金山，柬埔寨的吴哥窟、金边皇宫、丹瑞萨寺，泰国的大皇宫、皇帝岛、清迈古城，等等。

常言道：百年修得同船渡，千年修得共枕眠。经过认识、恋爱、结婚这样一个长长的过程，终于建立了一个新家，两位新人开始了当家做主的日子。生活就像花儿一样，新郎、新娘对家有着满满的憧憬。有道是：

文成蕉叶书犹绿，吟到梅花句亦香。

一庭花发来知己，万卷书开见古人。

第二章 家的磨合

婚姻是相伴一生的约定，结婚标志着人生新阶段的开始。新家建立后，生活随之有了本质的改变。两位新人度过了蜜月期，也进入了磨合期。不管是否意识到，这都是一个必然的过程。有的人可能感觉不明显，有的人感到一时难以适应；有的人磨合的时间短，有的人磨合的时间相对长，或者一直在磨合。如何顺利度过磨合期，可能各家有各家的招数，各人有各人的办法。但磨合期的客观存在，需要我们探讨出现不协调的因由、常见的处理方式，以及建立新秩序。

一、嫌 隙

新婚蜜月后，恋爱时的浪漫逐渐褪去，结婚时的热烈也已归为平静。日子是具体、琐碎的，可以小到一针一线、一菜一饭、一言一行；日子又是宏大、长远的，可以大到一进一退、一得一失、一荣一衰。两个人对日常生活可能有不习惯、不适应，包括水土不服、饮食忌讳、不同风俗、不同作息时间等；也可能静静地呈现出一种对生活品质的不同追求，对生活方式的不同诠释；还有可能出现对重大事项处理的分歧，包括有关大方向、大格局、大进出的设想、准备和安排。两个人在行为举止、语言习惯、处世态度和需求欲望等方面表现出不一致，各种问题也在生活的点点滴滴中逐步积累和显现出来。

一个常见的事例，就是春节到谁的父母家过年。这往往成为很多人每年都会纠结的问题。如果夫妻两人同一个城市，这个问题还不是很突出；如果是来自两个城市，这个问题就不得不考虑。时间的安排、金钱的付出、旅途的劳顿，还有生活习惯的巨大反差，集中起来会推动问题的发展。每个做子女的都想回自己父母家过年，春节回家看看父母、吃团圆饭，这是人之常情，应该都能理解。但春节期间客运交通的拥挤、一票难求，转车赶趟、行李背囊，加上常常风雪交加，也确实让人望而生畏，所以到谁家过年也就不是一件简单的事了。

二、因　由

家的磨合期有某些必然原因。由于婚后一起生活，一些原来没有感觉的问题变得明显了，一些原来不突出的问题变得突出了，一些不重要的问题变得重要了。虽然各种问题形形色色，但大致可以归结为以下几个方面。

(一)观念差异

每个人都是有历史的，每个人的成长过程决定了他的思想观念。这种观念在他成长的家中逐步积累，在他的读书经历中逐步加深，在他接触社会的过程中逐步强化，并会在很大程度上决定着他的思想和行为。这种观念的形成，有时是潜移默化的，有时是经过特定的事件积累的。两位新人由于成长的过程不同，自然也就有不同的观念。

(二)习惯差异

习惯是长时期逐渐养成的行为、习性，每个人在成长过程中会形成一些习惯。习惯形成之后相对固定，一时不容易改变，比如饮食习惯、作息习惯、卫生习惯、娱乐习惯等。习惯的不同，直接影响双方的相处和对事务的安排，如玩电子游戏入迷，带来作息没有规律，对做家务不感兴趣，可能以后还会影响孩子成长等诸多问题。一些习惯还与爱好关联，影响双方的行为选择。

(三)认知差异

人的思维很大程度受到认知的影响。同一件事情，从不同的角度进行观察，可以得出不同的结论；同一个事物，从不同的层面分析，可以得出不同的结果。认知路径以及观察的角度、深度、宽度的不同，直接影响对事件的认识,因而两个人的意见不同,这是常见的事。但是认知是一个复杂过程,既可以有显性的逻辑关系,也存在隐性逻辑思维,或者是所谓的直观感觉,所以对某些问题双方可能很难统一意见。

(四)欠缺了解

世界上没有十全十美的人,当初谈恋爱时,由于情感的作用,双方都尽力把自己最好的一面展现给对方;同时,多数恋人看到的是对方优点和长处,很少看到对方的缺点和短处。即使看到了一些缺点和不足,也可能有意无意往好的方面理解,所谓"情人眼里出西施"。所以即使已组建家庭,但新人相互之间的认识是有局限的,而且是很不全面的。

(五)个人独立

核心问题是个人的独立。每个人都是独立的,既独立于他人,也独立于时代。人的独立是人的宝贵之处,这既是一个人性格的外在表现,也是一个人人格的内心坚守,这是时代进步的标志。每个人都成长于不同的时代,每个人的个性无不打上时代的烙印。而时代的发展,科技的进步,社会分工的细化,生活的便捷,使得个人的独立性越来越强。这种独立性又带来思想观念、生活习惯、思维模式的独立性。

三、摸 索

有句话说得好,"让梦想照亮现实"。梦想确实可以指引我们的行动,但是要把梦想变为现实,是需要付出很大努力的。如何顺利度过磨合期,找出梦想到现实的路径,双方都需努力。但是这条路又不是那么容易找到的。

(一)暗示

暗示就是不用语言或者文字直接表达自己的意思,而是以事例、故事、传说、比喻等方法描述,以借古喻今、嬉笑怒骂等手段提示,以含糊的语言表达,借用一些特殊的情景或者以自己行为做出示范,希望对方能够自觉忖度、联想、理解、领悟。例如在对方面前把简单的事务顺手做好,可以理解为给对方的整洁暗示；又如把家里的地板擦得明亮如镜、一尘不染，连一根头发丝都要捡起来，这就用行为说明了一方是非常爱清洁的，或者说还有点洁癖，自然就要求生活在同一个屋檐下的另一方要注意卫生。采用暗示而非明说的原因很多，包括不知如何表达，怕双方发生冲突、形成对峙，事情比较小、没有必要明说，或者是想用一种引导给对方成长空间等等。但常常暗示会因为对方不理解，或者理解错了而发生一些误会。

(二)明示

明示是用语言或者文字把自己的想法表达出来，主要是针对家庭中需要做的事务，对一方或双方提出要求。例如提出不抽烟、少抽烟的要求，不在家里抽烟，仅可以在阳台或室外抽烟等。围绕抽烟还可以提出一些细的要求，包括购买数量、烟头的处理、烟灰缸的设置，客人来了如何处理。道理要讲透，要求要具体。对于家庭中的一些重要事务，应该做出明示。但是表达的一方是否表达清楚、充分，接受的一方是否能够认识和理解，或者虽然表达清楚了，也理解清楚了，双方能否形成一致意见还是一个问题。

(三)尝试

尝试就是试探性地做或者不做某些事，希望达到双方配合有序、气氛和谐或者做好某一具体事务的目的。尝试可以是以前有过的行为，也可以是以前没有的行为。既然成为一家人，每个人都理应按照家庭的需要调整自己。对于积极作为的尝试，看这种调整是否恰到好处，是否有良好的情绪体验；消极不作为的尝试，要看是否可以容忍，能否对家庭带来积极的意义。如果感到不舒服，或者没有什么积极的意义，就应该调整方向，进行另外的尝试。

(四)迁就

迁就就是不过分追究另一方的不足、缺点及其带来的不良体验。对于性格上的不足，一时改变不了，只能迁就一下；对于不是很严重的缺点，可以尝试迁就一下；对于不是特别重要的事务，客观上也不影响家庭的根本，即使心里感觉不太愉快，也没有必要唠唠叨叨。例如卫生方面，一方不是很注意，另一方明示、尝试之后，还不能达到要求，只能迁就一下。只要一方不是故意的，另一方多做一点卫生家务活，也无伤大雅。当然对于严重的缺点或者恶习，比如赌性很重，就不能随便迁就了。

家庭是一个实验场所，生活就成了需要实验的内容。在关心理想、关心文化、关心市场、关心房价之外，日常生活既可以闪烁着诗意的光芒，也可以裹挟着俗世的尘埃。家庭显得亦俗亦雅，可以是诗，可以是江湖。因此，家庭本身就是一个小社会，每天演绎着生活的精彩，令人心生向往又常常不知所措。

四、忍 受

从梦想到现实的路不仅很漫长，而且有时很艰难。“鞋子是否适合，只有脚知道。”许多情况下除了尝试、迁就之外，还需要忍受，说得雅一点就是包容。

(一)反复

最常见的就是习惯的改变会出现反复。如同习惯的形成一样，习惯的改变也有一个过程，并非一蹴而就、轻而易举。如戒烟问题，不吸烟的人要求戒烟的呼声高，一方面是抽烟不但影响吸烟者自身健康，而且会造成二手烟污染，另一方面烟臭味确实比较难受。许多有抽烟习惯的人想戒烟、说戒烟，但行动上总是经常反复。究其原因，或许与工作、同事、意志等因素相关。这种反复是常见的，需要一定的时间，也需要另一方相应的容忍。

(二)接受

需要接受的东西很多，其中一个重要内容就是观念。不同人之间观念的差异是始终存在的，并可能由此带来思想对立或做法迥异。某些观念存在差异不一定是坏事，可以促使双方更全面地考虑问题，具有参考借鉴的作用。如果经过实践，证明一方某个观念是正确的，就需要另一方很好地接受。同时，一个人的观念是根深蒂固的，即使自己已经知道错了、觉得不妥，也不那么容易改变，或者嘴上同意改变，但潜意识里固有观念依然顽固存在，这就需要另一方能够接受这一过程或状态。

（三）适应

一些日常生活的差异需要适应，比如一方为人处事的风格等需要另一方适应，其中包括一些不熟悉、不认可的言语、交往等。双方适应了，生活的相互融入度就高，了解就更深入细致了。比如融入对方的同学聚会，认识对方的一些同学，适应一些人的说话风格和处事方式等。

（四）无言

双方对一些不合拍的事物、行为，时间久了也就见怪不怪，习惯成为自然，达到了忍受的最高境界——无言。无言也是一种智慧，与一种不满意的现状和平共处，是需要修炼的。比如双方父母之间的关系，当处于一种不十分顺畅的状态时，做晚辈的不能多说、不便多说，只能任其自然发展，从中做一些调和的工作。还有一种无言是麻木不仁、不想说话的无言，经过一段时间，事情可能渐渐淡化，或者再想想也不是那样严重。

五、规　制

家的磨合如果顺其自然，过程必定比较漫长，也增加了许多不确定性，结果如何难以预料。一般是等出了偏差，或者问题比较严重了，再来寻求解决的办法。从管理学的角度看，这样的处理方式属于“结果管理”，而不是“原因管理”；属于“局部管理”，而不是“系统管理”，属于“末端管理”而不是“源头管理”。出现的情况有时是意想不到、始料不及，结果往往是恨不当初、悔之已晚、坐失良机。

“家是最小的国。”如同一个新国家的建立一样，新家建立后实际上急需一个相应的新秩序。这种秩序是建立在习俗、默契和规则之上的，习俗来自社会和父母家庭的习惯，默契来自双方的感知和自觉，而规则需要根据具体情况做出设定。并且，可以把习俗和默契逐步明确为规则，或者通过规则来调整家中的习俗和默契。对一些重大的规则，可以尝试按照“设定—履行—调整—评价—提升”的顺序调整，不断充实、完善；对于一些简单的规则，可以即时通过口头明示进行设定和调整。

建立家庭新秩序，需要遵循以下基本规则：

“说话”规则。有话要说出来，不要放在心里；有话要好好说，态度要和气；有话要说清楚，达到双方都能理解。常言道“话不说不明，灯不点不亮”，不能叫对方意会，不能打哑谜，否则一句话的事都会变得很复杂。说话的目的是解决问题，而不是吵架，不是谁的嗓门大就有理，否则事情就会变得更糟。说话要有重点、要通俗、要准确，不能说半句，或者含糊其辞，否则影响意思表达的效果，甚至引起新的误解。

“协调”规则。协调就是平等前提下的协商，尊重前提下的调整，理解前提下的配合。一方提出建议，并不一定得到对方的认同，这就需要进行协商。双方协商的地位是平等的，但可以分主次，作为事务主要主体的一方可以有所侧重；同时，可以进行必要的调整，包括对意思表达的调整、方案的调整和行为的调整；并且在充分理解后，双方要密切配合、相互协助，共同推进具体事务的落实。

“做事”规则。商定的规则要严格遵守，决定的事情要努力做好，做出的约定要认真执行。俗话说“不说不练是空把式，光说不练是假把式，光练不说是傻把式，又说又练是真把式”。行动才是最重要的，不能只停留在口头上。只有行动才能带来实际的改变，才能为新家建立新的秩序。

“评价”规则。评价是一个重要的环节，家庭中需要的是客观的评价，善意的评价，建设性的评价。要客观评价新规则及其作用和带来的效果，既不要夸大其词，也不要主观片面，只有客观评价才能看清真正的实效，才能推进秩序的建立。要出于善良的意愿，从完善、帮助的角度看问题，而不是吹毛求疵、鸡蛋里挑骨头。要提出建设性的意见和建议，进一步完善规则结构、修补操作机制和健全秩序体系。

“有利”规则。规则要有利于促进个人的发展，有利于促进家庭的发展，有利于促进家庭与双方父母关系的发展。任何一件事都可以无限细分，任何一句话都可以有多种理解，如果停留在细节、局部上，就可能在一些鸡毛蒜皮的事上纠缠不清，公说公有理、婆说婆有理。建立新秩序需要有大方向，有了大方向才能有开阔的视野，才能有清晰的思路，才能理顺具体的细节，才能统一双方的思想。

规则是家庭成员共同制定、共同遵守的行为准则。对于一个家庭来说，基本规则是建立新秩序、形成和谐氛围的必要条件。但是，仅仅有基本规则，还是远远不够的。一方面，规则的形成是否及时、完整、适用，执行是否准确、到位、有效，需要与实际情况相对照。另一方面，社会是多元的，人的角色和观点也是多样的。要处理好纷繁复杂的家庭具体事务，协调好夫妻之间以及家庭与子女、父母等的关系，摆正家庭在家族、社会、国家中的位置，就需要增加主动性和自觉性，对规则能有整体、系统、前瞻性的考虑和准备。为此，需要寻求全新的视角和立足点。

为了减少磨合期的不愉快，加快形成家庭新秩序，确立新型家庭关系，应对日后可能出现的各种新情况、新问题，在梦想与现实之间建立一条切实可行的通道，就需要把婚礼上双方对爱的承诺，不断在生活实践中细化。要明确不同阶段的不同侧重点，落实具体的关键小事，处理好内部、外部关系，并对未来有长远的打算和安排，从而确保家庭的有序健康持续发展。而要做到这些，唯一的办法就是建立一个全新的理念——家是一种约定。

第三章　家的运营

从“家是一种约定”的理念出发，需要清楚约定的具体内容。就家庭的运营而言，需要约定的内容是多层次、多方面的。既要解决“经济基础”，也要统一“上层建筑”；既要安排具体活动，也要处理重大事务；既要考虑正常情况，也要顾及可能的矛盾冲突；既要看到眼前状况，也要规划长远未来。主动、前瞻性谋划家庭事务，全面、系统安排好家的运营，才能使家庭关系更加和谐，家庭发展更加顺畅。

一、基础要件

家的运营需要一定的条件，这些条件是家庭生存发展的基础，但可能平时不被人们所注重，或者在日常活动中被忽视。要运营好一个家，需要明确以下基础要件。

（一）经济来源

经济来源在家庭中起到基础性作用，这是基本常识。一个家庭首要问题就是解决基本的生存，之后才可能更好考虑发展问题。不仅在一个家庭建立的时候，而且在一个家庭的存续期间，经济来源始终都是非常重要的。经济状况会在很大程度上影响行为的选择、对事物的判断，甚至感情的离合。有的年轻人在成家的时候，经济条件考虑得少了一些，认为只要两人感情好，一切都可以打拼，这种观点当然是可以接受的，但前提是至少要保证最基本的生活，也要充分做好自己打拼的思想准备。我们发现，在征婚过程中，尤其是父母帮子女征婚，很多人都把年收入作为一个很重要的条件，反映了对经济条件的重视；父母为子女考虑成家后的经济条件，帮助子女进行选择，也合情合理、无可厚非。即使成家以后要创业，也必须保障家中基本的经济来源，有最基本的生活条件，否则以家庭发展为代价进行创业，将是得不偿失的。

（二）基本安全

一个家需要有最基本的安全。家不仅是理念上，而且在物质形态上是一个“城堡”，在这个“城堡”里我们得到家的呵护。家庭的基本安全首先是居住条件，是否有自己的住房成为一个很重要的安全标志。当然我们可以租房，许多到城里打拼的人开始都是租房，先租远郊的，后来向城市中心过渡。但是租房会让一些人感到缺乏安全感，一是租金不断上涨，而且多数是房东说了算，房客没有还价的余地；二是当房东要卖房时，天天有人来看房，最后租客只得腾房、搬走，总感到心里不踏实。所以大多数人，尤其是父母把房屋作为儿女成家的一个重要条件，是很有必要的。房屋是每个人生存的必要条件，人们总希望有自己的住房，或者是成家前已经准备好，或者是结婚后共同按揭购买。曾经有位邻居，因为手头拮据，把自己唯一的房子卖了。虽然房子不大，也不值多少钱，但他失去了最基本的居住条件，后来他就业的工厂也倒闭了，从此他和家人只能流离失所。没有稳定的住所，对他重新就业也有很大影响，而每月支付房租，压力就更大了。在房价快速增长过程中，除非他有特长、有机会能赚大钱，否则一辈都买不起大城市的房子，并且严重影响他后代的成长。除了居住条件之外，类似的基本安全问题，还应包括没有受到法律追究而被限制的人身自由，不能有“家暴”等。

（三）思想文化

思想文化比较抽象，但又无时不在，影响人的行为。思想是客观事物在人的意识中的反映，并经过思维活动而产生的结果。这种结果会形成观念、理念、信念等，直接影响人的日常行为和判断。在长期的实践活动中还会形成思维方式，即我们常说的形成思维定式，决定一个人对外界的认知模式和对客观事物的判断。文化是一个比较大的概念，包括文学、艺术、教育、科学等。与家庭关系密切的文化范围相对小一些，主要是所在区域社会发展中形成的普遍风俗习惯及其在家庭关系中的反映，以及家庭成员的一般综合知识，运用文字、语言的能力和表达形式。举例来说，同样一件事情，一个人认为应该是这样状态或结果，另一个人认为应该是那样状态或结果，而且都觉得自己很有道理，这就是思想文化的差异，形象地说就是“驴跟马说不到一块”，因为“驴”跟“马”的文化不同。

（四）互相融合

家庭中肯定有不协调、不一致的情况，或者存在思想文化的差异，甚至包括不同的社会生活信仰。双方首先内心上要有相互接受的愿望，同时要做出相互接受的姿态，并在具体的相互交流过程中，经过讨论、说明、解释，最后达到思想和行动的互相融合。互相融合并不一定是相互一致，可以是求同存异。当然，互相融合如果在行动上能达到相互默契，那就是理想的状态了。互相融合既是一种要求，也是一种氛围，更是内心的一种追求，因此无疑是家庭的基础要件。家中成员如果能互敬互爱、互谅互让、相互包容，做到融会、融通、融洽，就能达到互相融合的最高境界——融为一体。

（五）自我提升

一个家庭的发展需要自我提升，需要有这种内生动力，至少要有这样的愿望。自我提升是发展的基础，也是作为一个家庭的基本要件。社会在不断进步，时代正处于大变革、大发展、大调整时期，我们自己也要不断提升，要有一种紧迫感、责任感、使命感，避免整天无所事事。我们看到，城市中有些拆迁户虽然已经很富有，但他们仍要找一份工作，避免自己游手好闲、脱离社会，劳动已经成为他们的生活需要了。换一个角度来说，自我提升就是一个家庭的发展要有自己的定位和目标，用时髦的话说那就是要有“梦想”。有无梦想是有区别的，梦想不一定都能实现，但梦想可以指引我们前进的方向，鼓舞我们走得更远。

二、具体活动

家的运营是由许多具体的活动组成的。这种活动基于个人的职业，围绕家庭的日常事务，与社会发生密切关联。家庭的具体活动主要分为以下几个方面。

(一)基本模式

在家的运营中，根据各人的性格、特长，逐步形成不同的模式，比如主内主外模式，专人专项模式，共同参与模式等。

(1)主内主外模式，指家中一个人性格比较外向，外部联系比较多，办事的门路比较熟悉，成为家中对外事务的主要办理人；而另一个人性格相对内向一些，对外的联络少一些，处于配合、协助的状态，或者只管把家务事做好。我们常常说的男主外、女主内，就是这一种典型模式。

(2)专人专项模式，指因一个人爱好或者关注得比较多，或者是有专业、生理、形象等方面的特长，在家庭分工中适合办理某项专门事务。例如银行储蓄、小孩接送、洗衣做饭、超市采购等，时间长了分工逐步确定，专业性方面也逐步体现，可以取得事半功倍的效果。

(3)共同参与模式，指某些家庭事务需要两人作为整体共同参与，或者是需要两人搭手完成。如出席亲友的喜庆活动、看望双方父母、家庭大件家用电器采购、家庭清洁卫生，以及完成家中其他较难完成的家务等，夫妻两人共同参与，可以相互商量、互通信息、配合协作、增进融合。

家的运营模式是经过长期分工逐步形成的，也是相对固定的行动模式。每个人都付出自己的劳动，但又分别有所侧重，既发挥个人的长处，又兼顾性格特点，既可以在微观事务中体现，也可以在宏观决策中反映，从而形成一种良性互动的局面。

(二)职业工作

职业是每个人的立身之本，一个人必须参加工作才能有经济收入，才能维持家庭的运营。每个人都参与社会的分工，可能从事第一产业的生产，可能在第二产业就业，也可能参与第三产业的服务；可能在国民经济的大行业里工作，也可能子承父业有一门好手艺。无论如何，三百六十行，行行都可以出状元。传统产业方兴未艾，新兴产业不断涌现，但每个人首要的是做好自己的本职工作。只要足够努力，都可以成为某个领域的优秀专家、顶级匠人。对于职业的考虑，要有自己的定力，不要人云亦云，跟风凑热闹。互联网虽然是未来发展的趋势，但传统产业有自身不可替代的优势，而且很多所谓的“互联网+”，实际上是传统产业借用了互联网的信息处理，其核心还是传统产业。工作累一点不要紧，做熟练、做顺手了，就会好起来；工作难一点不要紧，克服了困难，工作能力也就明显提升了；工作一时没有感兴趣也不要紧，兴趣可以慢慢培养，即使简单重复的工作，也会有经验的积累。重要的是有一份工作，有稳定的职业，为家庭提供经济支撑，而且在任何岗位都可以做得很出色。

(三)日常生活

日常生活都是一些非常实际、具体、琐碎的事务，同时也是基础性的、非常重要的活动。日常生活离不开“柴米油盐酱醋茶”“吃喝拉撒睡”“衣食住行游”，虽然也可以有许多选择和替代方案，但日子过得是否称心合意，也体现在这些细节当中。就“吃”来说，首先有选择、采购、搬运，虽然现在网购非常方便，但对于食品最好还是自己到超市去选购，这样比较放心。如果遇到超市打折活动，一袋米能便宜二三十元当然也是件非常开心的事。购买食品之后，还需要完成洗、切、煮、炒、蒸等工序，才可以吃到嘴里。尽管是一些简单的饭菜，也要付出许多劳动。吃完之后还要洗锅刷碗，清理垃圾。所以日常生活需要两个人的分工配合，每个人都参与其中，既是一份贡献，也是一种体验，这样才会珍惜每日的生活。当然那些有全职太太或者请保姆的家庭另当别论。

(四)财务管理

家是一个经济实体，因此家中必然有财务管理。一般而言，除非特别约定，婚后双方的收入属于夫妻的共同财产，因此需要统一管理。家是一个整体，家庭财务以共同管理为基本原则。具体要解决以谁为主管理，由谁负责账务记录、报账通气、银行账户管理等，这些都需要协商确定，做好管理权与知情权的平衡。多数家庭由女方掌管家里的财务，因为一般是女主内，女方关注家里的时间相对多一些，另外也是给女方一个家的安全感，多数人的“妻管严”就是从这里开始的。

家庭财务管理的重点是做好财务预算。家庭虽小，但锅碗瓢盆件件俱全，吃穿用度样样要开支，用钱的地方很多，需要统筹兼顾。财务预算可以划分固定资产、大件采购、服装、旅游、人情往来、日常生活、风险备用、子女准备金、零用钱等项目，根据家庭的实际情况，应分轻重缓急，开源节流、做好收支平衡。固定资产是长线投资，需要分步实施；大件家用电器，可以考虑品牌的中档次产品；服装、旅游开支的弹性比较大，人情来往需要对等付出；日常生活更是需要精打细算，不能大手大脚；有余钱时还要考虑储蓄、理财，集腋成裘、聚沙成塔。

在城市里，常常会遇到双方婚前都购买了住房，而且都在归还按揭贷款的情况。婚后如何支付按揭房贷，需要双方父母共同参与协商。简单的做法是，双方都各自按原年限、原比例归还按揭贷款，剩余的收入全部归入家庭财务，也不必过分纠结房屋的产权问题。因为法律的概念比较清楚，既然婚后的收入是家庭共有，那么婚后的按揭部分也是家庭共有，这样不伤感情。如果一方要求作为婚前财产，一次性先把按揭款全部还上也是可以的。如果遇到仅仅一方婚前购了房，婚后需要还按揭贷款的情况，也可以比照双方购房的情况处理。

当然，对于家庭财务问题，有的家庭缺少统一管理，双方各自管理自己的收入和支出，也没有统一的财务计划和预算；也有少数人比较精细，希望实行家庭经济的AA制。家庭财务是家庭内部的事，操作上这些做法似乎也可以。但需要指出的是，这种做法对家庭的发展不是很有利。毕竟家庭是一个整体，经济上不能分得太清，特别是有了孩子之后，各项费用支出很大，需要精打细算、统一安排、提早积累。

【链接】

六集电视连续剧

第一集

今天我到银行ATM取钱，我认识的老王和他老婆也来取钱，只听他老婆对他说："我要输密码了，你站开些！"老王真退到一边去了。我心想，这个女人蛮厉害哟，说明女人管账好啊！

只听到滴滴滴三声过后，女的转身对老王说："好了，我输完了，该你输后面3位了！”

哎哟，真开眼，原来是互相制约、互相监督啊……高，实在是高！

第二集

我瞟见老王先按了3次退格键（哎，怎么把老婆按的3位密码撤销了?），然后输入了6位密码……顿时我整个人都傻了！绝佳高手啊，真是道高一尺，魔高一丈！老王你让我佩服得五体投地呀！

第三集

老王把取出来的钱交给他老婆，只见那女的抓过钱来就往老工的脸上打：“搞啥名堂啊？你敢背着老娘耍手脚！按键音响了9下，别人6位，你9位呀？银行专门为你设的9位密码呀！我怀疑你好久了！”目睹此景，我呆若木鸡！

第四集

老王一时很茫然，不知所措！女的继续发飙：“我上次按的520，这次按的748，你都能把钱取出来，牛啊你！密码是啥？快说！说不说?”老王战战兢兢吐出六个数字：“438438”。再看老王的脸，一会紫，一会白。我都心虚了，钱也没取，像小偷似的先溜了！

第五集

过了几天听老王说，他老婆从银行取钱回去就买了只狗，在家没事干，就拿着人民币让狗闻。老王感觉很奇怪，就问：“老婆，你这是干吗，让狗去给你到大马路上捡钱?”他老婆神秘一笑：“以后你就知道了！”

第六集

又过了几天，老王伤心地对我说：他藏在鞋盒里、床底下的私房钱都不见了！

老王哭诉：“不说了，说多了都是泪。老婆套路深，朋友们千万不要和老婆斗！”

（来自网络）

（五）社交活动

每个家庭都会有一些社交活动，包括同事、老乡、朋友聚会，亲朋好友的婚丧仪式，一些项目庆典、专题讲座，组团外出旅游，甚至广场舞等。社交活动首先是接触社会,通过人与人之间的交际往来,了解社会的人情世故,同时可以收集一些生活信息,获取一些知识、常识,以便使家庭及其成员更好地融入社会,提前关注到一些重大事项,寻求解决疑难问题的思路和方案。人群中总有一些知情者、专业人士,可以为我们提供很好的生活指导。特别是朋友、老乡中个别有专业特长的人,向其咨询专业问题,可以获得专家级的解答。

家庭社交活动,除了一方或双方参与之外,有时是一方的关系带动另一方参与,这是一种特殊的形式。比如单位中的部门同事聚会,要求带上各自家属,这样就扩大了另一方的接触面。特别是亲朋好友的一些活动,一般应该是双方共同参与。熟悉对方的亲戚朋友,本身就是家庭生活的一个重要部分,双方可以更好地相互融入;还可以从亲朋好友那里得到信息和帮助,有些事务还需要专程向他们拜访和请教。

(六)应急准备

一个家庭应该居安思危,对可能出现的紧急情况要有所准备,尤其是家里有老人和小孩。①信息联系。保持日常联系,家人之间应了解日常的活动、掌握一般的联系方式,有事可以及时告知。这不仅增进相互的了解,而且也可以通过保持日常联系,及时获知异常或求助的信息。②外出通报。外出通报应该成为一条纪律,到外地出差、旅游,不管当天是否能回来,都需要通报一声,使家人知道你的活动区域。对于远距离外出,到达目的地应该报声平安。在家里等待你报平安的那个人,是最珍惜你、最爱你的人。③寻求帮助。紧急情况下,需要通过正常渠道获得帮助,常见的就是"有困难找警察"。比如小孩的辨识能力低,风险因素大,做家长的要提前教育小孩,遇到走丢或者紧急情况时,应该找警察叔叔帮助。④特殊准备。对于一些特殊情况的人,要有特殊药物或处理方法。例如有心脏病的老人,身边应备有特效的急救药物,以便及时救助。应急准备可能是一些很平常的事,但有无应急准备,情况可能完全不一样。

【链接】

高考后的失联男孩

高考后,广大考生都在等候考试结果,此时电信诈骗分子悄悄将犯罪黑手伸向考生。姚某是个19岁的男孩,参加高考后在家等待成绩。6月15日9时许,他接到"公安民警"的电话,对方说他账户里的现金来源不明,涉嫌洗黑钱,如果他不主动接受秘密调查,案件就会被公开,以后他就上不成大学。同时"公安民警"强调,为了保证秘密调查,不能与家里任何人说,不能中止电话联系,否则后果自己承担。

当天11:50姚某的父亲接到电话,说是姚某外出,因交通事故受伤,不省人事,正在紧急抢救,需要紧急汇款2万元,否则不能做手术。姚父给姚某打电话,一直占线,打不进去,家里座机也没有人接,心里很着急。催交款的电话不断打来,姚父一直到下午还联系不上姚某,没有办法只能向派出所报警,请求派出所帮助查找姚某的下落。

在110指挥中心统一指挥下,刑侦大队和姚某户籍所在地的派出所同步开展工作。民警持续拨打姚某手机,电话一直占线,仍无法取得联系;查监控录像,发现姚某9:20出门,然后乘公交车,中间还换了几辆公交车,去了偏城郊的一家宾馆。直到17:50,民警在宾馆的房间找到姚某时,他还在与所谓的"公安民警"保持通话。

"我以为对方就是公安民警,担心因为这个影响上大学,所以按照对方的要求去做了。"姚某向民警吐露出自己当时的受骗原因。

(七)计划执行

做事要有计划,即做事之前先仔细想一想,怎样做、何时做都有具体安排。对于列入计划的事务,应该有序地进行。在执行计划过程中需要进一步细化计划,掌握相应的指标、参数,安排好具体事务的时间、节点、进度等。比如家庭装修,这是一个比较大的工程,需要花费较多的时间和精力。可能很早就已经有了打算,但装修前还需要多走走、看看,考虑装修风格、材料选用、市场供应等;选择装修公司是一个重要节点,确定装修公司后,细化施工图纸,明确施工预算、工期、材料供应、价格组成,落实施工质量跟踪监督,最后是验收、结算;进行装修的同时,可以考虑需要采购的家具,并且要与装修风格相配套。又如家电的采购,需要确定时机,每到节日、店庆时商家有比较大的优惠;需要确定品牌、型号、参数,品牌是比较重要的选择,型号要兼顾性价比,不要受广告、推销的影响,关键参数要控制,比如空调室内机的噪声,相差1分贝就是相差10倍,这是需要特别注意的;最后还要确定是否网上采购,网上的型号往往与实体店的型号不一样,有些人反映网上的价格比较便宜,但质量相对逊色一些,这就需要在选择时具体权衡。这些都可以向同事、朋友请教。

(八)规划设想

一个家庭需要花时间思考一些方向性、战略性、关键性的问题。静下来考虑家中的一些长远事务是很有意义的,例如职业发展、子女培育、重大经济活动等。

职业发展,要结合行业发展和自身专业发展。行业发展提供外部的条件和机遇,专业发展是发挥自己的专长。时代在发展,职业也必定需要发展,要看清大趋势:一是市场化,要求每个人要有服务社会的能力,才能完成价值交换;二是专业化,社会分工越来越细,新的业态会在旧业态中衍生出来;三是科技化,包括信息化、自动化和人工智能等,这些又将改变许多业态。职业规划要经常迫使自己高瞻远瞩,要站得高一点、看得远一些。

子女培育,包括子女的生育和培养,对一个家庭来说这是一项非常重要的事。一个人的最佳生育时间并不长,所以成家后想要有孩子的,可以早一些列入计划。子女的教育和培养也是一件重要事情,如何教育子女,希望把子女培养成为什么样的人,这些问题需要全面认真思考,逐步积累相关的育儿知识,使自己的认识更好地符合客观实际。

重大经济活动,一是家中一些大宗支出,比如购买住房或改善性置换住房,需要的资金量是非常大的,常常需要两人20年以上的按揭,或者双方父母倾囊支援。二是如果不需要买房,家中又有些余钱,需要考虑储蓄、理财,积少成多、集腋成裘;余钱多一点,可以适当考虑投资。但投资理财一定要注意风险,要有良好的心态,要控制自己的欲望,严格把风险控制在能够承担的范围以内,风险防范是第一位的。

规划设想只是一些方向性、概念性的探索,类似可行性研究,提供一些大视角、大脉络、大思路。规划设想需要结合实际情况,不断提炼、总结、补充、调整和完善,并在具体行动中制订相应的执行计划。

三、重大事务

每个家庭都会遇到一些重大事务，包括经济方面、发展方面、医疗方面、安全方面，少数家庭还会遇到诉讼方面的事务。这些事务发生在日常活动层面，将对家庭产生较为重大的影响，有些甚至对家庭的发展产生实质性的改变，需要认真对待。

（一）经济方面

家庭经济方面的重大事务，可分为：解决生活需要，资产保值增值，参与投资运作，以及借贷、担保问题等，主要是家庭的一些对外经济行为。

1.解决生活需要

为了解决生活需要，每个家庭都有一些重大的经济事务，如大件家电、成套家具的购置等。其中，购房是一个家庭最重要的经济事务，主要是为了解决家庭的居住问题，保障生活基本需要。当然也有人将购房作为投资，而且赚得盆满钵满。无论自住、改善还是投资，都需要对房地产业、房地产市场以及房屋所在区域、小区、楼盘有一个全面的考察，一般可以从以下角度考虑。

宏观视角。从国家层面看，人口政策和人口增长，这将直接决定总体需求，例如二孩政策放开，刺激许多家庭的住房需求；国内生产总值和经济增长，决定社会整体的购买力；货币政策和通货膨胀，决定市场流通货币数量及价值含量；汇率变化，影响是在海外还是在国内购房的选择；税收调整，关系交易的价格，以及持有房产的成本和继承财产的所得税；此外，还有国家宏观政策等。这些因素都会影响房价的升降、市场的购买欲望，以及是否持有房产。例如，为了应对次贷危机，各国都在增加货币发行量，2009 年 3 月开始出现房价的新一轮增长，到了当年 5 月份房价开始快速飙升。

中观视角。从城市层面看，主要有如下因素：城市性质，一线城市人口集中，房价增长较快；市场波段，从 2009 年房价上升到 2012 年开始逐步走平，到了 2014 年 7 月政策再次放开前的波段性低点，之后房价平稳上升；特殊事件，如杭州G20、雄安新区、城市拆迁（城中村改造），2016年3月杭州房价开始新一轮大涨；调控政策，以城市为单位落实宏观调控，当地政府出台具体的限购、限贷政策，主要是通过限购直接限制了投资需求；投资渠道，百姓缺乏有效的投资渠道，而一些投资商专门针对新建楼盘，极大推高了房价；替代产品，酒店式公寓、市场商铺，分流了一些投资和需求；公众心理，对社会经济发展的预期，认为房产还是最值得投资的产品；信息不对称下的恐慌，城市的可供房源远远不能满足需求，房产公司、房屋中介推波助澜，容易造成购房者的恐慌心理。

微观视角。从城市区域层面看，房屋所处的区域地段是最重要的因素：区域的配套功能，学区、医院、菜场、商场，解决基本的生活需求；交通出行，关系日常上班、出差的便捷，以及到其他区域或者大型活动场所、娱乐商圈的便捷；周边环境，山水林田湖草的生态情况，有无生活和工业污染源等；发展趋势，城市功能区的定位和发展方向，例如是否为高教园区、居住区、交通枢纽站、商品集散地等。一般来说，有小孩的家庭会重点关注房屋的所在学区，有老年人的家庭比较看重房屋附近的医院。

小区和房屋。具体到小区，需要关注的因素有：品牌、楼盘（多层、小高层、高层）、性质（商品房、酒店式公寓）、容积率、年代、结构、间距、环境、绿化、品质、物业等。在具体选择房屋时，需要考虑的因素：户型、朝向、视线、通风、采光、噪声、私密、层次、层高、面积、价格、厨卫、客厅、阳台、车位、得房率、同层户数等。

对于投资购房的，需要重点关注宏观和中观方面；对于自住购房的，需要考察中观和微观方面，重点是小区和具体的房屋。房价不断上涨期间，在一线城市任何时候买房都感到太晚，任何时候卖房都感到太早，这已经成为一种常态。有些人在房价大涨前买到了房，可以节省上百万元的支出，工薪阶层可以少奋斗10年；有些人坐失良机，等发现房价开始上涨已经来不及了；还有的人把已有的房子卖掉，准备到其他地方购房，结果没有成功；也有的因为城市限购，跑到其他非限购地方购置房产，目的是资产的保值增值。现在国家又推出了共有产权房、租赁房、保障房等，这些对房地产市场将会带来一定的影响。

学区房是一个特别热门的话题，学区房的价格非常坚挺，而且上涨很快,一些老旧的小户型学区房都达到了10万元一平方米,比一般的房子要高出一倍多。但学区房的变数也是很大的,存在各种不确定因素,包括学区的划分、民办学校的兴起、政策的改变和学校自身的发展等,还要注意新楼盘集中的学区带来新生的集聚,以及二手房的原房东是否有孩子在读等问题。

需要指出的是,新购或者改善性购房,主要是考虑自住,因此一些细节因素注意比较多,人们常常处于举棋不定的状态,错过一些机会。如果确实想购房,在考虑大的方面之后,不能太纠结于一些细小的因素。因为,要挑到一套真正满意的房子是很难的,具体的房子总有一些不如人意的地方。

2. 资产保值增值

资产保值增值是一个家庭需要考虑的问题,当前最常见、最便捷方式就是购房,但购房会受到自有资金、政策限购等影响,且固定资产的流动性相对差一些,还会有日常的管理成本等。资产保值增值另一方式是理财,包括购买理财产品、债券、股票、基金、黄金,以及一些金融资产等。这些产品的资金量可大可小,进出市场也比较方便。但是理财都不是保本的,要有承担风险的心理准备。特别是股票、基金、黄金等,受影响的因素多,价格波动大,需要认真分析、谨慎操作,保持平和的心态,准备必要的止损方案。应该汲取2015年股票市场那波牛市的教训,对市场的风险因素要有更深入的了解。当前内地股票市场已经与香港、伦敦等股票市场互通,全球经济对国内股票市场的影响增大,不可预见的因素增加。期货市场的风险太高,一般人不应盲目进入。

3. 参与投资运作

投资是以获得高额回报为出发点,不限于资产保值增值的目的。同时,投资是以承担风险为前提,针对特定项目的资本运作。投资的风险比理财要大得多,但回报也可能大一些。投资包括资产购买、股权收购、入股企业,或者自己直接开办公司。投资行为不仅需要一定的资金,还需要进行相应的调研,包括尽职调研和市场调研等,并且要有一系列的法律文件支撑,控制节点进度,减少投资风险。对于购买资产的投资,需要对该资产有全面的认识,资产的数量、质量,固定资产的边界,以及资产的权属关系。对于投资股权的，要对投资目标企业有一个较为完整认识，包括性质（事业或企业）、股东、资产、负债、资质、产品、市场、内部管理等，分析、评估盈利点，进行盈亏平衡测算。对自己开办公司的，需要符合有关法律规定的注册资金、股东要求，落实经营场地和经营人员，申领营业执照（五证合一），建立企业的财务管理，照章纳税申报等。企业的组织形式有多种，比较理想的应该是有限责任形式，可以隔离企业风险，但内部管理要求相对规范一些，家庭资产与投资企业的资产要严格区分出来。

4.借贷、担保问题

家庭、个人的借贷、担保比较普遍，这也是家庭的重大经济事务。同事、朋友、亲戚之间的资金借贷，经常是有去无回，借出去的钱很难收回来，有时数目还不小。个人借贷一般都是人情面子，不像银行那样有抵押担保。由于没有抵押担保，所以也就很难有后续的追讨措施。有些借款人到期还不上钱，玩失踪、玩离婚，都很是常见。如果真的要出借资金，需要对借款人有一个切合实际的评估，须立下字据，写明借款数额、用途、利率、还款期限，最好有担保人。作为家庭用途的借款，包括用于经营，需要借款人夫妻双方签字。款项汇出后，需要借款人出具收据，说明已经收到借款。如果个人将钱借给企业，靠企业的银行进账单不能说明问题，需要个人与企业签订借款协议，由企业出具收据。借款协议是基础凭证，可以把借贷双方的意思表达清楚。如果协议双方不约定借款利率，则借款人可以不支付利息。

担保也是一个需要注意的问题。家庭或个人不要轻易作为担保人，不在别人的合同上签字，特别是不要在空白纸或空白合同上签字。如果实在不能推却，也要写清楚担保的金额、担保的期限，是普通担保还是连带担保。要看清借款合同，确保合同没有空格可以填写，或者写明“以下空白”，防止后续添加。如果为了义气，随便签字，很可能不经意被卷入经济纠纷。这些例子生活中很多，对于一些比较内向、讲义气的人，家人要特别注意提醒。

（二）发展方面

家庭的发展是自身的内在要求，也是社会发展的必然趋势。家庭发展主要体现在职业变更、工作调动、自主创业、家庭迁徙等，有关生育、养老、子女教育也是家庭发展的重要内容，将在其他章节叙述。家庭发展的一个重要概念，就是“根据地”原则，即无论职业变更、工作调动，还是自主创业、家庭迁徙，都需要解决基本的生活问题，同时在知识、技能、经验、人脉等方面都有一个积累的过程。有了这些积累，才可以促进家庭的更好发展。任何一份职业都需要积累，不要为了求新、求快，轻易地把自己的“根据地”丢了。

1. 职业变更

职业变更是一件常见的事，很多人参加工作后，并不从事学校里所学专业的工作。书本上获得的知识技能与实际应用存在一定的距离，需要在实践中重新学习。加上当今社会新知识不断涌现，更需要与时俱进地不断学习，而且工作中可能要求学习掌握一两门全新的知识技能，由此带来职业的变更。

职业变更，常见的是由工作单位安排的岗位及岗位的变更，与自己原来所学的或从事的专业不同，这是由单位所引导的；也有由职业本身所引导的，例如做律师的，在开展业务过程中，感到审计、税务与法律的关系密切，从而新学了相关知识，变更自己的岗位或职业；还有就是由个人兴趣引导，通过兴趣爱好的培养，逐步将其发展为自己新的职业。

在一个单位内，不同部门、不同岗位的变动是非常平常的。尤其是企业管理工作，有时可能变动较大，但是一般人都能够胜任。因为学校的系统学习，给了我们接受新专业的基本能力，包括理解能力、分析能力，以及一些技能和方法。

对于职业来讲，有些专业是越老越香，如老中医，靠的是经验的积累；有些专业是越新越好，如互联网，需要的是开拓创新。有些专业的进入需要职业资格，如律师、注册会计师；有些专业门槛低，人人可以进入，但市场面广，如卖菜、做早点。在考虑职业变更时，需要对相关专业进行分类思考，以便更好地做出选择。

无论如何，准备变更职业时，需要结合自身的基本条件、专业特长、兴趣爱好，以及所处时代和机遇。如果你从事的职业，是所学的专业，又是自己的兴趣爱好，那是最好的事，但这种情况比较少。如果受到单位器重，作为重点培养，也是很好的事情，发展就会比一般人快，上升机会也比较多。如果不是这两类情况，也可以在做好本职工作之外，培养兴趣和业余爱好，通过时间的积累，也可以成为某一方面的"达人"。

2. 工作调动

工作调动，包括个人要求调动和单位根据情况进行调动两种情况。个人根据自己的职业发展、解决两地分居等需要，向单位提出调动要求，由单位出面联系商调，完成有关档案关系的转移等，可能是系统内调动，也可能是系统外调动。单位要求调动的情况，多数是系统内部不同单位之间的调动，往往伴随职务方面的安排等，比如上挂锻炼、下派任职等。工作调动，可能是继续做原有的职业，也可能是开始一个新职业。

工作调动是进入一个新环境，开始新的工作，接触新的发展平台，获得全新的发展机会。如何融入新的群体，这是首要的问题。一个人的工作能力、工作态度、工作业绩，都会影响他在同事中的印象，当然经过一段时间的接触，可以很快与大家打成一片。到一个新的单位，也是新的学习的开始，在处理业务时，先问一问以前是怎样解决同样的问题，特别是向一些资历深的老同事请教。这是一种很好的方法和途径，可以很快学到他人的经验，而且其他人也乐于指教，相互之间又自然熟悉和亲近起来。当面对挑战、没有现成的经验时，也不必紧张、焦虑，这是开创性的工作。伴随着新的问题，使自己独立自主，也是自己新的成长的开始。无论在哪里，做好自己的本职工作，认认真真做事，清清白白做人，这是最根本的。

3. 自主创业

创业是一个很吸引人的词语。当今是创业、创新的年代，人们有很多创业的机会，也有很多创业的冲动。如果创业，首先要做市场考察、调研、分析，甚至是必要的测试。其次要有创业的方案，包括专业的选择、市场的开拓、企业的管理、资金的安排、风险的控制，以及股东的出资、股权的安排、协议的草拟、具体的商谈等。最后要有吃苦耐劳和挫折失败的心理准备，在最困难的时候要坚持下去，当然前提是创业方向要正确。

对于自主创业，不要轻易进入自己不擅长的领域。所谓的跨界发展，务必谨慎对待。不要眼红别人做专车司机赚钱，而放弃现有的职业。如果真的对某个职业感兴趣，也要做好充分准备，包括必要的知识技能、资质证书等,才可以寻找机会进行尝试,从小规模做起。另外,在移动互联网普及的今天,可以参与分享经济,利用业余时间,尝试做个“微商”、在线“专家”,简便地实现“微创业”。

一个人成家后再创业,与单身时创业有本质区别,因为直接关系到家庭的经济来源问题。必须保障家庭的最基本的经济来源,否则可能得不偿失。可以参考的模式是,一个人保持工作稳定,有一份稳定的收入,另一人根据自身特长的专业,结合市场情况进行创业。当然,也可以考虑低门槛的行业,这类行业需求大、成本低、风险小、调头快,先积累一些社会经验、人脉关系,掌握一定的市场规律。需要注意,自主创业时,管理工作也必须跟上去。

【链接】

个人创业的经历和体会

某科技公司是一家民营企业,创建于 2003 年。公司的创立和发展,非常贴合个人的成长和社会的变革历程。公司执行董事在同学聚会上,与大家分享了创建公司的经历和体会。

人生难得一搏。是按部就班过日子,还是放手一搏,这是两种完全不同的人生态度。大学毕业后有一份稳定的工作,成家后还有家庭的负担,要放手一搏也不是那么容易下决心的。但是人生就那么几年,35 岁前不去拼搏一下,以后就更没有机会了。“拼搏”说起来简单,最大压力是家庭责任,不能使家庭的生活水准降低太多,更不能以牺牲家庭为代价。

技术对接市场。作为从事多年专业工作的人,应该认识技术需要与市场对接,尤其是在我国市场经济迅速发展年代。从技术的角度看,技术需要应用于市场,技术应满足市场的需求,技术应随市场发展而发展;从个人的角度看,技术人员需要对接市场,直接与各类客户接触,倾听客户的声音,这不仅是提高自身技术水平的有效方法,也是争取自身发展机会的必由之路。

发挥专业特长。专业特长是自身的学业和工作的积累,更是个人发展的基础。在学校系统学习了专业知识,参加工作后又经过长期的岗位实践,参与各种项目、课题的研究开发,在某些方面个人完全能够独立担纲,这是创业者的自身条件。自己成立公司,首先需要有客户资源。既然有客户问“你怎么不自己干”,这就给出了信号,说明至少有一个潜在客户。利用自己熟悉的专业技术，在自己熟悉的领域开展业务经营，总会有生存的机会，这也是一个人创业的必要条件。

树立企业理想。如同一个政党、一个国家一样，一个企业也需要有理想。企业的站位要高，要看得远一些，要用理想来引领企业的成长。只有这样，才能平衡眼前利益与长远利益、局部利益与全局利益、企业利益与客户利益、个人利益与集体利益的关系，才能团结带领全体员工把企业当作一项事业来做，自觉承担企业的社会责任，获得良好的经济效益和社会效益，使企业和员工都得到较好的发展。

以诚信为根本。常言道"人无信不立"，企业也一样，诚信是企业生存、发展的根本。企业对待员工需要诚信，要按照有关法律法规保障员工的权利，按时发放工资福利，按规定支付加班费用，将心比心、设身处地为员工着想，发挥员工的主动性、积极性和创造性；企业对待客户更要诚信，要诚心诚意开展合作，按照合同约定履行义务，树立良好的口碑和品牌，从而不断开拓市场，获得新业务。

视质量为生命。企业靠产品销售取得收益，产品靠质量生存，质量不过关的产品必然被客户所抛弃，因此产品质量就是企业的生命。质量的概念还包含服务，对于客户来说，不仅要求产品质量高，还要求有良好的服务，包括响应速度、服务态度、服务能力、服务效果等。良好的产品和服务，才能使企业在激烈的市场竞争中赢得一席之地。

劳动人事分配。(1)劳动用工。双向选择，能进能出，择优录用，员工签订劳动合同。(2)干部人事。采用扁平化组织结构，没有中层干部的概念，更没有干部职级，管理人员能上能下，主要采用项目负责制。(3)工资分配。员工收入由合理的基础工资外加绩效奖励组成，有明确的结算规则。

生产经营管理。(1)企业生产。销售计算机、仪器仪表、电气设备、机械设备及配件、电子产品及配件，提供计算机硬件技术服务、计算机软件开发服务，以及计算机信息系统集成等。(2)企业经营。为各类项目提供配套服务，主要做项目的专业分包，一般不需要通过投标获得业务。(3)企业管理。创新管理理念，形成科学管理机制。通过信息系统，实现以财务、项目、绩效为核心的OA和PM量化管理。项目管理，各项目质量、进度情况一目了然，并按合同约定控制收支；日常管理，按照工作时间、内容，管理出差、报销、加班等。

规划决策控制。(1)企业规划。坚持“质量第一,信誉第一”的宗旨,以雄厚的技术力量和过硬的产品质量,为客户提供增值服务,不断深化内部改革,保持小规模、快速反应的经营模式,适应市场的变化和发展。(2)企业决策。确保决策速度和决策质量,保持一定的风险承担能力。(3)企业控制。股权控制,保持股权相对集中;质量控制,按照质量认证体系,结合工艺流程,控制各环节的质量;业务控制,给合作单位留下好印象,保持老客户,开发新客户;财务控制,保持一定现金流,保证兑现员工收入和支付供应商货款。

规范制度人文。(1)操作规范。按照国家规范进行设计和施工,执行有关技术标准,保证承接项目的质量,保障人身设备安全。(2)企业制度。建立并公开相关规章制度,职责清晰、流程科学、奖罚分明,员工做出特殊贡献的可以获得奖励,因员工个人责任给企业带来损失的,由员工承担一定比例的赔偿。(3)人文关怀。企业的凝聚力离不开人文关怀,开展拓展训练等集体活动,关心员工个人和家庭困难,适时送上企业的关怀。即使按制度规定扣减员工工资,也视具体情况做人性化处理。

该科技公司是一家有情怀的企业。公司将企业理想融入品牌文化,以诚信、实力和产品质量获得业界的高度认可,相信公司一定会越办越好。

4.家庭迁徙

由于职业变更、工作调动、自主创业等,如果改变了工作地点,就会带来家庭的迁徙。由此,会涉及许多方面的事务,包括社保、公积金、户口、子女读书等问题。如果作为城市人才引进或选聘,这些问题相对容易解决,或由用人单位出面解决;如果是自己工作调动,一般需要解决爱人调动、子女读书等问题;如果是自主创业,或者是进城务工,还需要解决户口问题。虽然政策人口流动方面已经有了很大程度的放宽,但人口还不能做到完全自由流动。许多城市已经开始限制人口增长,采用积分制管理进城户口增量。户口直接关系子女读书,有时还关系到城市购房资格问题。可见,家庭迁徙是一件非常重大的事。重要的是要明确往哪里迁徙,为什么要迁徙。

很多人向城市迁徙,除了为了给自己争取更多的发展机会之外,也为了给子女提供更好的成长环境。城市集中了各种资源，一般比县城发展要快得多；城市人口集中，产业发展快，就业机会多；城市教育培训多，有利于个人知识水平的提升；城市是社会发展的前沿，代表各种先进生产力和生产要素。城市的生活成本会高一些，但收入同样高一些，可以抵消生活成本的增加，不要说个人价值的提升，就是房产也比县城价值高、增值快。

国家的首都或省会城市，作为政治、经济、文化中心，集中了一个国家或一个省的资源，是一般城市不可相比的。虽然现在在发展乡村经济，通过旅游、特色产业带动乡村发展，但目前还是局部的、有限的。我们可以看到，现实中的县城一般比乡镇发展得好，省会城市比一般城市发展得好。当然，也有一些城市发展很快，且很有特色，如港口经济、工业经济、特色经济等，但都相对单一，一般难以与省会城市相比。

（三）医疗方面

家庭在不同时期多少会同医院打交道，特别是家庭成员需要住院治疗做手术，或者遇到紧急情况需要抢救，那就免不了要遇到医疗方面的问题。

当今社会医疗技术快速发展，医疗水平空前提高，许多过去不能医治或医治不好的疾病，现在都能在医院得到治疗。特别是外科，过去要剖腹、开胸的手术，现在许多都可以做微创手术了，真是非常神奇。除此之外，人工智能和医疗产业相结合，实现辅助医生诊断、缓解漏诊误诊、提高诊断效率，提供疾病风险预警、健康顾问服务，支持药物研发、提升制药效率，甚至是采用手术机器人，提高外科手术精准度。我们完全有理由相信，随着医疗人工智能的深入研究，医疗行业智能化应用将不断丰富，医疗技术还将加速发展。

但是，这只是期待中的美好愿望。现实生活中，当遇到重大疾病，诸如各类肿瘤、疑难杂症，需要住院治疗、做手术时，我们常常面对的是另一种状态。

1. 医疗事例

身边很多的医疗事例，是患者的亲身经历和体验，也是社会知识和医疗就医的鲜活教材。

事例一:同事的姐夫才40多岁,身体检查时发现肝癌,需要手术治疗。他怕病情发展,于是立即住院、动手术切除病灶。2003年的时候,还没有微创手术,需要开大刀,而且肝癌的治愈率不高,治疗的结果难以估计,后续的化疗等更是无法想象。同事忧心忡忡,如果有什么不测,姐姐和外甥后面的日子都不知怎么过。但过了两周,同事说他姐夫开刀后发现不是肝癌。医生认为这是最好的结果,以后就可以放心了。当然,这只是医生的自我安慰,其实是检查不到位的实例。

事例二:同事的舅舅64岁,因患脑血栓在医院住院,同样病情的同病房病友,虽然年纪比同事舅舅还大几岁,但说话走路已经像正常人一样。前一段时间,这位病友感觉自己半边肢体有点麻木,遂到医院检查。医院没有查出问题,叫他回家休息,注意观察。病友回家后,想起如果脑血栓会出现脸部扭曲、嘴角歪斜的情况,于是自己在家里仔细照镜子,但也没有发现问题。过了两天,他觉得自己半边身体越来越不听使唤,就给外出的爱人打电话。爱人在电话里告诉他说,赶紧给120打电话,先送到医院,她马上就赶到医院。等病友给120打完电话,情况已经越发严重。救护车将他送到医院时,他的半边身体已经完全不能动了。这时就像电影里的场面一样,医护人员马上将他推进手术室。由于先前已经在该医院检查,医生清楚他的病情,一针溶血针注入身体,很快缓解了病情。由于发现得早,处理及时,所以这位病友恢复得很快。

事例三:同事的师母78岁,检查身体时发现肺部上下叶分别有1.8厘米和2.2厘米的肿块。经杭州医院复检确认后,找到上海的肺肿瘤专科医院就诊。肿瘤医院的医生对她做了全面的检查,包括全身的CT,认为各项指标没有问题,身体也可以承受。手术做了6个小时,成功切除两个肿块。第二天早晨,护士发现病人呕吐,以为是药物反应。主治医生提早在七点半查房,感觉症状不对,立即对病人进行脑部CT检查,确诊是脑梗。医院跟家属说,情况紧急,病人需要送到有脑专科的医院抢救,并帮助联系接收医院。上海的救护车由中心统一调度,无法第一时间安排,加上交通拥堵,等到将病人送到接收的某医院时,已经是上午十点多。接收医院的医生经检查认为,病人超过了6个小时的最佳抢救时间,已经难以恢复。后来,病人处于昏迷状态,呼吸和喂食都通过插管完成。由于在上海照顾不便,费用也比较高，只能接病人回到当地，之后一直没有苏醒的迹象。

事例四：小赵给老朋友王工的女儿王女士打电话，问一声平安。不料王女士说："我刚刚睡醒。今年运气很不好，4月的时候父亲走了，现在我爱人也走了。"小赵感到很吃惊，问是什么时候。她说："就在今天上午。是肺部肿瘤手术，在某著名大医院。住院治疗近两个月，1%的概率落到了我先生的身上。"这真是太悲惨了，她86岁的父亲也是在这家医院走的，去世前一天晚上小赵还看望了王工。

这样的事例不胜枚举。病人经过医院治疗，治好的和未治好的都很多。而看着那些没有治好的事例，就像一块石头一样压在心上，感慨在疾病面前我们的无能为力、一筹莫展，感到生命的脆弱和无常。

2. 寻医步骤

面对重大疾病，有人发出了"现在都不知道相信谁了"的感叹，有人做好了"我就留几万元钱治病，治不好就不治"的准备。能否避免医疗中那个1%的概率？当我们把生命交给医院之前，是否还有选择的余地？在我们不懂医学，又需要充分信赖医生的情况下，是否可以或者应该做些什么？这样的问题非常沉重，但需要我们思考。

除了危急抢救之外，那些不是特急的重大疾病，特别是慢性病、常见病，可以考虑以下的步骤：

(1)发现。对于重大疾病，争取早发现。有些人发现病重时，已经是晚期，如肝癌晚期、乳腺癌转移，治疗的机会都没有了，这是非常可惜的。这就需要我们平时注意身体，对于异常情况要引起注意，不要掉以轻心。身体是自己的，也是家人的，一人患病，全家忙碌，在农村的还可能因病返贫。现在城里有工作单位的人，包括退休人员，每年都有一次体检。通过血、尿、心电图检查，可以筛查一些常见的疾病；常规的B超、CT检查也可以发现内脏病变的一些早期症状。比如肺部结节等都是体检时CT可以查出来的。这些人按照医嘱进行跟踪，得到及时、有效治疗，达到了较好的治疗效果。

(2)确诊。确诊是非常重要的环节，但常常因为各种因素而没有真正确诊。常见的情况有：病急乱投医，轻信一些说法，医生的忽视、误判，检查的不到位等。

前面说到的王工,原来一直住在老年养护中心,2017 年春节开始吃不下食物,送到第一家医院检查,被诊断为胆囊炎症,住院治疗了一段时间,没有好转,不得不送到第二家著名医院住院。后来出现严重的胃出血,吐出来的是血水,拉出来的粪便也是黑色的。值班医生说老人一方面要溶血,一方面又要止血,没有办法了。考虑到患者年纪大,医院先是采用胃镜引导进行局部止血,后来还是止不住,不得不开刀切除部分胃。手术后,老人身上插满管子,肺部出现严重啰音,还要被绑着手脚吸痰,最后多脏器衰竭,走得非常痛苦。王女士在第一家医院就跟医生说了,她父亲曾经有过胃溃疡住院病史,但主治医生没有注意。到第二家医院接着治疗,医生也没有重视,只是看记录、测指标、按标准给药。最后问题竟然出在胃里,没有防止并注意到胃出血,打针吃药都是针对胆囊炎。花了钱,花了力气,还受了罪,这对一个家庭是多么大的伤害。

遇到重大疾病,我们常常缺少常识,有时甚是一无所知。我们能做的,首先就是镇定下来,不要病急乱投医。既然疾病已经发生,再急也没有用。是否已经确诊,如何确诊,是需要我们思考的首要问题。

(3)论证。疾病确诊后,可以采取何种治疗手段,过程中有哪些措施,能够达到什么目的,是否还有其他途径,恢复的可能性是多少,这些问题需要我们心中有数,也可以向医生或相关人员咨询。

例如,某 76 岁老人春节后发现吞咽困难,经检查发现是食道癌,并已扩散到咽喉。经两家医院诊断,病症和治疗思路基本相同,手术较大、老人可能难以承受;再到上海医院找到特级专家诊断,确认了诊断结果。病人回到当地中心医院住院,医生提出需要切喉插管,维持呼吸。家属询问能起到什么作用,医生回答维持生命。再问能否恢复,医生回答不能恢复。问能维持多久,医生回答数天或数月。问了这些问题后,家属就比较清楚了,老人年纪大了,除非要等外地的子女赶回来见最后一面,否则插管就没有意义。家属告诉医生,这种情况下不用插管了。医生对家属说,这样选择是正确的。

我们不是医生,不能对医学的专业问题做出回答,但可以在医学之外提出问题、进行探讨。例如,前面提到,值班医生说“一方面要溶血,一方面又要止血,没有办法了”,这是在不同医院重复听到的说法。但是,我们可以从人文关怀的角度回答,对于年纪大的老人,按减轻病人的痛苦来处理,给病人以人文关怀，一切以病人为中心而不是以疾病为中心，这是不会错的。

(4)选择。针对重大疾病，治疗的地域、医院、医生、时间，甚至是治疗方案都是可以选择的。当然选择有时很艰难、很矛盾、很痛苦，但我们还是要做出选择，而且这些选择有时是非常重要的。

选择的信息来源：病友、医院、医生、朋友，以及单位医务室、社区医院、目标医院的专业网站等。向病友咨询，病友有亲身经历和切身体会，这是第一手资料，比较直接、可靠地反映病人的感受，以及之前他所掌握的情况，而且病友比较热心，介绍也比较详细。体检医院或下级医院也会提出医疗建议，介绍病情、病因、病理，以及后续的处理，比如观察、复检或到上级医院复查等。向熟悉的医生咨询，了解特定疾病的医疗水平，治愈情况，手术风险，手术医生情况，医生的业务环境，医疗团队等。向朋友打听特定疾病的治疗途径，有哪些类似或相同疾病的病友等。

做出具体的选择：一是地域的选择，尽可能靠近住家或者不出本省，因为看病不仅是患者参与，还有家人的配合，其中包括家人一系列的吃住行问题，除非是特别治疗需要到外地医院。二是医院的选择，可以向病友、医生了解，选择对常见疾病的治疗有一定的口碑的医院。三是医生的选择，可以网上查阅，向病友、熟悉的医生了解，比如学历、职称、职务、手术完成量、带学生的数量，以及年龄、门诊日期等，尽量选择适合自己的医生。四是手术时间的选择，南方来说最好是4—5月或10—11月，不要在太冷、太热的季节或梅雨季节。五是医疗方案选择，急则西医为主，缓则中医见长，一些重大疾病除了西医之外，还可以考虑中医。西医是单靶点取效，善于祛病；中医是整体辨证论治，长于治中调理。对于肿瘤的治疗，完全可以中西医互补，实行治与养的有机结合。

(5)准备。做好思想、人力、护工等方面的准备，以肺部结节摘除手术为例。手术之前，主刀医生会跟病人交代手术风险和注意事项。医生会告知病灶部位、大小，手术开创点，手术位置标记等。手术风险，包括手术本身风险，麻醉的风险，病灶边上可能碰到动脉血管的风险；扩大手术范围的风险，取出病灶进行速冻切片，如果是恶性肿瘤，需要剥离附近的淋巴结，甚至扩大到较远颈部淋巴结等，到时不另外做手术告知；感染风险，手术、伤口愈合过程中的感染，包括病灶及外部创伤；其他风险，如动脉血管沉积物脱落堵塞颈动脉或脑血管的风险，腿部形成静脉血栓并运行到肺部，堵塞心脏供血的风险。医生还会告知注意事项，一是手术后第二天尽可能走动，防止腿部形成静脉血栓；二是要努力咳嗽，及时把手术后肺内的积液咳出，防止肺部创口感染。医生做了完整、彻底、全面的手术风险告知，病人家属在手术告知书上签字同意后，医院就没有责任了。对此，病人和家属要有思想准备。另外手术时需要家属到场，最好再请一位有经验的护工，手术后 24 小时陪同，主要是夜间护理。

(6)治疗。无论手术治疗还是药物治疗，确定医疗方案之后，主要都是医生的工作，病人、家属做好相应的配合、护理及营养补充等。以肺部手术为例：一是配合，按照医院要求购买三角枕头、防血栓弹力袜等用品，做好术前卫生工作；手术前一天晚餐开始空腹，等待住院床位。二是护理，术后病人身上插着输液管、导液管、导尿管，还有血压、脉搏、血氧饱和度监测设备；含止血、止痛、止吐药的点滴由输液管进入静脉，导液管是把肺部创口的积液排出，而且不能倒流；第二天由护工搀扶着在病房附近慢慢走动；护工用空心掌从背部由下至上拍击，咳出肺内的痰液。三是营养，按医嘱可以吃蛋白粉、鸽子汤，有利于伤口愈合。

(7)反馈。一是住院期间病情反馈，护士记录体温、血压、脉搏，作为基础资料，医生每天查房时会询问病人整体感觉，如大小便、胃口、睡眠等情况。二是住院期间药效反馈，住院期间医生会开出很多药，如果某种药感觉不好，副作用比较大，需要及时跟医生提出，医生完全可以换另外一种药，达到同样的治疗目的，这一点很重要。有些家属不熟悉医生，或有些病人比较胆小，对药物的不良反应不敢向医生提出，加上医生很忙，不可能花很多时间了解细节，这就需要家属特别注意。即使是治疗气管炎这样一种常见的老毛病，药物的个体差异反应也是非常强烈，有时甚至有生命危险，不可掉以轻心。三是出院后反馈，可以要求保留医生的电话、微信，在不影响医生工作的情况下，咨询一些与病情、护理有关的知识和操作；作为医生也愿意知道病人出院后的情况，有些医生会主动打电话家访，对其医疗技术的提高也有一定的积极意义。

(8)防护。病人出院后，按照医生的要求服药，保护伤口、防止伤口发炎，做好个人卫生，注意食物禁忌，合理调节饮食、作息，确保营养、活动、睡眠，发生不良情况及时告知医生。按医嘱进行术后检查、伤口拆线，定期进行复查。另外，还可以采用中药，进行针对性调理，巩固身体元气，加快恢复健康，防止疾病复发。

上述的确诊、论证、选择三个步骤常常交叉，往往是一边了解信息，选择初诊医院，一边进行求证，三者交替进行。对待重大疾病，既要尊重病人的意见，又要科学分析；既要相信专家，又要合理质疑；既要积极医治，又不能过度治疗。防止信息不对称，知识不够用，人手不足。总之处理这些问题需要家庭的全力支持。

3. 家庭支持

面对重大疾病时，特别能体现家庭的作用。大医院普遍人满为患，人来人往、熙熙攘攘，看病难、看病贵是一种常态。病人来到医院，需要有人帮助挂号、排队、付费，各种检查、诊断都需要家人陪同，落实床位、接送等也需要人手。家庭中的日常生活规律被打破，需要尽快做好针对性安排。

(1)信息汇集。收集、整理、筛选、辨识相关的病理、医疗信息，病人个体的病情和治疗信息，与医生护士的交流信息，以及医生提出的医护要求等信息。信息非常重要，有时对考虑医疗方案、做出决定起到关键性作用。

(2)家人沟通。加强家人之间的沟通，了解病情、治疗方案和费用，在需要做出决定的时候取得一致意见，最好有决策人决定最终意见。必要时召开家庭会议，协商讨论医院、家庭有关事务的整体安排，做好家庭成员之间的分工协作。

(3)医院联系。宜确定专人与医院联系，负责办理有关住院手续，支付医疗费用，选择、聘请护工，联系主治医生，了解病情、病理，反馈治疗情况等。如果其他人临时处理了有关医院联系方面的事务，需要及时通报给家中的联系专人。

(4)后勤安排。后勤安排涉及面很广，主要有三个方面：人员方面，家属陪护的时间安排，轮班人员的落实；用餐方面，病人和陪护人员用餐，特别注意病人的忌口；护理方面，要仔细做好护理事务，关注病人反应和感觉，完整收集病人情况，遇到紧急情况及时告知医生、护士。

(5)积极态度。家人要保持积极乐观的态度，调动一切积极因素，集中力量克服困难，渡过难关。要把各种外围的工作做细、做到位，这一点非常重要，家人的关心和支持是任何人都不能代替的。家人对病情、病因、治疗方案、发展趋势等要有一个比较客观全面的认识

(6)取得帮助。遇到重大疾病，病人和家属往往想不到或者不好意思向外求助，这将影响疾病的治疗。对于重特大疾病，应该取得外部的帮助，了解包括治疗、经验、药品等方面的信息。经济上、人手方面家庭确实难以承担的，应该向亲友、单位、社区甚至政府求助。事实上，多数人都是愿意伸出援助之手的。如请同病房的护工或家属帮个忙，照看一下点滴、呼叫护士等也是一种帮助。

(四)安全方面

外部事物、环境与家庭的运营有着密切关联，带来许多安全方面的问题。随着社会的发展，生产能力的增加，通过科学技术提高产量、质量，以满足人们生活需求；交通路网的快速建设，交通工具的普及，以满足人们的出行需要；城市高楼拔地而起，房地产业迅猛发展，以满足人们改善居住条件的需要。过去的大杂院几乎看不到了，人们住在高楼内，邻居很少来往，那种熟人社会的相互照应关系逐渐正在消失；我们吃的蔬菜瓜果可能来自天南地北，超市里购买的产品经过不同厂家流水线生产。社会生产、生活方式的改变，使得安全问题也变得更加普遍、更加迫切，在人身、财产、信息、健康以及防止侵权等方面，需要不断增强安全意识。

1.人身安全

人身安全是最重要的。人身安全是在衣、食、住、行、游活动中，确保自己身体的安全，主要防止受外力或外部不良因子(物理、化学等)的作用，避免人体、器官或组织受到严重损害。①“衣”的安全。服装上甲醛等物质应符合规定标准，尽量避免可能伤害身体的扣子、系带等。除了穿着的衣服外，还应包括化妆、染发、美容、整容。比较突出的是染发剂的致癌问题，以及美容、整容带来的损容、毁容等。②“食”的安全，即饮食安全。自然界生长许多可以吃的食物，但经常有人误食有毒植物、种子或菌菇，严重危及人身安全。人工种植、养殖的动植物、菌菇，以及经过批量制作、加工的食物、

饮料，属于涉及食品安全领域，已经成为全社会普遍关注的问题，引起国家的高度重视，但农药残留超标和滥用添加剂、催化剂的事例比比皆是、屡禁不止。③“住”的安全。除了自身住所安全之外，扩大到工作场所的安全，以及周围环境的安全。由于在这些场所活动时间比较长，需要关注电场、磁场、放射性、有害化学物质等，例如办公家具释放出来的甲醛。④“行”的安全。即步行或使用交通工具过程中的人身安全，需注意包括交通工具、高空坠落、坍塌陷阱等带来的损害。⑤“游”的安全，即外出旅游或出差时的安全。其特点是在一个新地方活动，周边环境是全新的，周围的人也是陌生的，缺少对相关情况的了解和应对突发状况的准备。特别是旅游过程中，不仅所看到的景点都是新的，而且周围的情况都是动态变化的，安全问题也就更加突出。

2.财产安全

财产安全，是指财产在积累、使用、维护、存储、转移、出售等活动过程中，财产本身的安全和法律状态的安全。

实物形态的财产，财产本身的安全即财产物性方面的安全。以建筑物为例，物性方面的安全是房屋结构受力的安全，如房屋时间长了受到风化、漏水、地基下沉等因素的影响，可能成为危房。法律状态的安全往往不被注意，一是房屋的土地性质，是集体土地上的房屋还是国有土地上的房屋，是国有划拨土地还是国有出让土地；二是是否取得了房产证，根据物权法，不动产以管理部门登记证书为依据；三是房屋有无进行抵押等他项权利，如果已经抵押，则房屋的法律安全性就存在问题；四是有无被法院查封，如果列入了查封，可能很快被法院强制执行，产权很快就会被转移。此外，对于类似土地、房屋之类的财产，还可以把所有权分解为占有、使用、收益、处分权，这些权属关系都要清楚。在农村，把土地承包权与土地经营权分离，土地承包权归农民，土地经营权可以流转。农民可以用土地经营权入股，参与分红，这里也有法律安全方面的问题。

除了实物形态的财产之外，还有权益形态的财产。包括投资形成的权益、股权，股票、基金、保险等，通过合同形成的债权、经营收益权，还包括银行的存款等。权益形态财产本身的安全，主要指记录权益的凭证、介质的安全。相对来说，权益形态财产的法律状态安全问题更突出一些。该类财产除了持有、交易活动的合法性外，还涉及经营性方面的安全，以及可能承担的市场风险等。随着经济的发展，家庭中权益形态的财产不断增加，财产保值增值的前提，是财产运营的安全。

此外，家庭中还会涉及有关知识产权（著作权、专利权、商标权），以及肖像权、个体经营的商号等无形资产的安全问题。

3. 信息安全

信息是包含特定意思的文字、数字、图形、曲线、声音、图像等，信息可以记录、存储在纸质、光盘、U盘、计算机存储器等介质中，信息安全是指信息在采集、制作、使用、记录、加工、整理、存储、传输等过程中的安全，注意不随意扩散和不被非法获取、使用等。

个人信息。个人信息很多，包括个人的姓名、年龄、身份证号、电话号码，个人身高、缺陷、疾病，个人的各类账号、密码，甚至可以是个人的习惯、爱好和行为模式，以及个人制作、整理的各类纸质或电子文件。身份证是个人最重要的证件，身份证号是个人最重要的信息，身份证及复印件特别需要妥善保存，提供身份证复印件时应在中间的空白处写明“本复印件仅用于办理××事务”，以防止身份证复印件被他人滥用。常常有身份证复印件被他人非法利用，进行开办公司、借贷、申请信用卡等活动，给个人带来信誉损失，甚至法律纠纷。

家庭信息。家庭信息是家庭空间、家庭关系、家庭事务等信息的总和。包括家庭成员的关系、家庭住址、家庭电话，以及家庭活动、社会关系等信息。家庭中的成员关系、重大事务等信息有其特定性，包含一些最私密的心理因素，容易引起紧张、慌乱、焦虑的情绪，并做出偏听偏信等不理智的行为。例如电信诈骗，要求把钱转入安全账户，就是以家人的安全等为理由，如小孩出意外等。这些案例电视报纸上有很多报道，但当亲身经历时，还是控制不住自己的情绪，巨额钱款被骗的事例屡屡发生。因此要保护好家庭信息。

现代工具。绝大多数人都在使用计算机、手机，进行上网、聊天、购物、支付、炒股、转账、理财，以及接收、制作、整理、存储、传输文件等活动。人们已经离不开现代工具,现代工具带来便利的同时,也带来了很多安全风险。经常看到,QQ聊天中按照单位领导的指示汇款,没有经过电话或当面核实,几十万元甚至是上百万元转到不明账户,结果是上当受骗、钱财有去无回。还有,家里装了视频监控,通过手机可以远程看到家里实时情况,结果变成了网上直播,家里的一举一动都在网上暴露无遗。使用计算机、手机,作为一般的通讯、文件传输之外,需要进行必要的限制、隔离、保护和监控。一些重要操作,包括开户登记,最好到开办机构实地办理;在银行账户之间进行一定隔离,如支付宝捆绑的银行关联账户只存少量金额;安装安全保护软件,经常查杀各类病毒,保证计算机、手机运行正常;监控计算机、手机运行状况,并对银行账户设置余额变动短信提示,及时了解资金进出动态等。

4. 防止侵权

侵权是由一些人为因素造成的,包括故意或过失行为,使家人的权益受到损害,轻则伤及身体、财产,重则危及生命。因此除了前面提到的保护自身的人身财产安全外,还要居安思危,树立防范意识,防止他人侵权行为的发生。对一些可能发生侵权的情况,要了解类似案件的经过、原因、结果,不断积累社会经验,分析个人和家庭具体情况,预估、预判、预防可能出现的不利情况。例如常见的防盗、防骗、防抢工作,掌握银行账户的动态变化情况、治安岗亭的分布情况等。对已经发生的侵权行为,要采取必要的措施,例如遇到诈骗、人身威胁等侵害财产、人身安全的犯罪,要妥善周旋,努力制止,及时报警,告知家人,取得帮助。在一些危险环境、时间段,要特别注意人身安全,保持与家人的联系,防止不法侵害。对于已经发生侵权的,要收集证据,尽早报案,追究侵权行为人的法律责任。小孩对外界事物心存好奇,没有社会生活经验,容易相信他人或者被人利用,缺乏对周边环境潜在危险的认识,有时还任性、调皮。因此,特别需要通过身边发生的侵权实例,对小孩进行安全教育,提高其安全防范意识和自我保护能力。

【链接】

空姐深夜搭顺风车遇害

2018年5月5日晚上,在某航空公司做空姐的李某珠到达郑州,当晚和同事回航空港驻勤酒店换装洗浴后,临近晚上12点,通过滴滴叫了一辆顺风车前往郑州火车站，打算连夜乘火车回山东济南的家里。途中，李某珠给其同事发信息说，司机行为有些变态，对她性骚扰，“说我长得特别美，特别想亲我一口”。收到李某珠的微信后，同事曾给她打电话，李某珠称“没事”，通话了几十秒钟，随后挂掉了电话。

李某珠原本计划回家，家人没能联系上她，开始以为是手机丢了。但到6日晚上，仍然联系不上，家人非常着急。李某珠的父亲预感不祥，7日下午，来到郑州市公安局航空港派出所报警。5月8日早上8点多，警方在一个土坡上找到李某珠的尸体。据医生描述，李某珠的背部被刺十多刀，心脏、肺部均有刀伤，颈部两边的大动脉全被割破。发现尸体时，下半身是光着的，案发现场还留下一把刀，推测是强奸杀人。

郑州市公安局通报，5月6日凌晨，郑州市航空港区发生一起命案，受害人李某珠（女，21岁，山东济南人）在搭乘网约车途中被害，网约车司机刘某华（男，27岁，郑州航空港区人）有重大作案嫌疑。经专案组调取事发地附近多路监控，顺线追踪，显示嫌疑人刘某华作案后弃车跳河，警方正在相关区域全力展开搜捕。

5.健康管理

健康是一个人、一个家庭的基础，越来越受到人们的重视。没有健康，其他都等于零。健康的内涵非常丰富，从外部状态来看，健康是人体各活动机能正常，没有疾病症状；从内部变化来看，是人体组织、器官没有病变或向不协调、不正常方向演变。无论外部状态，还是内部变化，健康都是人体的健康，也是广义的、更高层次的人身安全。为了保持身体健康，防止身体组织、器官非正常代谢，出现病变或机能衰退，需要实现“治未病”。因此，要在家庭开展健康管理，即对家庭个人的生活方式进行全面的考察，确保每个家庭成员在不同阶段都能健康生活和快乐成长。

按照健康管理的要求，一个人的饮食、运动、睡眠、心理、医疗等都是非常重要的。

均衡饮食。人体生存需要的物质都是从外部获得，包括热量、蛋白质、脂肪、维生素、矿物质等。饮食是获得这些物质最基本的途径：当孩子长身体的时候，要适当增加某些营养物质；平时饮食要注意粗细搭配，荤素搭配，多吃蔬菜;多吃新鲜水果,补充必要的维生素;少油、少盐、少糖饮食,特别是中老年人要防止“三高”;另外还要进行饮食的总量平衡控制,防止过量或不足。

适量运动。结合个人情况和环境条件,进行必要的运动。运动量要适合、运动强度要适合、运动次数要适合、运动时间要适合,不同年龄的人对运动有不同的要求。运动类型很多,包括走路、骑自行车,打拳、做操、舞剑,在健身房或户外的专门锻炼,以及大众化的广场舞等。要防止过量运动,运动过量带来自身损伤的例子比比皆是。

劳逸结合。在阶段性工作的安排上,要注意劳逸结合;每天工作时,要有相应的间歇和休息。最基本的是要有足够的睡眠。睡眠对人体起到非常重要的作用,有助于保护脑神经细胞功能,帮助体力、脑力恢复。睡眠期间机体组织器官能进行自我修复、调节,完成多种代谢,确保身体的健康。没有充足的睡眠,将导致身体细胞的加速衰老,引发组织器官的各种病变。

平衡心态。心态影响情绪,从而影响饮食、睡眠等,直接影响身体健康。要正确认识自己,保持平常心,不要攀比,不要焦虑,不要急躁,踏实做人,要有定力和自信。遇到一些烦心的事,要学会自我调节,自我排解,转移注意力,疏解不良情绪。可以找知己、朋友聊聊天,也可以到大自然中走走,或者跟家人一起去旅游,放松自己的心情。

正确医疗。对身体疾病要有清醒认识,及时进行针对性治疗,比如睡眠不好可以进行中医的调理等。同时要认识到,人是在抵御外部病菌侵害的斗争中不断成长的,身体往往与病菌相伴相生、和平共处。要保持一种良好的心态,正确对待体检中的各项指标,有的指标是间接反映身体状况,有的指标随年龄增长有一定的浮动幅度。要注意对于已有疾病,不要过度检查、过度治疗,包括滥用抗生素等。千万不要为了治疗某种疾病,而在不知不觉中损害自己身体,引起自身的另一种疾病。

(五)诉讼方面

家庭平时很少遭遇诉讼,一般也不太愿意通过诉讼处理纠纷。但是,即使你的家庭完全遵纪守法,也难免成为诉讼当事人。如某个案件诉讼与你有利益关系,你可能成为诉讼案件中的第三人。

1. 常见诉讼类型

日常生活中有三类常见的诉讼：

民事诉讼。民事诉讼是平等民事主体之间的诉讼，包括合同纠纷、侵权纠纷以及其他民事关系的诉讼。家庭民事诉讼最常见的是经济方面纠纷，如借款合同、家庭投资等纠纷，也会遇到有关婚姻、继承等纠纷；此外还有人身和财产损害方面的民事赔偿诉讼，如医疗事故、动物伤害、高空坠物伤害等纠纷。近年来，家庭成员与用人单位的劳动纠纷数量也逐步增加。民事诉讼是最普遍的诉讼类型，涉及生活的方方面面，涵盖社会的各类活动。

行政诉讼。行政诉讼是行政管理关系中管理者与被管理者之间的诉讼，政府部门作为管理者是行政诉讼的被告，行政管理相对人或利益相关人作为原告。行政诉讼之前，还可以依法提起行政复议。家庭接触行政诉讼比较少，常见的是交通违章处罚、房屋拆迁等行政诉讼。为了取得有关提起行政诉讼的资料，利益关系人可以针对性提出政府信息公开要求，以及针对特定项目的立项、批复等一系列行政审批、许可行为，提起行政复议和行政诉讼。

刑事诉讼。刑事诉讼是涉及刑事法律关系，由检察院作为公诉人提起的诉讼。家庭涉及刑事诉讼有两种情况，一是家庭成员的违法行为比较严重，已经触犯刑法，作为刑事诉讼案件中的被告，参加诉讼；二是家庭成员或财产被他人非法侵害，造成人身、财产损失的，可采用刑事附带民事诉讼的方式，以民事原告的身份参加诉讼。无论刑事诉讼中的被告，还是刑事附带民事诉讼中的原告，法律都允许当事人依法维护自己的合法权益。

三类诉讼各有不同的实体法和程序法，法律理论也有根本的区别，具体的案件事实更是纷繁复杂。家庭对诉讼活动了解不多，缺乏必要的经验，遇到诉讼案件常常是手忙脚乱，耗费很多精力。因此，最好有法律专业人员的帮助，同时家庭也需要有序介入。

2. 诉讼应对措施

应对诉讼案件，除了寻求帮助之外，应该掌握基本的步骤和策略。参照民事诉讼，可以从几个方面着手：

梳理案件事实。无论你是原告准备提起诉讼，还是作为被告接到应诉通知，都需要梳理案件事实。案件事实是由案件相关的时间、地点、事件、人物、行为等构成的事实，是案件的基础。由于间隔时间、表述差异、资料不全等因素，当事人对案件事实的记忆可能是模糊的、交叉的、缺失的，需要很好地梳理、回忆，从中明晰案情线索。为了更好展开该项工作，在自己初步梳理之后，最好是咨询法律人员，与他们交流、讨论，以便开阔思路和认知角度，全面回顾案件发生、发展的全过程，了解案件的前因后果，收集掌握初步的证据。同时，对于一些复杂的案件，可以商讨聘请代理律师。需要注意的是，别人提供案件的分析和推荐的代理人选，都只是参考意见，最终需要自己拿定主意。

确定法律关系。人们常说"打官司就是打关系"，从专业的角度理解，就是要把控案件涉及的法律关系。是选择民事诉讼还是行政诉讼，案件双方是合同关系还是侵权关系，是从合同无效还是合同有效的角度入手，有哪些违法行为、造成哪些损失以及两者的因果关系如何等，这些问题需要从法律专业角度进行详细剖析，结合案件事实和主要证据分析，逐步形成诉讼方案。对于一些复杂的案件，需要有法律专业人员作为代理人参与诉讼，从案件事实、法律关系、法律适用、程序进展等方面进行把控。同时，案件当事人要充分理解诉讼方案和诉讼进程，熟悉相关法律规定，对有关内容心中有数，并会同代理人做好准备工作。

落实诉讼证据。我们常说"以事实为依据，以法律为准绳"，其中要通过诉讼证据来连接。"以事实为依据"中的事实，最终是法律事实，即通过证据证明、经法院认定的法律事实。因此，证据是诉讼案件的核心要素。要按照确定的诉讼方案，案件涉及的事实，以及举证责任分配等要求，系统收集、整理、辨识证据。要根据案件证明的需要进行分组，形成证据链条，构成完整的证据体系。要围绕主要、核心、关键的证据进行收集，切忌不分主次收罗证据，否则容易打乱证据体系，干扰需要证明的问题，甚至有可能提供有利于对方的证据。

参加法庭审理。参加法庭审理是诉讼活动的中心环节，先前原告的起诉状和被告的答辩状，只是反映双方初步的事实、理由和诉讼请求。为了做好法庭审理工作，除了证据方面的准备之外，还需要准备一份代理词。代理词是根据已经掌握的证据，全面分析案情事实，系统阐述自己的观点，提出法律适用的意见。法庭审理过程中有多个步骤，需要充分利用法庭给予的权利，发表自己的意见。法庭审理的重点在证据质证、法庭辩论。证据的质证，是围绕证据的真实性、合法性、关联性发表质证意见；法庭辩论时，要结合庭审的情况，对原先准备的代理词进行相应调整。法庭审理还有最后陈述，由双方表达各自最后的意见和态度。

运用诉讼技术。为了有效实现诉讼目的，要根据诉讼法的规定和案件进展的实际情况，充分利用诉讼程序给予权利，包括财产保全、证据保全，特定情况下的先予执行，诉讼管辖异议，申请撤诉，申请延长证据提交时间，提起反诉，追加诉讼第三人，变更诉讼请求等等。例如在提起诉讼时申请财产保全，冻结被告的财产，为最终履行法院判决打下基础，否则可能出现执行难的局面；又如提出诉讼管辖异议，争取将案件移送到有利于己方的法院诉讼，减少旅途奔波或避免地方保护。诉讼技术的运用，需要根据法律的规定和实际的需要，提出的异议、申请等要有客观的理由，而不是胡搅蛮缠。诉讼技术运用得当，有时可以收到意想不到的效果。

调整心理状态。心理状态直接影响人的思维、判断和决策，会对案件的进展和结果产生较大影响。因此，案件当事人或参与者需要调整好自己的情绪和心态。

克服焦躁情绪。当事人遇到诉讼案件，往往非常焦虑，有时还会病急乱投医，甚至偏听偏信，把事情弄得越来越复杂。因此，情绪的控制是非常重要的，案件已经发生，既来之、则安之，急也没有用，重要的是理清自己的思路。要依据事实和法律行使自己的权利，准备承担自己的责任。要把自己的位置放正，把心态放平。

克服片面思维。有些当事人的思维非常片面，总是想当然，所有的事情自己都是对的，别人的意见很难听进去。在陈述案情和收集证据时，都是从有利于自己的方面出发。这往往干扰对案件的客观分析，甚至遗漏对关键证据的收集，丧失把控案件的主动权。

克服怀疑心理。可能是因社会地位或其他原因，有的当事人有非常明显的怀疑心理，总是怀疑对方这里做手脚、那里做手脚，唉声叹气、畏首畏尾；也有的当事人可能由于个性的原因或者是对诉讼缺乏了解，总怀疑这里对自己不利、那里对自己不利，甚至怀疑自己的代理人。这样的心理对于诉讼是很不利的。

克服盲目乐观。有的当事人也许自认为对法律比较熟悉,对相类似的案件也有所了解和掌握,表现出对案件盲目乐观,对案件的推演也头头是道,对于证据分析和诉讼进展很有把握,但最后结果往往出人意料。实际上,各类纠纷进入诉讼程序,都是矛盾不可调和的反映,所以不可掉以轻心。

【链接】

家庭装修小案例

房东家庭装修,由包工头承包。包工头叫来小工,让他把原来的门拆下来。小工在拆门的时候,铁屑不慎飞进他的眼睛,造成眼睛损伤。包工头支付小工第一次去医院的费用后,就不愿意再管了。小工找到房东,告知受伤和处理情况,并认为这事跟房东没有关系;房东联系包工头了解情况,包工头也认为这事跟房东没有关系。之后小工通过律师起诉到法院,包工头列为第一被告,房东列为第二被告。房东委托律师在法庭上据理力争,最后法院判决包工头承担支付医疗费、误工费等赔偿责任;由于房东与包工头是承包关系,房东也没有直接给小工安排工作,所以房东没有责任。在没有责任的前提下,房东出于人道主义,愿意给予小工一定的补偿。案件中,先前包工头和小工都说与房东无关,但后来房东还是被牵扯进来。当然,案件的法律关系比较清楚,房东也比较大方,最后圆满结案。

四、观念意识

家庭的运营中,许多行为和决定可以追溯其深层次的原因。这种原因主要来自家庭成员的观念意识,也就是在长期生活实践当中形成的对事物的总体综合认识。这种认识是主观与客观认识的系统化集合体,具有历史性、阶段性、特定性,并对家庭发生重要、深刻的影响。家庭的运营不应局限于日常事务,不应仅仅固化在物质生活上,而要花时间、花大力气,注重心灵、情感、思想方面的建设。

(一)真诚、尊重、信任

真诚、尊重、信任不仅是人与人之间交往的需要,更是家庭成员之间必备的心理条件。家庭中的琐事很多,有时会由于人为因素变得复杂。如何使家庭内部事务简单、顺利,既有家庭共同意志,又有个人心情舒畅,是一个需要认真探讨的问题。真诚、尊重、信任就是实现家庭和谐关系的最基本条件。

1. 真诚

"真"就是真实、真心、真情,是最基本的原则。家庭成员之间需要知道真相,需要真实叙述,需要真心付出,需要真情表达。

"诚"就是坦诚、忠诚、竭诚,是最重要的原则。家庭成员之间除了坦率诚恳和全心全意的付出之外,还有忠诚的义务,尤其是夫妻之间的忠诚义务。

如果说"真"是单方的流露,那么"诚"就是一方对另一方的表达。"真诚"就是真心实意、坦诚相待,从心底出发、真实表达、感动对方,最终获得对方的认可。

真诚具有净化心灵的作用,可以去除心中的杂质,焕发自己的光彩。学会真诚,需要不做作,不盲目地迎合、随从别人,保持一个真实的自我。不装懂,虚心请教自己不懂的东西或学问,不虚张声势、自我标榜。不掩饰,真实反映事物的原来面貌,不添油加醋、涂脂抹粉。敢于认错,不否认自己的过错,"人非圣贤,孰能无过?"知道自己错了,就要坦诚地承认,否则彼此的隔阂不能及时消除。现在流行化妆,男女都可以化妆,化一点淡妆当然无妨。但是为了化妆,脸上涂上一层厚厚的白粉或化浓妆,容易给人一种掩饰的印象;有的人甚至因为化妆,损害了原来的皮肤,结果事与愿违,脸上的皮肤显得特别黑,因为追求美而破坏了自然美。化妆问题归结起来就是能否真诚面对自己。

2. 尊重

尊重,是对人的一种态度,是重视而恭敬地待人,是建立在平等关系上的相互认可,夫妻之间也就是我们常说的"举案齐眉、相敬如宾"。尊重,是家庭成员交往的基础,有尊重才有理解,有理解才可以进一步沟通和交流。

尊重,就是把对方放在一个重要的位置,倾听对方的意见,遵从对方的意愿,体谅对方的处境,理解对方的困难,协助对方的行动。尊重他人,可以充分发挥对方的积极性、主动性、创造性，可以快速解开对方的心结，可以细致修复对方的心理创伤，可以使事物得到有效的处置。尊重一个人，才能以一种客观的心态去倾听他人的话语，才能以公平的尺度去判断他人的行为。

尊重是平等的，不是趋炎附势。尊重他人，是客观地发现和面对他人的优点和缺点，从他人身上吸取经验和教训，既不盲目崇拜，也不片面批判。尊重他人，也是理性地面对自己和认识自己，遵从自己的本心。尊重他人，不仅仅是一种礼貌，也是心地善良和良好家教的外在表现，更是内在修养和高尚品德的一种展示。

马斯洛需求理论认为，"尊重需要得到满足，能使人对自己充满信心，对社会满腔热情，体验到自己活着的用处和价值"。家庭成员之间的尊重，可以使大家同心协力，充满自信和热情，因此显得尤为重要。

3. 信任

"信"就是相信、信服、信从；"任"就是任用、任凭、任意。"信任"就是基于内心充分的信任而敢于托付，由被信任者担当、承受和处置。

信任是一种稳定的信念，维系着家庭的共同价值和关系的稳定，是对被信任者言行举止可信赖度的整体期望。

信任是一种依赖关系，双方基于亲情和利害关系，依靠被信任者知识、能力，可以实现家庭的最大利益。

信任是一种无遮掩的心理，可以暴露自身的弱点，相信被信任者是自己亲近的人，不会损害自己的利益。

信任是一种放手的状态，无须对被信任者进行监督和控制，即使处于风险的环境中，相信他也会做出最合理的选择。

通过对被信任者的期许和其能力的肯定，可以在不确定的环境中，鼓励被信任者，激发其主动的行为和信心，从而使家庭获得积极的正向动力，减少不必要的机会成本，甚至是时间和金钱成本。

信任的培养需要一个过程，是遵守法律规则、履行先前承诺、表达积极态度、实现预定目标、展示个人魅力等交互作用的结果，是一组预想、期望、担忧、满足心理活动的产物。信任者和被信任者在一起，会有一种快乐的意识和感受，信任成为家人之间密切联系的纽带。只有在信任与被信任同时提升的情况下，家庭才能获得情感与物质上的双重快乐，才能更好地生存和发展，才能更好更快地实现家庭成员的人生价值。

(二)交流、配合、协同

交流、配合、协同是家庭生活的基本要求。家庭事务不是一个人的事务，家庭活动是家庭成员的共同活动。要做好家庭事务，行动中就必须有交流、配合、协同。良好的交流、配合、协同是做好家庭事务的必备前提。

1. 交流

简单地说，交流就是信息互换的过程。家庭成员彼此间把自己的信息提供给对方，实现信息流动传播。交流的意义非常广泛，有意识方面的，也有物质方面的。

交流的目的。交流的目的可以是多方面的，包括互通基本信息，发表各自意见，阐述不同见解；表达自己感受，消除矛盾误会，深化双方感情；探究问题成因，切磋思想观点，建立内心共识，为相互理解、共同建设幸福家园奠定基础。

交流的内容。家庭中可以交流和需要交流的内容很多，包括家庭事务及家庭事务涉及的相关信息；家庭成员关心或感兴趣的事物；家庭成员需要引起重视和关注的事物；特别需要的是家庭成员之间的情感、观点和思想认识的交流。

交流的方式。现在通讯方式发达，电话、短信、微信、网络都可以用来交流，而且有不同的特色。电话快捷，能直接传递情况和要求；短信便捷，方便传递文字、字符；微信功能齐全，可以传递文字、声音、照片、图像；网络的功能更加强大，可以传递大容量的各类文件。但家庭成员之间最重要的还是面对面的交流，尤其是情感方面的交流，当面交流与电话、微信中表达，感觉是完全不一样的。

交流的方法。交流的方法，即如何传递信息。特别是表达自己的思想或重要事务的商讨时，需要考虑交流的方法。表达者要学会说话，要按事物的逻辑进行表达，抓住重点、简洁明了，不夸张、不自大、不抱怨、不说谎，要把核心的内容说清楚。接收者要学会倾听，要体谅对方、适当提示、善意询问，尤其不要随意打断或者转移话题，也不要以自己的标准随意去衡量和批判有关的人和事。要善于倾听，坚持谦虚友好的态度，在交流中不断认识自己，学习别人的长处，弥补自己的不足。

交流的时间。一般的交流没有时间的限制，可以随时进行。但交流重要事务，要有合适的时间，如晚饭后的休息或一起散步时间，就寝前的时间，比较安静、没有其他打扰的时段；特别重大的事务，最好是预约时间，这样可以有所准备，交流可以充分一些，双方可以详细阐述意见和想法。不要搞突击，不要敷衍，不要在匆忙上班前说重要的事，否则都不能达到交流的效果。

2.配合

配合是指各方面分工合作，完成共同的任务。首先是"配"，要有分工，每个人分配到不同的工作；其次是"合"，要合得起来，不同的工作要相互衔接；最后是有主有次，某项任务的不同阶段、不同人员，在共同行动中有不同的主次地位。家庭中的日常事务，不仅需要家庭成员按照分工，合作完成，而且要求各人所做的工作能有效衔接，类似机械设备中关系密切的零件结合在一起。例如家中做饭这件事，可以是男的为主，洗、切、蒸、煮、炸一手完成；女的配合，顺路买把菜，顺便择菜。又如洗衣服这件事，可以是女的为主，负责完成浸、泡、刷、洗；男的配合，帮助晾、晒、收。

除了日常事务的配合之外，家庭事务的配合，重要的是要有配合的意识。一方在做事，另一方主动搭把手，这样感情就会融洽，关系就会密切，生活就会顺利。因为，配合体现的是一种主动的态度，这是很需要的，会让人感到这是一个共同的家，有参与感，至于配合得好坏还是次要的。实际上，家中很多事务的配合，常常超越了分工，有些是分工之后的细化配合，有些是新遇到的没有分工的事务，有些甚至是非日常的事务，这些都需要主动配合的意识和行动。

不同于单位工作岗位职责分工，家庭中的分工，在很多情况下是可以而且需要角色转换的。一方有事要迟一点回家，另一方可以做饭、洗衣服，这是分工中的配合。如果家中事务因为有分工，变成一种固定的职责，时间长了就会影响双方的关系，也影响其他事务的配合，这是需要引起注意的。例如一方在做卫生拖地板，另一方很投入地看电视，脚都不抬一下，这就是不配合的行为，虽然也不是什么原则性问题，但肯定让人心里感到不舒服。

3. 协同

协同，就是两个以上不同个体，协调一致地共同完成某一任务。协同常常针对家庭的重大事务，强调的是相互协作、共同行动。

协同一方面体现在“协”，包含协商、协作、协调。家庭的重大事务，常常牵涉面广，不确定因素多，情况比较复杂。首先，需要共同协商，在家庭内部取得一致意见，对过程中可能出现的问题和困难，有预先的设想和处理方案；对应急情况的处理，事先确定相应的规则。其次，做好重大事务的协作，一方可以作为主动者，正面推动事务向前发展；另一方作为协助者，从侧面做好相关的协助工作。两者在整体上相互增强，促成事务向积极的方向发展。最后，整体行动过程中的相互协调，通过信息专递、意思联络、动态调整，使各方的行为配合适时、适当，相互融合、融洽。

协同另一方面体现在“同”，包含共同、合作、同步。第一是共同参与，家庭的重大事务是家庭的共同事务，需要家庭成员共同参与，共同投入精力、体力，共同关注事务的进展，共同应对情况的变化；第二是合作的行为，家庭重大事务都不是简单一人可以完成，也不可能一蹴而就，需要家庭成员相互配合，做好各方面的相关工作；第三是同步的行动，在时间上、行为上实现同步，按照预定的时间节点同步推进，共同完成家庭重要事务。

协同最重要的是同心，心往一处想、力往一处使。家庭成员要主动参与，正确处理内外各种关系，创造良好的条件和环境，集聚家庭的整体力量，超越个体的能量，实现重大事务的有序推进，促进家庭目标的顺利实现。

(三)勤劳、节俭、和善

无论社会如何发展，物质如何丰富，生活条件如何优越，有些传统的观念是不能缺失的。勤劳、节俭、和善，不仅是做人的基本要求，也是一个家庭共同生活的基础。

1. 勤劳

勤劳是中华民族的传统美德，美好的生活都是靠双手干出来的。生活的本质就是一种劳动，要想过上充实的生活，就需要不怕辛苦、努力劳作，这是我们必须肩负的责任。

勤劳受人尊敬。不管是在工作单位还是在家里，都需要个体的劳动付出。在工作单位，对于勤劳的付出，同事、领导都看得见，也只有每个员工努力劳动，才能创造出物质财富和精神财富，才会取得良好的业绩。在家庭，也需要勤劳的付出，只有勤劳才会使家庭井井有条，才会使家庭物质丰富，才会使家庭美满幸福。勤劳的人不管在哪里，总是受人尊敬的。

勤劳是一种积累。每天多看两页书，知识就在不知不觉中积累起来；每天多写两行字，书写就慢慢顺畅起来、字体就漂亮起来；每件重大事项完成后，及时进行回顾、整理、总结，经验就会逐步丰富起来；每天起得稍微早一点，时间就挤出来了，良好的习惯也就自然培养起来了。很多伟大的事迹都是从小事开始，靠勤奋一点一点积累起来的。

勤劳能有更多机会。勤劳的人总比懒惰的人有更多进步的机会，更多的实践机会，更多的锻炼机会，更多的学习机会。勤劳的人在意识上是上进的，在客观上处于一种主动的地位，可以比其他人更好地抓住各种机会，丰富自身的经历，获得有益的人生体验。天道酬勤，机会肯定是不会留给那些懒惰的人的。

勤劳是无形财富。勤劳的人能给他人良好的印象，做一个勤劳的人，身边的人会为你的存在而欣喜；做一个懒惰的人，别人会因你的存在而厌恶。勤劳能使内心安定，一分付出一分收获，靠自己劳动所得的成果，可以心安理得享用。勤劳能提升个人的能力，在日积月累的勤劳中，个人知识、经验、能力得到有效的培养，这才是最重要的。无论从事体力劳动还脑力劳动，劳动都是神圣的，而勤劳就是一笔无形的财富，可以在家庭生活中发挥巨大作用。

2. 节俭

节俭，是指生活有节制，用度节省。节俭是持家之本，是一种美德，是一种优秀的传统文化，更是提升思想道德素质的一个途径。历朝历代都非常重视节俭，有许多关于节俭的古语。在物质比较充裕的今天，每个人每个家庭仍然需要节俭，尤其要意识到节俭在家庭和个人成长过程中的重要作用。

节俭是自觉节制。节俭是控制自身的欲望，不讲究奢华。崇尚节俭乃诸美德之本。俭为德之恭，侈为恶之大。俭则寡欲，侈则多欲。惟俭养德，惟侈荡心。凡不能俭于己者，必妄取于人。凡事一俭，则谋生易足；谋生易足，则于人无争，亦于人无求。俭则足用，俭则寡求，俭则可以成家，俭则可以立身。俭则约，约则百善俱兴；侈则肆，肆则百恶俱纵。有德者皆由俭来也。

节俭是珍惜物力。节俭体现了对一般劳动者的尊重，是对劳动成果的价值觉察，是对生活资源有限性的自觉习惯，是对社会存在方式的深入思考，是充分利用物力的艺术。一粥一饭，当思来之不易；半丝半缕，恒念物力维艰。居丰能俭，在富能贫。俭以寡营可以立身，俭以善施可以济人。惟俭可以惜福，惟俭可以养廉。以俭立名，以侈自败。俭开福源，奢起贫兆。由俭入奢易，由奢入俭难。

节俭与勤劳并重。为政之要，曰公与清；成家之道，曰俭与勤。历览前贤国与家，成由勤俭破由奢。勤是锄头上的黄金，俭是米缸里的白银。克勤克俭粮满仓，大手大脚仓底光。创业不可不勤，居家不可不俭。勤是摇钱树，俭是聚宝盆。勤俭好似燕衔泥，浪费好似水冲堤。光俭不勤无源水，光勤不俭水断流。不勤不俭，无以为人上也。人惰而侈则贫，人勤而俭则富。

需要提及的是，提倡节俭不是刻意限制消费，不是过度节省，必要的消费和支出是不能省的；节俭是个人的行为和习惯，在与他人的相处过程中，无须以“节约”指责他人；节俭是量入为出，合理安排，精打细算，物尽其用。节俭最重要的是保持朴素的内心，不追求奢侈华丽，不贪图享乐，不讲究虚荣，在心里存有一份富足。

3. 和善

和善的原意是温和而善良，和蔼。对于家庭来说，“和”就是和气、和睦、和美，是需要营造的氛围和实现的状态；“善”，就是善良、善心、善意，是良好的愿望、动机和出发点。

家和万事兴。①和气，就是态度温和。和气是家庭交流的前提，也是讨论问题的基础。在家庭中营造和气的氛围，需要和气说话，避免对立情绪，实现温和处理事务。和气不仅是一种态度，也是一种方法。只有温和地表达自己的意见和想法，才能使对方听得见、听得清、听得进、听得懂。②和睦，就是相处融洽、不争吵。家庭成员需要和睦相处，有事可以好好商量，有疑问可以沟通，有问题可以摆出来讨论。家庭事务没有必要争吵，而且争吵也不能解决问题。③和美，就是和谐美满。和美是家庭追求的一种状态，家庭成员分工合作、心情舒畅，各种事务得到和顺处理，家庭生活才能幸福美满。

善良是初心。①善良，就是心地纯洁，纯真温厚，没有恶意。因为善良，所以做事规范、追求效率，而不会横生枝节，不会拳头相向，不会无端猜忌，不会无中生有。善良最起码就是做到“己所不欲，勿施于人”。②善心，就是好心肠、有良心，心地善良。善心就是秉持同理心，“己欲立而立人，己欲达而达人”，设身处地、换位思考，利人在先、利己在后，知恩图报、勇于付出。③善意，就是心怀好意，有善良的愿望。善意就是本着积极、向上的心态，坚持良好的愿望，保持纯正动机，遇事主动为他人着想，公平待人、公正处事，妥善处理面临的问题，推动事务的有效处理和向积极方面发展。

行为的基础。和善既是待人的一种姿态，也是内在品质的一种体现；既是对弱者的同情、怜悯、慈悲，也是对他人的关心、付出、贡献；既是处理相互关系的一种手段，也是自我价值的肯定与坚守。和善是家庭和谐的必备氛围，是家庭有序发展的必须条件，是实现家庭目标的必要前提，也是所有行为的一种基础。需要指出的是，有的人在外面表现得很礼貌、有教养，但在家里表现得有些随意，有些不耐烦，有时甚至态度粗暴，这无疑会造成交流障碍，给家庭和自己带来不利影响。

(四)坚强、勇敢、担当

家庭的生存发展，并不一定都是一帆风顺，需要应对多种困难，处理不确定事件，甚至是意外的灾难。因此要有思想意识、内心意志方面的准备，需要家庭成员的坚强、勇敢和担当。

1. 坚强

坚强，即强固有力，不可动摇，不可摧毁。坚强可以用来描述人的身体、行为、意志。无论什么样的家庭，无论什么样的人，坚强都是不可缺少的。

“坚”，含有坚定、坚决、坚韧的意思，主要体现在内心的思想方面。坚定，就是立场、意志稳定不变，尊重自己内心的选择，执行已经做出的决定。坚决，就是态度、主张确定不移，行动果断不犹豫，不因外界的环境条件而轻易改变。坚韧，就是在艰难困苦和各种逆境的情况下，忍受身心痛苦，坚持不动摇，体现出一种意志力。

“强”，含有顽强、刚强、刚毅的意思，主要体现在外部的行为表现。顽强，表现为百折不挠，不向困难低头。刚强，表现为刚硬的姿态，不怕困难，不屈服于恶势力。刚毅，即刚强坚定有毅力，体现在延续的活动和持久的坚持。

学会坚强。每一个人、每一个家庭要学会坚强。在困难面前，坚强不屈；在艰苦面前，坚持忍耐；在挫折面前，屡败屡战；在身心创伤面前，负重前行。面对一切不顺利的事态，一切不顺心的局面，一切不顺意的结果，怀一颗平静的心，带一份美好的憧憬，做一个对生活充满自信的人。

拥抱坚强。遇见该遇见的，不管是“沉”还是“浮”；拥有能够拥有的，不管是“得”还是“舍”；珍惜应该珍惜的，不管是“顺境”还是“逆境”。心中装有坚强，进退中总会有一盏灯，照亮前行的脚步；寒冷中总会有一缕阳光，给予丝丝温暖；失落中总会有一张笑脸，是为你而绽放的。在时光的深处，轻握一份懂得，理解那份坚持；在生命的路口，学会一种忍耐，静待坚强的花开。

2. 勇敢

“勇”，就是大胆、勇猛、果敢、英勇，有胆量、有勇气，不怕危险；“敢”，就是敢干、敢为、敢担责，不推诿，无所畏惧，果断向前。“勇敢”，就是有勇气、有胆量，不怕困难，不怕危险，敢作敢为；就是勇担责任，展现魄力，果敢行动，临危不惧，决不退缩；就是毫不畏惧的气魄和不怕艰险的精神。

勇敢是中华儿女的优秀品质，也是家庭及其成员必备的精神素养。具体做到：面对探索、尝试和未知，面对危险、困难和不确定性，需要不畏惧、不退缩，勇敢地走出每一步；面对条件欠缺的决策、选择和判断，面对两难、纠结和不成熟，需要有胆气和魄力，大刀阔斧、敢想敢干；面对自己的缺点、不足和错误，面对延误、损失和失败，需要敢于承认、敢于担责、敢于自我剖析。

勇敢不同于鲁莽，不是无知无畏的蛮干，不是随心所欲的冲动，不是未经思考的决断；勇敢不是习惯性地拒绝服从，而是摆正自己的位置，努力发挥自己的潜能;勇敢不是无准备的行动,而是有计划、有组织的出发,有方向、有目标的前行。

一个人一个家庭要面对各种恶劣环境、不可预见的危险和困难,就必须学会勇敢。勇敢不是没有害怕,而是即使害怕也要沿着正确的方向前行;勇敢不是不知道危险,而是知道即使危险也要肩负道义不断前行;勇敢不是不知道艰难,而是即使艰难也要无畏前行。勇敢是担负着正义的目的,有责任、有使命,所以英勇前行。

勇敢有先天的性格因素,更需要后天的锻炼培养。勇敢是体力、智力、心力的磨炼,在劳苦中练就体格,在危急中练就气度,在曲折中练就心志,有狭路相逢勇者胜的气概,有压倒一切的内心定力。勇敢也是自我成长的一种方式,不能勇敢迈出第一步,就没有成功的可能,一切害怕、胆怯、懦弱都是无济于事的。在讨论梦想、远方的时候,还应关注内心的真切感受,面对动荡、危险、艰苦、困难以及孤独、忧虑、焦躁、失望,需要锻炼和培养自己的勇敢,需要有坚持下去、绝不退却的巨大勇气。

3.担当

"担",含有担负、担任、负责的意思;"当",含有承当、充当、承受的意思。"担当",是指担负任务、承担责任,也是一种魄力、勇气、自觉和不怕牺牲的精神体现。一个家庭需要有担当,一个家庭成员更要学会担当。

担当就是担重任。担当就是勇于承受重大任务,面对艰苦和危险,知难而进、迎难而上,表现出敢于承担大任的勇气。担当就是竭尽所能,调动一切积极因素,想方设法把大事、难事做好。担当就是坚持原则,协调相互关系,妥善处理问题和矛盾。担当就是不断提高自身素质,努力练就过硬作风,着力培养处事和交往的能力,切实承担家庭的重任。

担当是担责任。做事难免出错,逆境和挫折是一种普遍现象。担当就是正确对待失败和挫折,坦然承认失误和不足,主动承担应有的责任,不推诿、不狡辩、不找借口。担当就是客观分析失误的原因,善于从错误和失败中汲取教训,举一反三、不断完善、改进提高。担当就是把逆境和挫折作为修养的历练,作为人生阅历的财富,作为成长进步不可或缺的过程。

担当是去私心。担当意味着需要承受痛苦,意味着需要大力付出,意味着需要承受误解、非议、委屈，意味着需要自我牺牲。担当就是要去掉私心，一事当前，要以家庭的整体利益为重，而不计较个人的名利、情感、前途、得失。担当就是默默无闻、无私奉献，在荣誉面前不争功、在失误面前不推过，表现出无私无我的觉悟和境界。

担当是一种精神。担当是一种精神支柱，不犹豫、不退缩，英勇顽强，正气浩然。担当是一种积极自信，信念坚定，努力上进，主动而为，排除干扰，善作善成。担当是一种乐观成熟，胸襟坦荡，思虑周密，不怕艰险，不骄不馁。只有做到敢于担当、正确看待个人得失、主动承担责任，才能在家庭中形成主心骨，支撑起家庭的保护伞，为家庭成员遮风避雨。

(五)信仰、三观、理念

一个人的成长，不仅在于经验和知识，更重要的在于是否有先进的观念和思维方式。信仰、三观、理念是更高层次的思想意识，能够确立个体的人生意义和价值标准，摆正个体与社会的关系，坚定内心的信念意志，成为推动个体和家庭毅然前行的巨大动力。

1. 信仰

信仰，是指对某种主张、主义、宗教或对某人、某物的极度相信和尊敬，并把他奉为自己的行动指南或榜样。信仰是心灵的主观产物，是人们的思想意识，回答的是人生关切的最有深度的问题。

宗教信仰。宗教信仰是最常见的信仰。主要的宗教有佛教、基督教、伊斯兰教，在中国还有儒教、道教。宗教源于对自然的未知，有各自的神话传说，彼此相互串联，构成一个完整的体系。如佛教，注重善恶、因果业报，以成佛信仰为核心内容。儒教，以“儒家思想”为最高信仰，以超凡入圣、成圣为终极目标。道教，以“道”为最高信仰，追求自然和谐、国泰民安，以丹道法术为修炼途径。

信仰的根源。人类之所以不同于其他生物，关键在于人类拥有意识。这种意识，使得人类观察世界，学会反思自身。也正是人类的意识，在社会实践中逐步形成信仰。为了征服死亡恐惧，产生了宗教信仰中的“生死轮回”“死亡救赎”；为了追寻世界本源，产生了“上帝”创世论的宗教信仰。反思生存意义，形成人生目标和意义的精神价值追求；化解不确定性，佛教认为有“因果报应”，基督教则主张“原罪观念”；确立价值目标，超越有限，走向永恒，营造美好的“来世”。以此，人类可以增强生活的信念，确立前进的方向。

信仰的力量。不同人由于生活经历不同，所以会选择不同的信仰。有人选择信仰宗教，有人选择信仰科学，有人选择信仰理性。不管有多么不同，信仰都是调整人生各个方面的最高原则，成为所有活动的遵循和指向。信仰具有神圣性，使信仰者产生思想的稳定性和目标的崇高性，从而行动更具积极性，更加严以自律。信仰活动常常具有很强的仪式感，可以通过调动人的情绪，激发内心的无限渴望。拥有信仰的人都十分明确自己的人生方向和价值追求，使得无论面临任何挫折和困境，都会百折不挠、不言放弃，体现出信仰的巨大精神力量。

普通家庭中常见的是宗教信仰，有佛教、基督教、伊斯兰教等。国家规定公民有信仰宗教的自由，也有不信仰宗教的自由。有宗教信仰的人与没有宗教信仰的人一般都能和谐相处。有的人虽然不信教，但在生活实践中也会建立自己的信仰，只不过不那么明确、不一定成体系，比如坚信“善有善报、恶有恶报”，并以此作为指导自己日常行为的准则。马克思主义在中国的传播和发展，许多人在社会实践的观察和体验中，认识到马克思理论的真理性，坚信马克思主义对国家、社会和个人的指导作用。马克思主义是一个科学的思想体系，历经一百多年的历史检验，证明“马克思是对的”。

2. 三观

三观，即传统意义的三观，是指世界观、人生观、价值观。三观的形成与社会因素、实践条件、个人经历和意识提升等有关，每个人都有特定的经历，也有特定的三观。三观虽然概括和抽象，反映在意识层面，但直接或间接影响一个人的思维和行为，影响重大决策和选择，影响人生理想和目标的实现。在许多人的认知中，三观是否一致，是能否相处、共事和共同生活的重要条件。

世界观。世界观也叫宇宙观，是人们对整个世界的总的看法和根本观点。由于人们的社会地位不同，观察问题的角度不同，从而形成不同的世界观。世界观的基本问题是精神和物质、思维和存在的关系问题，根据对这两者关系的不同回答，划分为两种根本对立的世界观类型，即唯心主义世界观和唯物主义世界观。哲学是世界观的理论表现形式。

对于个人来说，世界观是非常重要的。世界观是在社会实践的基础上产生和逐渐形成的，是对现实世界各种具体事物的认识和思考的概括，是关于世界的本质、人与客观世界的关系等总的看法和根本观点。每个人都形成自己的世界观，并以此来观察问题、分析问题和处理问题。世界观不同，对问题的观察视角也就不同，对自身与外界之间的关系和位置也不同，因此处理事物的方法和结果也必然不同。

人生观。人生观是指对人生的看法，也就是对于人生存的目的、价值和意义的看法。人生观是由世界观决定的，是世界观在人生问题上的具体表现。人生观是在人的生活过程中逐步产生和发展起来的，是一定社会历史条件和社会关系的产物。由于在社会实践中所处的地位不同，不同的人对于人生的价值、生活的目的和意义等问题，有不同的观点和态度，形成不同的人生观。不同社会阶层的人一般有着不同的人生观。

人生观是世界观的重要组成部分，人生观包括幸福观、苦乐观、荣辱观、恋爱观、友谊观、生死观等。人生观指导人的生活方向，影响人的道德品质和道德行为，决定人一生的价值目标和生活道路。树立正确的人生观，对于一个人是非常重要的。

价值观。价值观是指人们在认识各种具体事物价值的基础上，形成对事物价值的总的看法和根本观点。一方面表现为价值取向、价值追求，归结为一定的价值目标；另一方面表现为价值尺度和准则，成为人们判断事物有无价值及价值大小的评价标准。

一个人的价值观一旦确立，便具有相对稳定性。个人的价值观会受到社会价值观念的影响，传统价值观也会不断地受到新价值观的挑战。对诸事物的看法和评价，在心目中的主次、轻重的排列次序，构成了价值观体系。价值观直接决定一个人的价值判断和行为取向，对于实现人生的理想和目标尤为重要。

具体来说，世界观方面，有人不能正确处理主观与客观的关系，典型的就是自以为是、自我中心，不能检视自己的不足，常常在实践中碰壁。人生观方面，不能正确处理个体生命与社会责任的关系，会出现享乐主义、悲观主义、实用主义等，因而在生活中趋炎附势，又常常觉得社会跟自己过不去。价值观方面，不能正确处理个人价值与社会价值的关系，往往出现读书无用、金钱至上等观念，该读书时不努力读书，该工作时又缺少做好工作的能力。由于三观不正确，认识往往偏离客观实际，所以感到办事不能顺心，生活缺乏动力和方向。

3. 理念

理念，是一种理论、观念，通常指思想。理念与观念关联，是思维活动的结果，是上升到理性高度的观念。理念是归纳或总结现象和事物所形成的思想、观念、概念与法则。

理念的形成源自生活实践，通过对事物的深入观察和高度概括，在整体上把握客观现象的本质或特征，达到对事物客观规律一定深度的认知，并用简洁语言进行诠释。这种诠释的信息内容，反映出理念是一种抽象的理性认识，表明理念中陈述的现象遵循一定的规律、有一定的形式，并按着一定的方法进行。可见，理念是通过人的思考活动，经过去粗取精、去伪存真、由此及彼、由表及里的信息加工，抓住了现象的本质以及整体与内外的联系，从而产生的观念、概念或法则。理念是一种认知的突变，具有明显的概括性、客观性、逻辑性和深刻性。

理念是对客观现象和规律的概括和抽象，每一个理念都存在一定条件和适用范围；理念是用语言形式来对客观规律进行的诠释，带有一定的直觉因素和感性的间接提炼；理念是一般事物中抽象而得的普遍概念，是经过思维活动的理性化思想。因此，由于经历不同、观察的角度不同、思维的方式不同，不同的人对于同一类事物、同一种现象，有着不同的理念。理念不是客观规律，而是对客观规律的反映。理念是人的理性化认知，不一定绝对正确，不能直接等同于真理。从这个角度讲，理念没有什么正确与错误之分，理念也不是一成不变的。不管什么理念，都要经过实践的不断完善，理念要不断地融合实际情况，融合周围的物质环境，才能拓展理念的范围和深化理念的内涵，从而把理念提升到更高层次。

理念一般针对现实的具体活动，比信仰、三观更具体、更直接引导人的行为。理念对于人生目标的确立、奋斗历程的把握、精神境界的陶冶、道德品质的塑造、坚毅勇敢的养成都有重大的影响,对于身心关系的调整、人我关系的处理、乐观情趣的培养、紧张情绪的疏解也有现实的指导作用。理念是客观现象的本质反映,是事物内在关系的外在表征。人生理念,如"种瓜得瓜,种豆得豆""一年之计在于春,一日之计在于晨,一家之计在于和,一生之计在于勤"等,是非常现实、具体和有指导作用的。家庭或家庭成员如果有相同或相近的生活理念,就可以方便达成共识,形成共同的意愿,采取共同的行动,实现共同的目标。

五、矛盾争议

家庭中总会有一些磕磕碰碰,或多或少会出现一些矛盾,而且会引起不同程度的争议。如何梳理生活中遇到的问题,如何对待遇到的矛盾,如何妥善解决争议,确实不是一件简单的事。常言道,"家家都有一本难念的经""清官难断家务事",说的就是这个道理。但是存在的问题、矛盾都是客观的、现实的,不能视而不见、充耳不闻,需要家庭成员正确面对、妥善处理。要以积极态度应对,为了共同的家庭目标,通过沟通交流、查找原因,真正化解问题、矛盾、误解和隔阂。

(一)矛盾的产生

家庭矛盾是不可避免的,俗话说牙齿还要跟舌头打架。要减少或者解决家庭矛盾,需要分析家庭矛盾产生时段、环境、原因等因素,了解矛盾的主要方面和主要内容,抓住核心问题和关键要素。只有这样,才能一把钥匙开一把锁,才可能妥善解决矛盾。各种矛盾大致可以划分如下:

1.不同阶段

不同阶段有不同的矛盾,这些矛盾带有明显的阶段性。或者说,在家庭的不同发展阶段,不同的主要事务成为家庭的主要关注点和矛盾产生点。新婚之后主要是磨合中的矛盾,如家庭分工、亲友来往、家庭管理等;有了小孩之后主要是育儿的矛盾,如孩子的照看、孩子穿衣饮食、孩子生病治疗等;

孩子上学后主要是小孩教育的矛盾，如功课辅导、分班择校、教育理念等；夫妻自身还有工作与家庭的矛盾，如何兼顾、平衡两者关系，特殊情况下何者为先等。

2. 不同外因

家庭与外部发生联系，受到不同外部因素的影响，引起各种家庭矛盾。受父母影响带来的矛盾，如处理小家与父母的关系、婚前房产的署名、婚后的购房资助；受朋友影响带来的矛盾，如交友圈、生活方式、生活追求等；受社会因素影响产生的矛盾，如购房计划、学区选择、子女参加培训班；受风俗习惯影响带来的矛盾，如婚庆场面的安排、节日的礼尚往来、过年去谁家等。

3. 不同内因

各种不同内部原因引起的矛盾，即家庭成员之间的各种不协调带来的矛盾。因为行为习惯原因引起的矛盾，如喜欢睡懒觉、爱好打麻将、迷恋跳舞、玩电子游戏上瘾等；因为经济原因引起的矛盾，如财务计划安排、大额经济支出、对外投资借款、对父母的资助等；因为情绪感情原因引起的矛盾，如脾气暴躁、话语尖刻、感情冷漠等；因为生活理念原因引起的矛盾，如希望托关系走后门、盼望轻松赚大钱、认为有钱能使鬼推磨等。

家庭矛盾产生的原因复杂，可以是不同阶段、不同外部因素和不同内部原因共同作用的结果，并且可能由个别特定事件触发。有时还找不到问题的症结，一方情绪激动、非常生气，另一方摸不着头脑、不知为何，矛盾也就逐步加深，甚至扩大，变得越来越复杂。抓不到主要矛盾、抓不到矛盾的主要方面，也就抓不到矛盾的关键点，就像牵牛时没有抓住牛鼻子一样，问题就很难解决。

家庭矛盾带来不正常的家庭生活。一是不真实，有时为了说服对方，可能人为拼凑一些理由，往往表达得也不完整、不全面；二是不理解，由于处于矛盾状态，双方都坚持自己的意见，不能认真听取对方的建议，不能设身处地去理解对方的想法；三是不协调，矛盾的一方或双方可能强词夺理，或采取压倒对方的强硬态势；四是不配合，由于内心存在对立情绪，也就不可能很好实现配合，更不要说是主动配合，而是处于一种爱理不理，谁提议谁去做的分离状态。家庭矛盾如果不能及时解决，有可能进入恶性循环，双方的裂痕越来越大。

(二)争议的处理

家庭都是建立在一定的感情和思想基础之上的,有矛盾也不难解决。只要双方的出发点是一致的,都是一心为了这个家,就没有根本的利益分歧,也就没有解决不了的矛盾。尤其是那些经相知、相爱走到一起的小两口,出现问题都可以沟通解决。但是,现实总是错综复杂的,由于个性、脾气、认识的不同,或者心理隔阂、情绪对抗等原因,有些家庭发生意见不一致、不愉快时,不能好好协商处理,或者根本就不知道如何处理,演变出各种对抗形式,甚至搞得家中鸡犬不宁。因此,在强调家庭感情之外,要有一套处理矛盾的规则和机制。

1. 矛盾处理规则

婚姻不同于恋爱,需要处理家庭中的各种事务,不仅要有牢固的家庭观念,而且还要有处理矛盾的具体规则。对于常见的一般家庭矛盾,在操作层面可以按如下的规则处理:

(1)不要掩盖。家庭中有问题、有疑虑、有矛盾,首先要表达出来,不隐瞒、不掩盖、不粉饰、不转移、不拖延,坦诚面对是解决矛盾的第一步。

(2)不要扩大。家庭有矛盾,对事不对人,保持尊重对方;家庭有问题,要一事一议,不要将不同类型的事情扯在一起,也不要把不同层级的冲突相互纠缠,否则只会使问题更加复杂。

(3)自己解决。家庭中的矛盾需要自己处理,尽量通过双方自身的努力去解决,一般不要请朋友帮助。朋友不了解矛盾的来龙去脉、前因后果,出的点子比较直接、简单,甚至是歪点子,有些看似有道理,其实可能是添油加醋,容易激化双方情绪。除非确实有必要,一般也尽量不要让双方父母介入。

(4)互谅互让。互谅互让是双方的事,是解决矛盾的基础,除了关系到忠实这样的婚姻原则性的问题之外,面对一般的矛盾需要双方的包容、宽容、容忍,否则针尖对麦芒,矛盾就不可能解决。

(5)积极沟通。积极沟通也是双方的事,既是解决矛盾的一种有效途径，也是处理分歧的一种常用手段。如果只有一方在积极沟通，那是不可能持久的，也是不解决问题的。

(6)简化小矛盾。对于一些微小矛盾，如事务性、情绪性、习惯性的问题，可以提出来交流，但不要过于严肃认真，点到为止即可。特别是情绪的对立，其实稍微忍一忍也就过去了，如有必要，等双方心平气和时再进行交流。

(7)关注大矛盾。对于一些重大事务的对立意见，特别是家庭规划、长远安排方面的考虑，需要约定交流时间，静下心来进行利弊分析，在充分沟通的基础上，统一双方的认识。家庭中的重大事务需要双方达成一致意见，否则只是一方坚持，可能会出现较多的后续问题。

(8)把控原则问题。出现违法行为、第三者插足等原则问题时，常常会引发家庭的尖锐矛盾，需要好好把握，分清是非，防止出现失控。要考虑尽可能把问题解决在萌芽状态，如果实在不行，也要做好后续的处理准备。

2. 矛盾冲突规则

仅有矛盾处理规则有时还是远远不够的，有的矛盾不是一时一事，而是日积月累的结果，双方一时不能取得一致意见。因此，在矛盾不能很好解决时，还需要有矛盾冲突规则。矛盾冲突规则就是矛盾的避让规则、选择规则和矛盾不能解决时的过渡规则。

(1)不影响日常生活。尽管有矛盾，不管矛盾大小，不要影响日常生活，不要拿锅碗瓢勺出气，冷战或赌气回父母家都不利于问题的解决。当然，闹点小情绪也是常见的情况。

(2)不影响交流沟通。保持交流的习惯和沟通的渠道，尽可能当面交流，让双方都有表达意见的机会。这样有利于充分沟通，加深对具体问题的认识和理解，以便消除双方的误会和隔阂。

(3)不波及父母、子女。两个人的矛盾可能是父母、子女的原因引起，但在处理问题时，不应将父母、子女作为出气的对象，攻击的目标，要挟的资本。这是必须明确的，否则会严重影响家庭关系。

(4)不追究历史问题。不应将当下的问题与历史的问题纠缠一起。尽管有些矛盾可能跟先前的事件有关，但当下的问题还是应着眼于当下，否则会使矛盾更加复杂,剪不断理还乱。

(5)男方礼让女方。除非是特别重大事务或原则问题,对一般事务双方不能达成一致意见时,男方多让女方,这样便于解决争议。

(6)经济让位感情。侧重经济方面的考虑应该让位于侧情感方面的考虑,情义无价,钱用了可以再赚回来,情义失去了就很难挽回。处理对外关系时,多给少取,在财物方面多付出,人际关系就会更加融洽。

(7)局部服从全局。站在局部的角度或考虑局部的事务,应该服从全局的角度或全局的事务。如果做出一点牺牲、做出一点贡献,能够使其他问题都得到比较顺利的解决,那么这种局部的牺牲和贡献是应该的,也是必要的。

(8)家庭遵从社会。要尊重地方风俗,家庭存在于社会,需要融入社会,一些习惯要与社会风俗相衔接,不要过分自作主张。在大环境的考虑方面要跟随社会发展,跟上时代潮流,包括国家政府的一些政策要求。要不断调整家庭的发展思路和规划,使家庭获得良好的外部条件。

家庭中可以讲情、讲理、讲法,主要的还是讲情,但情又是最讲不清楚的。是一个人的情,还是双方的情?是一方的付出,还是双方的努力?对家庭事务中的矛盾,应该是在矛盾处理规则的指引下,按照必要的冲突处理规则,进行情、理、法的调和。如果矛盾真的处理不了,只能睁一眼、闭一只眼,不吭声、装糊涂,难得糊涂一次,或许事情就过去了。这也不失是一种处理办法,现实中很多家庭就是这样过来的。

(三)家庭的解体

由于主客观多方面的原因,有些家庭矛盾也会出现难以弥合的状况。当家庭矛盾不可调和时,会愈演愈烈,有的最终发展到离婚,即家庭的解体。现在每年的离婚率不断上升,成为一种社会现象,很难说是进步还是倒退。与结婚自由一样,离婚自由也是个人的一种权利。

1. 主要根源

现代人的离婚有多方面的原因,除了表面的矛盾、争论之外,主要根源有以下几个方面:

自主个性。现代人自主性强，一些重要事务希望由自己做主，在生活的各个方面体现独立精神。①经济独立，男女双方都有一份工作，有一份收入，使得双方有独立的基础。②活动独立，男女双方有自己的朋友圈，有自己的活动范围和活动内容。③情感独立，男女双方有自己的情感导向，有自己的兴趣和爱好，有自己的生活侧重点。由此集中表现为个性的独立，有自己的想法和主张，有自己的追求和目标。从另一方面说，就是有些人比较自我、比较自利、比较任性，没有从家庭的整体出发考虑问题。

人性脆弱。人性有时是非常脆弱的，恋爱时的甜蜜表白，求婚时的海誓山盟，婚礼上的庄严承诺，是否真正记在心上，落实在行动中，这是谁也说不准的。人性中的自私、任性、贪婪、懒惰等劣根性根深蒂固，道德、法律约束可能早就被抛到九霄云外，对家庭责任更是毫无概念。人性的脆弱有时无法预料，并直接影响婚姻的质量。

外部诱惑。外部世界时刻充满着诱惑，外部物质世界的发展，在提供生活享受的同时，也充满各种吸引力，迷惑人的心智。金钱、地位、权力可以直接与物质利益交换，意志薄弱者很难经得起这种诱惑。

观念不同。观念意识方面差异也是很重要的因素，观念意识是更高、更深的层面，集中在三观方面。三观不同，看待事物的方法、角度不同，衡量事物的价值标准不同，人生的追求和目标不同，对自身的要求也不同。三观不一致，容易产生一些分歧，特别是人生观的不同，它可直接关系到个人的目标追求。

需要说明的是，上述几个方面确实会严重影响家庭生活，但对于离婚来说，只是必要的条件，而不是充分条件。有的人在征婚启事中，明确要求三观相符，说明已经意识到这个问题。不过，谈恋爱时很难把三观谈清楚，正儿八经谈三观非把人吓坏不可；离婚也不完全是因为三观的问题，不同环境中成长的人，观念意识不一致是很正常的。三观一致不一定就不离婚，三观不一致的也不一定必然离婚。对家庭的坚守，关键是双方的真诚、尊重、理解和责任心。

2. 实质条件

离婚虽然是个人的权利，但行使这种权利时需要特别谨慎。判断离婚的实质性条件有以下方面：

第三者。我们常说的第三者插足现象，就是有配偶者与他人同居或重婚。这是一种很严重的情况，已经危害了婚姻的基础，违背了夫妻之间的忠诚义务。

家暴。家暴是指以殴打、捆绑、残害、强行限制人身自由等手段，给家庭成员的身体、精神等方面造成一定伤害。持续性、经常性的家庭暴力，构成虐待。家暴行为严重危害家庭成员人身安全。

恶习。赌博、吸毒等恶习将严重影响家庭的正常生活，给家人带来极大的不安定，而且一旦染上赌博、吸毒等恶习，很难改变，特别是毒瘾发作时，什么事都做得出来。

感情。感情不和的因素很多，包括性格、脾气不合等。有些心理感受或相处不和谐的情况难以用言语表达，婚姻法对此做了量化，规定因感情不和分居满两年的允许离婚。

其他。导致夫妻感情破裂的其他情形，例如夫妻双方因是否生育发生纠纷，或者女方擅自中止妊娠，致使感情确已破裂，一方请求离婚的，人民法院经调解无效时，也可以判决离婚。

3. 相关事务

离婚需要处理的事务很多，包括采取何种方式离婚，子女抚养和财产处理等，有的还涉及损害赔偿问题。

协议离婚。男女双方自愿离婚的，双方签订离婚协议，明确子女抚养和夫妻共同财产的具体分割，并到婚姻登记机关申请离婚。婚姻登记机关查明双方确实是自愿，并对子女和财产问题已有适当处理，发给离婚证，准予离婚。

诉讼离婚。男女一方要求离婚的，可以直接向人民法院提出离婚诉讼。人民法院审理离婚案件时，程序上先进行调解；如感情确已破裂，调解无效，才判决准予离婚。一方被宣告失踪，另一方提出离婚诉讼的，人民法院应准予离婚。

子女抚养。离婚后，子女无论由哪一方抚养，父母对子女仍有抚养和教育的权利和义务，离婚不免除任何一方的抚养责任。抚养子女主要是承担必要的生活费和教育费，负担费用的多少和期限的长短，由双方协议决定或由人民法院判决。抚养费一般需要支付到子女 18 岁成年为止。

财产处理。夫妻共同财产，离婚时按照顾子女、照顾女方、便利生活的原则处理。一方隐藏、转移、变卖、毁损夫妻共同财产或伪造债务的，分割夫妻共同财产时，对该方可以少分或不分。离婚后，另一方发现有上述行为的，可以向人民法院提起诉讼，请求再次分割夫妻共同财产。

赔偿请求。因重婚的，有配偶者与他人同居的，实施家庭暴力的，虐待、遗弃家庭成员等情形导致离婚的，无过错方有权请求损害赔偿，并将得到人民法院的支持。

离婚给无过错一方的伤害是致命的。如果说失去一个朋友就像是经历一次死亡，那么离婚就要经历三次死亡。第一次是“情”的死亡，情不在了，同床异梦，一起生活就没有情趣，也就没有意义；第二次是“心”的死亡，心中已经没有对方，没有念想，也就没有共同生活的希望；第三次是“家”的死亡，离婚后家也就解体了，原来双方亲手建立的家，已经不复存在了。一次在杭州万松书院的征婚现场，一位正在贴征婚启事的大姐说：“找对象一定要谨慎，找得不好的，是要害三代的。”事实也确实如此，离婚给子女的伤害也是巨大的。愿天下终成眷属的有情人都能白头偕老。

六、波动转折

在家庭的发展过程中，出现一些波动和转折是不可避免的。无论生、老、病、死、残，还是调动、改行、创业、迁徙，都会给家庭带来非常大的变化，需要我们有充分的认识，并且在出现状况时能够妥善应对，使家庭顺利度过困难时期。

（一）家的波动

家的波动主要是指受不可控因素的影响，带来家庭成员身体、情感或家庭经济等方面的突变，严重影响了家庭的原有生活，给家庭成员造成较大的压力。

1. 身体方面

有的人直到年纪大了才关注身体健康，才意识到身体健康的重要性。实际上对于一个家庭来说，身体的健康在任何时期都是非常重要的。常见的疾病、受伤、致残等，都严重影响家庭的生活。

疾病。人体是一台精密的机器，经过上百万年的自然进化，应该说人体中的神经系统、消化系统、循环系统、呼吸系统、运动系统、免疫系统等已经相当完善，各种机能也已经非常完备。同时，一生中人体各系统的建立、完善和衰落的过程，也是身体与疾病相伴相生的过程，疾病与人类如影随形。

疾病发生在多个阶段，婴幼儿、青少年时期主要是免疫方面的疾病，以及伤风感冒引起的咳嗽肺炎等；中年时期，主要由于事业打拼，工作劳累，生活不规律，长期熬夜，出现抑郁症、猝死；老年时期，饮食、运动、睡眠各方面都出现衰退，主要是“三高”等老年病。

生活习惯和环境的影响，如少儿出现的肥胖，成年人的过度减肥，老年人的过量运动，都会带来不同的疾病。水污染、空气污染、土地污染，生态遭到破坏，雾霾天气增多，农作物农药残留等环境因素的改变，以及流行性疾病，如非典、禽流感等，增加了疾病的发生。

遗传基因的疾病，越来越被重视，有显性遗传疾病，有隐性遗传疾病，还有发生基因突变引发的疾病。常见的糖尿病、高血压都有一定的遗传因素，还有的疾病传男不传女或传女不传男，有的疾病隔代遗传。人类对自身的认识还是很粗浅的，许多疾病尚无有效的治疗方法，在疾病面前生命有时是非常脆弱的。

疾病对家庭的影响是多方面的，一人得病、牵动全家，特别是住院治疗。几乎是一人住院、全家动员，生活变成以病人为中心，家人陪护、送饭，如果是异地就医，还有车马劳顿等。费用的支出，时间体力精力的付出都是非常巨大的，原有的日常生活完全被打乱。

受伤。受伤是身体受到外力或其他物质的损害，造成组织、器官、肌肉、骨骼、经络等损坏，影响正常的生理功能。受伤的情况可分为两种，一种是外部的意外因素，个体自身很难预见和抗拒，即那种飞来横祸，如车祸、火灾、风暴、坠落物等，一种是主观方面的因素，包括疏忽大意和轻信可以避免，如使用工器具不慎而使自己受伤，或在野外防范意识不强被虫蛇、动物咬伤，这种受伤有外部的力量也有自身的原因。身体受伤是时常发生的，往往都是突发性的，常常给家人一个措手不及，并且给家庭带来严重的影响。对防止受伤，我们能做的就是管理自己的行为，尽量做好防范工作，留心环境安全，规范平常操作，严格遵章守纪，比如乘车系安全带，不闯红灯，老年人在家做好防滑，包括地面和鞋子的防滑。这些事情虽然很普通、很琐碎，但都是事关安全的大事。

致残。致残是因为疾病或受伤，经过治疗，身体不能恢复原状，留下严重的功能缺陷。我们常见有四肢、运动、视听、语言等功能的缺陷，如因车祸或触电而高位截肢，给本人和家庭带来沉重的打击。致残对伤残者本人，带来生理功能的缺陷，不仅直接影响其活动范围、与人交流、工作学习、社交沟通等，还影响其心理和性格，比如易形成自卑心理、桀骜古怪的脾气等。毫无疑问，致残对家庭的影响也是很大的，家庭成员都遭受心理的打击，家庭还要长期为伤残者特别付出，包括心理安慰、饮食起居、劳动就业、保健康复等等，严重的致残甚至改变家庭的生活和发展轨迹。至于伤残者能否走出心理阴影，要看伤残的程度、内心磨砺以及康复情况。内心意志起到非常重要的作用，如果伤残者内心强大，具备一定的行动能力，经过一段时间的过渡，还是可以从阴影中走出来的。有的伤残者成为创业者，如开设盲人按摩店，成为自食其力的人，这样的例子有很多。同时，社会对残疾人也比较尊重，政府也会给予一定帮助。

2.经济方面

经济方面的波动也是常常发生的，如果为他人打工，就有下岗失业的可能；如自己做老板，就有创业失败的可能；如果家庭对外有经济来往，就有发生经济纠纷的可能。

下岗失业。无论个人的原因还是单位原因，下岗是离开原来的岗位，暂时不安排具体工作，自然造成经济收入大幅减少；失业是解除劳动合同，离开原来的工作单位，也就没有正常的工资收入。如果是单位提出解除劳动合同，根据劳动法的规定，劳动者可以得到一笔补偿费；国家建立了失业保障制度，失业人员在一定期限内可以得到一笔失业保障金。无论如何，这些都是临时的保障，不是正常的工资收入。家庭经济收入的减少，直接影响家庭的日常开支，并且给下岗失业人员带来心理的压力。有的还可能带来情绪的变化，并且导致家庭日常生活的波动。

创业失败。创业是一个吸引人的话题，尤其是互联网的发展，网络经营、微信群销售频现。利用网络扩展实体店的销售渠道，各种网上餐饮、水果、鲜花店层出不穷，给消费者带来极大的便利……大众创业、万众创新时代，研发、设计、生产、销售、服务等新的公司如雨后春笋涌现出来，但同时许多公司步履维艰、经营困难。互联网创业好似一阵风，来得快可能去得也快；办实体企业资金需求大、周期长，需要能坚持、敢坚持；进入服务行业，资金量少、调转也快，但竞争非常激烈。创业失败已经不是新鲜的事，它给家庭带来影响，可能是投入资金血本无归，可能是欠了一屁股债，可能是一辈子都翻不了身。

经济纠纷。经济纠纷的来源，主要有办公司、民间借贷、赌博三类。办公司对外发生许多经济联系，产生经济纠纷在所难免，关键是如何设置风险隔离，尽量不要波及家庭，比如设立有限责任的公司，而不是合伙企业。赌博是恶习，但有人喜欢，甚至上瘾，赌博形成的债是不合法的，但在多数情况下以合法的形式存在，当事人必须归还。民间借贷，第一种情况是出借人将钱借给朋友、熟人后，借款人生意亏损、无力还款，且已夫妻离婚，借出的钱款收不回来，有的还过了诉讼时效。第二种情况是贪图高额回报，陷入庞氏骗局，借款人卷款而逃，出借人血本无归；还有的人甚至一进一出，想赚一个中间差价，结果是前手的钱追不回来，自己一辈子的财产积累包括住房，都被法院强制执行，用来还钱给后手的出借人。第三种情况是高利贷，还款金额利滚利，借款人被高利贷债主逼得走投无路；有的甚至遇到“套路贷”“校园贷”，出借人手头有合法的证据，虽然不是借款人的真实意思表示，但借款人有口难辩。经济纠纷往往使一个家庭伤痕累累、疲惫不堪。

3.情感方面

情感方面波动的原因更多，有疾病、受伤、致残方面带来的经济和心理压力，也有下岗失业、创业失败、经济纠纷带来的各种打击，造成夫妻双方的埋怨、指责，甚至吵架、互不信任等。还有就是感情方面的因素，由于一方心有别恋，或者第三者插足，这种情况下双方很难相互信任，矛盾也就越积越多。情感方面波动的一大特点，就是不断强化背离的结果，即因为交流的不通畅，加上有心理情绪，双方往往相背而行，而且不断放大这种结果。这种情况下需要双方坐下来，平心静气进行交流，必要时双方父母可以主动介入，牵头组织，安排时间一起参与，便于控制交流的进展、侧重点，防止在鸡毛蒜皮的事上纠缠不清。对于因身体方面和经济方面带来的波动，只要说开了，应该是容易解决的，双方的父母也会给予一定支持。对于感情方面的原因，一般比较难说和，这时特别需要双方父母有明确的立场和正确的是非观，自己孩子错了就是错了，不要遮遮掩掩，更不要和稀泥。

家的波动还有大环境方面的因素。大环境的因素虽然间接一些，但其作用有时是巨大的。例如历史上的大变革时期、一些特殊时期，还有一些政治运动，甚至是技术革命，都会给家庭带来影响。大环境的变化，是我们不能抗拒的，但对于大环境的影响，我们可以在力所能及的范围内做工作。例如物质丰富了、经济发展了，但思想道德教育跟不上，出现贪污、腐化、纠纷、家暴等影响家庭稳定的因素就肯定多了。我们能做的就是多关心家人，多体贴、多照顾，多教育子女，防止外部不良风气的侵蚀。对于家中出现的问题和矛盾，要尽早发现，及时干预，妥善处理，确保家庭的和谐发展。

【链接】

离婚咨询案例

一位同事向单位的法律人员咨询，女儿结婚已经有了一个小孩，但女儿与女婿感情不是很融洽，而且已经有一段时间了，请教办离婚的手续和需要做的准备。法律人员回答，一般是劝“和”不劝“分”，家庭有矛盾要尽量去解决，最好不要离婚。同事提出，能否跟男方的父母说说？法律人员回答，当然可以，应该试一试。如果男方父母的是非观念比较强，而且对儿子管教比较严的话，就会有一些好的效果。

过了一段时间，同事跟法律人员说，女儿跟女婿已经和好了。这是一件令人高兴的事，至于男方父母怎么说、说了什么不便多问，长辈有长辈的方式方法。这说明，遇到感情纠葛并非束手无策，我们还是可以做一点工作的，不能防患于未然，至少在问题的萌芽时做出努力，争取向好的方面转化。

相反，如果做父母的都放任自流、是非不分，那么结果多数会向坏的方面发展。

（二）家的转折

随着家庭的发展，总会出现一些大的转折。这些转折，有的是家庭发展的必然，有的是自己的人生选择，有的是国家制度安排。

1. 生育

如果说结婚是恋爱的必然，那么生育就是婚姻的结果，是爱情的结晶。生育是家庭的一件大事，也给家庭带来转折。

很不容易。新生命的到来并非容易。生育不是一件简单的事：年龄方面，一些人从学校毕业回归社会，已经二十多岁了；参加工作进入单位，从熟悉业务，到事业上立住脚，还需要一个适应和努力的过程；等到谈恋爱、结婚，已经三十多岁。经济方面，城市的收入高一些，但生活成本也较高，对于一些年轻人来说，面临购房的压力，即使父母付了首付，每月支付按揭款后，也没有多少剩余工资。工作方面，现代生活节奏快，每天上班下班，忙于做不完的工作，也给年轻人带来不少的压力。有的人害怕生孩子，有的不愿意生孩子，有的生不了小孩，想要生育一个孩子并不是一件容易的事。

新的希望。新生命是家庭的新希望。如果把家庭比作一棵树，新生命就是这棵树上的新枝丫，是家庭的一个新的增长点。区别于其他的增长点，这是一个新生命的增长点，充满着无限的不确定性，充满着无限的可能性，充满着无限的新希望。在这个新生命身上，有着父母的遗传基因，不仅相貌、体格带着父母的信息，而且在其成长过程中，还将从父母那里学习知识、学习做人，继承父母以及先辈的精神财富，并在社会实践中发扬光大。这个新生命充满着神奇，如果条件具备，也许有所发明、有所发现、有所创造，为人类的文明和进步做出一份贡献。

新的重心。新生命成为家庭的重心。新生命的到来，原来的两人世界成为三口之家。在今后的很长一个时期内，都将以这个新生命作为家庭的重心。有了孩子之后，为人父母的心理感受就完全不一样了。你会感到一种责任，因为孩子是你自己的，你与孩子融为一体，一切都要从头学起，一切都需要精心照顾;你会感到一种乐趣,孩子的身上倾注了你的心血,孩子一丝一毫的变化都被你注意到,成长中的一举一动都给你带来快乐;你要学着为他人着想,你再也不可能以自我为中心,你至少要为孩子着想,要考虑他的感受和意愿,你有义务帮助他,你必须努力工作,为他创造尽可能好的条件和环境。随着孩子到来,家庭也转入一个快速成长阶段。

2.迁徙

家庭迁徙就是把家从一个地方搬到另一个地方,并带来生活、工作、学习和环境的极大改变。工作调动、职业改变、自主创业甚至是务工都可能带来家庭的迁徙。

不是简单家事。家庭迁徙涉及多方面的问题,不是一件简单的事。家庭迁徙大致有三种情况:第一种情况是夫妻双方异地工作,一方向另一方靠拢。这种情况有一方的基础,总体来说稍微容易一点,主要是为另一方找工作的事。问题是一般工作好找,好的工作难找。第二种情况是因调动、创业或打工,一方先到异地工作,有条件时另一方再跟过去。这种情况比前一种情况更难一些,除非组织出面帮助调动另一方。第三种情况,就是紧俏职业、人才引进或自由职业,夫妻双方可以同时落实工作,同时调动。从家庭的发展角度看,迁徙的方向应该是清楚的,即从小地方到大地方,有的人想得更远,就是子女的高考录取分数线,比如迁入北京户口。但是,南方人到北方生活会有一些不习惯。

必须形成合力。迁徙是一件重大事情,需要家庭形成共同意愿,家庭成员共同努力。要积极寻找调动机会,一是能力型路线,要有基本的专业工作能力,能为别人提供服务,这是前提;专业能力得到他人的认可,包括综合素质;接收单位需要这样的人,主要是中层领导感到需要,并愿意出力。二是关系型路线,找到人脉关系,通过推荐、介绍,得到接收单位领导的认可,可以直接进入招聘或调动环节。三是复合型路线,先借用、再应聘,在借用中展现自己的工作能力和态度,熟悉一些人脉,建立一些关系,等待应聘机会。需要考虑的是,是否固守原有专业。专业固然重要,“家有万金,不如一技傍身”,但最好不要限定专业,这样可以有更多的机会。社会多元化发展,行行出状元,如果从事的新专业能面对市场,那是最好的。行业系统内的调动,有的学工科的人改做信访、培训管理等，进入一个稳定的单位也很好。需要注意的是，机会不是等来的，而是争取来的，要找到信息渠道，多熟悉一些人；要发挥自身的特长，取得他人的信任；要敢于去尝试，见见场面也好。机会总是不断出现，就看你能不能抓住，关键是要有所准备、主动作为。

需要尽快稳定。①迁徙的过程应尽量缩短。不要久拖不决，时间长了容易节外生枝。工作落实后，需要办理户口、养老保险、公积金等转移手续。现在户籍管理不断改革，人口迁徙相对容易，即使是实行户籍积分制管理的城市，只要有一定的学历，也是比较容易满足户口迁移条件的。养老保险、公积金随劳动合同办理，一般还是比较方便的。②重要的是解决住房问题。一个家总要有居住的地方，可以视市场行情和具体政策决定购房。现在许多城市都在限购限贷，有户口、养老保险年限等限制，符合条件的宜选择购房。有工作单位的，可以进行按揭，只要解决首付，就可以逐步还款。③熟悉和适应新的环境。熟悉生活环境，如居住地周边的情况，菜场商店、街道社区，风俗习惯、风土人情；城市的区域分布情况，医疗卫生、市场商圈，道路交通、车站码头。熟悉工作环境，如岗位职责、工作内容，领导同事、部门合作，参与单位活动，融入集体文化。调节生活状态，平衡饮食起居、特色口味，参与休假旅游、朋友聚会，建立新的朋友圈。

3. 退休

退休是国家的一种制度安排。到了法定退休年龄，单位按流程办理退休手续，终止劳动合同，由社会劳动保障机构逐月发给退休金。退休标志着离开社会活动中心，回归家庭日常生活，也是家庭的重大转折。退休需要有一个过渡时间，进行必要的心态调节，重新安排个人日常活动。

过渡时间。临近退休，工作内容和工作量逐步减下来，有的单位会安排一个交接期。脑力劳动者或者说管理者的工作交接内容多一点：整理文件，清理过期的文件，选出有用的文件，收集个人的文件，包括纸质和电子文档；交接工作，对一时不能完成的文件、课题等，落实具体的接收人员；交还办公用品，主要是工作电脑，清理干净个人文件目录。体力劳动者工作交接比较简单，只要把手头工作做完就可以了，最多交代一下注意事项就行。配合单位办理相关退休手续，领取退休证，按规定领取企业年金、公积金。退休回家，在家里还有一个过渡时间，从原来的朝九晚五，到自由安排自己的时间，喜欢看书的看看书，喜欢种菜的种点菜，喜欢走动的附近走走，总之是要适应退休的节奏，自己给自己做出安排。少数人一时不能适应退休生活，作息不习惯、饮食不均衡，出现一些焦虑、烦躁等情绪，一时感到落空也属正常。当然过段时间，一切都会慢慢好起来。

心态调节。到了退休，心态调节是最重要的。①不要攀比事业，孔子云"五十而知天命"，其实有没有作为，一般在50岁左右已经基本定局，当然个别的可以例外。如果事业比较成功，到了退休还有所追求，那当然是好的。但退而不休，也要把活动量减下来，事业上的收敛收缩，有利于保护身体。②不要攀比收入，退休后不参加工作，可以按月拿退休金，一般来说生活还是比较宽松的。退休人员不要与在职人员比收入，也不要与不同行业、单位退休人员比收入，这些都是不可比的。③不要攀比子女，儿孙自有儿孙福，子女如何是子女自己的事，只要子女身体健康、有份工作、有房住、有饭吃，那就很好了。至于子女事业如何、发展如何，都是他们自己的事情。有的子女单位好、子承父业，有的单位差、收入一般，有的子女可能出国发展，有的可能留在乡村，都是他们自身的选择。

活动安排。老年人已经成为社会的一个大群体，退休人员的活动也可以丰富多彩，应该高高兴兴安排好退休生活。①参加老年大学，这是很多老年人的首选。老年大学的课程很多，可以选择的范围很大，有的90多岁了还在上老年大学。由于参加的人多，城市里的老年大学报名有一定困难。②适当做一点工作，可以返聘某些机构做一点工作，或者参加一些志愿者活动，主要是接触社会、了解社会，避免生活单调、脱离社会。③安排休闲旅游，约几个伙伴去旅游，到各地走走看看，是一件比较惬意的事。当然出去旅游，事先要做点功课，不要参加低价团、购物团，更不要去冒险。④社区附近的活动，每天跳跳广场舞，做做拍手操，爬爬小山坡，在附近的景点看看，这些都是很好的事。有条件的，可以定期、不定期约老友聚一聚。⑤帮子女做点事，子女可能事业繁忙、工作劳累，还有后代的抚养，可以帮助子女做点力所能及的事。有时间、有条件的，可以把退休生活整体好好规划一下。

（三）家的终结

作为家庭成员，衰老是生命的自然现象，死亡也是人生的必然规律。同样，与其他事物一样，家也是有生命的，家最终也会终结。只是平常人们关注身体健康、疾病治疗的多了，关注衰老、死亡的相对少了；关注家的建立、喜庆的多了，关注家的终结、哀伤的少了。家的终结，以夫妻一方或双方的死亡为标志。但只要有生命的繁衍，往往是“终而不结”的状况，因为还有家的传承。

1. 衰老

每个人随着年龄的增长，手机、电脑、电视对视力的影响也越来越明显，到了 60 岁左右眼睛就花得更快了，同时腰酸背痛不时发作，腰板不那么直了，腿脚也不太灵便了。特别是到了 70 岁以后，一些毛病就会渐渐袭来，高血压、冠心病、中风等常常威胁着生命。衰老是一个自然的过程，也是不可避免的，我们能做的是：①安排时间体检，未病先防、有病早治，年纪大了不能与年轻时相比，体检中有些指标偏离标准区间也属于正常，不要太计较，也不要过度检查，避免给自己和家人带来心理压力。防病治病还要讲究科学，要尽可能在日常食物中摄取营养，注意不要乱吃保健品；到了一定年龄，有些病不一定要动手术，可以采取保守治疗。有条件的可以采用中医进行调理。②选择一家养老院，生活自理有困难或缺乏自理能力时，需要去养老院。在养老院可能没有家里自在，但要逐步适应养老院的生活。③做好防护工作，平衡饮食，适当运动，防止感冒，防止摔跤。特别要注意，老年人骨质疏松，最怕摔跤，摔跤后如果卧床不起，不能及时恢复运动机能，身体的其他功能也会很快衰退，直接影响健康和以后日常生活自理能力。

2. 死亡

死亡是人生的最终归宿。笔者在马路边听到大妈说，天底下只有死亡是公平的，因为每个人都要死。好像是对人生的总结，很有一些禅意。其实，什么原因死、什么时间死，甚至是什么地点死，都还是有区别的。

意外死亡。意外死亡是因事故、灾害、战争、突发事件等发生的死亡。意外死亡是很常见的，如车祸、坠机、火灾、触电、溺水、工伤等事故，又如地震、滑坡、洪水、泥石流、台风、冰雹、暴雨等自然灾害，都会带来意外死亡。现在虽然不是战争年代，但在交战地区，战争带来的死亡还是常见的，包括平民、战地记者、维和人员；此外因暴力、暴乱、恐怖袭击等突发事件，也会带来意外死亡。

疾病死亡。由于疾病使身体机能衰退，导致生命的终止。细胞病变类，如各类癌症；免疫类，如艾滋病、天花等疾病；感染类，各类细菌病毒感染；循环类，包括心血管、呼吸循环，如高血压、高血脂等；寄生虫类，血吸虫病等；过敏类，对花粉、药物等过敏；先天缺陷类，包括功能、器官缺陷和遗传基因缺陷。感染类是一种常见的疾病，感冒、外伤、接触、饮食、手术等都可能带来感染，简单说就是"感冒也会死人的"。当然，现代医学对感染类疾病有许多手段，抗生素的应用挽救了不少人的生命。

自然死亡。自然死亡是因身体的衰老而终止生命，也就是我们说的寿终正寝。自然死亡的年龄应该在当地的平均寿命以上，而且是无疾而终。平常没有发现严重疾病，死亡的过程比较短，有的老人晚上睡觉，第二天没有醒来；有的突发脑溢血，抢救不过来，走了，这些都是自然死亡。

美丽告别。死亡是不能选择的，每个人都不知道自己何时死。在生命面前，人类还是很无知，而生命本身也是非常脆弱的。不过我们可以尽量避免意外死亡，减少疾病死亡，争取自然死亡。现实中常见的是"衰老＋疾病"的死亡，是一种介于疾病死亡和自然死亡之间的状况。对此，怎么死是可以讨论的。许多人已经对自己的最后日子做出安排，不要过度抢救，不要过度治疗，让自己死得更有尊严一些。例如，琼瑶大姐给自己安排了美丽的告别，这样对生者、对死者都好，这是一个"美丽"的样本。例如，李彦宏在《朗读者》(2018 年 6 月 23 日)，谈到了他的父亲。在年迈父亲生命的最后日子里，第一次昏迷时，医生问李彦宏要不要抢救，他说要抢救。父亲醒来后告诉他，下次昏迷不要再抢救了，这样可以有尊严地走。父亲第二次昏迷时，医生还是问他要不要抢救，他回答医生，按照父亲的意愿，不再抢救了。就这样，父亲安静地走了。的确，老人需要美丽告别，早一些向子女交代清楚，免得临终时给子女带来情理、道德的两难选择。否则有些 80 多岁的老人，灌着营养液，经过开刀、插管、吸痰等抢救，最后还是抢救无效离世，生者和死者都非常痛苦。

3. 承继

家的建立是基于两个人的结婚，那么当其中一方死亡或双方死亡，婚姻关系不存在了，从形式上看原来的家也就已经终结了。但是，我们又常常可以听到一句非常打动人心的话，“母亲在，家就在”。因为有母亲，所以生命有了延续；因为有了后一代，家也得到了延续。子女长大成家后，家也就得到了承继。

单亲家庭。有的家庭，因为父亲或母亲一方死亡，就成为单亲家庭。单亲家庭的生活相对困难一些，经济条件差一些，总归是缺少一半的关心、照顾、帮助、引导，缺少父爱或母爱。但是，正是因为困难，所以单亲家庭的孩子相对独立性强一些，少了一些娇气，多了一些勇气；正是缺少一份爱，所以更加容易感受爱、知道爱、懂得爱、付出爱，怀有一颗感恩的心。单亲家庭孩子的家庭观念比一般人更强一些，这就已经足够了。当然，要把那些在单亲家庭中娇生惯养，或者心理受到严重打击、不能走出阴影的少数情况区分开来。

家的传承。即使父母死亡，家还可以由后一辈传承。家的建立是由两个生命组成的，因此家也是有生命的，如同生命的繁衍一样，家也能够繁衍。家的繁衍以孩子的出生为开始，以孩子的成家为标志。家的内涵是很丰富的，包括物质和精神两个方面，都可以由子女来承继。如此，父母的家通过子女的家得以传承，呈现“终而不结”、世代延续的状态。这或许是人们心存家庭观念的一个重要因素，因为家的传承给每一个生者留下了无限的希望。

人生疑问。生命有限，人人都将离去，对这个世界来说，每个人最终彻底变成了虚无，回归大自然。因此有人感慨：“我们奋斗一生，带不走一草一木；执着一生，带不走一份虚荣爱慕；无论贵贱贫富，总有一天都要走到这最后一步；到了天国蓦然回首，这一生形同虚度。”有的人年纪大了，认为人的一生太空了，一切努力最终化为乌有，人生没有实质的意义。例如，有位经商的朋友很有经济头脑，紧跟国家经济形势，时机、点子也把握很准，生意做得风生水起，吃穿不愁、身体健康，还有一个可爱的小孙子。但有一天他突然说人生没有意思，一切努力最后都是空的。也许是生离死别的事看得多了，按他的逻辑推理，人生下来就没有什么意义。这是一种以自我为中心的、悲观的、片面的认识。

生命过程。生命是一个过程，不管命运如何，你总会有所得失；家给了你温暖，给了你爱，使你的生命得到延续；孩子就是另一个你，孩子就是家的繁衍,孩子可以把家传承下去。这样子子孙孙是无穷无尽的,可以与日月山河同在。从这个角度看,家的意义大于个体的生命。即使中间遭遇不测、出现断层,也应该看到你为社会做出的贡献、付出的爱,你的思想、精神还可以在社会层面得以传承。所以有些人乐于助人,努力做一些慈善工作,能够得到莫大的心理安慰。只要你不是以自我为中心,只要站在家庭甚至是社会的角度,就能更深刻、更透彻地认识和理解生命。人生虽然微不足道,但世世代代相传,也就有无限的意义。这样简单的道理,并不要求你有全人类的视角,共产主义的崇高境界。

第四章　家与子女

孩子是家中的新生命、新希望，是上天给家庭的礼物。从怀孕开始到孩子慢慢成长，直到孩子成家立业，是一个漫长的过程，需要父母的用心投入。孩子的抚育，孩子的保护，孩子的入学，都需要投入大量的精力。尤其是孩子的教育，是一个非常重要的问题，关系到孩子的一生和家庭的未来。有的人认为，孩子该来的时候会来，该长的时候会长，该读书的时候读书，该成家的时候成家，一切顺其自然。这种想法过于简单，家与子女的关系是我们始终需要认真面对的。

一、怀　孕

怀孕是决定孩子到来的一个关键环节。为了确保孩子的健康，需要从备孕阶段开始，注意有关问题。十月怀胎，妊娠全过程共分为3个时期：妊娠12周末以前称早期妊娠；第13—27周末称中期妊娠；第28周及其后称晚期妊娠。要了解各妊娠期的身体特点，关注胎儿变化和用药注意事项，按规定进行孕检，并保持良好的心态。

（一）备孕

生育一个聪明健康的宝宝，很多因素从受孕之初就已经决定。卵子遇到精子，成为受精卵，这一刻带着父母双方基因的生命诞生了。一旦怀孕，未来宝宝的性别、长相不会发生变化，身高甚至脾气秉性也基本确定。因此，孕前的准备功课尤为重要。

1.思想准备

生育宝宝是家庭的一件大事，夫妻双方都要有思想准备。

(1)达成共识。在计划怀孕前，对于何时要宝宝、怀孕期间以及宝宝出生以后如何安排好家庭生活，夫妻双方最好能达成共识。在这样的心理基础上受孕，有利于家庭幸福，宝宝也能有一个良好的成长空间。

(2)最佳年龄。争取在最佳年龄段生育，一般认为父亲的最佳生育年龄为28岁左右，母亲的最佳生育年龄为25岁左右。有调查显示，选择在25—28岁生育，儿童的智力和体质最好，这是符合优生观点的。女性过早或过晚生育，对母亲及婴儿的健康均为不利，难产的机会也会增加，甚至带来一些并发症和后遗症。

(3)感情融洽。夫妇之间感情融洽、和睦相处、生活和谐满足，以及良好的心理状态，是怀孕的必要条件。要树立生男生女都一样的观念，不仅是女方要有正确的认识，而且应成为男方的共识。特别是老一辈人要从“重男轻女”的思想桎梏中解脱出来，给予子女更多的鼓励和关心，解除孕妇的后顾之忧。

2.身体准备

父母的健康是优化下一代身体素质的基础，受孕最好是在男女双方都处于体质健壮、精神饱满的状况下进行，因此要做好身体方面的准备。

(1)健康检查。要生一个健康的宝宝，孕前检查很重要。孕前检查最好在怀孕前几个月进行，夫妻双方都要做相关项目的检查，尤其男士不要忽视。孕前检查不同于常规体检，主要是针对生殖系统和遗传因素所做的检查。

(2)均衡营养。饮食与受孕概率及质量有着直接的关系，在受孕前的准备阶段，营养均衡的饮食可帮助增加怀孕的机会。日常的饮食，包括谷物、豆类、蔬菜、水果和奶制品等食物，以确保获得所需要的维生素和矿物质。夫妻双方还应注意加强营养，多吃一些高蛋白和维生素丰富的食物，使生殖细胞发育良好。在准备要宝宝的6个月之前，要停止饥饿减肥或药物减肥的做法。

(3)增强免疫力。在准备怀孕阶段，夫妻双方都要注意增强自身免疫力，并且保持良好的卫生习惯，预防细菌和病毒感染。尤其是女方，加强免疫力，可以防止备孕阶段以及怀孕初期遭受病毒攻击。

(4)养精蓄锐。在准备怀孕阶段，夫妻双方要保持良好的生活方式，生活有规律，劳逸结合、适当运动，避免过度劳累，保证身心健康和精神愉快，这样有利于生育一个优质宝宝。

3. 注意事项

准备怀孕阶段，有许多事项需要特别注意。

(1)不进烟酒。吸烟与不育症有极大关系，尤其对男性不育方面的影响更大，因为精子比卵子更容易受损害。另外，酒精对于生殖细胞或受精卵的毒害作用是很大的，酒精对胎儿影响较大，导致发育不健全的例子也不少。父母如果在宝宝受孕阶段以及在宫内生长发育阶段经常接触烟酒，宝宝出生后往往会体重不足、发育迟缓、智力低下。因此，在怀孕前和怀孕期间，应戒烟和避免饮酒。

(2)慎重用药。孕前因病或其他原因服药时，也要特别注意。因为一些药在体内停留和发生作用的时间比较长，有时会对胎儿产生影响。在计划怀孕前 3 个月服药应当慎重，抗组胺剂、具有解热镇痛作用的阿司匹林等，都不宜长期使用；为治疗贫血而服用铁剂时，在准备怀孕前，应与医生商量，了解是否会对胎儿产生不良影响。

(3)补充叶酸。随着现代医学研究的深入，已经证实叶酸与胎儿神经发育有着密切的关系。补充叶酸的最佳时间是准备怀孕前至整个孕早期。在打算怀孕的前 3 个月，每天都要补充叶酸，包括男方也要补充。胎儿很需要叶酸，它具有抗贫血的性能，能有效地降低胎儿神经管畸形发生的概率，还有利于提高胎儿的智力，使新生儿更健康、更聪明。

(4)远离宠物。孕妇一般应避免接触猫狗等宠物，以免感染弓形虫。弓形虫会导致流产、早产、死产和新生儿畸形，还可能侵袭各种脏器或组织。孕前接触过猫狗等宠物者，应在孕前检查中增加弓形虫的筛查项目。大人感染弓形虫后，一时没有任何症状，但却可能影响胎儿发育。

(5)心情乐观。怀孕是件喜事，是几乎每个妇女都要历经的人生过程。不要把生孩子想得那么可怕，不要有太多的思想压力，不必为此背上思想包袱。要保持乐观的情绪状态,尽量放松自己的心态,及时调整和转移不良情绪。要多向身边的妈妈们了解怀孕过程,请教一些常见的问题,这样不仅可以学到一些生活常识,也有利于放松自己的心情,还可以有相应的思想准备,并有意识地调整自己的生活和行为方式。

(二)孕初

怀孕以后会出现一系列妊娠反应,多数女性可出现厌食、反胃、恶心、呕吐等种种不适,一些人有头晕、乏力的症状,少数人表现为嗜睡、不能进食。一般来说,每个人身体情况不同,所出现的症状也会有所不同。也有少部分女性在孕早期没有什么不适。

1.妊娠反应

在妊娠早期,孕妇体内人绒毛膜促性腺激素(HCG)增多,胃酸分泌减少及胃排空时间延长,绝大部分人会出现头晕乏力、食欲不振、喜酸食物或厌恶油腻、晨起恶心呕吐等一系列反应,统称为妊娠反应。这些症状从停经后6—8周开始,到妊娠10—12周达到高峰,之后随着体内HCG水平的下降,症状多自然消失,食欲恢复正常。每个人身体素质上的差异,对妊娠反应产生不同的身体变化,而且不一样的个体,反应的程度也是不一样的。妊娠反应一般不需特殊处理,一半左右的人在妊娠14周前会自然缓解。

2.应对妊娠反应

准妈妈应保持心情平和,认识妊娠过程中出现的不适,从容应对妊娠反应。

(1)均衡饮食,营养全面。妊娠早期,基础代谢增加不明显,胚胎发育缓慢,母体体重、乳房发育变化很小,所以热能的摄入量只需比平日饮食略有增加就可以满足需要。食材的选择要多样性,以确保摄入的维生素(尤其是叶酸、维生素B6、维生素B12等)、矿物质(钙、铁、锌、镁)等物质的全面摄入。

(2)清淡饮食,少量多餐。孕妇喜欢吃就吃,喜欢什么时候吃就什么时候吃,灵活安排,尽量多摄入营养。多吃容易消化吸收的食物,早晨可先吃饼干、面包干、馒头等,中和胃酸、减少胃内压。为了避免加重恶心、呕吐,一般早餐不建议吃奶类、粥类食物。

(3)药物调节,及时问医。很少孕妇能够通过治疗,完全缓解恶心和呕吐的症状,但可以明显减轻相关的不适。适当补充多种维生素、矿物质营养补充剂,以满足孕妇日常营养需要。已经发生妊娠反应时,补充B族维生素,可缓解部分症状。对于恶心、呕吐较重的孕妇,应该在医师指导下适当用药。

(4)呕吐症状,双重影响。呕吐症状的轻重,与准妈妈的健康状况没有必然的关系。但如果准妈妈因呕吐而长时间减少进食,会导致体内营养不足,不仅会对准妈妈自身健康不利,也会给胎儿的发育带来不良影响。包括由于妊娠反应导致摄食量减少,可能引起B族维生素缺乏,进而加重妊娠反应。

3.避免感冒

怀孕初期,胎儿处于形成阶段,需要特别防止感冒及病毒感染。如果妊娠期感冒了,选择感冒药时需要特别注意。

感冒分普通感冒和感冒合并呼吸道感染,如果只是一般的感冒,主要表现为打喷嚏、鼻塞、不发烧,症状较轻,无须服用感冒药。注意多补充水分及维生素C,多休息即可恢复。

如果感冒合并呼吸道细菌感染,除了对症治疗外,若需要使用抗菌药物,建议选择青霉素类、头孢菌素类、阿奇霉素等对孕妇相对安全的药物。

孕妇发热时,尽量选择物理方式降温,比如冰枕、散热贴片,温水擦拭,如用温毛巾反复擦身,在腋窝、额部和腹股沟部放置冰袋等,药物方面一般选择乙酰氨基酚治疗。

孕妇发热应避免选择成分复杂的退烧药,如速效伤风胶囊、感冒通、康泰克、白加黑、康必得、克感康、快客等,如病情需要,在仔细阅读说明书或咨询相关专业人士之后,方可用药。

4.注意妊娠用药

妊娠期用药直接关系到下一代的身心健康。妊娠期妇女的生理、药理特性,以及胎儿在整个孕期中对药物的敏感性,使得妊娠期用药安全性成为突出问题,孕妇在此期间用药须慎之又慎。

妊娠期不同时间，药物的影响也不同。受精后 2—3 周，孕卵着床前后，遵行“全或无定律”，要么流产，要么没有影响。受精后 3—8 周用药，主要根据时间及各主要靶器官的影响，可以使特定器官发育停滞、异常；受精第 9 周后用药，主要对胎儿神经系统、生殖系统及各器官生长发育的影响，这段时间是“致畸高度敏感期”。妊娠 12 周后，由于胎儿体内绝大多数器官已经形成，药物致畸的敏感性明显减弱，已不再能够造成大范围的畸形，但对某些尚未分化完全的系统，如生殖系统、神经系统，仍有可能受到不同程度的影响，仍应高度重视。

(1)妊娠是一个特殊阶段，孕妇用药时要从母、婴两个方面考虑，尽量选用 A、B 级药物，避免使用 C、D、X 级药物。孕妇不要随便使用非处方药，一切用药都应在医生指导下进行。

(2)孕期可用可不用的药尽量不用，包括一般保健品、滋补药。非病情必需，尽量避免在孕初时期用药。因为孕妇存在个体差异，即使是 A、B 级药品，也不能保证绝对安全。用药必须注意孕周，应严格掌握药物剂量、持续时间。

(3)用药必须有明确指征，权衡利弊用药。既不能滥用，也不能有病不用，因为疾病本身对孕妇和胎儿会产生不良影响。在妊娠的头 3 个月，能不用的药或暂时可停用的药，应考虑不用或暂时停用。

(4)应选择对胚胎、胎儿危害小的药物。例如，局部用药有效的，应避免全身用药。用药前应详细阅读药物说明书，尽量不用“孕产妇慎用”和“孕产妇禁忌”的药。

(5)用药应尽量使用最小有效量，按最短有效疗程使用。避免盲目大剂量、长时间使用。坚持合理用药，病情控制后及时停药。

(6)用药应尽量用一种药，避免联合用药。当两种以上的药物有相同或相似的疗效时，应考虑选用对胎儿无危害的药物。

(7)应使用多年广泛应用于孕妇的药物，尽量避免使用尚难确定对胚胎、胎儿、新生儿有无不良影响的药物，仅有理论上评价的药物应慎用。

(8)临近产期或分娩期用药时，要考虑药物通过胎盘对生产时的胎儿及出生后的新生儿的影响。应非常注意妊娠期最后 1 周用药，因为胎儿成为新生婴儿时，体内的代谢系统不完善，还不能迅速而有效地处理和消除药物，药物可能在婴儿体内蓄积并产生药物过量的表现。

（三）孕检

孕检就是怀孕后、生产前的检查，又称围产保健。孕检能及时了解孕妇身体情况及胎儿的生长发育情况，保障母亲和胎儿的健康和安全，做到优生优育。

1. 孕检的作用

孕早期（1—3个月）：怀孕初期检查可以尽早确定妊娠，并通过测量血压、化验血尿以及遗传咨询等，及时了解孕妇的身体健康情况，筛选异常孕妇，并及时纠正、改善、促进孕期的保健。

孕中期（4—6个月）：孕中期检查可以及时观察了解孕妇的身心变化，以及胎儿的生长发育情况，了解胎儿的胎位是否正常、孕妇的骨盆有无异常，发现异常及时予以纠正，并开始为后续的分娩做好早期的准备。

孕晚期（7—9个月）：孕晚期检查可以在分娩前及时发现异常特殊情况，并积极防治，方便医生给予正确的产前健康指导，选择合适的分娩方式，确保分娩的安全和顺利。

通过孕检，可以方便孕妇进行孕期保健和合理营养，获得自我监护与母乳喂养知识的指导，消除孕妇对分娩的恐惧心理和不必要的顾虑，增强孕妇的信心和自我保健能力，减少孕期合并症的发生。

2. 孕检的内容

常规检查：测量血压和体重，是每次产前检查的保留项目；而首次检查这两项的结果，有助于医生掌握孕妇的健康状况，如果以后某次检查的血压或体重上升得比较快，医生就会有所警觉，并采取相应的处理方法。

B超检查：过多的B超，可能影响胚胎细胞分裂与人脑成形异常，以及胎儿骨骼发育不良、畸胎或死胎等，因此多数妇产科大夫都不主张18周以内的孕妇做B超，尤其是在怀孕12周以内。正常情况下，孕妇可在20周后做第一次B超，以准确地诊断胎儿是否畸形、观察脏器的活动状态；对那些被高度怀疑的胎儿，能很快给出诊断结果。孕晚期，一般要做两次B超，分别被安排在怀孕第34周和第37—38周。目的是监测羊水量、胎盘位置、胎盘成熟度及胎儿有无畸形，了解胎儿发育与孕周是否相符，最后一次B超检查将为确定生产方式提供可靠的依据。

特殊检查：孕早期、孕中期，如果孕妇出现阴道流血、突然腹痛，以及腹部在一段时间内增大的幅度超出正常的增长速度等情况，需要进行特殊检查，以确定胎儿、胎盘、羊水等是否正常。

3. 体征变化

子宫增大。子宫随妊娠进展逐渐增大。检查腹部时，根据手测宫底高度及尺测耻上子宫长度，可以帮助判断妊娠周数。宫底高度因人而异，与孕妇是否多胎、脐耻间距离有关，用来辅助检查胎儿发育、羊水量等情况，是一个参考数据。

胎动。胎儿在子宫内冲击子宫壁的活动称胎动。胎动是胎儿情况良好的表现。孕妇于妊娠18—20周开始自觉胎动，妊娠周数越多，胎动越活跃，但至妊娠末期胎动逐渐减少。胎动每小时3—5次。

胎音。妊娠18—20周，用听诊器经孕妇腹壁能听到胎儿心音。胎儿心音呈双音，类似钟表“滴答”声，速度较快. 每分钟120—160次。胎儿心音需与子宫杂音、腹主动脉音、胎动音及脐带杂音相鉴别。

胎体。妊娠20周以后，经腹壁可触到子宫内的胎体。胎头圆而硬，有浮球感；胎背宽而平坦；胎臀宽而软，形状略不规则；胎儿肢体小且有不规则活动。

4. 注意事项

怀孕期间除了做好孕检和关注体征变化之外，还有一些需要注意的事项。

怀孕是家事。夫妻双方要多商量、多通气，男方不要以为怀孕是一件很简单的事，顺其自然，无须特别关注；女方也不要以为怀孕仅仅是女方的事，所有的事情都自己扛，特别是不要自认为胎儿发育有问题，没有经过进一步检查，也不与男方商量就决定终止妊娠。

不要过于敏感。宫底高度因孕妇的脐耻间距离、胎儿发育情况、羊水量、单胎或多胎等而有差异，故仅供参考。宫底高度不能用来判断胎儿发育情况，不能作为是否终止妊娠的依据。如果担心胎儿发育迟缓，必要时可通过其他方法做进一步检查。

不要过于紧张。孕妇出现阴道流血,有时与饮食等有关,如吃螃蟹就可能带来阴道出血。要回顾饮食中有无孕妇不宜的食物,有无服用孕妇禁忌的药物,有无不适当的动作、碰撞。可以向有经验的医生咨询,采取安胎、保胎的保守治疗,视情况再进行后续处理。

不要过于担心。孕检中发现的问题,如果能通过其他方法确认的,可以进一步确认;如果一时不能确认的,也不要过于担心。只要备孕和孕早期相应的注意事项都做到位,应该相信人类上百万年的进化历程,人体机能已经是比较完善。例如,通过B超检查,胎儿腹部有一小段阴影,医生怀疑胎儿“没屁眼”,或者可能是胎粪,不能确诊。最后婴儿出生,身体健康、各方面都正常。

法律法规保障。《劳动法》规定,不得安排女职工在怀孕期间从事国家规定的第三级体力劳动强度的劳动和孕期禁忌从事的劳动。对怀孕7个月以上的女职工,不得安排其延长工作时间和夜班劳动。《女职工劳动保护特别规定》还对怀孕女职工的劳动时间、劳动量以及劳动期间的休息时间等做出规定,并明确在劳动时间内进行产前检查应当算作劳动时间。具体计算方法按政策规定执行。

(四)心态

对于孕妇来说,十月怀胎是一段无比幸福的时光。只是这段幸福时光往往伴随着几丝甜蜜的担忧,孕早期的各种不适、胎儿能否正常发育、胎位是否正常等等,让孕妇在喜悦与期盼之外多了一些疑虑。孕妇的心态,在整个怀孕过程中起到重要的作用,不但关系到自身的健康和胎儿的发育,而且还会影响妊娠进程的判断。要确保良好的心态,需要多方面着手。

1. 掌握知识

怀孕初期,特别是第一胎,心里有许多的疑问,因此需要掌握生育知识,做到对整个怀孕和生育过程的全面了解。学习一些生育的科学知识是非常必要的,使孕妇对怀孕各个阶段有全面的思想准备。值得注意的是,学习生育知识,不要太专业、太细,不要像医生手术签字前交代的各种可能性,太复杂会让人不知如何是好。少数女性还没有怀孕就说以后生孩子要剖腹产，明显是受了一些传说或电视剧情的影响，没有什么科学依据。

2.注意观察

多关心周边已经怀孕的人，多观察，多与她们交流。别人的实践是最好的教材，可以给自己提供一些直观的感性认识，增加对书本知识的理解。孕妇，要多注意观察，包括睡眠、饮食、生理、心理的变化，方便医生的判断和指导。要关注一些节点性的细节，如体重的增加、第一次胎动等，以便针对性做好妊娠过程的管理。

3.相互学习

怀孕时身边的一些热心妈妈会告诉你有关注意事项等，这是向她们学习的好机会。妈妈们的生育和生活经验是非常有用的，多向她们请教，可以对怀孕过程和可能出现的问题做到心中有数，可以学到书本上没有的知识，掌握一些特殊禁忌，还可以解决自己的一些疑虑和放松紧张心情，甚至可以知道购买婴儿用品的品牌、价格、质量，以及坐月子一些物品的采购等。

4.应急预案

对怀孕期间可能出现的特殊情况，需要考虑应急预案。尤其是夫妻两地分居，孕妇身边缺少陪同人员，或者胎儿发育有疑似异常，需要有应急方案。做到：保持家人信息联络畅通，突发情况及时通报；选择医院和专家，解决医疗专业问题；落实陪护人员，包括医院的护工，做好后勤支持；落实交通问题，相关人员可以及时到达。

5.坚定信心

经过前期的备孕阶段，对夫妻的遗传基因要有信心；调节好身体，避免疾病感染，对胎儿的基本情况要有信心；根据自己体格，注重孕期的营养和锻炼，对自己的身体要有信心；针对个体差异，按时做好产检和调整，对专家医生要有信心；有家人的关心、丈夫的体贴和应急保障，对怀孕和生育过程要有信心。

二、分　娩

俗话说“十月怀胎，一朝分娩”，相对怀孕来讲，分娩的时间是比较短的。但是，分娩是人生的一大转折点，也是家庭中的一件大事。要做好预产准备，关注产前征兆，努力争取顺产，并安排好坐月子的相关事项，迎接新生命的到来。

(一)预产准备

临近分娩需要做好相应的准备，包括预产期的计算和核实，相应的人手和物资准备，以及应对异常情况的方案等。

1.预产期

预产期计算，由于每一位孕妇都难以准确地判断受孕的时间，所以医学上规定，以末次月经的第一天起计算预产期，整个孕期共为 280 天，10 个妊娠月(每个妊娠月为 28 天，即 40 周)。如果记不清末次月经日期，可根据胎动日期做大概计算，一般胎动日期在怀孕后的 18—20 周，再加上 20 周就能推算出大约的预产期。若使用基础体温者知道排卵日，则可计算出受精日，从这天开始经过 38 周(266 天)即为预产期。

常用的是最后一次月经计算法：将最后一次月经来潮的月份减掉 3(不足者加上 9)或月份直接加 9，日数加上 7，即为预产期。例如：最后一次月经为 3 月 5 日开始，预产期则为当年 12 月 12 日。预产期的算法与实际的分娩日期常相差 1—2 周，若平时月经周期长短变化较大，预产期可以相差更多，所以推算的日期是一个大概数。

2.相关准备

生孩子是一件大事情，需要一些人手和物资的准备，特别是现在夫妻双方都有一份工作，日常事务多，所以要早做打算和准备。夫妻双方需考虑到哪家医院生孩子，可以是日常产检的医院，也可以是专门妇幼医院，主要考虑医疗技术、医疗条件、医疗环境以及家里到医院的便利；如果是外地人，还要考虑是否回老家，在父母身边生孩子，需要联系的当地医院；坐月子是在自己家还是在父母家，落实月子护理人员，并安排好有关的食宿。另外，考虑从家里到医院的接送交通，必要时请亲戚朋友帮忙接送；准备好在医院用的大人和小孩所需物品，包括几套衣服、产褥垫和卫生纸，以及其他日常用品等，避免到时候手忙脚乱。

3. 异常处理

预产期只是大概的时间，预产期前后两周内出生都属正常范围。如果孕妇已经过了预产期，还没出现分娩征兆，不要过于紧张，即使孕周准确，预产期后两周内分娩对母婴的影响也不大。但应注意检查，把孕早期的检查结果及胎动出现的时间、情况告诉医生，让医生给你再次核对孕周。要注意胎动情况，胎动监护是妊娠晚期最好的自我监护手段，能反映宫内胎儿的生存状况，一旦胎动次数减少或胎动减弱，则需马上到医院做进一步检查。加强产前检查，缩短检查间隔时间，随时与医生取得联系，告知宫内胎动情况，由医生根据情况决定分娩时机。

(二)产前征兆

临近分娩，会出现多种产前征兆，提示孕妇开始逐步进入产程。

1. 下腹坠胀

怀孕晚期，胎儿的头部逐步伸入骨盆内，对子宫附近的膀胱和直肠产生压迫，于是刺激便意和尿意。在正式分娩前两周左右，孕妇会出现子宫底下降的现象，此时胎动较前减少，可出现下腹坠胀、腰酸腿痛以及阴道分泌物增加等症状，表示胎儿的头已经降入骨盆。

2. 规律性宫缩

规律性宫缩是临产最重要的标志。从怀孕 8 个月开始，孕妇会感到腹部一阵一阵发紧、变硬，可表现为腰痛或腹痛——这是子宫收缩的表现，是在为真正的分娩做准备。这种宫缩时有时无，持续时间也较短，多在夜间出现。临产前，宫缩变成每隔 2—3 分钟 1 次，每次持续 30—40 秒，比较有规律。规律性宫缩发生后，致使宫颈口持续不断地开大，预示着即将分娩。

3. 出现见红

妊娠期间，会有黏稠带血迹的黏液栓子封堵住子宫颈。当分娩临近，子宫收缩扩张，宝宝的头开始下坠入盆，胎膜和子宫壁逐渐分离摩擦就会引起血管破裂而出血，黏液栓子脱落和这些血液一起排出，就是人们俗称的见红。见红一般在分娩开始前 24 小时内，其量一般少于平时的月经。

4. 羊膜破水

临近分娩，子宫收缩加强，使子宫腔内压力增高，包绕在胎儿周围的羊膜囊破裂而使囊内的羊水流出，称为“破水”。流出的羊水无色透明，可能含有胎脂等漂浮物。孕妇无意识，感觉到热的液体流出，不能像控制尿液一样控制羊水流出。破水具有持续性，破水后一般很快就要分娩。此时产妇首先要保持冷静，不可直立或坐起，以免脐带脱出。应立即采取平卧姿势，然后赶紧前往医院检查。

（三）争取顺产

顺产是每一位孕妇应该争取的。只要真正理解顺产的好处，认真做好顺产的准备，努力掌握顺产的要领，设法避免紧张情绪，顺产是完全安全和可行的分娩方案。

1. 顺产好处

顺产是一种分娩方式，近几年来越来越多孕妇选择顺产。不管对小孩还是产妇，顺产都是最好的，因为对妈妈和宝宝是最安全的。

产妇方面。对于产妇来说，至少生完孩子后还是完整、没有缺陷的，这对爱美的女性来说是个最大的诱惑，但更重要的是：

(1)减少风险。相对于剖腹产而言，避免手术可能带来的损害，包括麻醉意外、术中或术后出血，手术可能带来的膀胱、输尿管、肠管的损伤，以及术后感染等。

(2)并发症少。剖腹产在临床上可出现比较多的并发症和后遗症，包括腹部和子宫的长疤痕，以及宫腔手术操作引发的其他并发症，而顺产一般没有这些问题，这也是大部分妈妈选择顺产的一大原因。

(3)产后恢复快。顺产分娩产生的损伤小、出血少,主要是会阴部位伤口。一般来说,顺产的妈妈当天就可以下床走动,3—5天可以出院,产后恢复大大快于剖腹产,正常情况下花费也较少。

(4)利于腹部恢复。很多妈妈在产后有腹部大的问题,而顺产能起到刺激母体分泌催产素的作用,这种激素能够促进子宫收缩,可帮助腹部恢复平坦。

(5)有利于哺乳。顺产的妈妈在产后可比剖腹产妈妈更早进食,有利于喂哺母乳,能有较多精力照料婴儿。

宝宝方面。自然分娩是一个正常的生理过程,是人类进化的结果,顺产对宝宝会更好:

(1)减少肺炎。自然分娩过程中胎儿经过子宫收缩和产道的挤压,使肺里、呼吸道内的羊水和黏液得以流出,可以减少新生儿窒息,还可减少湿肺及羊水吸入造成的吸入性肺炎。

(2)呼吸建立。胎儿经子宫有节奏地收缩,胸部受到压缩和扩张,肺泡表面产生一种活性物质,使胎儿出生后肺泡富有弹性、容易扩张,有利于肺的活动和出生后建立正常呼吸。

(3)神经发育。分娩时产道对胎儿头部的不断挤压,按摩皮肤神经末梢,刺激胎儿中枢神经,对于出生后神经运动的建立和身体功能的发展,也是非常有益的。

(4)更加安全。自然分娩不使用麻醉,因此不用担心麻醉剂使孩子的神经受到伤害,胎儿更安全。而剖腹产需要使用比较多的麻醉剂,带来一些安全问题。

(5)增加抗体。在自然分娩的过程中,妈妈体内有一种特殊的免疫抗体,可以传给宝宝,出生后宝宝的抵抗力会增强一些。相反,剖腹产的宝宝未经过产道挤压,呼吸道内往往有液体潴留,故发生窒息、呼吸系统合并症的可能性更大。

2.顺产准备

顺产的好处一般家庭都能够认可,但是要做出顺产的选择,并且能实现顺产,还是需要在怀孕期间开始做一些准备。

(1)年龄选择。孕妇最好选择在25—29岁年龄段内生产,因为这个年龄段最适宜自然分娩。孕妇年纪越大风险越大,容易导致难产。当然,在做好相关工作的基础上,许多高龄孕妇也选择顺产,而且还是比较顺利的。

(2)控制体重。孕妇要控制好怀孕期间的饮食,不能过量吃肉,否则导致营养过剩,胎儿变肥大,增加顺产难度,甚至会难产。所以孕妇要积极控制体重,如果有条件,可以坚持孕期体操。另外要定期进行检查,不要为了省钱、怕麻烦而不去检查。

(3)胎位调整。在怀孕7个月的时候,如果发现胎位不正,就要去医院积极调整,因为此时胎儿调整胎位相对容易,当然很多情况下孩子也会自行调整。但如果到了怀孕后期,胎位还没调整到位,就要及时进行调整。

(4)坚持运动。孕期运动不仅能起到帮助宝宝入盆的作用,还能增加孕妇的免疫力。如果在整个孕期都坚持做适当的运动,那么对孕妇和宝宝都大有益处。散步等轻度的、较适合孕妇的运动,可以起到帮助顺产的作用。

(5)规律作息。怀孕期间调整作息时间,养成良好的生活习惯,做到早睡和充足睡眠。这样不仅孕妇可以获得充分的休息,更重要的是使胎儿的生物钟得到调整,以便宝宝出生后能适应作息规律,晚上也会有早睡的习惯,方便家庭人员的共同护理。

(6)适当练习。适当地做下蹲运动、盘腿练习,或者练习孕妇瑜伽都可以有效帮助顺利分娩。如果能够配合运动来锻炼分娩呼吸法,那就更好了。分娩呼吸法是一种能够有效缓解阵痛的方法,如果平时做练习就进行训练,临产时就更容易掌握和恰当使用。需要注意的是,不论做什么运动,都要提早向医生咨询,确保安全。

(7)思想准备。孕妇在生产之前要做好准备,平时要休息好,补充足够的营养,保持良好的心态,不要过度紧张。要相信医院的护士和医生,在她们的帮助下一定可以顺利生产,同时家人要做好孕妇的心理辅导工作。

3.顺利生产

分娩本是瓜熟蒂落的事,产妇不必太紧张。如果过度恐惧,就会加重疼痛,从而影响正常产程,对自己和胎儿都不利。当然,减轻分娩疼痛无疑是产妇的心愿。分娩时采用以下方法,可以使生产更加顺利。

(1)准确把握呼吸法。具体做法是,每逢子宫收缩就做深呼吸运动,直至一阵宫缩过后再恢复正常呼吸,深呼吸运动可以增加氧气吸入,从而减轻子宫肌肉的疲劳,并且转移注意力,保持镇静,使子宫收缩既有力又协调。

(2)配合按摩下腹部。当子宫收缩时,两手轻轻按摩下腹部或双拳紧紧压迫腰部,与深呼吸运动相配合,减轻子宫收缩对大脑皮层的刺激,从而减轻酸痛感。吸气时,两手由腹部两侧向小腹中央缓慢移动;呼气时,两手再从小腹中央向腹部两侧逐渐分开。如此循环。

(3)阵痛时适当动动。在阵痛时,活动一下身体,站立、跪立、用手抓着椅背,弯腰站立、规矩地坐着等,都能够促进血液循环,让更多血液流到子宫,协助宫缩。阵痛时只要不是痛得受不了,就可以适当走走,一是转移注意力,二是让宝宝尽快进入产道往外挤,缩短产程。此外,一般直立的姿态,能够协助盆骨的扩大。

(4)好心情使临产更顺畅。一般情况下,只需胎位正常,胎儿体重不超重,生产并不是件格外难的事,产妇不要过于紧张。但是,临产时的阵痛,往往会让产妇乱了阵脚,许多人会不由自主地大喊大叫。由于过于紧张,会让产妇不能正确呼吸,致使子宫供氧受阻,削减宫缩的力量。同时,惧怕的心态还会影响肾上激素的分泌,推迟临产时刻,增加痛苦。因此,临产前多了解注意事项,多给自己做一些正面的心理暗示,保持良好的心态是非常重要的。要相信,只要是孕期留意运动的产妇,临产进程通常都比较顺畅。

(5)挑选适宜的陪同者。结合人性化的服务模式,在临产时通过医务人员的专业知识辅导与讲解,提前做好心理疏导,可以大大缓解产妇的紧张心情。产妇在入院时,主动与护士沟通,提早了解临产进程和注意事项,有条件的可请一名陪产护士。同时,对于产妇来说,亲属的陪伴也必不可少。亲属也应当提早学习一些临产常识,在陪产过程中家人不慌张,产妇也可以更加镇定。

4.预备方案

除了顺产之外,还有就是剖腹产。剖腹产是产科领域中的重要手术,已成为解决难产和某些产科合并症,挽救产妇和胎儿生命的有效手段。选择剖腹产还是顺产,应视产妇和胎儿的具体情况而定。常见考虑剖腹产的情况：

(1)胎位异常。这是最常见的情况，比如有些臀位、横位、异常头位等，不适宜自然分娩。还有双胎、多胎时的某些情况，双胎第一胎为臀位、横位，以及原来胎位正常，临时出现异常变化等。

(2)骨盆过小。指骨盆入口平面狭窄，即胎儿相对于产妇的骨盆入口过大。由于目前的孕期检测手段，无法精确测量胎儿及骨盆内径，在估计胎儿耐受力良好，产妇体力、产力足够的情况下，可以先尝试自然分娩。

(3)胎儿偏大。针对胎儿本身来说，如果妊娠期营养过剩，孕妇缺少活动，会使胎儿体重比一般的偏重许多，可以事先通过 B 超测出。

(4)过期产儿。如果预产期推迟到 14 天后，达到临床过期妊娠时，由于部分孕妇的胎盘会出现老化、胎儿会出现缺氧窒息，所以对胎儿的危害较大，应及时采取措施。

(5)胎儿窘迫。各种原因引起胎儿宫内缺氧，由此造成胎儿酸中毒，导致神经系统受损，严重者可留有后遗症，甚至胎儿宫内死亡。这种情况下，如短期内不能经顺产分娩的，应立即行剖腹产。

(6)脐带脱垂。一些胎膜已破的产妇，胎儿脐带越过胎儿先露部分，而先脱出于宫颈口外进入阴道，甚至阴道外，称为脐带脱垂。这时，宫颈、胎儿先露部等挤压脐带，胎儿可能迅速发生宫内窘迫。

(7)合并症状。有剖腹产史的，易发生子宫破裂或先兆子宫破裂；有妊娠并发症，比如子痫前期重度、子痫、前置胎盘、胎盘早剥等；有妊娠合并症，比如某些子宫肌瘤、卵巢肿瘤；有某些内外科疾病，如心脏病、糖尿病、肾病等。

有上述明显医学指征的孕妇，可以按照医生的建议选择剖腹产。在多数紧急情况下，选择剖腹产还能挽救产妇和胎儿的生命。在必须进行剖腹产时，可以合并处理产妇腹腔内其他疾病，如卵巢肿瘤或子宫肌瘤，减少日后的手术治疗。

需要指出的是，选择剖腹产的产妇，术中出血、术后血栓形成率，以及再次妊娠时发生前置胎盘和子宫破裂的概率，都远高于自然分娩的产妇；同时剖腹产新生儿并发呼吸系统功能异常等情况的概率也较高。因此，剖腹产只是作为一种备用方案，不主张没有医学指征情况下施行剖腹产术。尤其是避免因为产妇害怕分娩时的疼痛，而选择剖腹产。

（四）坐月子

从医学的角度来说，产妇由于分娩消耗大量体力，分娩后体内激素水平大大下降，新生儿和胎盘的娩出，都使得产妇代谢降低，体质大多从内热转为虚寒。因此产妇需要坐月子，以便顺利度过生理、心理转折的关键时期，调节和恢复身体各项机能。在这个过程中要特别的注意，如果没有调理好月子，将会留下很多病患。

1. 月子地点

一般来说在自己家或者女方父母家坐月子比较合适。因为长期的生活经历，可以说是熟门熟路，对室内外环境都比较熟悉，手头的用品比较方便。女方在自己父母家坐月子，最重要的是父母了解自己的女儿，女儿也习惯与自己父母相处，说话比较直接、方便，轻一句重一句也不要紧。不像有些婆媳之间，平常接触少，说话的尺度也比较难掌握。最简单的，比方说产妇饿了，需要正餐之外吃点心，在自己父母面前怎么说都行，说几遍都可以，但是如果在婆婆家，说过两遍没有改变，产妇也就不会多说了。而且有的婆婆可能还有点小心思，比较惦记自己的儿子，这样如果让产妇感觉到了，虽然面上不说，但心里就不舒服了。

各地有不同的坐月子风俗，是当地长期经验和习俗的积累，许多都是口口相传。不同的地方，坐月子的做法有很大的差异，禁忌也有很大的区别。在一些地方能吃的东西，在另一些地方就不能吃，这是与当地的地理、气候相适应的一些经验。另外相对于不同的人，个人的体验也是有很大差异的。因此，经验、习俗有很大的参考作用，但不一定科学。女儿在自己父母家坐月子，按照当地的习俗，一般不会有问题，不会出现水土不服的情形。当然，有些人为了面子，要求坐月子要到婆婆家，这种风俗缺乏对人的尊重。坐月子时期，应该以产妇为中心，这样遇到问题就比较容易处理了。

2. 月子饮食

分娩后产妇的身体非常虚弱，饮食方面既要考虑恢复身体的生理功能，还要兼顾婴儿哺乳；既要补充足够的热能和各种营养，同时还要考虑到尚未完全恢复的肠胃功能。因此，总体原则是保持饮食清淡、营养、均衡，可配合产妇口味给菜肴调调味，以增进食欲。

(1)应补充水分，宜多喝汤。产后可以喝一点蛋汤、鱼汤等较为清淡的汤，补充产妇身体里失去的水分，但汤不要过咸。注意不宜快速进补，以免得不偿失。产后前两三天，产妇大多乳腺管还未完全通畅，不要太急着喝催奶的汤，包括催奶的鲫鱼汤。不然在涨奶期可能会痛，也容易得乳腺炎等疾病。

(2)宜荤素搭配、少量多餐。产妇肠胃虚弱，用餐容易有饱胀感，同时产妇消耗大，容易饥饿，所以许多地方都在正餐之外加餐。产妇的饮食宜荤素搭配，保证每日必要的营养、维生素、纤维素的获取。

(3)主副食变换搭配。一成不变的细粮或粗粮，很难唤起产妇的胃口。产妇的饮食，宜交换搭配，如杂粮、细粮互换，不同种类肉食的互换等。可以吃一些杂粮，如小米、燕麦、玉米粉、土豆、地瓜等，经常变换口味，增加产妇食欲。

(4)食物要松软、可口。很多产妇产后会有牙齿松动的情况，过硬的食物对牙齿不好，也不利于消化吸收。因此产妇的饭要煮得软一些，要易消化、吸收，可食用一些汤类食物或营养粥，少吃油炸或坚硬带壳的食物。

(5)不宜食生、冷食物。产后身体还未得到恢复，体质较弱、抵抗力差。食用生冷食物不但伤害肠胃，引起胃肠炎等消化道疾病，还会阻碍体内瘀血的排出，造成恶露不尽。如冷饮、冷菜、凉拌菜等不宜吃，产后第一周尽量不要食用寒性的水果，如西瓜、梨等。

(6)不要吃太咸的食物。为了减少肾上腺的负担，产后几天尽量不要吃盐。坐月子期间，太咸的食物会影响产妇身体里的水分排出，加重肾脏的负担，还会影响血液循环，导致血压升高，不利于产后恢复。因此口味上还是以清淡为主，每天摄入的盐量不能过多。

(7)不要食用过量的味精。味精里含有的谷氨酸钠会和宝宝血液中的锌结合产生谷氨酸锌，导致宝宝缺锌，产生厌食，影响生长发育，甚至出现智障。因此，产后进入哺乳期，不要过量食用味精等调味品。

(8)不要吃油腻、辛辣食物。产后肠胃功能尚未得到恢复，食用太过油腻食物只会引起消化不良。同时辛辣食物可助内热，使产妇虚火上升，出现口舌生疮、大便秘结等症状，还会影响奶水，并通过乳汁使婴儿内热加重。大蒜、辣椒、胡椒、茴香、酒、韭菜等辛辣温燥食物和调味香料，均不宜食用。

3.月子恢复

月子期间产妇要注意自身身体恢复。要调整适宜的温度，尽早让宝宝吮吸乳头，并学会观察恶露，保持适度活动等。

(1)调整衣着温度。根据季节与居住环境温度的变化，做好产妇的穿着服装调整。产妇宜穿着长袖、长裤、袜子，避免着凉、感冒，防止关节受到风、寒、湿的入侵。夏天可利用电器设备，调整室内适宜的温度和湿度，室内温度25—26℃，湿度50%—60%。

(2)让宝宝吮吸乳头。分娩后半小时内让婴儿吸吮乳头，这样可尽早建立催乳和排乳反射，促进乳汁分泌。同时，还有利于子宫收缩。产妇身体虚弱、伤口疼痛，可选用侧卧位学习喂奶，第一次哺乳时间以5—10分钟为宜。产后第一天可以每1—3小时哺乳一次，哺乳的时间和频率自由掌握。多数产妇分娩后头两天都还没下奶，此时不用担心自己是否有奶水，只要身体健康，每个妈妈都有足够的奶水。即使奶没下来，产妇也要坚持让宝宝多吮吸，因为吮吸有利于乳腺管的畅通和乳汁的分泌。只有乳腺管全部畅通，分泌出的乳汁才不会被堵塞，不会引起乳房胀痛。

(3)学会观察恶露。产后要注意子宫的恢复情况，观察恶露的颜色变化。正常的恶露有些血腥味，但是不臭，总量为500—1000毫升。观察恶露情况是否正常，尤其是要注意恶露的质与量、颜色与气味的变化，可以估计子宫恢复的快慢，有无异常。在正常情况下，恶露应由红变白，量由多渐少，气味由血腥味到无。一般恶露在产后3周左右就干净了。若恶露不净或出现异常，就要及时告知医生。在产后6—8周后要去医院做产后检查。

(4)保持适度活动。适度的活动，对于恶露的排出、筋骨及身材的恢复很有帮助。产后初始，产妇觉得虚弱、头晕、乏力，必须多卧床休息，起床的时间不要超过半小时。等体力逐渐恢复，就可以将时间稍稍拉长些，但还是以1—2小时为限，避免长时间站或坐，导致腰酸背痛和膝踝关节的疼痛。此外，适度运动可以消除腰部、臀部的赘肉，一般来说产后14天就可以开始进行腹肌收缩、仰卧起坐等运动。产后运动只要持之以恒，将有明显的效果。

(5)选用收腹带。产后使用合适的收腹带，对于产后松弛腹肌的生理恢复、防止皮肤松弛、消除妊娠纹、恢复原来身材，可起到较好的帮助。同时，对产后子宫、产道恢复，促进恶露排净、预防内脏下垂等，均具较好的作用。

4. 月子卫生

从产后的第二天起，产妇可以和往常一样，正常地梳头、刷牙、漱口。适度的清洁卫生，可以帮助产妇舒缓身心，促进血液循环，加速新陈代谢，对产妇和宝宝都有好处。

(1)梳头。产后梳头会使头部血液通畅，有助于提神。梳头不仅不会引起脱发，还能按摩头皮、防止脱发，保护秀发免受损伤。当然产后身体虚弱，梳头可以轻一些，或者用手掌按摩头皮，同样能起到促进血液循环的作用。

(2)刷牙。坐月子期间，产妇需要补充大量的营养，每次吃过东西后，都应当用温开水漱口，保持口腔卫生，避免牙齿受到损害。只要体力允许，产后第二天就应该开始刷牙。切记要用温开水刷牙，在刷牙前最好先将牙刷用温水泡软，以防冷水对牙齿及齿龈的过分刺激。产妇刷牙时容易出血，可在产后的头3天采用指漱，即把食指洗净或在食指上缠上纱布充当刷头，在牙齿上来回、上下擦拭，再用手指按压齿龈数遍。这种方法可活血通络，坚固牙齿，避免牙齿松动。

(3)洗头、洗澡。生完宝宝的产妇，出了很多的汗，再加上恶露、溢奶，全身上下都不舒服。一般产后1周，可用热毛巾擦拭身体，4周后可以淋浴、洗头，但不能洗盆浴，以免引起生殖道感染。需要注意的是，洗头、洗澡要用40℃左右的温水，洗完后要及时用毛巾擦干身体和头发，并注意保暖，以防感冒。

(4)通风。纸尿裤会产生异味和细菌传播，因此要保持室内空气流动，防止新生儿和产妇室内的空气污染。要适当通风，室内温度不可太高，也不可忽高忽低。以前常有将门窗紧闭，不论何时产妇都要盖厚被的做法，这是十分危险的，尤其是在夏季，极易造成产妇中暑。

5. 月子禁忌

坐月子有许多禁忌，有一定的科学道理，需要产妇和家人相互配合、相互理解,共同做好。

(1)不可吹风、不要外出。因为产后气血虚弱、筋骨松弛,风寒湿邪易乘虚而入,引起感冒、风湿、关节酸痛、腹泻等疾病。因此产妇一定要多加防范,坐月子不能吹风,以免风寒侵袭。平常要穿着长袖长裤,下床走路时要套袜子。夏季炎热,产妇要避免身体直接吹到电风扇,尤其不要对着冷空调的出风口,电扇和空调的风可以往墙上吹。另外,能不外出的尽量不外出,防止冷风刺激和病菌感染,待身体基本恢复后,才可以出门。

(2)避免接触冷水。产妇身体较虚弱,正处于调整中,对寒冷刺激较敏感。因产后百脉空虚,风寒容易通过关节、皮肤囤积在体内,酿成日后头痛、关节酸痛的毛病,冷水还是少碰为妙,避免落下月子病。即使在夏天,仍然要打开热水器,洗手、洗菜、洗奶瓶时,产妇最好用温水冲洗。另外,开冰箱等事情,也最好请家人代劳。

(3)避免焦虑情绪。产妇由于身体激素的变化,精神比较脆弱,加之压力增大,可能发生产后抑郁症。因此,要保持家庭的欢乐气氛,尤其是丈夫应该多体谅妻子,在精神和生活上多给予支持,以维持产妇正常良好的情绪,这也是为宝宝创造一个良好家庭环境的重要条件。要处理好婆媳之间的关系,不要认为产妇娇气、事多、不好伺候,由此产生家庭矛盾。

(4)避免长时间阅读。长时间阅读会伤害视力。所以阅读时姿势要正确、时间不要太长、光线要充足,不看悲伤、暴力或是情绪激烈的内容,最重要的是不能影响休息。若没有适度的休息,容易造成出血难止、腰酸腹痛、精神不振等。

(5)禁止同房。女性的生殖器官经过妊娠和分娩变化的创伤,需经过一段时间才能恢复正常,产妇身体的全面恢复需要约两个月的时间。在此期间,夫妻双方避免性生活。产妇最好通过产后检查,确定身体已经完全恢复后,才可以开始性生活。并且在产后1年内最好采取避孕措施,为子宫全面康复留足时间。

6.注意事项

有一些简单的事务,需要引起产妇、家人和亲朋好友的注意。

(1)喝水要适度。有的产妇认为,坐月子期间要大量喝水,才能帮助身体恢复。其实,在怀着宝宝的时候身体都会水肿,而在坐月子期间,就要把这些不必要的水分排出体内。如果再喝过多的水,只会影响身体的正常排泄。对于剖腹产的产妇来说,由于吃药的缘故需要多饮水,但是仍然需要适度。

(2)红糖不可多吃。红糖性温,可以补血补气、暖胃健脾,促进恶露排出,还有生乳、止痛以及利尿、防治产后尿失禁的功效。但因为红糖具有活血的功能,过多食用会增加产妇出血症状,同时还会诱发龋齿。夏季喝过多红糖水,会加速出汗,可诱发产妇中暑。一般饮用红糖不能超过10天,在饮用红糖水时,一定要煮着喝,不可以冲着喝。

(3)鸡蛋不要多吃。鸡蛋的营养比较全面,是产妇的首选营养品。在月子期间,每天食用3个左右的鸡蛋即可。因为产后各种器官功能衰弱,此时过多食用鸡蛋,会造成消化不良,营养难以吸收。

(4)选择性吃水果。不要吃太多偏寒凉性的水果,特别是产后的最初几天。可以在饭后或两餐之间吃些水果,这样就不会增加消化道的负担。吃水果时要注意卫生,彻底清洗干净或去皮后再吃,以免发生腹泻。水果不要太凉,刚从冰箱拿出来的水果,要放在室温下过一会儿再吃。

(5)减少探望。由于刚分娩后的产妇需要静养以恢复体力,亲戚朋友不要过早探望产妇和婴儿。若探望,时间也不宜超过半小时,尽量给产妇多一点时间休息。有慢性病或感冒的亲友更不要来探视产妇及婴儿,以免引起交叉感染。月子里不要在家里大宴宾客,防止扰乱产妇和宝宝的正常作息。

(6)剖腹产护理。除了顺产需要做的护理之外,剖腹产的产妇还要护理好伤口,预防感染。如果出现伤口红肿甚至发烧等迹象,应该及时就诊。产后尽量不要有大动作,在咳嗽或大笑的时候,可以用手撑住伤口或用枕头顶住腹部以上,有助于减轻疼痛感。只有得到医生的认可,产妇才可以进行适量的运动。剖腹产的身体恢复时间更长,一般需要几个月甚至一年的时间。

(五)新生命

新生命的到来,是一件大喜事。年轻父母的心态和家庭活动的重心,都发生实质性的变化,新生命给家庭带来了新力量和新希望。

1. 完成生命繁衍

生命总是一代一代繁衍，新生命的到来代表个体的成功繁衍，这是一个为人类做出贡献的伟大工作。常说“孩子是母亲身上掉下的一块肉”，十月怀胎孕育的生命，是家中的无价之宝。年轻父母的心会发生微妙的变化，会随着这个新生命的哭而哭，随着这个新生命的笑而笑，那种牵挂、那种眼神、那种怜爱、那种温存，只有对待自己的孩子才真正显露出来。这就是父爱和母爱，这就是人性。新生命的到来，使年轻的父母也如同获得了新生。

2. 实现地位升级

在家庭方面，新生命的到来，使二人世界变成三口之家，年轻的夫妻升级为父母，从此不再仅仅是为人之子；随之带来家庭格局的大变化，原来的父母也升级为爷爷奶奶、外公外婆；家庭的重心无疑发生变化，在今后一个很长的时期内，家庭的大部分注意力将集中在这个小生命身上。在社会方面，这个新生命一出生，就具有民事权利能力，享有法律规定的一切权利；直到这个小生命长大成人，年轻夫妻都是其法定监护人，需要依法履行保护、教育、监督、管理等职责。

3. 带来无限可能

新生命的到来，如同升起一轮朝阳，给家庭带来无限的希望和遐想。这个小生命长得像父亲还是像母亲；按照出生时辰算卦，缺啥就在名字中补啥，不留缺憾；如何度过快乐的童年、健康成长，如何成为一个对社会有用的人等等，令人浮想联翩。有的年轻父母希望能够子承父业，有的希望实现父母未能实现的心愿，有的希望孩子能开创自己的人生事业。此外，新生命给长辈们带来快乐的同时，也寄托着长辈们的心愿。带着对新生命的希望，年轻的父母每天的生活就有了新的盼望、新的追求、新的方向，每天的工作就有了新的动力、新的目标、新的理想。新的生命给整个家庭带来无限的可能，这是生命带来的力量。

三、育　儿

人的一生可以划分不同的阶段。通常的年龄分段为：婴儿期，从出生到

12个月末，其中刚出生的1个月，又称新生儿；幼儿期，1—3岁末；学龄前儿童，4—6岁，相应幼儿园阶段；儿童期，7—12岁，相应小学阶段；少年期，13—15岁，相应初中阶段；青年初期，16—18岁，相应高中阶段；青年期，19—35岁，大学学习阶段，并进入社会；中年期，36—59岁，是社会的中坚力量；老年期，60岁以后，逐步退出社会工作。

孩子出生以后，从一个娇弱无能、感觉混沌的小婴儿，成长为能适应社会生活、掌握知识技能和对社会有用的人，需要经过婴儿期、幼儿期到青年期等阶段。特别是从婴儿期到幼儿期，无论生理还是心理的发育都非常明显，各方面的发展也非常迅速，不同月龄的宝宝都有不同的特点，需要特殊的照护和培养。孩子长得很快，如何养育孩子，保障孩子身体健康，提供所需的营养，关注肢体、心智的发育，防病治病和培养良好的习惯，都是父母需要关注的问题。育儿主要是针对0—6岁年龄阶段的孩子。

(一)营养供给

一个人的成长，从物质方面看首先是营养的供给。对于一个婴幼儿，最好是母乳喂养，没有办法时才采取奶粉喂养，并需要适时添加辅食。青少年时期也是营养方面需要特殊关注的时期。

1. 母乳喂养

母乳喂养属于一种自然安全的方式，有利于促进婴儿健康发育和成长，是喂养孩子的首先选择。

母乳营养成分丰富，是婴儿最理想、最合适的天然食物。母乳易于消化吸收，蛋白质、脂肪、糖三大营养素比例适当，适合婴儿生长发育的需要；母乳中富含免疫因子，可以预防婴儿肠道感染疾病的发生；母乳还含有促进大脑发育的牛磺酸、促进组织发育的核苷酸、增强视力的DHA等。婴儿出生后最初6个月纯母乳喂养，是最好的喂养方式。母乳为婴儿出生后最初几个月提供所需的能量和营养素，后续可采用母乳并适当补充辅食的方式进行喂养，直至2岁或更大一点年龄。

母乳喂养有许多优点：①为婴儿提供全面营养，母乳中特别是初乳，含有婴儿所需要的丰富营养，对婴儿的健康成长是十分有益的，是任何乳制品不可替代的优质乳。②有利于增强免疫力,母乳尤其是初乳中含有天然的抗生素、抗病毒素等,能有效增强婴儿的抵抗力,促进免疫系统成熟,使婴儿少生病或不生病。③有利于婴儿的消化吸收,母乳营养均衡、配比最佳,同时母乳喂养过程能够促进婴儿肠道正常菌群的建立,可以减少婴儿的腹泻,并且帮助婴儿在患病后的快速康复。④预防过敏的发生,母乳干净、安全,无任何副作用,可以大大减少婴儿罹患各种过敏性疾病的概率。⑤有利于感觉和认知的发育,通过吮吸乳头的刺激,增进母亲对婴儿的疼爱之情,同时婴儿通过吮吸母乳,与母亲有切肤的亲近,有利于增进母子情感。

新生儿第一次吃奶叫"开奶",医生会在产后半小时到1小时,就让妈妈给宝宝喂奶,最晚不要超过6小时,这样对刺激乳房尽早分泌乳汁,加速子宫收缩复原,帮助宝宝尽快排胎便,避免出现新生儿黄疸等,都是非常有好处的。一般每隔2—3小时哺乳1次,每次15—20分钟。吸吮能力弱的宝宝,可适当延长哺乳时间。喂乳前要清洁双手及乳头,哺乳时宝宝及妈妈保持舒适的姿势,让宝宝头及身体在同一直线上,有助于宝宝吸吮及吞咽。喂完奶将其抱起,让宝宝头靠妈妈肩膀,轻轻拍背部1—2分钟,排出宝宝胃内空气,防止吐奶。千万不能躺着喂奶。

要想乳汁分泌旺盛并营养成分优良,需要科学合理摄取营养。如果少奶或无奶,千万不要轻易放弃,不妨请医生推荐一些催乳特餐或药膳。母乳喂养期间,产妇的热能及营养需要量也相对增加,每日应多吃几餐,以4—5餐较为适合;要特别注意多喝一些能催乳的汤类,如炖排骨汤、炖鸡汤、炖猪蹄、豆腐汤、青菜汤等;在两餐之间最好饮水或吃点水果。但进食不能超量,饮食以清淡为宜,荤素搭配得当,不要挑食。如果高热量或肥甘食物摄入太多,不仅不能增加泌乳量,反而因造成胃肠不适而使乳汁减少。

母乳喂养需要注意以下情况:

(1)不要怕肥胖。现代女性在生育后,大都急切希望能恢复昔日的苗条身材。有的因为怕出现身材走样等问题,拒绝给婴儿哺乳。事实恰恰相反,若能坚持母乳喂养,不仅可以把多余的营养提供给婴儿,保持供需平衡,而且婴儿的吸吮过程反射性地促进母亲催产素的分泌,促进母亲子宫的收缩,能使产后子宫早日恢复,有利于消耗掉孕期体内堆积的脂肪。

(2)不要怕劳累。有的产妇怕乳汁量不足,觉得母乳喂养麻烦。事实上，新生儿在出生后20—30分钟之间，吸吮反射最为强烈。有不少新妈妈奶水不足，其中一个原因是对乳房的刺激不足。生产后头一两天，婴儿的吮吸除了能让其适应乳头的感觉，养成良好的吮吸习惯之外，也能刺激母乳的分泌，保证哺乳期乳汁的足量供应。

(3)不要怕疼痛。无论顺产或剖腹产，产妇只要掌握正确的抱婴、哺乳姿势，是不用担心扯动伤口的。有的产妇是因为喂奶时乳房和乳头疼痛，因此不想喂养了。其实是因为喂养方法不当，导致乳房疼痛、乳头皲裂所致。

(4)要有信心。母乳的多少和产妇乳房的大小是没有直接联系的，只要给宝宝多吮吸、注意饮食，就能够增加母乳量。要坚定母乳喂养的信心，母乳喂养对产妇和宝宝都是最好的呵护。母乳喂养有助于产妇恢复身体，喂养过程也让产妇远离一些疾病的困扰，对宝宝的生理上及心理发育也是最有利的。

(5)有良好的心态。母乳喂养过程中，情绪对母乳的分泌有很大的影响。除了足够的营养之外，产妇需要保持良好的心态、充足的睡眠，这样有利于乳汁的正常分泌；同时家人要多加关心，创造良好的家庭氛围，这对母乳喂养也是非常重要的。

2. 奶粉喂养

一些产妇因母乳不足或其他原因不能母乳喂养，需要用奶粉喂养宝宝。产后的最初3天，如果产妇暂时没有母乳或者确实量很少，不能满足宝宝的需要，只能在吮吸母乳后，再用小奶杯喂奶粉。后续过程中，如果确实母乳不足，影响到宝宝的发育，应及时给宝宝加喂奶粉。当然，也不要因为已经奶粉喂养，而放弃母乳喂养。一旦母乳充足，还是可以停掉奶粉，继续纯母乳喂养的。

采取奶粉喂养，需要做好以下几点：

(1)选择好的奶粉。选择好的代乳食品，4个月以内的婴儿可选择含蛋白质较低的婴儿配方奶，6—8个月可选用蛋白质含量较高的配方奶粉。那些对乳类蛋白质过敏的宝宝，可选用特殊医疗用途配方奶。

(2)新生儿的喂养。新生儿的消化功能非常弱，不能消化全奶；胃容量也小，最初一周每顿最多能喝到30—60毫升；隔2—3小时喂一次，并需要在2次喂奶中间加喂一次白开水。新生儿因为还不适应外界的环境，而且以睡眠状态为主，很容易出现边吃边睡的情况，需要特别注意。

(3)注意奶粉的浓度。宝宝奶粉的浓度不能过浓，也不能过稀。过浓会使宝宝消化不良，大便中会带有奶瓣，还可能损伤消化器官，出现食欲不振甚至拒食；过稀则会使宝宝营养不良，也会出现大便溏稀或腹泻的情况。

(4)注意奶粉的奶量。除了要遵循按需喂养外，还要注意宝宝一次的奶量发展会从少到多，满月的时候宝宝一次就能吃60—100毫升了。一般来说每两顿奶粉之间要添加20毫升水，避免宝宝发生便秘。

(5)注意奶嘴的情况。宝宝喝奶时如果吃吃停停，很可能是因为奶嘴过硬或者奶嘴洞偏小，婴儿吸吮时用力过度，容易导致疲劳，所以就直接睡着了。奶嘴过硬则需要多搓揉几遍，直到合适为止。

(6)喂奶前试试奶温。奶粉冲好后装进奶瓶，手感的温度不是很准确。喂奶前应试奶温，可将奶液滴几滴于手背或手腕处，以不烫手为宜。喂奶前，奶瓶、奶头均应煮沸消毒。

(7)避免吸入空气。给宝宝喂奶时要将头稍抬高，并奶瓶略微倾斜，让奶水充满整个奶嘴，这样可以避免宝宝吸到空气引起打嗝，也可以预防吸吮疲劳。喂奶后将宝宝抱起，轻拍其背部，使吸奶时咽下的空气排出。

(8)用全脂奶粉。对于婴儿和刚学走路的孩子，他们的大脑和身体成长极其迅速，每天所需要热量的40%是从脂肪中摄取的。因此，大部分专家建议，2岁以下的孩子要喝全脂奶粉，而不是脱脂奶粉。喂养婴幼儿应具体视奶粉质量、孩子的年龄来决定加多少水。

(9)对奶粉过敏。一般是指对以牛奶为主要原料的奶粉过敏，原因是宝宝对牛奶中的蛋白质产生过敏反应，有少数对羊奶为主原料的奶粉也过敏，这类宝宝可以选择脱敏奶粉、氨基酸奶粉、水解奶粉等。

(10)不要另外加糖。奶粉中已经有一定比例的糖，不要另外加糖。过多的糖进入婴儿体内，会将水分潴留在身体内，使肌肉和皮下组织变得松软；成为龋齿、近视、动脉硬化等疾病的危险因素；还会影响食欲，容易出现营养不良，对婴儿的生长发育有弊无利。

(11)一般不用鲜牛奶。鲜牛奶的卫生状况不能完全保证，浓度不容易掌握，个别婴儿可能会出现过敏，所以一般不用鲜牛奶。另外，不要喂炼乳，炼乳含糖量很高，婴幼儿不宜食用；酸奶也不适宜婴儿食用。

3. 添加辅食

婴儿添加辅食，应遵循由稀到稠、由细到粗、由素到荤，添加的量由少到多，采取循序渐进的原则。开始一次只喂一种新的食物，等宝宝适应后，再添加另外一种新的食品。

婴儿从4月龄开始，可以逐步添加流食，如米糊、菜泥等，开始的量少一点、稀一点，之后可以逐步用少量鱼汤、蛋黄做米糊，用奶瓶喂婴儿。

婴儿从6月龄开始，过渡到半固体的食物，及时添加含铁丰富且容易吸收的辅食，添加果泥、蛋黄泥、鱼泥等。

婴儿7—9月龄时，可以由半固定的食物逐渐过渡到可咀嚼的软固定食物，如面条、碎菜粥等。

婴儿10—12月龄时，大多数宝宝可以逐渐转化为进食固定食物为主的辅食，逐步改用汤匙喂食。

需要切记的是，给婴儿添加辅食不可操之过急，尤其是5—6月龄时，婴儿的肠胃尚未发育健全，不可急着添加瘦肉糜弥之类比较难消化的食物。如果婴儿消化不良，可能造成积食，甚至还可能会出现肠梗阻、肠套叠，严重时会危及生命。

鸡蛋是最理想的辅食。鸡蛋营养成分非常全面，蛋黄更是集中了婴儿大脑和神经系统发育所必需的DHA、胆碱、卵磷脂及多种微量元素，也是安全有效的早期补铁辅食。蛋黄可直接碾成泥喂给婴儿，也可以加水调稀后喂养，或者还可搭配米糊、米粥等辅食喂养。添加蛋黄的量，应从四分之一个蛋黄开始，逐渐增加到二分之一个蛋黄，再到一整个蛋黄。在幼儿期，每天给宝宝补充一个鸡蛋，是非常理想的选择。

4. 青少年营养

青少年时期是孩子的青春发育期，是由少年向成人过渡的阶段，是身高、体重、各器官发育，特别是性器官发育并趋于成熟的阶段，也是智力发展快、性格逐渐定型的阶段。这一阶段是孩子的第二发育高峰，是人生中极其重要的关键时期，需要摄入足够的碳水化合物、蛋白质、脂肪、矿物质和维生素，以保证身体的健康成长。

食物选择方面，要多样化，以谷类为主，在热能供给充分的前提下，注意保证蛋白质的摄入量；主副食搭配，每餐有荤有素或粮豆菜混食，以充分发挥蛋白质的互补作用；有条件的，可选用含富钙和优质蛋白质的鲜牛奶；经常食用有色蔬菜瓜果，以保证各种维生素、无机盐及膳食纤维的供给。少吃肥肉、糖果和油炸食品。

膳食安排方面基本上与成人相同，总原则是均衡营养，注意不要过量。含蛋白质、脂肪丰富的食物应安排在早餐、午餐；晚餐则配以蔬菜为主的各类食物。保证吃好早餐，特别是早餐中蛋白质和热能的供给量。在考试期间，应适当加强营养的质和量，多供给优质蛋白质和脂肪，以满足神经系统紧张活动的特殊消耗。要培养孩子良好的饮食习惯，做到定时定量，不乱吃零食，不挑食、不偏食、不暴饮暴食。注意维生素 C 和维生素 A 的补充，包括适量添加鱼肝油。多参加体育活动，多晒太阳，不要盲目节食、减肥。需要提醒的是，这个时期的孩子开始有自己的主张，对许多事情不以为然，需要多做思想工作。

(二)肢体协调

肢体协调常常被一些年轻的父母忽视，总认为孩子自己会成长，或者长大了自然会好的。但是，我们可以看到一些孩子动作不协调，平衡能力差，形体有些偏差，或者弓着背、不挺拔，这是非常可惜的。肢体协调是一个从婴幼儿时期就需要开始重视的问题，要做好必要的训练和及时矫正，使孩子形体和运动能力得到健康发展。

1. 头型

父母都希望自己的孩子长得漂亮一些，这是人之常情。孩子的眼睛、鼻子、嘴巴、耳朵等外貌，由父母的遗传基因决定，但面部的格局跟头的形状还是有相当的变数。对于整个身体来说，头处于最高的突出位置，头的形状从美学角度看还是比较重要的。有人的头型前后长，有人的头型上下长，有人的头型非常圆，形成了不同的特色。

婴儿时期，头型是可以适当调整、改变的。新生儿的头骨非常软，而且经常习惯于一种睡姿，把头侧向一边，等到满月时可能头型有些偏，有的甚至是大小脸，影响美观。调整婴儿的头型，可以做一个薄枕头，装一些不太硬、不太软的填充物，以枕头的造型来调整婴儿的头型。同时，可以调整婴儿睡觉的位置，吸引其侧向另一边。如果婴儿的头型已经比较理想，注意不要让其睡一个固定的位置和一个固定的姿势，避免形成扁平头。婴儿从出生到1岁，头型可塑性很强，要让婴儿经常变换睡觉的姿势，即每隔1—2天，让婴儿由仰卧改为左侧卧，再由左侧卧改为右侧卧。1—3岁幼儿的头型还会发生一些变化，还需要注意调整其睡姿。

2.动作

宝宝健康成长是每个父母的心愿，掌握宝宝在3岁以下的行为发展特点，是每位父母需要做的事情：

宝宝4周的时候，被扶抱起来后，已经可以自己支撑头部；视线能够开始追随物体，听到声音会有反应。孩子开始和父母有眼神交流。

宝宝4个月的时候，会自己主动拿东西，并会把东西放到嘴里。躺着的时候，双手能够相握。俯卧的时候，头能够抬到九十度。

宝宝5个月的时候，开始会微笑，有东西依靠时可以坐一会，可以躺着玩玩具，多数情况下，手的活动范围与视野不交叉。

宝宝6个月的时候，坐立是已经比较稳了，眼睛可以监控双手玩弄物品，此时手的活动范围与视野交叉，但手眼协调能力依然比较差。

宝宝6—9个月，一般是爬行敏感期，在这段时期要少抱，多让宝宝趴着玩；要抓紧时间训练手脚协调能力，为后续的站立和行走打基础。

宝宝10个月的时候，可以扶着栏杆站立几分钟了。甚至做比较精细的动作，捏住细小的东西，比如葡萄干一类的物品，也会把手里的东西主动递给别人。

宝宝13个月的时候，可以自己走几步路了，也能手脚着地爬楼梯，一只手可以抓住两块积木。

宝宝18个月的时候，走路已经不是什么大问题了，并且可以扶着栏杆，依靠双脚上楼。模仿能力变强，会模仿大人搭积木、翻书。

宝宝2岁的时候，在行动上会双脚跳了，能够单脚站立，在认知上能认清身体的部位，并可以指出来。

不同的宝宝发育情况不同，父母可以带宝宝去医院做一个行为测定，对宝宝身体发育情况有较为准确全面的认识。

3. 平衡

胎儿在孕期第5个月的时候，平衡系统就已经发育成熟。平衡能力对宝宝的一生都很重要，并非只是稳步走路。保持平衡不仅是身体的事情，也与大脑中的感觉有关。

平衡感对宝宝的其他感官发育起到相当重要的作用。宝宝出生几个月后，当他抬起头的时候，就会感受到姿势的变化，并把这个信息传递给大脑。在这个过程中，平衡感与其他感觉结合在一起，视觉、触觉和听觉等多个感官参与进来，刺激着神经细胞的连接，促进宝宝大脑发育。

平衡感对宝宝运动能力的发育也有极其重要的作用。宝宝经常抬起头来，平衡感传递给大脑的信息就越来越准确。在此基础上，宝宝感觉到重力的存在，学会了翻身、爬动、坐起来，然后学会站立、行走，最后学会跑动、跳跃，大脑控制身体的平衡方面变得越来越好。

培养宝宝平衡能力，2—3岁是关键时期。除了多让宝宝自由活动以外，可以抱着让宝宝慢慢左右摇摆、旋转、倒立，刺激其大脑神经末梢，使宝宝从不同角度感知身体的起伏、位置的变化、速度的改变。可以多带宝宝去公园，到适合幼儿的游乐场，滑滑梯、荡秋千、爬登架、跳蹦床、骑三轮车，这些都能使大脑、五官和平衡感得到有效训练。此外，平衡练习可以增加宝宝的方向感、方位感，有助于锻炼勇气和估计危险，使其能够对能力和目标进行比较和判断，对自己也更加自信，并且减少不当的行为。

4. 形体

形体就是一个人的外形，除了通过饮食控制胖瘦以外，最主要、最基础的是人体的骨骼生长。一个人身材有高矮、相貌有俊丑，如果能长得挺拔、抬头挺胸，也能给人一种精神的感觉，尤其是女孩子，“亭亭玉立”是有形体的要求的。有的人长着大长腿，但腿呈X形或O形，两腿不直，显然就要扣分了；有的人个子很高，但是含胸、弓背，不仅不挺拔、不精神，而且给人以病态的感觉；有的人其他都还好，就是脖颈向前弯曲很大，好像永远抬不起头。做父母的一定要尽早注意孩子的形体问题。

婴儿期。我国许多地方都有包裹婴儿的习惯，这对婴儿的生长发育十分不利。刚出生的婴儿，各部位器官发育很快，特别是骨骼很软而且生长很快。长时间捆裹婴儿，势必阻碍婴儿体内血液的流通及骨骼的正常生长。有的孩子在婴儿期，就被包出X形腿或O形腿，这是非常可惜的。因此，要注意包裹婴儿的松紧度，每天定时解开包裹，让婴儿的四肢得到充分的自由活动，使体内的血液循环通畅，促进骨骼自然生长。

幼儿期。注意孩子的玩具要与身体相协调，特别是运动型的玩具，例如儿童脚踏自行车，如果车子小、孩子身体大，他就会改变自己姿势和着力点，来适应自行车，时间长了就会改变孩子的形体，并形成“八字步”，有的可能还会改变孩子的腿形。在利用各种运动玩具时，父母一定要注意玩具对孩子骨骼、形体的影响，在带来快乐的同时，防止无意中伤害了孩子。

学龄前。上了幼儿园的孩子，可以参加一些课外活动。女孩可以参加舞蹈培训，男孩可以报拳击操，这样不仅可以锻炼体魄，增加孩子的知识面，扩大社会接触，还可以从小建立形体概念，站得直、立得正，为今后的顺利成长打下基础。

儿童期、少年期。这一时期对应的是小学和初中。很多孩子都是这个时期，背也弯了、胸也不挺了，而且少年期之后就难以纠正了。这个时期的重点是培养孩子正确的读书写字姿势，能够自觉纠正不良习惯。桌子、椅子的高度要适合孩子的身体；坐有坐相、站有站相，不要窝在沙发里，不要长时间看电视；不要睡很软的席梦思，枕头不要太高，必要时可以睡硬板床；平时注意身体锻炼。要让孩子知道不良生活习惯的严重后果，增强其注意和保持形体的自觉性。

（三）防病治病

6个月之内的婴儿由于从母体带来的抗体，一般很少生病。6个月之后，腹泻、感冒、发烧会多起来。宝宝的成长伴随着大大小小的疾病，每次生病都让父母焦急。但是，每次生病治愈之后，可以发现宝宝各方面的能力都有明显的长进。实际上，宝宝生病是常见的事，在与疾病的斗争中完善免疫体系和各方面的机能。宝宝生病不全是坏事，控制管理得好，就能成为宝宝成长的一个新起点。

1. 腹泻

遇到宝宝腹泻时，母乳喂养的宝宝一般可以继续哺乳；吃奶粉的宝宝，可适当减少三分之一左右，奶中稍加些水；已经加辅食的宝宝，适当减少食物数量。宝宝若在短期内“消瘦”，皮肤“发蔫”、哭而无泪，说明已经引起脱水，应及时将宝宝送到医院治疗，切勿擅自滥用抗生素。宝宝腹痛时不能擅自给宝宝服止痛药，应请医生医治。在弄清宝宝腹痛、腹泻的原因之前，父母切忌用力揉搓宝宝的腹部，可用温热的手掌覆盖疼痛的部位来缓解不适。

腹泻有多方面的原因，有消化不良、肚子受凉、细菌感染等，需要查找真实原因、对症处理。对于一般的大便稀、不成形的，可以喝一点莲子汤，或用莲子做米糊、稀饭等。莲子有健脾的功能，对宝宝的效果比效明显。

2. 感冒

宝宝感冒会带来鼻塞、打喷嚏等症状，如果是普通的感冒，没有伴随发烧，父母不要太焦虑。一般感冒都是因为受凉引起的，婴儿睡觉时可以穿一双棉袜，对防止感冒有很大的作用。但是应该注意，父母总担心宝宝着凉，给宝宝盖很多的被子，结果因为太热，半夜宝宝就把被子蹬掉；有的父母给宝宝穿很多衣服，结果宝宝好动，一会儿就满头大汗，不得不脱衣服。这样一热一冷，宝宝很容易感冒。由于宝宝的活动量和散热功能与大人不同，不要以大人的标准来衡量，一般是手摸宝宝的背部，感到略有温度即可。对于感染类感冒，伴有咳嗽、发烧的，需要带宝宝到医院就诊。

3. 发烧

宝宝发烧的原因很多，可能是气温变化的影响，也可能是感冒等疾病引起，还有可能是疫苗注射的反应。遇到宝宝发烧，父母千万不要着急，首先要安定自己的情绪，配合医生寻找发病的原因。对医生来说，更关心的是发烧的发展进程，而不是发烧本身。只要能找到造成发烧的病因，治疗起来就比较快。父母不要随意给宝宝用退烧药，由于小孩的体温调节中枢发育不完善，服用退烧药后体温就会骤然下降，而且很难及时反弹，从而影响医生对疾病的早期诊断和合理治疗。宝宝发烧时要及时补充水分，饮食以流质、半流质为主，防止发生脱水常见的流质食物有牛奶、米汤、绿豆汤、少油的荤汤及各种鲜果汁等。

4.过敏

过敏是指宝宝吃了某种食物或接触某些物质引起的反应,过敏症状会通过皮肤首先反映出来,出现湿疹、荨麻疹(在皮肤上出现风团块)。最常见的是食物过敏,主要是吃了含有异种蛋白质的食物。因此,宝宝初次食用牛奶、大虾、螃蟹等易致敏食物时,需要留意观察其皮肤上是否出现红斑或风团块,以判断宝宝是否对该种食物过敏。有些宝宝对某些蔬菜也过敏,比如豆类、菌藻类和有香味的菜,如香菜、韭菜、芹菜等。

对于过敏体质的宝宝,母乳喂养时,蛋白类辅食应该晚一些添加,且添加的速度要慢,尽量避免再次进食过敏食物。宝宝食物以清淡饮食为好,少些盐分,以免体内积液太多而易发湿疹。

宝宝应避免接触羽毛、兽毛、花粉、化纤等过敏物质,家里不养宠物,预防接触性过敏的发生。衣被不宜用丝、毛及化纤等制品,宝宝贴身衣服用棉质的,穿着要宽松、轻软、略偏凉。衣物、枕头、被褥等要经常更换,保持干爽,室内要经常通风。日常生活护理方面,要避免宝宝过热和出汗,洗澡以温水最好,可选择偏酸性的洗浴用品,避免用去脂强的碱性洗浴用品。护肤用品可选择低敏或抗敏制剂护肤,并且最好先进行局部皮肤敏感性测试。保持宝宝大便通畅和充足睡眠,注意日常防护,不要给宝宝乱用药。

5.防疫

疫苗接种是预防和控制宝宝传染病的最经济、最简便、最有效的手段。疫苗接种,是将疫苗制剂接种到人体内,通过免疫系统对外来物的辨认,产生对抗该病原或相似病原的抗体,使人体获得抵抗某一特定病原的免疫力。我国把宝宝疫苗分为两大类,第一类是政府机构免费提供的,第二类是由家长选择的自费疫苗。父母要按照规定的要求,及时做好宝宝的疫苗预防接种,妥善保管好疫苗接种卡,掌握宝宝疫苗接种的情况。

疫苗接种禁忌。按照预防接种的原理,通过接种抗原刺激机体,使宝宝体内产生特异抗体来对付细菌、病毒。但有些时候,宝宝身体出现了某些特殊情况,就不适合接种,这种情况称为禁忌证。每种疫苗所含抗原不同,禁忌证也会不同。禁忌证一般分为暂时禁忌证和绝对禁忌证两大类。父母要注意宝宝的疫苗接种禁忌情况。

正常和异常反应。疫苗虽经灭活或减毒处理,但毕竟是一种蛋白或具抗原性的其他物质,对人体仍有一定的刺激作用,会引起人体的一种自我保护反应。正常反应,局部轻度肿胀和疼痛,全身有发热和不适,一般发热在38.5℃以下,持续1—2天均属正常,不需要特殊处理。异常反应,遇到晕针应立即让宝宝平卧、头部放低,口服温开水或糖水;出现皮疹,可在医生的指导下应用脱敏药;出现过敏性休克,一般表现为接种后较短时间内,宝宝面色发白、四肢发凉、出冷汗、呼吸困难,甚至神志不清、抽风等,需要立即请医生做紧急对症处理。

6.微量元素

一般来说,6个月以内的宝宝以母乳为主,完全可以充分补充各种微量元素。6个月以后,婴儿开始添加辅食,在目前的生活水平下,不会有微量元素的缺乏。微量元素顾名思义就是人体所必需,但是需要的只是微量,只要能够正常饮食,均不会缺乏微量元素。

在平时儿童保健过程中,不用带孩子进行微量元素检测。一般而言,细心妈妈只要对宝宝多加留意,也能有大概的了解。缺铁,多表现为乏力、多动、食欲差、伤口易感染、面色苍白或蜡黄。缺锌,孩子经常口腔溃疡、厌食或食欲不好,嗜食异物等。缺碘,通常表现为智力低下、眼突、身体矮小等,碘缺乏的初期症状不是很明显。如果宝宝有贫血、明显消瘦、生长发育迟缓,容易反复发生呼吸道感染等异常表现,需要及时带孩子到医院去诊治。

防止微量元素缺乏,主要还是在于日常饮食。在家庭饮食中,要合理搭配食物,不挑食、不偏食。日常生活中的食物,如海产品中的牡蛎、鱼类含锌量较高;海带、紫菜含碘量较高;动物性食物中的瘦肉、猪肝、鸡肉、牛肉等含铁量较高,也含一定量的锌;豆类、坚果等都是补锌的好食品。另外,哺乳期的母亲和婴幼儿应尽量减少味精的摄入量,避免体内锌的流失。

(四)心智成长

宝宝心智的成长,与其身体的发育密切相关,更重要的是与其观察、语言和思维的能力分不开。

1. 眼神

眼睛在宝宝的智力发育中起到关键的作用。正是通过眼睛，宝宝才能真实地了解周围的事物，与此同时逐步实现手的有目的活动，共同促进大脑的发育，并建立起自己的认知、运动系统。眼睛和手是宝宝智力发展的源泉，手眼的协调发展促进宝宝心智的成长进程。

刚出生的新生儿，对周围没有意识，视力范围很有限，只能看到 15 厘米左右的物体。

到了满月的时候，宝宝渐渐有了眼神，开始能与父母交流，这种眼神在智力发展过程中具有决定性意义。

3—4 个月：宝宝开始学习看自己的手和辨认眼前目标。

9 个月：宝宝能用眼睛去找寻从手中掉落的东西，喜欢用手去敲打物体，尤其喜欢敲打能发出声音的各类玩具或物品。

10—12 个月：宝宝已经能够理解手中抓的玩具与掉落在地上的玩具之间的因果关系，喜欢把抓在手中的玩具扔掉，并且用眼睛看着、用手指着扔掉的玩具。

1—1 岁半：宝宝开始尝试拿笔在纸上涂画，翻看带画的图书。

1 岁半—2 岁：宝宝发展出更高级的手眼协调动作，比如能够独自把积木垒高，拿着笔在纸上画长线条，把水从一只杯子倒入另一只杯子等。

3 岁以上：宝宝的小手已经非常灵活，手眼协调能力获得大幅度的发展。让宝宝多看、多动手，大脑就会更聪明。

2. 语言

语言是人类特有的功能，在个人的智力发展中起到决定性作用。正是通过语言表达自己的意愿和需要，实现与他人的交流和沟通，理解自己和周边事物。

7—9 个月，宝宝常常会咿咿呀呀，使用多种手势来表达自己，喜欢与人交流。

10—12 个月，虽然宝宝还不能用语言来表达，但是已经能听懂父母的意思，用动作和手势来表达想要什么。

13—15 个月，宝宝一次性可以说出 2—6 个字，可以用语言表达自己的意愿和要求。

18个月的时候，宝宝可以一次性说出20—29个字，并能够组合词汇表达自己想要什么，比如“我要”。有些孩子甚至可以在白天控制大小便了。

宝宝2岁的时候，一般可以说出50个字以上了，会使用“你”“我”等代词，能够清楚区分指代关系。

2—3岁是宝宝口头语言发展的最佳年龄。这个时期应着重培养宝宝的言语表达能力，鼓励孩子大胆说话，引导他用语言表达自己的愿望、要求和感觉。多给孩子讲故事，多教孩子说歌谣、唱儿歌，这不仅可以训练幼儿的语言能力，还能训练他的音乐节奏感。

3. 思维

新生儿刚出生时，意识是混沌模糊的，只有一些本能的反应。

2—3个月开始，通过观察，逐步感知外部世界。

4—6个月，能够用手势和咿呀来表达自己对食物的欲望，开始与外部建立联系，这是宝宝思维的雏形。

7—9个月，宝宝开始明白简单的因果关系，了解如何促使希望的结果发生，并运用逐渐增强的技能来感受周围世界。包括在屋子里爬来爬去，抓取喜欢的东西，用咿呀和手势来与人交流，表达自己意愿。

10—12个月，宝宝善于用动作和手势来表达想要什么，能听懂一些常用的简单词汇，这时宝宝的自主意识开始形成，有了自己的思维，但语言体系尚未完全建立。

13—15个月，宝宝逐步建立语言体系，标志着思维发展进入一个较高阶段。语言的发展，能够使宝宝及时表达自己的意愿，能与他人进行比较多的交流，加上活动能力的增强和活动范围的扩大，大大促进宝宝的思维发展。

2—3岁的时候，宝宝已经基本具备自己的意识和思维能力，可以比较完整表达自己，理解大人的语言和行动的意思，有的时候还会耍耍小脾气，坚持自己的想法。

4. 记忆

幼儿期宝宝从简单的复述词语，逐渐发展到可以背诵简短的儿歌。学龄前儿童已经可以背诵一些唐诗宋词了。宝宝的记忆力很强，有的儿歌听过几遍后，顺口就会背诵，隔几天还能唱几句。这种记忆对于沟通交流，以及语言和思维的发展是非常有利的。训练宝宝记忆力可以采用回忆的方式，引导宝宝回忆前几天发生的事情，并逐步建立时间的概念。宝宝从声音、事件到空间的记忆，是其自身能力的发展，都是一些自然记忆。可以通过提醒、回忆、背诵来强化对某些词句、事物的记忆，加深对词句的理解和事物的认识。特别是学龄前儿童背诵唐诗，虽然对背诵内容不一定完全理解，以后也不一定完全记住。但通过这种强化记忆的训练，从小对韵律、节奏的掌握和兴趣的培养是非常有意义的，可以给宝宝开辟更广阔的发展空间。

5. 智力开发

宝宝从婴儿期到幼儿期，各方面的发育和发展都非常迅速，心理成长非常明显，是智力开发的重要时期。

出生的第一年，是宝宝各项技能和智力发展最快速的阶段。智力开发应该从宝宝的婴儿期着手，从宝宝的本能反应开始，以意愿需求为引导，鼓励探索精神，逐步训练语言表达。0—6 个月，特别是 3—4 月，在宝宝表达本能的需求和适应外部环境的过程中，建立其对父母的依恋和较好的联系，让他充满安全感、舒适感。7—9 个月，宝宝的好奇心开始萌发，要加强引导和交流，增加对周围世界的感受，与喜欢的人建立联系。10—12 个月，进一步激发宝宝的探索精神，当宝宝在和父母交流时，父母需要做出回应。双向交流不仅能开发宝宝的智力，还能防止宝宝患上自闭症。

幼儿期宝宝的运动、语言及感知发展迅速，思维和记忆也较婴儿期增强，并出现最简单的想象。①陪宝宝玩合适的游戏，促进宝宝动作和技能的发展。②鼓励宝宝大胆说话，培养他的言语表达能力，引导他用语言表达自己的想法。③让宝宝多看、多听，通过看、听、摸等感知活动，让宝宝多接触自然和社会环境，父母应抓住宝宝好奇、求知的这一心理，经常给孩子讲一些有趣易懂的故事。④让宝宝多动手、多运动，可以是简单地画画、写写，也可以跑跑、跳跳。⑤活跃宝宝思维，引导多提问题、多思考，父母要用通俗易懂的语言耐心回答，不能敷衍了事。⑥培养宝宝的想象力，在做游戏、搭积木时，帮助孩子按自已想象去做，鼓励孩子的创造精神。通过这些活动，进一步完善宝宝的运动、语言和认知体系，与外界建立良好的联系。

（五）习惯培养

宝宝的作息、饮食、个性、交往等方面的生活习惯，需要从小培养。良好的生活习惯，有利于宝宝形成生活规律和身体发育成长，有利于宝宝今后与幼儿园衔接，甚至是宝宝长大后走向社会。

1. 作息习惯

作息有规律的宝宝更加健康聪明，妈妈要帮助宝宝把生物钟建立起来。比如晚上 8 点准时上床睡觉，每天都要按时遵守这个约定，不要找各种理由随意打破宝宝的作息制度。一段时间下来，宝宝就会形成条件反射，每天晚上到点准时入睡。

宝宝后半夜开始哼唧哼唧，还辗转反侧，很大的原因是要小便了，或者是尿不湿该换了。妈妈要善于读懂宝宝的身体语言，等小便过后宝宝又睡得踏实了。正常情况下晚上不用频繁喂奶，不用担心宝宝晚上会挨饿，让他好好睡一觉比把孩子弄醒喂奶重要得多。只要没有饿醒的表现，就可以让宝宝一觉睡到自然醒。

让宝宝学会自己睡觉。婴儿的大部分时光都需要在床上度过，尤其是 8 个月之前，家长并不需要抱起婴儿用力摇晃、来回走动等，更不要这样哄孩子睡觉。只要把宝宝轻轻放在床上就好，在旁边逗逗他、跟他说说话就可以了，让宝宝学会享受躺在床上的快乐时光。除了尿床、饥饿等情况外，不要宝宝一哭就把他抱起来，否则很容易形成负面的条件反射。

2. 饮食习惯

一个人对食物的偏好，一部分来自遗传，一部分则是后天形成的。饮食习惯的培养，需要从小做起。当婴儿尝试着吃固体食物的时候，就遇到了一生只有一次的机会，可以帮助宝宝养成良好的饮食习惯。添加辅食的时候，孩子的食谱中要有充足的蛋白质，如肉类和奶制品等。但从植物类食品中获取营养，对孩子来说会有更多的好处。蔬菜、谷物和豆类富含维生素、矿物质和纤维素，这些不起眼的食物非常可贵。口味的轻重也是在婴幼儿时就已经形成的，不提倡摄入太多的盐，不要养成喜欢油腻、甜食的习惯。在小时候形成对口味的偏好，还会一直保持下去，要抓住一生只有一次的机会。提倡父母和孩子们一起吃有益健康的食物，到老了将会有效地预防许多健康问题。

3. 个性习惯

在幼儿期，尤其是2岁以后，宝宝好奇心强，好动且精力充沛，有时可能做出一些无厘头的事情，包括把东西抓来扔掉、用手指摸电器插座的插孔等。这时父母应及时用行动做出纠正，可以轻轻打一打小手或小屁屁，用惩罚的方式纠正宝宝这些不良或危险的行为。有时宝宝情绪波动大，在得不到自己想要的东西时就大发脾气，哭闹不止。这时应采取冷处理，不理睬他，更不能妥协；父母一定要待在孩子的附近，或把孩子带到一个安静的地方，使他慢慢平静下来，直到孩子不再哭闹为止。父母应合理地调整对孩子的期望和要求，可以给孩子做示范，告诉他哪些行为是正确的，但并不是要求孩子一定做到。通过这种方式培养宝宝的个性习惯，有利于他的成长。有些隔代带孩子的爷爷奶奶，很可能缺少这一步。

4. 交往习惯

正常的宝宝都有与小朋友玩耍的欲望。要鼓励宝宝与年龄相仿的小朋友相处，他们可以用咿咿呀呀的语言交流，尽管大人们听不懂；可以模仿其他小朋友的动作，尽管姿势不怎么标准；可以跟随着奔跑，尽管可能跌跌撞撞，这些都能给宝宝带来极大的快乐。在相处中可以学会相互帮助和协作，懂得分享和配合，学习勇敢和坚强，并且学会处理孩子之间的人际关系，养成良好的交往习惯。今后宝宝上幼儿园甚至小学，就不会感到陌生，能够比较好地处理同学之间的关系，有可能也是为今后工作中的协作打下基础。

（六）特别保护

宝宝的有些器官、部位需要特别保护。一些行为或习惯，如果平时不留意，就会给身体、器官带来损害，尤其是在宝宝的发育阶段，而且这些损害是不可逆的。同时，在用药方面也要注意可能带来的副作用，防止治病时给宝宝造成药害。

1. 眼睛保护

眼睛是心灵的窗户。眼睛的发育从婴儿开始,直到青年期基本固定,整个过程都需要特别保护。尤其是婴幼儿时期,宝宝的眼睛处于快速发育阶段,需要重点保护。

婴儿期,要注意从光色、光源、光强等方面保护眼睛。宝宝基本上都是在床上躺着,此时室内的灯光需要调整得柔和一些,避免强光如日光灯,特别是浴霸等直接照射婴儿的眼睛。室内光源不要使用一些新光源,如LED灯等,主要是亮度强、光色成分不清楚;尤其不要在婴儿的床头挂一盏灯。外出要注意避免太阳光直射或反射到婴儿的眼睛。

幼儿期,宝宝好奇、好动,这时需要注意一些无意识行为的损害,教育宝宝不能盯着亮光看,不要用手电筒照自己的眼睛;也要注意,不要把物体放得离眼睛很近,或者人为将两个眼球内视,防止形成"斗鸡眼"。

电视、游戏、手机等视频对眼睛的影响很大,由于故事或游戏的吸引,长时间盯着视频,会对眼睛带来极大的损害。尤其是视频中的蓝色光成分,对眼睛损害更大。有的孩子由于长时间斜着看电视,造成两只眼睛的近视度数相差很大。因此要严格控制学龄前、儿童期宝宝的看电视时间。

已经上学的孩子,尤其是上小学、初中的孩子,需要特别注意用眼姿势:看书、写字要使眼睛与纸面保持30—35厘米的距离,有柔和合适的光源,固定间隔的休息时间,并且每天要保持2个小时的户外活动,防止近视或近视度数加深。

2. 牙齿保护

一口整齐洁白的牙齿,是一个人的门面,不仅给人美观的感觉,而且直接影响个人的食物摄取和一生的健康。每一颗牙齿都非常重要,需要好好保护。

漱口刷牙。已经长出乳牙的幼儿,可以教他学会漱口,3岁左右的宝宝可以开始学习自己刷牙。晚饭后可以吃点水果,但不要吃甜食和容易粘牙的饼干,也不要吃对牙齿有损害作用的酸奶,临睡前要漱口或刷牙,保持口腔清洁。从小养成良好的漱口、刷牙习惯,能够有效防止龃齿的发生。

少吃糖、碳酸饮料。糖对牙齿的影响很大,是龃齿发生的主要原因,因此要少吃含糖的甜食；碳酸饮料会直接溶解牙齿表面的牙釉质，对牙齿带来损害，并且影响人体对钙质的吸收，应尽量少喝。

换乳牙。到了换乳牙的时期，如果乳牙松动，应及时拔除，防止影响后续恒牙的生长。乳牙拔除后，不要用铅笔、筷子或手指压迫空缺的牙龈，以免恒牙长歪。如果恒牙长出后发现有些歪斜，应该在晚上睡觉前，用干净的手指进行调整，一般能够调整回来。乳牙已经发生龃齿的宝宝，换乳牙的时候要特别注意口腔清洁，不要把龃齿菌带给恒牙，可以在医生的指导下，使用漱口药水。

处理智齿。青年期到了25—26岁的时候，开始长智齿。这是上下牙床两边最后的一颗牙齿，起到咀嚼和顶住其他牙齿的作用。由于发育的原因，智齿的生长可能顶住先前存在的牙齿，会经常引起牙周发炎。可以到医院做检查，如果智齿是横着长或严重顶住前面牙齿，需要考虑拔除智齿；如果顶得不是很严重，建议请医生适当校正智齿的生长方向。

3.防止药害

许多药物在治疗疾病的同时，也会给身体带来一定的副作用，有的甚至是对器官造成损害。是药三分毒，无论西药还是中药，都需要知道可能的副作用，并控制好药量和服药期限，防止药物对身体的损害。已经知道的、常见的药物损害有：

四环素毁牙。服用四环素后，在牙齿沉积，使牙齿变黑，而且不可逆转，极大影响牙齿美观。

庆大霉素过量。治疗腹泻，服用过量庆大霉素，损害人的平衡系统，使行走、活动能力受到严重影响。

链霉素过量。治疗咳嗽，注射过量链霉素，损害人的听觉神经，使听力受到严重影响。

青霉素过敏。治疗一些炎症，青霉素是一种价廉物美的药品，但青霉素容易发生过敏，而且可能出现过敏性休克，所以每次注射青霉素之前，都需要做皮试。

治疗同一种疾病，其实是有多种药物可以选择。父母需要关注药性和可能的副作用，避免药物对宝宝身体、器官的损害。

四、保　护

在孩子的成长过程中,安全始终是头等重要的,保护孩子是每一个做父母义不容辞的责任,来不得一丝的疏忽和麻痹大意。

孩子的身边总是伴随着危险。根据客观环境和事物的危险性,危险大致可以分为三类:第一类是显性的、直接的危险,这种危险因孩子的活动而触发,多数父母平时会注意防范这类危险;第二类是隐性的、间接的危险,平常不显现,在特定情况才显现,对这类危险一般的父母会有所注意;第三类,平常是不危险的,是孩子自身或其他人的行为作用引起的危险,这类危险容易被忽视。成长中的孩子是天真无邪的,对周围的世界充满了好奇。当孩子不断探索,用自己的方式来了解周围的世界时,如果没有人告诉孩子什么是“安全”,什么是“危险”,那么单纯无知的孩子就会陷入危险境地。

我们经常可以看到孩子发生意外伤害的新闻报道。意外伤害的特点是意外性和突发性,而且往往在那些平时常见的地方,因一些习以为常的行为发生意外。事实上,只要稍加注意,绝大多数儿童的意外伤害事故还是可以预防的。“魔鬼就在细节里”,不要忽略常见的、重复的、简单的、琐碎的生活细节中隐藏的危险,包括居家安全、交通安全、外出安全等。孩子是动态的,孩子本身好动、好奇、好探索,需要父母结合不同时期的特点,针对性进行保护;同时,孩子是成长的,其认知和能力不断增加,也需要父母针对孩子的智力水平,提升保护方式,调整和补充保护的内容。孩子从无知的婴儿,成长为青春少年,需要父母全过程细心保护,从多个方面和多角度加以防范,做好必要的安全措施,让孩子真正远离危险,安全、健康、快乐地成长。

(一)居家安全

家庭是儿童的城堡,孩子的童年有很多时间是在家中度过。父母需要打造一个安全的家居环境,防止一些与居家生活相关的意外伤害发生。

1. 误食误塞

防止误食误塞:①误食。婴幼儿时期,小孩习惯抓到东西就放在嘴里,经常出现误食硬币、纽扣等物品。②鱼刺。鱼的味道鲜美，营养价值也比较高，给孩子喂鱼肉，或者孩子自己吃鱼时，特别注意鱼刺问题，主要是不要着急吞咽。③吸入异物。吃饭、吃点心，特别是吃花生、大豆等，因为说话、玩闹，食物掉到孩子的气管里，这是非常紧急的情况。④误塞。孩子好奇心强，特别是学龄前儿童，把一些东西塞到自己的尿道里，或者用橡皮筋捆扎自己的生殖器。

2. 高处跌落

防止高处跌落：①卧床。婴儿会爬之后，要防止孩子从床上跌落，即使一些小床有栏杆，也要防止孩子从栏杆上翻出来。②飘窗。有飘窗或者床放在窗边的家庭，要特别注意，不要让孩子爬到窗上，更不要让孩子去打开窗子。要注意窗子是不是关紧了，有无孩子顶开窗子掉下去的危险，必要时可以设法把窗子上锁。③阳台。阳台是一个重要的活动空间，但也存在许多危险。阳台上不要留有凳子、花盆、纸箱等可蹬踏物体；不要在阳台上打闹、追逐或玩气球；身体不要探出阳台，不要伸手去拿阳台外面的东西，以免失控摔下楼去；不要从阳台上往楼下丢东西，防止砸伤楼下的行人。阳台或窗户可以装设防护网，以免发生意外。重要的是，不要把 10 岁以下的孩子一个人锁在家里，尽管孩子当时可能在睡觉。

3. 火烧烫伤

注意用火安全：①禁止孩子玩火柴或打火机；不要点燃蜡烛，在床上、衣柜内或楼阁内等狭小的地方找东西。否则还很容易引燃其他物品，甚至整个房间，造成火灾。②厨房内煮好食物的锅碗很烫，不能让孩子触碰；高压锅的减压阀压块，要放在小孩拿不到的地方，避免孩子好奇抓取而烫伤；热水瓶等对孩子来说都是危险品，要合适放置；用澡盆给孩子洗澡时，一定要先放冷水、再加热水，防止孩子心急而烫伤。③使用燃气时应有人在场，开窗通风以防止一氧化碳中毒，使用结束后不要忘了关闭燃气开关，不要让小孩在厨房拨弄燃气开关玩。④不要让小孩子燃放烟花爆竹，观看烟花时要有大人带领。较大的孩子燃放鞭炮时，要有大人在场监护，注意防范烟花爆竹的伤害。

4. 电器安全

注意电器安全:①电源插座应固定安置在日常生活碰撞不到的地方,减少孩子接触插座的机会,防止孩子好奇去试探插孔。②家用电器的导线,不要在碍手碍脚的地方通过,防止绊倒小孩或因损坏护皮而漏电。③不要用湿手直接去开灯、关灯或接触家用电器电源开关。④不常用的家用电器使用后,应拔开插座,断开电源。电熨斗、电烙铁等不要让孩子随便玩。⑤使用微波炉时要注意防止鸡蛋等食物的爆炸,注意不要采用易被融化的食物容器,12 周岁以下小孩应避免使用微波炉。

5. 家具安放

注意家具安放:①要合理摆放家具,便于人员进出通行和物品传递,防止孩子跑动时绊倒。②家具的重心要稳定,要考虑小孩有时会攀爬到家具上,如五斗柜、鞋柜等重心较高,不要让小孩摇动、攀爬。③家具上常常摆放的一些大件物品,如电视机、箱子,注意重心的变化和家具上物品的翻倒。

6. 管好刀具

注意刀具管理:①定置存放。小剪刀、水果刀、缝衣针、刮胡子刀片都要放在合适的位置,不要让小孩轻易拿到。②小心使用。小孩使用小剪刀、针线时父母要做好监护,不要让刀尖、针尖对着眼睛。③不要乱扔。剪刀、小刀等有刀刃或锋利棱角的物品,不能随手扔来扔去,尤其不要朝他人扔过去。

7. 游戏玩具

关注游戏和玩具:①考虑孩子体力和智力水平,一些可能带来危险的游戏不能玩。不要在家里躲猫猫,家里范围小,孩子会想办法躲到衣柜内,甚至躲到阳台外边,这些都是非常危险的。②注意危险玩具。弹弓,有发射功能装置的玩具枪,带尖的玩具如弓箭、飞镖等都不能随便让小孩玩。

8. 宠物病菌

管好宠物:①家里最好不要养宠物,宠物可能平时不会咬人,但在发情期或小孩与宠物拉扯时,可能会咬人,而且没有前期征兆。②宠物身上带有多种寄生虫,会寄生在人的身上,甚至侵害人的脏器、组织,常见的有如跳蚤、虱子、蜱虫,以及会导致流产、新生儿畸的弓形虫。③不仅仅是狗,很多宠物都带有狂犬病毒,小孩的伤口接触宠物,很容易被感染,如果没有及时打狂犬疫苗,将是致命的伤害。即使打了狂犬疫苗也不能保证完全安全。

9. 药剂存放

存放好药物:①日常的药物如感冒药、消炎药,要放在小孩不易接触的地方,特别是止咳糖浆之类,小孩觉得甜甜的好喝,容易多喝。②敌敌畏、驱蚊片等杀虫剂,要放在隐蔽安全的地方,不能让小孩接触。③严防孩子接触灭鼠药之类药物。灭鼠药要晚上放、早上收,不要遗漏,不要当垃圾乱扔,防止被小孩捡到、误食,危及生命。

10. 滑倒磕碰

防止滑倒划伤:①防止滑倒。浴室、厨房等地面溅到水后,会非常滑,所以不要让小孩在浴室或厨房里蹦跳、玩耍,以免摔倒受伤。②小孩洗澡时一定要有大人在身边,如果父母不在家,千万不能一个人到浴室洗澡,更不能把浴室门反锁起来,以免发生意外。③防止刺伤。家具的边角都要注意,不要有倒刺或铁钉头露出;自行车、电瓶车不要有带刺的铁丝、铁片,防止划伤小孩。

(二)交通安全

现代社会车多人多,交通事故成为一类多发性事故。常常因为人或车的关系,造成人员受伤,尤其是儿童受伤,给家庭带来悲剧。只要父母多留心多注意,很多交通事故其实是可以避免的。

1. 横穿马路

注意横穿马路:①遵守规则。父母带着儿童出行,要认真遵守交通规则,做到红灯停、绿灯行。②看清左右。在城市里过马路时,需看清左右情况和信号指示灯,走人行横道;在城郊或乡村道路上,必须左看右看,看清左右没有来车,才可以通过。③不打闹。上学或放学时,不可多人横排行走,不要互相推搡、打闹着过马路。④不突然横穿。不要突然横穿马路,尤其是有车子或绿化阻挡视线的时候。⑤不走车间缝隙。不要在排队等红灯的车辆缝隙中横穿马路。

2.路边玩耍

在车辆的前后左右,驾驶员视线有许多盲区,小孩子个子矮更不容易被发现。①不躺路上。不要在路上躺着或蹲着,特别是小孩闹别扭,赖在地上,是很危险的。②不追逐。不要在马路上包括小区的道路上玩耍,不要追逐、打闹,不要在停放的车子之间随意穿插。③不躲藏。不要在停放的车辆边站着或躲藏,孩子个头低,驾驶员因盲区一时难以发现。④注意进出口。不在停车场或车库的进出口逗留,不要把婴幼儿放在车辆进出口的路边。否则转弯车辆有内外轮差,很容易碾压到孩子。

3.乘车安全

乘坐私家车时注意:①儿童座椅。私家车上要给儿童配备专门的安全座椅。不要让儿童坐在副驾驶或配有安全气囊的座位,发生意外事故时,气囊弹出会导致儿童窒息。②安全带。切勿让身高未及 140 厘米的儿童使用标准斜扣式安全带,防止安全带勒住脖子。③不丢杂物。不可将空罐子或垃圾丢出车外,这样不仅会破坏环境整洁,而且很容易砸到路上的行人或其他车辆,给自已和别人带来不必要的麻烦。④不要留车内。绝对不要将婴幼儿独自留在车内,防止小孩误碰落锁开关,而被锁在车内。

4.乘坐大巴

乘坐大巴车需要注意:①不随意走动。不要让孩子在大巴上随意走动或不停地换位子,防止急刹车时摔伤。②不蹦跳。不要在车内跑跳嬉戏,尤其不要在座位上蹦跳,上高速公路或盘山路时要按规定系好安全带。③不摸缝隙。不要摸座椅之间或椅子与车厢之间的缝隙,不要将手伸到车厢走廊,以免被夹伤或撞伤。④注意车门。不要将身体靠在车门上,注意手脚不要被开闭的车门夹住。

5.骑电瓶车

注意骑电瓶车:①年龄要求。《道路交通安全法实施条例》第七十二条规定,在道路上骑自行车必须年满 12 周岁,骑电动自行车必须年满 16 周岁。②不抢黄灯。电瓶车速度快，遇到绿灯转换红灯的时，不要抢黄灯通过路口。③躲避工程车。工程车视线盲区大，转弯时内外轮差大，尤其是遇到工程车右转弯时，要尽量靠道路外侧，远离工程车可能的行车轨迹。④搭人载物。骑车时不要超额搭人载物，避免紧急情况下不能及时刹车，或重心不稳造成侧翻。⑤不并排骑行。与伙伴一起骑车外出，注意不要边聊天边并排骑行，否则影响他人通行，也给自身带来危险。

(三)外出安全

在户外进行活动，风险来自四面八方，不仅环境不确定因素多，而且孩子好动、好玩，家长需要格外加以注意，努力保障孩子的户外安全。

1. 大人带领

带小孩外出：①专人照看。年龄较小的孩子外出时应该由成人带领，已经能迈着小碎步跑的孩子，必须有专人负责照看，尤其是举家外出时，视线不要离开小孩。②防止走失。成年人带小孩出门时，要拉住他的手。尤其是 5 岁以下的儿童，免得他如脱缰野马，防止跑到视线不能及的地方而发生意外。在广场、公园、商场游玩时，要特别注意小孩动向。要让小孩记住父母的名字，稍大一点还应记住家庭地址和电话，防止走失。③锁定小车。带着还不会走路的婴幼儿外出时，婴儿车要能锁定，防止车子滑动、倾倒而引发伤害事故。

2. 善用电梯

电梯作为一种通行设备，有其运行的特殊性，每年都会发生多起电梯伤人事件，需要多加注意。①大人照看。乘坐自动扶梯，必须用手扶在扶手上面，较小的小孩必须有大人牵着，防止出现紧急停止等情况。②不要乱摸。乘坐电梯或自动扶梯，不要让小孩去触摸活动的部位，防止小手、小脚夹进缝隙内。③不要玩耍。不要让小孩把自动扶梯作为玩具，在上面追逐、玩耍；不要趴在自动扶梯的扶手上，把扶手当滑梯。

3. 不要攀高

教育小孩不攀爬高处：①不爬墙头。不要攀爬墙头或栅栏等，因为孩子年龄小，身体的平衡能力差，在高处时很容易摔下来受伤。②不攀高处。不要爬树，也不要攀爬到没有安全设施的高处，如小山坡、悬崖等。孩子力气小，一旦失手、失足坠落，轻者会磕破手脚，重者则会骨折、瘫痪，甚至危及生命。

4. 防止溺水

多方面预防溺水：①不要玩水。不要让孩子在河边、池塘边等玩耍，尤其注意不要去亲水平台玩水、洗手，防止跌入水中。②远离水源。小孩玩滑板车或骑小三轮车，要注意其活动周边不要有河流、池塘，防止小孩连人带车掉进水里。③学会游泳。孩子到了上小学的年龄，应利用暑假时间进行游泳培训，尽快教会孩子游泳，以便应付突发意外。④搭救同伴。外出游玩遇到同伴落水时，孩子没有能力直接施救，需要大声呼救，并找漂浮物或竹竿，扔给落水的同伴。

5. 远离电线

远离带电设施：①不在变压器周边玩。在户外玩耍时，不要在电力设备如开关箱、变压器周边打球、放风筝等，千万不要爬到围栏内，去捡拾东西或触摸电力设备。②不要爬电线杆。不要为了拿高处的东西、掏鸟窝或者是好奇而爬电线杆，防止触电或从高处摔下来。③不要触碰电线。遇到落在地上或垂在半空的电线时，一定要绕行，不要靠近，更不要触碰，因为可能是带着高压电的电线。

6. 安全游乐

小孩喜欢到游乐场所，尝试各种游乐项目，父母需要注意把握。①选择项目。选择适合自己小孩年龄的项目，可以从一些简单的项目开始玩，不要随意选取激烈的项目。②做好准备。对于一些激烈旋转、碰撞、冲击，或者在高空摇摆的项目，要事先做好心理准备，做好安全措施，防止超重或失重的过度刺激。③防止挤压。在玩蹦床、充气房之类的项目，要与年龄相仿的孩子一起，防止年龄大或体重大的孩子对自家小孩的挤压、碰撞、踩踏。④大人陪同。漂流活动因为线路陌生，对途中情况估计不足，常有障碍、转弯、碰撞等情况，有些落差大、转弯急的地方还容易造成翻船。小孩参加漂流活动，需要大人陪同，并做好安全措施。

7. 不去工地

不要去施工现场：①现场复杂。无论大型的施工现场，还是家庭装修，现场都比较杂乱。材料、配件的堆放，现场的拆卸、开挖，施工机械的运作，设备的吊装，与日常的环境完全不同，情况相当复杂。②危险性大。工地上的钉子、刀锯、塌方、滑坡、车辆进出、材料搬运，还有一些易燃、易爆物品，以及电线和电气设备等，随时可能伤及小孩。小区内和道路边的一些小工地，防护和管理都多少有疏忽之处，需要特别引起注意。

8. 躲避灾害

教会小孩躲避灾害：①学会躲避。在户外遇到大风、大雨，要尽快找到房屋躲避，不要在大风、大雨中走动，防止被大风吹落的物体砸中。遇到打雷时，不可雨中奔跑，也不能躲在大树底下，要尽可能躲到房子里面。②等待救援。当大水淹没道路时，不要在水中走动，不要盲目试探水深，或者急着回家。在没有其他出路时，要在原地等待救援。③不要上山。不要随意跟随别人上山，或者到不熟悉的树林里。山上地形复杂，很容易迷路、失去方向，离家越来越远。

【链接】

幸运的小女孩

1995 年暑假，同事带着 5 岁的小女儿回到义乌老家。当时她妹妹已经怀孕，住在另一个地方。有一天，她妹妹要去参加一个生日晚宴，想带同事的女儿一起去。同事托一位朋友用摩托车把小女儿带过去。朋友大概听错或理解错了，把同事的女儿带到一个商店的门口，告诉她“你在这里等，你的小姨会来接你”。

此时，时间还不到下午五点，小女孩就在商店门口等着。店家看到门口站着一个小孩，就请她一起吃西瓜，她拒绝了。又过了很长时间，店家要关门了，就问她“我们要关门了，你怎么办?”女儿说，“我还是在这里等我的小姨来接我”。到了将近晚上七点，宴席已经开始了，同事的妹妹看到那个朋友就问“你怎么没把我的外甥女带过来?”那个朋友说“不是放在那个商店的门口,你没有去接?”这才发现,两人说的话没有对上号,且天已经开始擦黑,小孩离开大人已经很长时间了。于是赶紧找人,搭乘摩托车赶到那个商店门口,发现小女儿还在门口静静地等着。

这是一件非常幸运的事。当时义乌小商品市场已经初具规模,每天的人流量、车流量很大,而通讯联系和交通手段还比较落后,小孩单独在外是非常危险的。如果小孩不慎走失,或被人带走,很难找到。这件事情说明,一是家庭教育很重要,小孩在外面不乱吃别人的东西,相信大人的话、坚持等待;二是小孩自己个性稳定,不贪玩,不到处乱跑,尤其是在陌生的地方;三是日常生活中的一句话,不同人的理解是不一样,特别是通过传话,就更容易偏离原来的指向。有时简单、细微的事情,也存在极大的风险。小女孩最终有惊无险,这是家庭的幸运,也是她自己的幸运。

【链接】

学习游泳需要掌握的诀窍

许多家长都认为游泳是一项必须掌握的基本技能,所以孩子开始要上小学的时候,报一个暑假的游泳培训班。虽然花一点钱,但这是非常明智的。意外随时可能发生,学会游泳非常必要。

学游泳主要是掌握诀窍,这样学起来也比较快:(1)认识浮力。一个人吸足了气,就有了浮力,头浮出水面是没有问题的。(2)体会浮力。屏住呼吸,把头浸到水里,手可以轻搭某处,先放松四肢,这样就可以感到浮力,再蹬一下腿,这时整个人都可以浮起来。(3)协调四肢。可以用手搭在泳池边,先学一下常用的蹬腿动作;再用救生圈托住胸部,尝试手脚协调并用;最后去掉救生圈,把头埋在水里,练习手脚并用。(4)抬头出水。完成四肢协调、配合的练习后,当用手用力划水时,上身抬高了,可以把头抬出水面,进行呼吸,并按照标准的姿势划水蹬脚,这样就会游泳了。如果姿势一时没有学好,也没有什么关系,先学个“狗爬式”也是好的。

一时学不会游泳,主要是因为心里紧张,手脚不协调,没有体会到水对人体的浮力作用。特别是感到身体要沉下去了,乱划一通,结果就真的沉下去了。另外,在游泳池内,水面不平静,容易呛水。实际上,游泳时鼻孔离水面是很近的,眼睛遇水也会感到不舒服,心情就更加紧张,也增加了学习的难度，所以敏感的人一般学的时间要长一些。

练习游泳，一定要在浅水区，不要觉得自己有一点会游了，擅自到深水区去；一定要有监护人，不要一个人在水中练习；注意不要让耳朵进水，防止患中耳炎；从游泳池出来，因为运动或气温高，身体比较热，此时绝对不能去冲冷水，也不要吹风，否则容易感冒。应该用干净毛巾擦干身体和头发，如果需要可以回家洗澡。

（四）免受侵害

社会是复杂的，形形色色的人都有，做父母要有必要的警惕，防止孩子被其他人侵害。

1.防止被盗、被拐

防止小孩被盗拐：①防止被盗。在医院、商场或人员密集的地方，婴幼儿身边时刻要有成年人陪同，要防止被盗。尤其是小孩刚出生，要留心身边的情况，防止冒充家长抱走小孩。②防止被拐。父母要加强对小孩的监护，小孩要在大人的视线内活动。不要让小孩养成坏脾气，小孩赌气离家出走很容易被拐。外出与大人走失后，小孩要在原地等候，不要随意走动。

2.提防陌生人

正确对待陌生人：①不接受东西。不接受陌生人的玩具、图书或其他礼物，尤其不吃陌生人给的东西。②不开门。父母不在家，遇到陌生人敲门时，小孩不要开门。③不坐车。不坐陌生人的车，尤其是在人少、偏僻的地方。

3.注重保护私处

教育小孩保护私处：①不触碰。除了父母和医生之外，不能让其他人触碰背心和裤衩遮盖的身体部位。②不夜出。孩子夜里不要与其他人外出，有事到同学家，要早去早回。一般不要在同学家过夜，特别是女孩子。③不接触。异性同学不过多接触，尤其是青春期的少男少女。孩子控制能力差，容易走偏。

4.注意乘车安全

外出乘车应注意:①不坐黑车。不要乘坐没有运营资格证的车辆,乘坐网约车时要注意核对车辆信息。②保持联络。单个人乘出租车外出,要与家里保持联系,尤其是女孩子及晚上,乘坐出租车时要把车辆信息告知家里。③注意来车。乘出租车到达目的地,待车子停稳后,要注意后面来车情况,确认安全后再下车,不要遗忘手包和行李箱。

5.防电话诈骗

正确处理电话诈骗:①不要轻信。警察办案都要人到现场,不要相信主动打电话的人自称"警察",不要按"警察"的要求外出。如果发现手机被占用,要通过其他方式及时与父母联系。②拨打110。有事到报警岗亭报警或直接打110,或者到派出所找警察。③求助大人。有问题或情况可以向路边商店中的大人求助,告知家庭联系方式和地址。

(五)安全措施

多数孩子安全意识淡薄,尤其是3—12岁儿童,对生活中可能出现的危险没有足够的认知,缺少应有的防范知识,不知道躲避危险。一些家庭对儿童安全教育不够重视,父母也缺少相关知识。事实上,危险都是瞬间降临,让人措手不及,我们唯一能做的就是加强平时的安全教育和防范,要有行之有效的措施,教育和引导孩子,防止危险的发生。

1.事例教育

孩子很天真、很幼稚,也很无知。大人给他讲道理,他不一定听懂,不一定听进去,也不一定记住。小孩安全认知的建立,最好的是事例教育。①自身事例。发生孩子自己身上的事例,刺激记忆最深,例如小手被高压锅的减压阀压块烫伤,小孩对烫手以及相应危险有了认识,不要放过这样的教育机会。自身事例还可以提前进行教育,不一定等到危险真正发生,例如在大人的监控下,让小孩逐步去试探温度,体会烫的感觉。②相近事例。发生在邻居或熟悉小朋友身上的事,大人要把详细的前因后果讲给小孩听,孩子能直接看到伤害的结果,对他的教育也是很深刻的,可以建立相应的概念。③社会事例。新闻中报道的安全事故案例,也是很好的教育素材。发生在现实生活中的实例,有其客观性、必然性,也有普遍性,值得引起大人和孩子的充分关注。

2. 安全知识

小孩随着年龄的增长,要不断学习掌握安全知识。①水火无情。对于水,主要是户外池塘、河流以及洪水,不会游泳的人在水中很快会下沉、溺水,非常危险;同时水流的冲击力很大,人在水中没有支撑点,容易被水冲走。对于火,火势起来之后燃烧猛烈、蔓延迅速,很难控制和扑灭;小孩不要玩火,不要点燃烟头、废纸,除了明火之外,还要注意阴燃的小火,包括烟蒂等。②触电危险。电是看不见、不能摸的,电给生活带来很多方便,但也带来触电的危险。发现有人触电时,要先切断电源,千万不能上前去拉,否则会造成连环触电。③易燃易爆。燃气、火药、酒精等都是易燃易爆物品,橡胶、塑料、海绵等属于易燃物品,而且容易造成火灾。家中要防止燃气泄漏,做饭后要关闭燃气阀门。闻到家中有燃气味时,不能开灯、点火,必须赶紧开窗通风,关闭燃气进口阀门,请专业人员查找泄漏点。④有毒有害。身边有许多有毒有害物品,如农药、杀虫剂、灭鼠药等,孩子要学会辨识,不要将其当作可乐、糖果误食,否则很难抢救。绝对不要让小孩子接触有毒有害物品。

3. 制定纪律

制定几条家庭纪律:①进出告知。孩子上学或放学回家,都要跟家人通报一声。外出玩耍要告知大人在哪里,与谁在一起。如果到同学家,也要告知同学家的地址和联系电话,以及大概回来的时间。②保持联系。孩子参加夏令营、旅游,或者到同学家住宿,要与家里保持联系,到达目的地后要给家里报平安。③不说假话。不管出于什么动机,家人之间不能说假话。特别是处于紧急时刻,要告知真实情况,便于家人救助。否则,可能耽误最佳时机,浪费人力物力,带来更大危险。④珍爱生命。任何时候都要珍爱自己的生命,遇到危险时要保持冷静,尽可能地与家人联系。

4. 养成习惯

养成一些良好习惯:①食不语。吃饭要安静,不要说话、提问、讨论、讲故事，吃东西不能高抛后用嘴去接，防止食物落入气管。②确认安全。横穿马路要看清左右来车，外出游玩要看清有无危险情况，入住宾馆要留意紧急疏散通道，确认自身处于安全环境。③沟通交流。孩子心里有事，要养成与父母商量的习惯。父母也要多关心孩子的情绪变化，多给予一些指导，引导孩子从积极方面考虑，防止孩子情绪波动，出现意外行为。④安全讨论。对已经发生的安全事件进行通报和讨论，分析事故的环境、原因，梳理防范事故的有效方法，培养孩子处理各种意外灾害的能力和坚强的个性。

5. 自救技能

培养简单自救技能：①处理火险。对于一般着火且火势不大时，用灭火器简单灭火；当电器着火时，只能用干粉灭火器，不能用泡沫灭火器；家里油锅起火时，迅速用锅盖盖住灭火。②学会游泳。掌握游泳诀窍，放松紧张心情，体会浮力作用，协调四肢动作，抬头出水并呼吸，多加练习尽早学会游泳。③电话报警。学会拨打报警电话，告知自己的位置、地址，叙述出现的问题，提供父母或爷爷奶奶的联系电话，等待警察或救援人员的到来。

6. 教育大人

在保护孩子的问题上，大人处于主导地位，尤其是对于年幼无知的孩子，父母是孩子的法定监护人。因此重要的是教育大人，父母要有更多的知识、警醒和付出。①经验教训。父母要从一切涉及儿童安全的案例中，认真吸取经验教训。②自身行为。父母自身行为很可能会造成孩子的伤害，除了在外开车、骑车注意行人、小孩以外，自己开车进出车库或在小区道路行驶，要特别注意车子的盲区；任何情况下都不能把小孩单独留在车里，或者忘关车门让孩子有机会进入车内。③因材施教。对自己孩子的教育，要考虑孩子的年龄、认知水平、活动范围，结合具体事例进行教育。对顽皮好动的孩子管教要严格一些，对胆小怕事的孩子要多鼓励。要多陪孩子游玩，在大人的监护下，让孩子尝试各种活动，增长知识和体验。④实事求是。对孩子安全教育要实事求是，不要夸大其词，不要吓唬孩子。孩子很聪明，发现父母强调的危险是吓唬他，就会慢慢采取不理不睬的态度。

【链接】

"七仙女"比身材

有一段时间网上流行一个游戏：人从不同宽度的道具中通过，以此来证明自己身材的好坏。2018年5月5日，杭州某学校7名十七八岁的花季少女在宿舍聊天，聊着聊着就聊到了身材问题。大家来了兴致，想按照视频里的游戏检验下谁的身材好。

她们量了量床头栏杆，发现栏杆间的缝隙高30厘米，宽15厘米。寝室里最瘦的小李身高1.62米，体重92斤，她第一个尝试，结果人进去一半就被卡住了。室友们折腾了大半个小时，小李还是卡在床板中间动弹不得，无奈之下只能报警。

4名民警和4名消防员外加一辆消防车赶到现场，一见这个情景，大家又好笑又好气，不过见小李没有生命危险，也松了口气。最后，消防员将床头栏杆锯开，小李才获得自由。

【链接】

一组暑假安全警示案例

2018年7月21日央视晚间新闻，提醒家长注意孩子暑假安全，集中报道了一组案例：

(1)一父亲倒车出库，没有注意车子周边的情况，一下子把蹲在车库旁边玩耍的自己孩子卷进车底。(2)一名8岁的女孩从6楼的阳台坠落，掉在三楼雨棚，好在及时被救起，身体并无大碍。(3)父母停车后没有把车门关好，自己5岁、3岁的两个孩子爬到车内，并关上了车门。在太阳的烘烤下，等找到俩人时已经抢救不回来了，后来发现其实车门并没有上锁。(4)一个不到12岁的女孩在快车道上骑电瓶车，撞倒一位横穿马路的老太太。女孩大概是初学，遇到行人显得慌张，不知道减速刹车。实际上，电瓶车速度快，不容易控制，孩子太小不能骑。(5)杭州一名7岁男孩，晚上发现父母不在家，手机都在家里，拖鞋也在家里，不知父母去向，向110报警求助。小男孩清楚报出自己的地址、看到的情况和自己的担忧，告知奶奶的联系电话，逻辑清晰、诉求清楚，成为110报警的标准版本。事后方知原来是父母晚饭后出去取点东西，但没有跟孩子讲，孩子一个人在家觉得害怕。

五、入 学

孩子从幼儿园到高中毕业，至少有15年的时间在学校学习，可见学校对一个孩子的成长具有非常重要的意义。如果算上大学、研究生和博士生的读书时间，一个人一生大约有三分之一的时间在学校，尤其是上大学，更是决定了其一生的职业。国家实行小学初中九年制义务教育，可以确保每个孩子有书读，但在哪里读书、在哪个学校读书，是否需要参加校外培训等，都是需要父母慎重考虑的问题。尤其是孩子要面对高考的选拔，以及是否出国留学等，更是需要从长远考虑和准备。读书是关系到个人一生的事，其作用和意义都是非常深远的。

(一)择校

从个人的角度看，择校就是根据家庭条件、自身情况、教育资源，对学校做出选择；从社会的角度看，择校就是众多的家长集中选择各层次学校；从制度的角度看，就是法律法规对学校选择的规定，以及学校根据政策制定的择校规则。教育资源不均衡是客观存在的，城乡之间、学区之间、学校之间都有很大的差异。

1.城乡差异

教育事业随着经济社会的发展而发展，一般来说经济发展较快的城市，能够集中较多的教育资源，包括人才的集中和师资的积累，以及信息和交流的优势等，而且容易形成明显的积聚效应。各类政策资源也是较多倾斜于城市，包括教育资金的投入，财政经费的拨付，以及为学校发展提供具体的政策支持。所有这些，在大城市特别是省会城市表现是非常突出的。作为一个地方的政治经济中心，省会城市、地区所在地和县城所在地相对集中了当地的各种资源，包括教育资源。城市的教育资源明显优于乡村，这是一种基本规律。

2.学区差异

同一座城市如果划分学区，则不同学区之间还有很大的差异。学区代表该地区的发展历史和资源积累，相对来说在历史悠久的学区，学校比较成熟，虽然不一定是名牌学校，但至少能达到一般的水平。对于一些新的学区，很难保证有好的学校，尤其是新成立或新分出来的学校，一时难以有较好的教育水平。学区的优势是显而易见的，而且保持相对的稳定。学区对应的是户口，户口对应的是住所，住所对应的是房产。因此，一些学区房的价格很高，城市中心的一些“老破小”房子价格高得离谱。当然一些父母为了子女能上心仪的学校，也会下决心掏钱购买。

3. 学校差异

学校之间也有很大差异，主要体现在学校的历史。好学校不是一天能建成，需要长期的积累和沉淀。每个地区都会有一两所比较出名的学校，并且得到当地政府很多的关注和支持，能够吸引优秀的师资和优秀的生源，产生正向叠加效应，从而加速其发展。例如浙江的镇海中学、学军中学、杭二中、诸暨中学等都是非常有名的学校。随着教育制度的改革，民办学校应运而生。典型的是民办初中，享有特殊政策扶持，机制灵活，吸引良好师资和优秀生源，得到快速发展。

4. 选择学校

客观地看，任何地方、任何时期教育资源的分布都是不均衡的，择校就是在教育资源不够均衡的情况下，选择一所好的学校。因此从父母的角度看，也就需要考虑择校的问题。择校的重要性是不言而喻的，好的学校有好的老师、好的学风、好的同学、好的教学环境，可以培养孩子好的习惯、积极上进之心，也可以争取更多的发展机会，包括交流、拓展、综合发展等。孩子的可塑性很强，在校学习是为今后的人生打基础，选择一所适合孩子发展的学校是非常有必要的，尤其是一些有专业特长的孩子，只要有好的老师教育，可能孩子很快就能成才、出类拔萃。

择校是一个长远的问题，需要提前很长一段时间考虑，一旦决定之后，就要持之以恒地努力。并且在操作方面进行具体落实，总之要根据家庭的经济条件、生活区域以及孩子的成绩等因素进行综合权衡。

择校现象在小升初中显得尤其突出。虽然初中还是属于义务教育，但由于教育水平的差异，很多家长都希望孩子能得到更加优质的教育，不愿意让孩子参加电脑排位在本区上初中。进入好的初中,意味着一只脚进入好的高中,以后进入好的大学的机会就更大了。因此,好的初中就更加吸引学生和家长。尤其是民办初中的出现,不仅集中了一些好的师资,而且也吸引好的生源,很快以较高的中考率名列前茅。由于机制的原因,包括师资管理、经济报酬、教育理念、教育方案、课程安排、对学生的要求等,公办初中不能与民办初中相比,在两者的暗自较劲中,公办初中的颓势很快显现,从而表现为强者更强、弱者更弱。

为了能让孩子上一个理想的学校,有的父母不惜在大城市买房落户,举家迁徙;有的花重金购买学区房;有的托关系、出钱到外地借读或进入民办学校;有的在孩子读书学校的附近租房陪读。这些父母都是“孟母三迁”的现实版,令人肃然起敬。需要指出的是,也有少数父母对择校的重要性缺乏足够的认识:①有的家长在孩子读书的重要节点时期,搬家住新房,但离重点学校越来越远,这是难以理解的。姑且不说接送孩子需要精力,影响孩子课后与同学的交流、讨论,就说在路途上浪费的时间也是非常可惜的,更何况还有刮风下雨和交通上的潜在危险。②有的父母认为,需要给孩子宽松的成长环境,使孩子能够全面发展,不要在激烈的竞争中埋没孩子的天性,没有必要读民办初中。这种观点似乎有道理,但实际上是错误的。孩子只能积极适应社会,学习是需要一定压力的,好的环境能够促进孩子成长,竞争与全面发展不是必然矛盾的。

5. 学区房

学区房是择校的一种延伸,也是择校的一种基础条件。学区房针对小学和初中义务教育阶段,特别是对应小学阶段。好的小学可以为孩子打下好的基础,所以选择学区房也就成为家庭的一件重要事情。①学区房除了有好的学校以外,还要兼顾工作和生活两个方面,上班、出行、购物、菜场、幼儿园等。上班的因素非常重要,夫妻俩最好有一人离单位不是很远;如果孩子还没有上幼儿园,则幼儿园的接送路程也是重要的因素。选择学区房,在经济方面需要考虑能够承受的范围,结合面积、小区等方面进行综合衡量。②学区房的外部条件也是需要核实清楚的,是否确实属于心仪的学区,学校的新生容量情况,学校对学区内的学龄儿童有何要求,房屋上家是否已经占用了入学指标，上家的户口是否已经迁出等等。③购买了学区房之后，需要尽早入住，熟悉周边的环境，把夫妻双方及孩子的户口及时迁入，以满足一表生的条件，防止孩子上学时学区内新生爆满，而被调剂到附近学区。当然，有的年轻父母学校毕业后留在城里工作，但保留农村户口，因为现在农村户口还有承包地、宅基地等，一些城郊的村子还有拆迁和集体经济的分红，有较多的经济利益，所以父母的户口是否及时迁到城市，也成为一个需要权衡的问题。

【链接】

购买学区房需注意的问题

什么样的学区房，一表生有可能爆表呢？经过几年观察，以及从杭城多所小学校长那里得来的线索，钱报记者总结出一些规律，供爸妈们参考：

首先，看学校。学区对应学校的名气都很大。

其次，看班级。招收新生班级的数量，逐年递增，一直处于上升趋势。

最后，看学区内楼盘特点。大致分两种情况：

1. 小户型扎堆的老小区。因为房子的总价低，换手率特别高，如果一套学区房 6 年内转手三四次，就会有三四个一表生，不是一所学校能承受的。所以部分学校会有不成文的规定，即一套学区房 6 年内只允许注册一个学籍。建议家长买学区房时，确认上任房东是否有孩子在读。

2. 新楼盘扎堆的学区，如果对应学校投入使用 6 年以上，已没有富余教室可以扩班。文澜校区就是这种情况，学校 2008 年投入使用，学区内几乎都是新楼盘，陆陆续续交付使用，家长又多是冲着学区购房的，一表生自然越来越多。钱报记者打听到，文澜校区学区内有 19 个楼盘，其中有两个楼盘，2018 年适龄入学的户籍生都接近 150 人。

（《钱江晚报》2017 年 12 月 1 日 A21 版）

（二）衔接

孩子成长很快，每隔几年就要到新的学校就读。要做好孩子不同阶段的衔接，包括亲子班、幼儿园、幼升小、小升初等。同时，要注意孩子不同年龄段的衔接，处理好特殊时期孩子出现的一些不适应情况，如三年级现象和初二现象等。

1. 幼儿园

孩子一般是3周岁上幼儿园，上幼儿园之前，可以选择性地上亲子班，作为上幼儿园前的一种过渡。当然亲子班并不是非上不可的，孩子很小、智力有限，学不了很多东西，而且家长是孩子幼儿时期最好的老师。孩子上幼儿园前的特点是，环境比较封闭，行为比较随意，对大人的依赖性强，平时和小朋友接触比较少，有的孩子到了幼儿园一时不适应而哭闹。因此，需要做好上幼儿园前的准备：①教会孩子简单的自理和语言表达能力，例如教会孩子告诉老师饿了、渴了，或者要尿尿等；②养成按时作息的习惯，幼儿园在两餐之间会加点小点心，中午还有午休。一些孩子不习惯午休，午休的时候睡不着，所以父母一定要按照幼儿园的活动时间提前训练孩子的作息。③平时要多让孩子参与聚会等活动，学会与其他小朋友交流，参加多人的游戏活动，让他能在新环境中较快融入集体生活。④在入园前可以先带孩子去即将上的幼儿园走走，熟悉一下周围的环境和设施。入园后的第一个月，每天可以提前去接孩子放学，送去上学的时候也别急着走开，可以陪孩子几分钟，让孩子有情绪上的过渡。⑤在日常教育中要教会孩子简单的礼貌和问候用语，这样老师对孩子印象会比较深刻，也能更好地与其他小朋友建立感情，为以后的共同相处奠定基础，逐步适应没有家人在身边的集体生活。

2. 幼升小

幼升小是幼儿园或学龄前儿童升小学的简称。随着小学划片入学政策的实施，孩子无须进行小学入学考试，而是按照户口、房产所在地就近入学，这样减轻了孩子在学龄前的学习压力。但是从幼儿园到小学，还是有许多变化的。幼儿园孩子没有任何压力，没有课外作业，没有学习任务；而小学开始是正式的教育，有考试、测验，有分数的衡量，老师也会给家长布置一些任务。需要注意的是，尽管教育管理部门要求小学教育是零基础开始，但最初学得好坏对后续学习影响较大。由于学校、环境的改变，而且课程进度只能照顾大多数的学生，不是所有的孩子都能很好跟上。因此，在上小学之前，家长应该教会孩子汉语拼音和简单的加减运算，这样孩子进入小学时就可以更好衔接。同时家长要跟踪学校的课程进度，做好孩子的课外辅导，培养孩子学习的自觉性和自信心。应该说，孩子到了上小学的年纪，智力、能力、理解力等方面都发育得比较好了，学起来也是很快的。

3. 三年级现象

三年级现象，是指原本在小学一、二年级成绩优秀的学生，到了三年级时，在课堂上容易走神、不注意听讲，表现出不良的习惯，学习成绩急剧下滑。出现三年级现象的原因是复杂的，可能是因为学前接受超前教育，导致一、二年级时厌学，结果没有养成良好的学习习惯和学习方法，到了三年级终于暴露出基础差的问题；可能因为教材难度加大，三年级教材与一、二年级的侧重点不一样，知识点有一个飞跃，有些家长自己也不懂怎么辅导了；还可能因为孩子的身心转折，三年级是儿童成长为少年的过渡期，孩子的主动性、独立性增加，儿童期的游戏为主与少年期的学习为主冲突加剧等。三年级的学生学习很容易产生分化，家长应该密切关注孩子心理和生理的发展变化，要从小培养孩子良好的学习习惯，注重提高学习效率，养成心无旁骛、持之以恒的专注品质。

4. 小升初

小升初是小学升入初中的简称。按照义务教育政策与相关法律法规，小学升入初中不需要升学考试，大多为免试就近入学，但是民办初中和部分公办重点初中仍然举办小升初的升学选拔性考试。

从小学升到初中，孩子的心理特征仍处于半幼稚、半成熟、半独立、半依赖，自觉性和幼稚性错综交织的状态。孩子面对的是一个全新的环境，接触新学校、新老师、新同学，学习全新的课程。功课由几门增加到十几门，内容多了、难度大了、要求高了，加上对新的教学任务和教学方法了解较少，大部分孩子往往在心理、学习、交往等方面处于被动状态，不能很快适应，导致一部分人落伍，走了弯路，成绩出现滑坡。

小升初是一个不应忽视的环节，小升初衔接过渡的成功与否，对孩子的后续成长和学习成绩影响很大。为此，需要父母仔细分析，认真做好孩子小升初的各项衔接工作。要在思想上有所认识，利用暑假进行必要的调整，与孩子讨论中学的教学、课程、学习活动、生活规范、作息时间等，帮助孩子做好心理和物质的必要准备。在孩子进入初中后，也要求父母了解孩子的在校情况，熟悉初中孩子成长中的常见问题，以便帮助孩子顺利适应初中的新生活，解决好孩子遇到的新问题。

5.初二现象

所谓初二现象，就是初中生，特别是初二阶段的学生在生活、学习方面出现的一系列变化，比如叛逆、反感、易受外界影响，情绪容易激动、暴躁，思想道德、学习成绩以及能力培养等方面出现两极分化。

初二学生正处于人生的第二次生长发育高峰。随着生理发育的急剧变化，青春心理的萌动，开始体验与感受一些新的东西，试图摆脱父母、老师的控制，希望独立尝试一切，但在生活、情感和学习等方面还得依赖父母和老师。初二学生的学习压力加重，各门课程难度增大，涉及的知识面更广，尤其是物理、化学课程。一些接受能力弱的学生，如果在这期间适应不了，就很容易导致烦躁、厌学，感觉什么都学不好、学不会，严重的甚至产生抑郁、自卑的心理。面对长时间的应试教育，在繁重的课业任务压力下，孩子没有了快乐感和良好的心态，原先在小学和初一还比较稳定的学习成绩，开始出现波动和分化。许多原来听话守纪的学生，开始出现不同程度的对抗情绪。

实际上，所有这一切，单靠尚未发育成熟的孩子自己是无法很好面对的。需要看到，初二的孩子具有可塑性、主动性、追求独立等特点，对外界事物充满好奇，存在着多方面发展的可能性。因此，初二阶段既是发展的危险期，同时也是教育的关键期。在这个时期，家长一定要多关注自己的孩子，注重孩子的心理健康和学习态度，而不是单纯一味强调学习，不要给孩子额外增加作业负担。要因势利导培养孩子的自我独立意识，提升自主学习的能力，同时切实帮助孩子突破一些学习上的难点和障碍，更加注重巩固基础知识和养成正确的学习方法。另外，家长应将生理方面知识多多告知孩子，让孩子更加了解自己、认识自我，正确看待对异性的好奇、喜欢和交往愿望，防止陷入早恋的情感冲动。

（三）培训

自20个世纪80年代以来，我国中小学教育一直深受应试教育的影响。学生在接受正常的校园教学之外，还要求参加一些校外培训班，或称为课外辅导班。从最初的一些兴趣班，到现在的奥数班、网校、家教等辅导训练，校外培训形成了一个庞大的市场。

1.培训现象

培训市场的形成和快速发展，除了一些家长和孩子的实际困难和需求之外，有其深刻的社会和机制方面的原因。

(1)制度根源。我国一直实施的应试教育，是校外培训兴旺的主要制度根源。应试教育以考试成绩作为衡量学生优劣的唯一标准，虽然经过若干年的教育改革，努力向素质教育转变，但是择校考试、中考、高考等教育评价体系依然是不可替代的，并在很大程度上决定着学生的未来命运。

(2)助推力量。学校追求每年的升学率，是校外培训的主要助推力量。升学率是一个考核指标，直接决定着学校的声誉，进而决定着学校的生源，最终直接关系到该学校能否在名校林立、竞争激烈的环境中生存下去。所以，多数学校即使校内不组织，也大都支持学生在校外参加类似奥数班性质的辅导班。

(3)生源输送。家长望子成龙心切，不断为校外培训输送生源。社会用人单位对求职者的学历要求日益增高，迫使学生们要想获得理想的工作，就必须拥有高学历。许多人从入学开始，便把考研、考博、出国留学等定为奋斗目标，过高的期望值和从众行为，推动培训市场的不断发展。

(4)主要动力。培训机构的逐利动机，是校外培训市场的主要动力。培训机构的超纲教育、提前教育、强化应试，短期内能够提高学生的考试成绩，迎合部分家长心理；培训机构的虚假宣传、夸大宣传，声称不参加培训就没有考民办初中的竞争优势等，造成家长的紧张、焦虑、恐慌等情绪；媒体也爆出了许多关于校外培训的乱象，如两三万元一年的高额培训费。

校外培训已从课堂教学内容的简单延伸，发展成为遍布全国各地、涉及社会各阶层各领域的一股风潮，绵延不绝且有愈演愈烈之势。我国中小学生参加校外培训形式多样，但不可否认它在某种程度上满足了学校、老师、家长和学生多方面的需要，并且是有一定的正面作用。总的说来，校外培训是市场经济条件下的教育新产物，在我国的教育评价机制发生根本性改变之前，仍然是长期存在的社会现象。

2. 家长选择

家长对校外培训的态度是复杂的，既希望孩子能够通过培训得到提高，又担心孩子课外负担太重；既不掌握孩子成绩的真实水平，也不了解培训机构教学质量。于是，看到其他孩子纷纷参加培训，有些家长产生攀比心理；一些原本不打算给孩子额外负担的家长，为了不影响孩子前途，迫于无奈而随大流；也有的家长觉得自己不好把握，放任孩子自己做出选择。是否需要参加校外培训，如何选择，是家长需要认真考虑的问题。

(1)明确主次。课堂教学是现代教学最有效、最基本的教学形式，具有计划性、系统性、统一性等诸多优点，是孩子学习知识、接受训练的主要途径。校外培训只是辅助教学形式，对课堂教学仅起着补充、辅助作用，不能过分依赖。因此家长首先要以课堂教学为主，重视孩子在校内的学习，通过与学校、老师充分交流，全面了解孩子的学习状况，理智地考虑孩子是否需要校外培训，然后再选择合适的培训内容和方式。

(2)兴趣培养。校外培训最早是兴趣班，家长为了让孩子能够多方面发展，在幼儿园或小学低年级，送孩子参加一些舞蹈、美术、表演、手工、航模等特长类培训，既可以强身健体又有一技之长，还可以结识新的伙伴，扩大孩子的交际范围。特别是在城市少年宫的多种培训班，能开阔孩子的思路，丰富知识和想象力，培养创造性思维，为孩子的成长奠定很好的基础。现今社会竞争激烈，往往在同等条件下，有一技之长的孩子比较容易脱颖而出，因此在兴趣的基础上，家长也会考虑技能性质的培训，比如乐器、绘画、机器人、计算机技术等，以便孩子日后选择自己的发展专业。

(3)拓展补充。人的智力和接受能力是有差异的，一类学生学习能力强，课堂学习有余力，孩子自己对学习感兴趣，家长们也不愿孩子把课余时间花在游戏和休息上，给孩子进行一些拓展培训，希望孩子多学一点知识或者能够多才多艺；另一类学生学习能力较弱，学校教的东西不能完全消化吸收，需要家教、培训班给孩子补课，提升孩子的弱项。培训班能给学生一个较好的学习空间，可以丰富知识面，培养良好的学习习惯，帮助消化不懂的知识，能将学校课堂不理解的知识点讲解透彻，起到很好的补充作用。这样能促进学生有效学习，创造性地完成学习内容，实现全面均衡发展，避免产生厌学心理。

(4)重点突破。选择校外培训,家长应尊重、爱护孩子的兴趣和爱好。但是在小升初这样一些关键节点上,家长要帮助孩子做一个准确定位,对孩子的学习成绩在年级内排名有一个深入调查。如果孩子比较优秀而且成绩稳定,可以报一些课外培训班,重点做拓展学习,目标可以定高点;如果孩子成绩不是很理想,就要从基础抓起,重点把数学和英语基础打好,一般需要从小学三年级就开始,孩子提高快的话一年多就可以达到比较优秀的层次,然后再进行提高辅导和练习,开始的目标不宜定得太高。中小学教育是基础教育,是学生养成学习习惯的关键时期。如果孩子不愿意参加培训,父母要做好思想工作,但态度一定要坚决。许多孩子参加过培训后,很快喜欢上了培训班,这样的例子很多。

(5)慎重选择。确定需要进行校外培训后,家长应对拟选培训机构做充分调查,选择社会反响良好的机构。确定培训内容时,要考虑小学中低年级学生的认知结构还不完善,有些培训内容并不适合他们;对课堂内容的补充培训,需要考虑与学校教学内容的衔接。由于学习需要一个整体环境,一般不选择大学生家教,也不宜选太大的班次。家长应关注授课人的能力、经验、责任心以及教学流程,要经常与孩子交流培训授课情况,鼓励孩子发挥主观能动性,不懂的地方要及时向老师请教,以达到最佳培训效果。

(四)高考

高考是指普通高等学校招生全国统一考试,是我国高中毕业生或具有同等学力的考生参加的选拔性考试。

1. 高考制度

高考是高等学校选拔新生的制度,普通高等学校根据考生成绩,按已确定的招生计划,德、智、体全面衡量,择优录取。这一制度显示出选拔人才的优越性,改变了千百万人的命运,深深地影响了教育体制,直至整个国家的经济社会发展。

自1977年恢复高考以来,高考制度已经走过了40多年,经历了多次改革。从全国统一组织、统一命题,到统一高考、分省命题的组织方式,越来越多的省份加入自主命题的行列；从文理合并到文理分科，以及“3＋X”方案；从定向生、自费生，到普通高校并轨招生，高校全部实行收费制；从普通高校考生条件进一步放宽，到高校开展自主招生试点；从上海、浙江2014年开始第一批高考综合改革试点，到全面取消体育特长生、中学生学科奥林匹克竞赛、科技类竞赛、省级优秀学生、思想政治品德突出事迹等全国性高考加分项目。高考制度一直在探索和改革中。

高考由教育部统一组织调度，教育部考试中心或实行自主命题的省级教育考试院命制试题，考试日期定为每年6月7日、8日。高考并非中国公民获得文凭学历的唯一途径，还有成人高等学校招生全国统一考试、高等教育自学考试、电大和远程学历教育等途径，所取得的学历都是国家认可的。

2.人生转折

高考不仅仅是一种选拔制度，对学生来说也是一次考验，是人生的一大转折点。经历高考的拼搏，可以加深理解社会的公平竞争，并使自己所学的知识更加系统完整，学习能力得到一次集中的提升。

(1)高考是一种经历。很多人都经历过高考的艰苦岁月。进入高中以后，特别是到了高三，孩子是全力以赴，家长也是尽其所能，学校更是把课程安排得非常紧凑，各门功课的老师都想给学生压任务。学生积极地尝试改变自我，寻求自我完善，争取大幅提升学习效果，以求实现理想的成绩排名。其中很多人耗费大量时间，做大量题目，几乎没有自由活动时间；成绩好的学生还会在课后攻克“偏题”“难题”，以期对高考压轴题有所帮助，但是一旦做不出来，自信心也会受到打击；成绩并不理想的学生心理压力很大，有的人回家哭鼻子，有的人出现与家长、老师的要求格格不入的行为，有的人变得对学习成绩无所谓、行为习惯逐渐散漫，甚至出现更为严重的叛逆对立现象。

分数作为衡量学生的标尺，是每个学生努力追求的目标。成绩的提高实际上需要巩固基础知识、基本方法和基本技能，掌握知识点、记忆点，形成结构完整的知识体系。但是，在“题海战”“车轮战”的紧张学习过程中，学生每天忙于应付，很难真正认识到自己的不足之处，更不要说在思想上、行动上有所改进。整个高中阶段，不仅仅学业紧张，学生的身心也经受磨炼，心智得到快速发展。

作为家长,要帮助孩子静下心来,仔细分析自己个性特点、学习习惯和存在问题,充分征求老师的意见,借鉴成功同学的做法,认真制订个性化的学习计划,掌握科学的学习方法,不断提升学习效率。家长要多去了解孩子,经常进行平等的交流,把握问题的所在,尽力解除孩子的困惑,陪伴孩子顺利度过这一关键时期。更重要的是,要传递积极情绪,要让孩子认识到高考是人生的一次考验,要培养奋斗的动力、拼搏的精神,不要有任何的畏难情绪和依赖心理。家长的一言一行要慎重,既不要提一些不切合实际的要求,更不要说分数不是最重要的,否则可能造成孩子对学业的松懈。

(2)提供公平的机会。高考制度造成千军万马过独木桥的景象,常常是一考定终身。高考成绩的好坏,决定录取学校的梯次,也就决定获得教育资源的优劣,并直接影响专业学习和工作就业,很大程度上决定一个人的命运。恢复高考以来,已进行多种高考制度改革尝试,包括综合改革试点,英语和选考课程可以选择提前考试,并且可以 2 次参考,避免一次考试可能的失误和多门课程集中考试的压力。但是,有考试就必然有应试,高考制度一时摆脱不了应试教育模式,并波及中考、小升初的考试。必须承认,高考是所有选拔、考试中最公平的制度,没有高考,就没有现在一大批非常优秀的科学家、企业家,也就没有家境贫寒的孩子从农村走向城市。高考也是最严格的制度,为每一个考生提供公平的教育机会,不需要看背景、"拼爹",不需要托关系、走后门,一切都要看自己的努力。通过高考进入普通高校学习,可以改变自己的命运。

(3)普通人的能力提升。应试教育以提升考试成绩为目的,对每一名学生进行目标清晰、考评严格的训练,培养其计划性、专注性和努力拼搏的意志,对学生,尤其是那些缺乏自律能力和学习动力的学生有很大益处。在其背后,是学生良好习惯的养成和基本能力的提高,为今后参加工作、贡献社会,奠定一个良好的基础。绝大多数孩子的智商是差不多的,都是资质平平,一分努力才有一分收获,否则会丧失向上走一步的机会。而那些智商优秀、家教优良的学生,会在高等教育阶段发力,成为更加优秀的创新型人才。

3. 志愿选择

高考成绩公布后,家长和孩子就进入紧张的志愿填报阶段。面对各种繁复的信息，家长和学生需要保持冷静的头脑，不慌乱、不盲从，要认真分析研究，多方咨询，信任老师，这样才能确保无误。适合自己的选择，才是最好的选择。

(1)分数水平。高考成绩是学生接受教育的成果考量，是长时期的教育资源、教育水平、个人努力的一种综合反映，也是个人智力、考场发挥的一种体现，当然还有运气成分。高考各科成绩和总分排名，很大程度上决定填报志愿的选择范围和被录取的可能性。参考历年的分数线和各高校的调档成绩，对照自己孩子的总分和排名，能够初步估计可以填报的学校和专业。

(2)个人爱好。孩子的专业爱好，有的是清晰的，有的是模糊的。那些在初中高中参加竞赛、兴趣班，或有一定特长的孩子，可能专业方向明确一些；而那些课余活动参加少，对外交流不多的孩子，专业方向就不一定很明确。家长会从自身认识、实用性等角度筛选专业，但往往不能与孩子达成共识；也有的孩子任性、固执，可能是道听途说，或者是一时冲动，坚持自己所谓的爱好，没有长远、全面的考虑。家长可以与孩子一起，向有经验的人咨询，请教班主任老师，多听听他人的意见，最终当然是由孩子做出决定。事实上，对于孩子的专业爱好，家长可以从需求的角度、社会的角度、发展的角度等方面，提早一两年进行引导，用事例进行说明，培养孩子的选择能力，这样就可以减少填报志愿时的意见冲突。

(3)社会需求。社会对各专业的需求是全面的、多层次的，也是发展的。传统的专业，主要是解决国计民生的专业，仍然有很大的市场，包括教育培训、医疗卫生，这些跟日常关系密切的专业，都呈现出很好的发展态势。一些往常比较冷门的专业，如历史、考古、地质等也可能随时代发展变得热门。一些边缘学科的专业，虽然目前发展前景不一定十分明朗，但也在出成果的前沿，很多学校常常在学科结合领域开辟一些新专业。一些热门专业，主要是代表科技发展新领域，或者是新兴产业，如互联网、大数据、云计算，以及物流、金融等都带有明显的时代特征。实际上，实体经济是国家必须倚重的，信息技术需要嫁接在实体经济上；服务业正在蓬勃发展，夕阳产业变为朝阳产业，养老、健康、培训这些平时不起眼的行业，市场发展前景也非常好。

(4)学校专业。经常有人问，到底是学校重要，还是专业重要？应该说二者都很重要。学校的重要性，首先是学校的品牌，学校的品牌代表师资力量、办学质量、科研水平，也包括校风、校友等环境和资源，我国已经评选出一批“211”“985”学校，还有综合排名可供考虑；其次是学校所在的地域，是否沿海地区、离家的远近等都是需要考虑的；最后是就业，有些单位明确只接收“211”“985”学校的学生。专业的重要性，首先主要考虑孩子意愿，因为是今后安身立命的职业，如果孩子不喜欢，肯定不能选；其次是行业发展，每个专业基本上都可以对应一类行业，也就对应在国家经济社会活动中的地位和作用，对孩子的成长是非常重要的；第三是就业的可能性，根据社会需求、行业发展、家庭条件，评估毕业后的就业形势。

选择志愿时，如果能够兼顾学校和专业，那是最好的了。但往往由于分数的原因，二者很难兼顾。需要根据不同的侧重，做出倾向性选择。有些学校实行大类招生，并且允许学生变更专业，但真正成功变更专业的，只是少数成绩突出的学生。

选择志愿固然重要，如果能从事自己爱好的专业，从一而终，必定能有所建树。事实上，许多人参加工作之后都改行了，包括许多从北大、清华毕业的学生，他们从事其他职业也是很成功的。重要的是，通过大学的系统学习，掌握一门学科的理论体系和知识结构，熟悉一些基本的方法和技能，从而胜任社会的各类工作，并能够在实践中触类旁通。从这个角度看，学校比专业重要，因为学校代表的是一种人文精神。

（五）留学

留学，是指一个人去母国以外的国家，接受各类短期或长期的教育。现在，越来越多的家长希望把自己的孩子送到国外留学，每年中考、高考来临之际，都会掀起一股留学热潮。面对竞争激烈的社会，很多家长开始为孩子寻找另一条出路——出国留学。

1. 动机目的

送孩子出国留学，可能有多种动机。很多家长面对孩子不上不下的成绩，感到没有太大的优势，用出国留学的方式来规避国内高考，这是很大的原因；有的家长盲目跟风，希望孩子感受国外的学习氛围和教育理念，或者能碰到比较好发展的机会；也有一些成绩很好的学生，为了追求更好的教育条件，而选择出国留学，甚至放弃国内高校的录取机会。于是，还未等到中考、高考开始，不少家长和学生就将目光对准了国外高校，着手准备出国留学的各种资料。至于留学的目的，可能一时也难以明确，一般有这样几个方面：

(1)出国定居。主要是到发达国家留学的学生，希望自己今后能够定居在外国。因此利用留学机会，熟悉该国经济、政治、社会、文化等情况，积累生活经验，为以后永久性定居做准备。

(2)专业学习。利用目的地国良好的教育资源，学习与该国有关的语言、文学、科学、技术等知识，开阔眼界、增加体验，为将来获得更好的工作机会打下基础。

(3)取得文凭。这是多数出国留学人员的一个基本目的。文凭是个人的标签和名片，代表个人的知识、经历、能力等，是毕业后寻找工作的必备要件。有一张国际名校的文凭，是就业选择比较有利的条件。

(4)感受体验。主要是感受国外的生活和风土人情，体验国外的教育，开阔自己的眼界，增长一些见识，学会同陌生人打交道，增加社会适应能力。

出国留学关系到孩子的长远发展，无论出于何种动机，都需要好好规划，有一个完整的方案。要统筹考虑近期目标和长远目标、基本目标和最终目标，以便明确努力的方向，更好地安排出国留学的学习和生活，而不是走一步看一步，走到哪里算哪里。

2. 权衡利弊

孩子是否适合出国留学，需要根据自身的条件和需要，结合目的地国家，权衡利弊两个方面。

出国留学可以带来一些有利的方面：

(1)开阔眼界。认识和理解西方国家的先进思想理念，这种理念可能会对生活和工作产生深远的影响。体验全新的生活环境、价值观和风土人情，领略不同民俗文化和国外的优美风光，开拓个人视野。

(2)方便移民。很多国家都针对留学生制定了一些优惠政策，期望通过吸引留学生来增加移民数量。对有移民打算的学生来说，选择留学来实现移民是一条捷径。通过移民，享受外国的社会福利，过上某种意义上的幸福生活。

(3)学习语言。语言的学习对环境的依赖性很强，在全英文的生活环境中，可以很好地锻炼自己的英文能力。出国留学生活一段时间后，个人的英文能力会有很好的提升。

(4)工作机会。留学回国后更容易找到工作，尤其是在私企或者外企中，海归的竞争力远高于国内研究生；还有可能成为外国公司驻中国的业务代表，领海外工资，在国内生活。

(5)能力提升。出国对个人的毅力是一种极好的锻炼，能很好地培养吃苦精神，拥有受益一辈子的顽强品质。在生活方面，能够有更多的自主性，无论对生活能力、理财能力还是交际能力都是一种锻炼和提升机会。

选择出国留学，也有一些不利的方面：

(1)远离亲人。国外的生活可能与想象中的有差别，在异国他乡留学，所有的事情都要靠自己解决，特别是生病时身边没有亲人，难免会特别想念家人，容易觉得特别孤单，不利于孩子身心的健康成长。

(2)交流不畅。由于语言、文化等原因，生活中可能发现很难和外国学生打成一片，很难融入他们的生活。国外的一些价值理念与国内的价值观有一定的差异，少数外国人有较强的排外情绪。

(3)费用较高。出国留学是需要有一定的经济基础的。一是国外学校的学费比较高，二是国外的生活费用也比较高，一般一年的整体费用需要30万—40万元。普通家庭还是较难承受的，国外的高消费往往会让人感到囊中羞涩。

(4)诱惑很大。国外环境相比国内更为开放，也更具诱惑性，自控能力差的学生容易受到不良诱惑，误入歧途。

(5)偏离目标。国外大学都是宽进严出，入学容易、毕业比较困难，有的学生甚至会想到放弃。有的毕业回国之后，除了一张文凭之外，一切还得从头开始。很多人在国外生活几年之后，还是举家回迁，回到国内工作。而在国内发展的同学，按部就班，日子过得也很不错。

3. 时机把握

选择出国留学，需要考虑出国的时机，包括出国年龄、选派方式、国内的基础教育以及孩子自身能力的准备等。

(1)年龄不能太小。出国留学、到异国他乡,如果年龄太小、心智尚未健全,生活自理能力差,可能出现各种问题。尤其是孩子的世界观、价值观尚未完全确立,如果全部接受西方的观念,就不能很好吸收中国的传统文化,对孩子的成长是不利的。所以,至少应该是高中毕业,参加高考之后,再考虑选择国外的优秀高校。

(2)考虑互派方式。国内的一些高校采取联合培养的方式,通过学校互派交流生,可以在国外学习几年,这也是出国留学的一种方式。相对来说孩子成熟一些,有学校的联系和管理,安全方面可以比较放心。当然学习的内容、对国外的了解和感受相对粗浅一点。

(3)拿到学士学位。最好先在国内高校完成本科学习,取得学士学位。这样孩子心智已经比较成熟,接受国内学业的严格训练,基础比较扎实,对自己的专业爱好和发展方向也比较明确。国外许多大学都要求申请者拥有学士学位,才允许读硕士,因此如果拥有学士学位的话,选择的空间会更大。

(4)自身能力方面准备。个人自理能力要强,如果想让孩子出国,要提前让孩子在生活上学会照顾自己,要有特别强的独立能力。要过语言关,最好是在国内完成相关培训,过了语言关再出去,可以节省语言学习的费用,否则到了国外学习生活都跟不上。提高单科成绩,国外的大学非常看重学习成绩,如果打算出国留学,一定要努力提高自己的考试成绩,这样申请名校的概率更大一些。心理方面准备,很多大学会有一些社团,要融入社团群体中,增加交流沟通的机会,否则很可能与同学疏远。

(六)读书的作用

这里说的读书,主要是指在学校的学习。在学校接受教育占人生的很长一段时间,也对人生发生持续的、巨大的作用。读书的重要性体现在以下方面:

(1)社会评价。古今中外都非常重视读书,这是一种积极的社会导向。人们把有没有读书,取得何种学历作为评价一个人的基本尺度。这种观念不是因一时一事产生,而是在长期的社会活动中自然形成的,具有实现的客观因素和坚实的社会基础。尤其是现代教育考试制度的发展,成为国家培养人才、选拔人才的一条主要通道，进一步强化了读书的社会评价。特别是在升学考试竞争激烈的条件下，考上好学校的人都是令人羡慕的。

(2)知识传授。自古以来人们注重知识的传授，把集中在课堂面对面讲解，作为一种主要的方式。在课堂上可以了解古今中外、历史文化、天文地理，学习前人的经验、知识、理论，掌握基本的科学原理、科学知识、科学技能，加深对物质世界和精神世界的理解。读书对一个人具有重要的作用，很大程度代表个人的生存和适应能力。“秀才不出门能知天下事”，读书是一种快捷的知识积累途径，读书人作为知识的象征，无疑得到人们和社会的尊重。

(3)个人修炼。读书是一个过程，是一种修炼，是思想、境界、气质、信心的全面提升。通过读书，可以系统学习人类的精神文明，接受先进的思想理念，塑造全新的世界观、人生观和价值观，培养个人全新的思考方式，形成主观符合客观、理论联系实际、能自我检视纠偏的认知体系。通过读书，接触身边的优秀同学，在上进的氛围中不断自省，用相对严格的标准来要求自己，秉持积极向上、乐观果敢的态度，使自己也变得优秀出众。通过读书，不断提升自己的学识和能力，扩大自己的眼界和交往范围，从而决定做人做事的格局，这会影响一个人的一生。最重要的是通过读书，提高自己处理和解决问题的自信心。

(4)改变命运。知识改变命运，更直接的就是读书改变命运，这是被许多人证明的现实。很多贫困山区的孩子，通过读书走出农村，真正改变了自己的命运。读书改变命运的背后，是家庭的资源、背景，加上努力和运气。从机会的角度看，上大学起码为底层人群提供了可行的上升渠道，是提升阶层层级和社会地位的有效途径。不仅如此，而且可能成为一种“遗传基因”，在人生的接力赛中，已有的人脉、财富、教育等资源，会父传子、子传孙，自己将是孩子的起点，影响家族的繁衍。

(5)功利作用。从功利的角度看，读书在于获得更多的机会。文凭是一种证明，一个人受过高等教育，特别是出身名校，起码意味着高智商或者有毅力。文凭也是一种资格条件，国内大公司招聘时，几乎都会明确地写明岗位的学历要求，许多岗位要求至少是本科以上学历，用人单位选择名牌大学的求职者，成本无疑是最低的。人脉关系方面，大学能给你接触更广泛圈子的机会，人脉的扩张也是一个人能力与资源的扩张。更功利一些看，如果以薪酬待遇为目标，学历绝对是决定因素之一，在薪资这件事上，国内外都保持了一致。福利待遇好的公务员、事业编制、国企等的岗位，都有硬性的、比较高的学历要求。

毋庸讳言，社会上有一些人对读书的认识存在很大偏差。尤其是一些做父母的，自身的学历不高，认为现在文凭也没有那么重要，读不读书无所谓。这些思想严重影响孩子的学习积极性和主动性，也给孩子的成长、发展带来莫大的困惑和干扰。产生这类现象的主要原因：

(1)思想观念。社会上存在“读书无用”的思想，有这种观念的人基本上是为了生计而出卖劳动的人。有些人不读书，是因为眼光短浅，他们只看到眼前，看不到长远，只看到一时一事，看不到全局和未来。有些人不读书，是因为功利心太重，采取实用主义的态度，希望今天学的东西明天就能赚钱，用金钱来简单衡量读书，但到了真正需要知识或文凭的时候又拿不出来。有些人不读书，是因为没有获得乐趣，认为读书对一个人来说是一件苦差事，是苦中有乐、苦中求乐，没有这种思想准备，当然觉得读书没有乐趣。

(2)认知不全。从方法论的角度看，读书需要安静，要静下心来读书，用心读才能有所收获；读书需要有一定的方法，需要记忆、背诵、默写和分析、提炼、总结等，只有运用正确的方法，才能更好巩固所学的知识；读书需要掌握基本概念、基本原理、基本定律，要有扎实的基础知识，只有这样才能融会贯通、举一反三，建立知识体系。有些人不读书，是因为不能静心，没有掌握读书的章法，基础不扎实，所学内容不成体系，花费时间不少、收获却不多。有些人在考试或测验中往往排名在后，自信心和积极性受到挫折，从而认为自己不是读书的料。

(3)外部影响。在社会上，“读书无用论”还是有一定市场的。那些说读书“没有用”的人，多数是一直处在谷底，自己不读书、读不好书，希望得到周围人的价值认同，散布读书无用思想，并采用多种手段寻找同盟者。那些价值取向不清晰，读书上遇到困难的人很容易受到影响，从心里产生读书无用的共鸣。此外，电视、游戏以及一些游乐项目都有很大的诱惑力，特别是未成年人很容易成瘾，迷恋吃喝玩乐、游山玩水，不能养成良好的读书习惯，因此也觉得读不读书无所谓。

(4)社会宽容。从观念的角度,社会允许不同的观点和声音,没有人会批驳"读书无用"或"读书做官"等观点。从赚钱的角度,有一部分人文化程度不高,靠胆大、闯劲和聪明才智或勤劳致富也赚了大钱,甚至开个小店、摆个早点摊也有不错的收入。从生存的角度,每个人的基本生存都有保障。当今社会秩序安定,社会发展多元,社会对各种意识表现出极大宽容。

需要指出的是,世界上并不存极端不公平的交易,每一分收获都需要辛勤的付出,而读书是投入少产出最高的事业。读书是一生的事,不是什么时候要用了,才想起去学什么,而是要靠平时的积累,包括在学校形成的良好读书习惯。一张高校文凭,不等于成功,也不等于赚钱,但能使你更好地认识世界,也肯定让你有一个更好的人生起点。那些没参加高考、没读过大学的人,可能现在也过得不错,那只不过是多年来起早摸黑努力的结果。有没有读书,很大程度决定你在社会中的未来发展。

六、教　育

孩子的成长,关键在于教育。教育不仅仅是学校的事,也是父母需要特别关注和用心的事。在社会这样一个大环境下,孩子从咿呀学语到长大成人,如何教育是一个值得深思的问题。与此同时,应该看到伴随孩子的快速成长,其自主意识和独立能力不断增强,父母应该学会逐步放手,让孩子独立闯出一片天地。随着时代的发展,孩子在某些方面很快会走在父母的前面,父母也应互换角色,接受孩子带来的新思想、新观念和新技能。

(一)目标取向

孩子是在家庭、学校和社会中成长的,每个父母都希望孩子能够成为有用的人才。教育的好坏,除了学校、社会等一些外界因素之外,最终都是父母的责任,父母是唯一没有任何理由推卸责任的主体。因此,父母需要对孩子的教育有一个长远的、整体的考虑,要有明确的目标取向。

1. 全面发展

培养孩子的目标应该是整体的,使其能够在德、智、体、美、劳等方面得到全面发展，而不是培养出高分低能、四肢不勤、五谷不分的弱书生。

德。德就是道德，是做人的道理，是一个人区别于其他动物的灵魂所在。道德属于社会意识形态方面，是人们共同生活及其行为的准则和规范。一个人生活在社会，必须自觉接受道德的约束，在内心时刻有道德的红线，在行为上表现出良好的品格，有正确的人生观、价值观。

智。智包括智商和情商。智商指一个人的智慧、聪明，是智力的体现，是观察、认知、思维、语言、计算等能力的反映，代表一个人认识、理解客观事物并运用知识、经验等解决问题的水平。智商的提升，在学校主要是文化课和科学知识的学习。情商又称情绪智力，主要反映一个人感受、理解、表达、调节自己情感，以及处理自己与他人情感关系的能力。情商的提升需要通过各种集体活动，以培养表达自己想法、理解他人感受、协调他人行动的能力。

体。体包括身心健康、行动协调。身体是一切的基础，要注重体魄的训练，有了良好的体魄，才能集中精神，不怕艰苦，勇往直前。要保持良好的饮食、运动和睡眠，促进新陈代谢，保障身体器官组织的健康。要注重心理健康，保持良好的心态，正确对待成败得失，自觉向身边的人学习。要注重行动的协调，多参加体育锻炼，保持身体各部位的协调，保持头脑与肢体的协调，保持四肢伸展、运动的协调。

美。美是对于美的感受和体验。美是客观事物的协调、对称、有序、自然、壮观等状态的表现，是一种舒心、积极、上进、激情的身心感受，美的具体表现是多方面的。美是主观对于客观的反映，美的标准应该是客观的、社会的，而不是主观的、个体的。就一个人的美来说，体现在气质、涵养、得体、真实，是与环境、职业和周边人的一种协调。美不是奇装异服、不是标新立异、不是追求时尚，更不是一个人单独的自我感觉、自我欣赏。

劳。劳主要是指具备基本的动手能力。幼儿园、小学的手工课，是最初的劳动课程，按照作业要求，利用不同材料，制作平面或立体的物件。初中高中的科学实验，主要是对课程中定理、公式的验证，是基本操作能力。生活中的自理，包括洗衣、做饭、叠被子、打扫卫生、整理房间，是独立成长需要的基本能力。有的人到了三十多岁，还由父母包洗裤衩、袜子，这是不正确的。

2. 三方并重

家庭、学校、社会是人生的三所学校，教育需要家庭、学校、社会三方面并重，共同出力。

家庭。家庭是孩子成长的第一所学校，家庭在教育中肩负着不可替代的重要作用。孩子最初的咿呀学语、蹒跚学步，都是父母陪伴的；孩子最初的一举一动、待人接物，都是父母教导的。父母是孩子最早的启蒙老师，孩子的模仿力能力强，父母的语音、语调成为学习的样板，父母的言行举止更成为孩子的榜样；孩子的学习能力强，父母教的许多东西过目不忘。进入小学以后，许多课程都需要父母精心辅导，许多习惯需要父母帮助培养。良好的家庭教育，有利于孩子的健康成长，有利于孩子形成正确的观念，有利于孩子正确处理各种关系，有利于孩子明确成长和努力的方向。

学校。学校是孩子接受文化教育的主要课堂，我国实行九年制义务教育。学校统一安排德育、智育、体育、美育、劳动等课程，按照教育大纲传授各门课程的文化知识。学校的教学过程，由备课、上课、考试、辅导、评定等诸多环节构成，各教学环节之间不断递进、紧密联系、相辅相成，形成一个有机的系统。学校教育体现了科学性、计划性、系统性和统一性，是现代教学的最基本形式，同时由于高考制度的存在，也表现为较强的应试特征。

社会。一个人出了家门和校门，就进入了社会。社会是一所大学校，但没有人给你排课、授课，也没有人给你考试、授予文凭。社会要求一个人有一技之长，能参与社会分工，为社会提供一份劳动，取得一份报酬，做出一份贡献。社会运转在分工的基础上，又特别强调团队和合作，需要学会与人共事，协调不同利益之间的关系。社会对一个人的影响是全面的，政府在正面推动社会进步，努力打造和谐社会；现实又从另一面展现社会的某些不足、欠缺甚至是阴暗。社会现象从正反两个方面教育人们，每个人需要摆正心态，用积极的眼光看待问题，努力使自己的节拍合上社会前进的步伐。对此，父母需要特别用心，要遵循社会运行的基本逻辑，为孩子的成长打好基础、把好方向。除了学校的专业学习之外，必要时可以参加职业培训，以提升孩子的专业技能。

3.责任主体

虽然孩子在家庭、学校、社会的环境中成长，但是学校的教育集中在普通的课程教育，社会的教育主要是泛泛的事例教育，而最基础的教育是家庭教育。家庭教育是其他任何主体都不能取代的，父母的教育责任也是其他人不替代的。

最好教师。父母是最好的教师。俗话说，知子莫如父。父母最了解孩子的脾气、秉性，以及不同时期的需求爱好和缺点不足，最能针对性教育孩子。在文化课方面，现今绝大多数的学生家长，都具有担负起教育孩子的能力，特别是针对低年级的孩子。在家庭教育环境方面，要营造良好的学习氛围，抵制功利主义的诱惑，排除浮躁和浮夸的影响，坚持正确的教育价值观。

教育主体。父母是孩子教育的主体。父母是孩子的法定监护人，除了给孩子提供生活条件，保护孩子免受外部侵害之外，还需要承担孩子的教育责任。现今，时代、环境都发生了很大变化，再也不是以前的大杂院，也没有了邻里相亲的氛围，父母要自己学习和研究孩子的教育，因地制宜、因时制宜，采取相应的措施和办法，履行教育孩子的职责，确保孩子的安全健康成长。

主体责任。父母应切实承担主体责任。除了学校教育和社会教育，父母也免不了教育责任。每一个孩子成才的背后，都有父母为教育子女所付出的心血；每一个孩子成长的失败，都有父母忽视教育或者教育不当之责。因此，每一个父母都不要忘记教育孩子的重任，不要转嫁或是推卸自己的责任。许多事实已经证明，父母的正确教育将影响孩子的一生，甚至决定他们的前途和命运。

【链接】

孟母三迁故事带来的启示

孟子从小聪颖，天性贪玩，模仿力极强，但3岁时丧父。为了给孟子营造良好的学习环境，孟母三迁居所，并加强家庭教育，终于成就了一位伟大的思想家和教育家。孟子被后人称颂为我国古代的“亚圣”。

孟母三迁的故事，应该说家喻户晓。我们可以从三个方面来理解这个故事：一是，孟母重视孩子的教育，体现父母教育理念的重要性，没有孟母的重视就不会有三迁居所的行动。二是,孩子的天性和可塑性,孩子贪玩、模仿力强,父母应该对孩子提出要求、严加管教。三是,环境是非常重要的,所谓“近朱者赤,近墨者黑”,环境直接影响一个人的成长。孟母尽到了做家长的责任,成为教育孩子的成功典范。现今社会也有很多人为了孩子的教育,不惜花费巨资购买学区房,成为现代版的“孟母三迁”;有的家长在孩子读高中时,举家在学校附近租房子,尽可能为孩子提供有利条件。这些父母都是令人敬佩的。

(二)四大教育

对于孩子的教育,最重要、最基础的不是知识的教育,而是爱、规则、挫折、吃苦的教育。

1. 爱的教育

什么是“爱”?古往今来许多学者、专家都想说清楚“爱”,希望给爱以恰当的或准确的解释和定义。爱是一种发自内心的情感,是人对人或人对某事物的真挚情感。由于爱的内涵和外延的不同认识,具体和抽象的转换,以及不同的时间地点和不同人的感受,所以不同层次的爱对应着不同的表现或结果。父母应该对孩子进行爱的教育,增加对爱的理解力、感受力,并积极付出自己的一份爱,这是一种根本的教育。

爱自己。爱自己是对爱的最基础、最直接、最真实的理解,是一切爱的逻辑原点。只有自爱才能自尊、自立、自强,才能理解爱和具备爱的能力。爱自己就是认识生命、理解生命、珍惜生命。

(1)认识生命。人是一个生命有机体,爱自己是出于人的自然本能。人有基本的生存需求,从婴幼儿开始就知道饿了要吃饭、冷了要穿衣;爱自己要符合人性,人有七情六欲,喜怒哀乐悲恐惊是人的正常情绪反应;爱自己就是要从个体出发,认识生命的本能,维持、保护自己的生命,促进自己的健康成长。同时,人不是一个单独存在的生命,爱自己不应仅仅局限于本能,否则就跟其他动物没有差别,就会产生极端利己主义。因此,既要认识生命的个体,还要从个体出发,推己及人,认识生命的群体。

(2)理解生命。人是有思想、有意识的动物,要学会理解生命的来由和去向，理解生命的过程和作用，在此上基础，更好地爱自己。要看到生命的顽强，看到生命的坚韧，看到生命的接续，要把自己有限的生命放在家庭和社会的运行过程中考察，更好地理解生命的真实意义。有的人仅从生物学的角度出发，不能完整认识生命的意义，只看到生命的短暂，看到生命的脆弱，看到生命的消失，觉得人的生命很空，最终都是虚无，从而带来彷徨、抑郁、无所事事的心理。

(3)珍惜生命。爱自己，最重要的是珍惜生命。人的生命只有一次，是非常宝贵的。人的生命不仅仅属于自己，也与父母、子女密切相关，个人的安危时刻被家人牵挂着。爱自己就要认识自我，不断提升自我，发掘自己的潜能，积极上进、努力拼搏。爱自己就是在遭受挫折后，要听得进苦口忠言，不要说"自己是烂命一条"，破罐子破摔；就是要洁身自好，不要沾染恶习、恶病，不要损害自己的身体；就是要利用生命的有限时光，为家庭和社会做出自己的贡献，不要违反社会道德、法律，不要伤害他人和危害社会。

如果一个人不爱自己，也就很难去爱别人。如果一个人以伤害或者羞辱自己的方式来表达爱，那么这种爱一定是虚假、暂时的。一个人是否爱自己，行为是否符合人性，是检验和判断其人品的一个重要因素。珍惜生命、爱护自己，才能理解他人、爱护他人。

爱家人。有爱才有家，家中充满爱。家中的爱主要是亲情之爱，尤其是父母对子女的爱，既是出于本能，也是出于责任，更是出于期望。父母对子女的爱，是无条件的，是真正不图回报的，是伴随子女一生的，俗话说"父母对子女的爱像路一样长"。爱家人需要能够感受爱、理解爱、表达爱和领悟爱。

(1)感受爱。要爱家人，首先要感受到家人的爱。家人之间的爱很普通、很平常，甚至变得使人习以为常、视而不见。例如父母下班，忙着买菜、做饭，孩子回来后还板着脸，觉得饭菜不好吃，一点也不知父母的劳累、辛苦，这种情况在城市的独生子女家庭中比较普遍。要感受爱，就要让孩子知道父母的操劳，在细微、烦琐的日常生活中的付出，教育孩子用心去体验。感受父母的爱，是非常重要的，是家庭交流的基础。很显然，不能感受爱，也就不能很好处理家庭关系。

(2)理解爱。每个人观察和感受的角度不同，对同一件事或同一个行为的认识也就不同，所以对于爱，需要去理解。理解爱，就是要设身处地站在对方的角度，去观察和考虑问题，认识当时的情形和环境，体恤他人的难处和顾虑，考察行为的动机和目的。家人之间的爱，应该是比较容易理解的，尤其是父母对孩子的爱，是无私的，尽管有时表达形式不是很妥当，但是至少动机都是为了孩子好。例如同样一句话，话音重了可以说心急，话音轻了可以说敷衍，但意思都是一样的，理解了都是满满的爱，不理解那就是耳边风。

(3)表达爱。爱是需要表达的，爱的表达可以语言、行为、物件。中国人历来不太善于表达爱，尤其是用语言来表达爱，多数情况下是父母给孩子过生日，买点衣服、玩具之类的礼物。爱的语言表达是一门学问，在不同语言环境下，针对具体的对象和具体的事情，既要把事情说清楚，还要把情感说到位，这是一件比较难的事。家人之间说话，往往由于不注意语气，明明是一种关心、关爱，也会让人感到不舒服，甚至成为一种争执的开端，带来情感的伤害。家人之间爱之心切，言语容易过激；家人之间也容易因为忽视，而不能好好说话，不能恰如其分表达那份爱。

(4)领悟爱。家人之间应该说没有根本的利益冲突，没有原则分歧，但常常不能统一想法、一致行动。有时是着眼于具体的事务，有时是纠缠于问题的细节，从而产生矛盾和意见分歧，家人之间缺少对爱的领悟。要在爱的感受、理解、表达的基础上，从客观、整体、长远、动态的角度领悟爱，才能把握爱的方向和尺度。例如家庭教育存在两种极端情况，即过度溺爱和棍棒教育，虽然其表现形式迥异，但都违背教育规律，也都是有害的。但是，人们往往对棍棒教育有所警惕，而对过度溺爱认识不足，以为那有利于孩子的个性发展，甚至是创造性的培养。作为父母对此要有所领悟，否则会害了孩子一生。

爱他人。人是社会的动物，每个人对于社会不能只是索取而没有付出。每个人都要为他人付出一点爱，社会才能运作、才能进步。爱他人既是个人的需要，也是社会的要求。爱他人可以有许多的表现和做法。

(1)不图回报。爱他人是一种不图回报的付出，是与他人和睦相处的基本准则。一个人主动地以自己所能，在尊重他人的前提下，无条件支持、保护和帮助他人实现正当的需求，包括思想意识、精神体验、行为状态、物质需求等。一个人付出了爱，而且是无条件地给予，同事关系自然就会融洽，朋友自然就多，这不是对爱的回报，而是他人觉得与你相处感到舒心、有意义的自然结果。爱他人不是一时一事，而是长期的、一贯的，这样无形中也给自己树立品牌，得到周围人的尊重。

(2)力所能及。每个人在物质方面的能力都是有限的，爱他人需要物质方面付出时，只需要做出力所能及的帮助。这种帮助对单个付出者是微小的，而通过社会汇集起来是巨大的，可以解决一些实际困难和问题，有时候就能帮助一个家庭，有时能挽救一条生命。更重要的是通过爱心捐助，可以动员更多的社会力量，鼓动更多的人积极向善，使社会的人际关系变得更加美好。

(3)志愿行为。当今社会有许多志愿者组织，通过做志愿者，自觉参与社会活动，既是管理社会事务的一种方式，也是加强个人与社会接触，了解社会和融入社会的一条途径。城市的各种社会活动，都需要志愿者，特别是通过一些大型活动的志愿参与，可以了解活动的组织过程，扩大个人的接触面，锻炼自己的活动能力，培养关爱之心，同时也为自己贡献社会而感到自豪。

(4)同理之心。同理心就是说话做事前，将自己放在对方的位置考虑，设想一般情况下对方是否愿意接受；同理心就是"己所不欲勿施于人"，就是不做损人利己或损人不利己的事；同理心就是个人的言行符合社会的道德规范，不因满足自己的欲望、私利，而伤害他人及其家庭。尊重他人是同理心的基础，更是爱他人的前提，尊重他人就会得到他人尊重，爱他人也就可以得到他人的爱。

尊老爱幼。尊老爱幼是中华民族的优良传统和美德。从小教育孩子尊敬长辈、爱护晚辈，对孩子的成长具有重要意义。尊老爱幼需要从以下方面理解：

(1)和谐的基础。人类总是世代相传的，生老病死是自然规律。每个人都有自己的儿童时代，也都有衰老的一天，都要经历从年幼到年迈的阶段。尊老爱幼是正视生命的全过程，是每个人敬重自己的表现，是构建和谐人际关系的基础。

(2)家庭的责任。尊老爱幼体现一个人的美德，赡养自己的父母、抚养自己的子女是每个人的责任。“家有一老，如有一宝”，老人在长期的实践中积累了丰富的知识和经验，辛勤劳动了一辈子，为家庭做出了一生的贡献，值得获得家人的尊敬；家庭中的幼小晚辈，不仅是生命的自然延续，也是家庭的未来和希望，需要加倍呵护、细心培养。二孩放开以后，少数家庭的大宝极力反对父母生二宝，这是从小缺乏家长正确引导的一种表现。

(3)社会的传统。尊老爱幼不限于家庭，而要面对社会上所有的老人和儿童。尊老既是对老人应有的关心与照顾，也是继承前辈精神财富的需要；爱幼既是对弱小的爱护与扶助，也是为了祖国的未来培养接班人，使国家各项事业兴旺发达、后继有人。尊老爱幼是我国优良道德传统的精华，国家在制度方面已经做许多的安排。孟子曰：“老吾老，以及人之老，幼吾幼，以及人之幼。天下可运于掌”，是对这一社会传统的最好诠释。

2. 规则教育

孩子在成长的过程中，需要知道什么能做、什么不能做，学会遵循一系列社会习俗和规则，让社会的文明与价值观渐渐渗透到孩子的内心。规则教育是孩子一种基本教育，我们可以采用表扬、鼓励、解释、引导等方式教育孩子，帮助孩子认识事物，在愉快的氛围中接受教育。当然，必要时也可以适当采用批评、惩戒、强制等方式，让他在不愉快的氛围中被动接受教育，提高对自己错误的认识，及时强化规则的记忆。尤其是孩子在幼儿期到儿童期，还不完全是讲道理的时候，那种“等孩子气消了之后再跟他讲道理”的方式，实际上教育效果很差，有时候适得其反。

行为有限制。从幼儿开始，就要教育孩子，每个人的行为都是有规则限制的，重要的是让他知道不能为所欲为。规则的存在，有些是安全的需要，有些是交往的需要，有些是秩序的需要，有些是社会活动的需要。进入学校后，要遵守中小学学生守则，进入社会后要遵守国家的法律法规。培养孩子的规则意识是非常重要的，规则是规律的体现、经验的总结、边界的划分、奖惩的尺度，遵守规则才能使自己健康成长。父母不必担心遵守规则影响创造力，即使孩子长大后要在科学或商业等领域进行突破，也要熟悉已有的规则，掌握现有的规律，了解现行的体系，才能实现本质意义上的创新。

心中有敬畏。心中有敬畏就是明白“山外有山”，要让孩子知道现在科技发展迅速，但人类还有很多没有发现的领域和规律，激发孩子的探索精神；心中有敬畏就是知晓“人外有人”，要让孩子看到历史上为人类做出巨大贡献的伟人，永远保持谦逊的态度，这样才能不断接受新思想，学习新知识。在儿童时代，心中有敬畏最主要就是长幼有序，在家里尊重大人，在外面尊重长辈，这是基本的规则。说得再简单一些，就是“小孩子在家里要有人管得住”“要怕某个人”。那些隔代带孩子的，容易出现这样那样的偏差，基本上都表现为孩子是家里的“小皇帝”，爷爷奶奶不便要求太严，结果往往耽误了孩子。

做事要认真。认真做事本身就是做人的基本规则。从幼儿开始就要教育孩子认真做事，帮助孩子养成一种习惯。认真做事，努力把一件事做好，这是基本的要求。一个人是否认真，很能体现个人性格，有些性格比较急躁的孩子更需要培养认真的态度。从小学的课程教育中可以看到，有的孩子很聪明，但缺少认真，有些概念没有完全掌握，一些简单的题目由于粗心而出错，久而久之就跟不上班上的同学。相反，有的孩子虽然反应慢一点，但靠认真，自己多下功夫，反而能考出好成绩。世界上怕就怕“认真”二字，孩子进入社会，参加工作之后，更需要靠认真，才能在科研领域有所发现、有所发明，或者在人文领域有所总结、有所建树。所以学会认真做事，孩子将终身受益。

做人要上进。物竞天择，做人要有上进之心。做人要上进，这是做人的基本方向。人往高处走，水往低处流，这本身是社会和自然的规律。每个人都应该积极向上，努力进步，不虚度光阴；每个人都应该有自己的愿望，这个愿望不要求很伟大，但要求为这个愿望不断努力；每个人都应该有自己的目标，这个目标不要求很远大，但每年实现一小步，这样就非常了不起。如果孩子基础比较好，可以鼓励孩子在班里争第一，培养孩子的荣誉感，逐步把追求上进变为孩子的自觉行动，在孩子进入社会后将成为其前进的动力。现在，有些家庭对子女的要求不高，孩子也就缺乏上进的愿望，一些本身可以学得更好的孩子，落在了中下游，这是非常可惜的。

3. 挫折教育

孩子的成长是有规律的，孩子的生命体验应该是丰富的。每一个孩子都是在正反两方面的经历中成长，包括在犯错中长大。面对失败、失利，受到压制或阻碍等挫折，需要有正确的认识，采取积极的态度，从中得到有益的启示。

正视挫折。每个人在成长过程中都会遇到挫折，挫折是客观存在，孩子的生命体验必定包含着挫折。小到学步时的摔跤，大到考试的失利，这些都构成孩子的体验，都是孩子必须面对的。从小让孩子经受挫折，感受消极的体验，诸如自我否定、沮丧、愤怒、内疚和自责等，是健康成长的必备过程。同时，在过程中可以体验那种焦虑、尝试、坚持以及鼓起勇气和耐心等待的感受，并且加深对平淡、有规律、有节奏的日常生活的理解。由此，孩子才可以面对人生中的各种不完美，不至于遇到逆境时痛不欲生、束手无策。

对待挫折。当孩子遇到挫折时，要让孩子自己去经历、自己去解决，就像孩子跌跌撞撞学走路一样，摔倒了自己爬起来也是孩子的成长过程，父母只要在旁边关注安全和适当鼓励就可以了。当孩子遇到比较大的挫折，一时很难跨越时，做父母的要进行适当心理安慰和疏导，帮助孩子理清思路，鼓励孩子寻找问题的原因和解决的途径。那些只让孩子接受美好部分，对孩子关怀备至、体贴入微，为孩子挡住了所有的困难挫折的行为，无形中隔离了孩子生命的多彩体验；那些只认可失败、挫折的存在，对消极体验表现为无力、无助，从而让孩子走向自我放弃而不能在逆境中奋起的举动，无疑挡住了孩子的未来成长。

转换挫折。以积极的态度对待挫折，就能懂得挫折是对意志的磨炼，是对个人性格的一种培养。当孩子经过挫折，克服困难、取得进步后，就会有全新的感受，增加自我认同、自豪、兴奋、喜悦和满足等积极体验，对于树立自信心是必不可少的。遇到挫折，恰恰说明是遇到新的起点，是调整的一个好机会。父母要帮助孩子分析，如果是主观认识与客观要求有距离，就要修正自己的认识，修正计划和方案；如果是客观条件不具备，就要等待时机、创造条件。例如孩子年龄小，跟不上一些大孩子的活动，父母可以告诉孩子条件的差异，帮助孩子调整自己的计划和活动范围，让孩子正确认识自己。

4.吃苦教育

在孩子的教育中，吃苦教育是万万不可或缺的。特别是家有男孩，这个更不能少。古人云“吃得苦中苦方为人上人”，这既是人生经验的总结，也是人生智慧的结晶，蕴含着深刻的人生哲理。漫漫人生，肯定会遇到各种艰难和险阻，不可能一马平川，也不可能事事如愿，能否吃苦将影响人的一生。因此，作为父母，让孩子学会吃苦是一堂必修课，更是一项义不容辞的重要责任。

体会艰辛。现在的孩子备受家长的宠爱，有些家长对孩子百依百顺、有求必应，无条件地满足孩子的要求。如果孩子的一切由家长包办，容易得到许多物质享受，孩子就不知道生活的艰辛，以为一切都是理所当然。为此，父母应该从小让孩子做事，使孩子从中体会到做任何一件事，必须付出自己的努力。最简单的就是分担家务，让孩子承担起作为家庭一员的责任，大一些时可以适当参加生产劳动。父母也要告知孩子，为了家庭的经济收入和日常生活，大人付出大量的劳动，要维持一个家庭也是非常不容易的。另外，还可以让孩子观察社会各类人的辛勤付出、为生计四处奔波的情景。让孩子从小体会生活的艰辛，才能懂得什么是苦、什么是累，懂得一切都要靠自己的努力。

锻炼意志。一个人的意志是否坚强，决定着一个人一生的走向。温室中长不出参天大树，庭院里养不出千里马。让孩子小时候吃点苦大有益处，尤其是培养男孩子，没有吃苦的经历，很难有所作为、担当重任。意志是需要磨炼的，要努力培养孩子适应各种环境的能力，使孩子从小具有良好的意志品质。无数事实证明，贫苦人家出身的孩子，大多都比较懂事，敢于拼搏，自立精神都很强。儿童和少年时期是人生的基础阶段，培养孩子的意志可以从吃苦开始，苦其心志、劳其筋骨。相反，一个怕苦的人是注定没有担当的，衣食无忧必然会造成性格脆弱，经不起生活的挫折和打击，受不得一点委屈，并且自理能力差，步入社会后难以担当重任。

懂得感恩。父母有意识地创造一些条件，进行吃苦教育，对于培养孩子的感恩情结，非常重要，也很有必要。在优越环境中成长起来的一代人，基本上都是衣食无忧的一代，缺乏艰苦生活的磨炼，不知道什么叫生活的艰难和人生的不易。典型的表现，就是任性，自我意识比较强，凡事以我为中心，很少考虑父母的感受。只有吃过苦的人，才懂得珍惜，才能理解父母挣钱的不易和对家庭的付出。吃苦教育就是教育孩子明事理、懂感恩，最简单的就是孝敬自己的父母，至少做到不随意与父母顶嘴，不是动不动就在家里发脾气。吃苦教育，还是越早越好。

不怕困难。吃苦是立世之本，没有吃苦的精神，难以面对日益激烈的社会竞争。吃苦在很多情况表现为不怕困难，市场经济要求每一个社会成员都必须具备不怕困难的吃苦精神。培养孩子，要求孩子坚持做完正在做的事情，坚持与困难做斗争，就是培养孩子的吃苦精神。实际上，吃苦精神就来自这最后的咬牙坚持之中，来自与困难的斗争中。当孩子遇到困难时，不能让孩子向困难屈服，更不能逃避困难。父母要给孩子多一些鼓励、引导和鞭策，要让孩了学会不怕困难、挑战困难，克服艰难和障碍，让自己内心强大起来。必要时父母应主动与孩子一起吃苦，身体力行发挥榜样作用，通过一点一滴的积累，教会孩子不怕吃苦、勇于吃苦，从而在漫长的人生路上，保持健康进取的积极心态，无论遇到任何困难都不屈服。

【链接】

价值的含义

同是一块石头，一半做成了佛，一半做成了台阶。

台阶不服气地问佛，我们本是一块石头，凭什么人们都踩着我，而去朝拜你？

佛说，因为你只挨了一刀，而我却经历了千刀万剐、千锤百凿。

台阶沉默了。

的确，人生亦是如此。经得起打磨，耐得住寂寞，扛得起责任，肩负起使命，人生才有价值。

（来自网络）

（三）基础、兴趣、习惯

在孩子的教育过程中，除了在学校的课程学习外，父母需要关注孩子的学习基础，发现孩子的兴趣爱好，培养良好的行为习惯。

1. 基础

任何事情都不可能一蹴而就，都需要从基础开始一点一滴做起。对孩子的教育，也需要重视基础。特别是课程学习，基础知识将在后续课程中一直发挥作用，需要不断加深认识和理解。

重要性。基础的重要，体现在事物发展的根本或起点，如同建筑物的基础一样，需要承担其上部的所有荷载。基础常常在底部，容易被忽视，所以父母需要关注孩子学习上的基础内容；基础往往是一些简单的东西，容易被轻视，所以需要通过一些练习，来检验基础知识的掌握情况。只有加深对基本概念、基本定理、基本公式的理解，才能为后续的学习打下坚固、稳定的基础。例如，某孩子在幼儿时期没有理解数的概念，入学后不能很好掌握数的运算，后来就一直怕数学课程。一步错过，就会步步落后。

普遍性。不同的时期，孩子有一些基础的东西需要学习。幼儿阶段，孩子需要学会方位的概念、数的概念，学会语言的基本表达；学龄前儿童，可以学习一些汉语拼音、简单的加减，以及时钟的概念，学会握笔写字的正确姿势。到了小学，背诵乘法九九表和一些文章片段，是学习数学、语文的基础内容；英语的音标和单词，是学习英语的基础。到了中学，几何的定理、定律是学习几何的基础；三角诱导公式是学习三角函数的基础。对于这些基础知识，需要帮助孩子记忆和熟练运用。

实用性。基础的东西虽然简单，但也是非常有用的。例如汉语拼音，幼儿园和小学的时候学好拼音，就可以准确发音，用普通话表达自己的思想，还可以查字典学习生字，给自己带来很大的方便；在学习电脑时，可以通过拼音，方便输入汉字，使自己的思考语言与发音体系和打字操作融为一体；随着科技的进步，现在可以利用电脑程序或微信软件，直接把普通话语音转换成汉语文字；如果出国，可以利用翻译软件，直接把汉语语音翻译成为英语文字或英语语音。学好汉语拼音这样一件简单的事，给人的一生带来了极大的方便。

2. 兴趣

兴趣是对事物喜好或关切的情绪，表现为对某件事物、某项活动的选择性态度和积极的情绪反应。兴趣会对孩子的认识和活动产生积极的影响，可以使人集中注意，产生愉快、满足、兴奋的心理状态。兴趣对一个人的个性形成和发展有巨大的作用。

兴趣的发现。早期婴幼儿对外界的好奇，是兴趣情绪所激起的机体功能的表现，支持着感觉与运动之间的协调发展，为孩子的生长和发育打下基础。婴幼儿时期，多数孩子的兴趣是不稳定的，且容易转移。只有少数孩子会表现出某一方面的特长，有超出常规孩子的学习和记忆能力。父母可以让孩子多听、多看、多接触，参加绘画、唱歌、舞蹈、游戏等活动，尝试从中发现孩子的潜在爱好和特长。在中小学阶段，随着智力的发展、知识的丰富、眼界的开阔，让孩子多参加一些活动，从过程可以发现一些新的兴趣点。实际上，很多兴趣是在一定的情景下由某一事物偶然激发出来的，如果孩子能表现出相应的天赋和持续的关注，可能就是一个很好的发展方向。

兴趣的培养。兴趣是个体在生活中长期形成，在学习、活动中发生和发展起来的。①知识是兴趣的基础。从根本上来说，任何一种兴趣都是由于获得这方面的知识或参与这种活动，使人体验到情绪上的满足而产生的。兴趣不只是对事物表面的关心、关注，而是基于相应的知识。②情感是兴趣的催化剂。兴趣是与个人的认识和情感密切联系的，当一个人对某项事物的认识到达一定的程度，在意识深处突发特殊的情感，从而表现出对该事物的浓厚兴趣。如果对事物没有认识，也就不会产生情感，因而也就不会发生兴趣。③需求是兴趣的目的引导。兴趣以需求为前提，有了需求就会有知识的积累，就可以逐步产生兴趣；明确了活动的目的和意义，可以引导情感的转化，就能加快兴趣的发展。兴趣是可以培养的，对于中小学生，重点是培养学习的兴趣，知识越多、越扎实，兴趣也就越广泛、越浓厚。同时，孩子自控能力差，父母要防止孩子把兴趣转移到看电视、玩游戏上，或者向其他消极方面发展。

兴趣的保持。对于有意义、有发展前景的兴趣，需要长期培养和坚持。①有新内容。兴趣所指向的活动要有新的内容，在感官上产生一种新的刺激，从深度和广度两个方面，不断激发孩子的想象力、创造力，使其能够保持一种持续的专注。②有所进步。从事兴趣所指向的活动要有所进步、有所收获，并能在过程中不断体验成功的愉悦，形成积极的情绪叠加，通过内心的成就感、自豪感来维持对事物的兴趣。③有明确目标。从事任何活动都可能遇到阻碍或停滞，而且有时过程的本身就是很乏味、很枯燥，这时需要目标的指引。不仅在事物发展方向需要阶段性目标的指引，而且在成果的激励方面也需要内心的目标指引。目标明确，才能更好发挥一个人的积极性和创造性，才能持之以恒，取得成功。

3. 习惯

对于个人来说,习惯是指长期养成的不易改变的行为或方式。习惯成自然,习惯的力量是强大的,很大程度上决定着个人的未来。要抓住教育的关键期,培养孩子的好习惯,改变坏习惯。

计划的习惯。凡事预则立,做事要有计划。事情虽有大有小,时限有长有短,但都可以列出计划。①时间安排。针对不同的事件安排不同的时间。一天的事可以简单做出时间安排,如上午做什么、下午做什么;远期的事可以选择时间,如安排暑假、寒假的旅游;重大的事需要详细安排时间,如个人的发展计划、学习的计划等。②计划的可行性。对一件事做计划时需要考察:时间有无冲突,条件是否可行,个人能力是否跟得上,过程衔接是否妥当,是否存在特殊情况等,即需要对可行性进行初步的推演。③计划的调整。情况的发展,条件的改变,需要对计划进行动态调整,因此在安排计划时需要考虑可能的变化,特别是在时间上需要留有余地。④计划的执行。计划的执行既是检验计划是否合理,也是对事件的有效推进。计划制订之后,应尽可能按计划执行,完成预定的目标,以便后续工作的衔接。

自学的习惯。自学是一个人应有的能力,在校学生更要培养自学的习惯。①定期复习。对于老师在课堂所讲的内容,需要定期进行复习,加深理解和记忆,特别是利用假期,对课本内容进行全面的复习是很有必要的。②学会钻研。梳理已经学过的公式、定理,进行系统的记忆和理解,可以起到融会贯通的作用。在此基础上,探索公式定理的扩大应用,尝试做一些比较难的题目,必要时与同学进行讨论,这对自学能力的提高和自信心的培养是非常重要的。③不断总结。对学习过程中,包括课堂听讲和自学,要及时总结经验、体会。通过总结可以明确自己的长处,发现自己的不足,归纳出一些学习规律,把握学习的方法,调整重点和需要强化的内容,不断提高自己的学习能力。

生活的习惯。生活习惯对一个人的影响很大,好的生活习惯应该与整个社会的相匹配,符合社会运作的节奏,有利于个人的健康成长。①作息习惯。人们的基本规律是"日出而作、日落而息",所以个人的作息要跟上社会的节拍,才能按时上学、上班,进行相应的活动。那种"早晨不起床、晚上不睡觉”的作息习惯,不仅与社会不匹配,而且也伤害自己的身体。②卫生习惯。要有良好的个人卫生习惯,保持服装整洁,及时理发、修指甲,展现个人的精气神。自觉维护良好的环境卫生,给人一个良好的形象,不要随便吐痰、扔垃圾。③效率习惯。讲究效率,做事不拖拉,今日事、今日毕。做事要细致,争取一次性把事情做到位,减少不必要的重复和返工。要顺着事理去做,有规律地做事,掌握事物前后关系以及相互衔接,不要东一榔头、西一棒。良好的生活习惯是需要培养的,也是可以培养的。

(四)知识、技能、实践

一个人需要知识和技能,而知识、技能与实践是相辅相成、相互促进的。教育孩子不仅仅是知识,还需要相应的技能,更重要的是要让孩子参与实践。

1. 知识

伴随一个人的成长,必然是学习知识、接受知识、运用知识的过程。知识的积累,是孩子成长的一大标志。

基础性。知识是人们探索客观世界的成果,是实践中所获得的认识和经验的总和,是认识自然和社会的智慧结晶。每一个人都必须学习知识,包括生活知识、社会知识和科学知识。知识对个人的成长起到基础的作用,能够对客观事物加深认识和理解,直接推动个人的决策和行为,加速行动过程,并且取得可预期的结果。国家实行义务教育,明确中小学生的重要任务就是学习课本知识,充分体现了知识的基础作用。

系统性。知识是人类从各种途径中获得,经过提升、总结、凝练的系统认识,是客观存在的人类社会共同财富。与此相区别,作为个体头脑中的知识,是通过个体认知活动而形成,是个体对客观事物的一种反映。知识必须经过个体的心智内化、真正理解,才能被准确运用。因此,需要完整地学习知识、掌握知识,保持知识的系统性。碎片化的知识,不仅影响知识的学习,也不能有效发挥知识的作用。

积累性。学习知识,需要有一个积累的过程。知识的积累,包括经验知识和理论知识,总是沿着由少到多、由浅到深、由点到面的路径,循序渐进的。中小学阶段的学习，需要与孩子的智力发育和前期的基础相匹配。同时，知识的积累还有加速效应，很多人都有体会，学习知识如同滚“雪球”，“雪球”滚大了，接受新知识就越来越容易，也能更快完成知识体系由局部到系统的过渡。快餐式的浏览，不利于知识的学习和积累。

2.技能

技能是指个体运用已有的知识、经验，通过练习而形成的一定的动作方式或智力活动方式。简单地说，技能就是掌握运用专门技术的能力。

技能的特点。技能体现个体的动作行为，是具体的操作能力。技能需要通过练习，才能获得动作、活动方式。根据技能的性质，可分为运动技能和智力技能。两者既有区别，又密切关联。智力技能往往调节运动技能，而运动技能又常常是智力技能的一种体现。在进行较复杂的活动时，需要两种技能的结合。高水平的技能是人们进行创造性活动的重要条件。

技能的实用性。运动技能由外部动作构成，主要表现为外显的操作活动，如打球、骑车、弹琴、写字等技能；智力技能由头脑心智活动构成，主要表现为内隐的认知活动，如心算、阅读、写作构思、工程设计等技能。技能的实用性重点体现在解决实际问题，完成相应的工作，取得一种劳动成果。例如电脑打字是一项简单的技能，也非常实用，能将语言或文字变成电子版文件，方便储存、修改、打印、传输等。很多技能不复杂，但可以成为人们谋生的一种基本手段。

教育的延伸。技能是个体身上固定下来的复杂的动作系统，是对动作和动作方式的概括。学校教育的任何一个教学科目，不仅要教给学生系统的知识，同时还要延伸形成一定的技能，知识和技能都是具体的教学内容，都是教育所要达到的目的。很多知识需要技能来体现，即运用已有的知识经验，通过练习形成智力动作方式和肢体动作方式，形成某项工作成果，表明个体已经掌握相应的知识。

【链接】

如何培养孩子不怯场

孩子与人打交道，不怯场是一种能力，也是个性的重要组成部分。在《中国诗词大会》第四季中，一些人从百人团里脱颖而出，但上场后因为紧张，没有表现出自己应有的水平。尤其是搭档团的一位女生，上台之前就觉得自己紧张，担心可能得零分、很丢人。上台之后，由于太紧张了，没有取得分数就下去了，大家都觉得非常可惜。董卿安慰她说，上台是凭自己实力，下台没有带来损失，已经很不错了，不要太内疚。

但是，有一位名叫田大地的小朋友，11岁，北京市黄城根小学六年级学生。他出生在军人世家，爸爸、妈妈、爷爷、姥爷都是军人，从小主要跟着爷爷、奶奶长大。爷爷对他的要求比较严格，经常教他背诵毛主席诗词，还教导他不要怯场，比如说家里有客人来的时候，就说"去，大地去朗诵一段"。经常这样做，所以慢慢地上台就不会那么紧张了。这确实是一个好办法，背古诗词既可以学习知识，还可以锻炼性格，培养不怯场的胆量，可以说是一举两得。

的确，由于空间、环境、对象、光线等因素的变化，多数人在一个陌生的地方都会紧张，有时候脑子里真是一片空白。特别是一些敏感的人，站在台上，众目睽睽之下，四周空荡荡的，听众离得很远，好像自身没有了依靠、没有了参照坐标，加上话筒扩音和反馈声音的滞后，心情就更容易紧张。熟悉舞台场景、适应陌生环境，需要有一个过程，尤其需要从小锻炼。曾经，单位的一个同事说话头头是道、滔滔不绝，她说是因为高中毕业后、参加工作前，去展览馆做过一段时间的临时讲解员，锻炼出了当众说话的能力。可见，除了舞台上的表现以外，日常生活中，到人多的地方、空旷的地方、陌生的地方，背诗词、做讲解、小演说等，学会放松心态、控制语速、有条理地表达，这些都是培养孩子胆量和临场反应的有效方法。

3. 实践

这里所说的实践，是个体有意识参与各种具体活动，包括课堂、家庭、社会等。实践是认识的基础，是感性认识的起点，也是理性认识的检验环节，更是提升知识和技能的前提。对于个体来说，实践是最重要的，是第一位的。

体验。知识和技能的学习，需要有直接的体验。个体通过实践获得感性认识，不仅可以提高学习的兴趣，而且可以直观地把握学习的范围、内容，以及可能出现的问题。在实践的基础上，进行概括总结，对事物就有更全面、更深刻的认识。学生对于学校的课本知识,除了一些实验课外,主要是通过做练习题,来模拟各种情况,以便加深印象,更深刻感受知识。如果仅仅是记忆定理、公式,不仅容易忘记,而且往往不能理解。

检验。知识是客观事物的特征与联系在人脑中能动的反映,是客观事物的主观表征。个体学习知识时,每个人都有自己的理解,都会加入自己的主观意愿。因此,个体的知识需要经过客观实践的检验,证明是正确、真实的,才能作为解决实际问题的观点、经验、程序等。同样个体的技能,也需要通过操作实践,来检验技能的掌握程度及效用。没有这种客观的检验,就不能确定知识和技能的真实性、客观性,就不能确定是否真正掌握了知识和技能。

应用。知识和技能需要运用于实践,在应用、交流的过程中,加深认识和记忆,不断丰富、拓展和完善。学习知识、技能不是被动地接受,最终都要应用于实际,并且在应用中发挥效用,应用越熟练,有效性就越高。个人能力的提升,需要在掌握知识、技能的基础上,着手解决实际问题,在应用的实践中才能培养分析问题和解决问题的能力。任何事情如果不去做,仅仅纸上谈兵是没有用的。

(五)方法、认知、思维

对于孩子的学习和成长,需要注意相应的方法。要引导和培养孩子注重学习方法,建立起符合客观实际的认知模式和思维方式,让孩子沿着正确的方向健康成长。

1. 方法

方法一般是指为获得知识、解决问题或者达到某种目的,而采取的途径、步骤与行为方式。

重视方法。方法是人们成功办事,或实现预定目标的不可缺少的中介要素。方法对应的是客观事物的认识规律和解决实际问题所隐含的机理,也可以把方法看成是巧妙办事或有效办事应遵循的方式、途径和程序。有效地办好任何一件事,都必须找到合适的方法。方法对了,事半功倍;方法不对,事倍功半。因此,不仅要努力做事情,而且要求重视做事的方法,找到做事的最佳途径。例如,小学生背诵课文,仅仅采用朗诵的机械记忆效果较差,如果能结合课文分节、分段、分层,按照课文的意思进行梳理,记住一些关键词,就能较快达到背诵的目的。又如记英语单词,采用听写或者默写的方式,可以发挥音、形、义一起记忆的作用,比读几遍的效果明显要好。

积累方法。方法是可以积累的,也是需要注意积累的。学习方法是通过学习实践,而总结出来的快速掌握知识的方法。学习方法,并没有统一的规定,因个人条件以及内容的不同,可选取的方法也不同。掌握学习方法,一方面要多实践、多练习,所谓熟能生巧,需要的是不断积累;另一方面,要向身边的同学学习,借鉴他人经验,带来启发的效果和作用。一些专门总结的特殊的学习训练方法,如速记、速读,也越来越受到人们的重视。

探求方法。每个人在生活中,都会遇到处世、学习、交友、消费等问题,需要探求不同的方法。每一项复杂活动都包含许多部分和环节,需要探求每个部分和环节各自的方法。对于复杂问题,尽量分解为多个比较简单的小问题,一个一个地分开解决。例如喜剧小品中提到的"把大象关进冰箱分几步",一是把冰箱门打开,二是把大象放入冰箱,三是把冰箱门关上。这是一个典型的分解方法问题,通过"开冰箱""放东西""关冰箱"这样的逻辑顺序,可以把任何一个复杂问题进行分解。在有目的的行动中,通过一连串有特定逻辑关系的动作来完成特定的任务,这是做事的一种方法。简单地说,探求方法就是对做事过程中一连串动作关联方式的概括。

【链接】

文明的讨债方法

A公司一笔十几万元的货款,讨了大半年始终要不回来。老板委以重任,将讨债任务交给已经怀孕的员工。她每天打扮得花枝招展,到对方公司,也不提要账的事,只是每次都会摸着肚子,问前台接待美女:"你们刘总,在不在?"

这不,刚坚持了半个月,对方老板打电话给A公司老板:"钱我可以一分不少地还给你,但你得叫你那讨债的员工跟我媳妇解释,她只是来讨债的!"——这就是方法的重要性。

(来自网络)

2. 认知

认知是指通过心理活动获取知识，属于认识活动的产物。认知过程是对客观事物的认识和察觉，包括感觉、知觉、记忆、想象、思维、注意等最基本的心理活动，是人们获得知识或应用知识的过程。通过长期的积累，认知活动形成一定的功能系统，并调节个体的认识活动。

信息加工。认知是个体认识客观世界的信息加工活动，即作用于感觉器官的外界事物，经过头脑的信息加工处理，转换成内在的心理活动，进而支配个体行为的过程。在个体与环境的作用过程中，通过感觉、知觉、记忆、想象、思维等活动，个体认知的功能系统不断发展，并趋于完善。作为个体要有正确的基础信息，需要认真观察事物的发生、发展和变化，仔细体验各种活动带来的感受，逐步建立一个基于客观现实的认知体系。

个体差异。认知是个体的认识和感知，是个体反映客观世界的心理活动过程及结果，是一种复杂的主观现象。因此，对于同一件事物，由于个体的观察、体验的不同，以及理解和表达的不同，不同个体的认知存在差异，有时是非常大，甚至是截然不同。需要指出的是，电视连续剧会改变某些个体的认知方式、认知水平和认知能力，尤其是为了矛盾冲突、曲折情节，安排无中生有、无事生非、节外生枝的剧情转折，会影响孩子对现实社会的认知。

功能作用。认知在一定程度上反映客观事物的属性和联系，主要是个体的感性反映活动过程和结果，属于感性认识和感性知识。认知在整个认识过程中起到重要的基础作用，在个体对客观事物的辨别和了解过程中，获得并内化相应的经验和知识。认知活动是按照一定关系组成的体系，促进个体吸收接纳新知识，改造已有的知识结构，实现对个体认识活动的调节作用。

3. 思维

思维是人类特有的一种精神活动，是从社会实践中产生的，是认识过程的高级阶段，是理性认识的心理反映活动过程及结果。思维的主要工具是语言。思维方式是看待事物的角度、方式和方法，它对人们的言行起到决定性作用。

主观符合客观。思维以感性认识为基础又超越感性认识，是人脑借助于语言对客观事物的概括和间接的反映过程。思维的最基本要求，就是主观符合客观。因此，个体在通过媒介的作用认识客观事物，对事物共同本质特征的概括把握，借助已有的知识、经验和已知条件推测未知的事物等活动中，都必须注意保持客观的心态，绝对不能以自我为中心，凭感觉、想当然。思维的结果还需要通过客观的检验，只有符合客观实际要求，才能更好地指导工作实践。

实事求是。思维是对事物的间接反映，是探索与发现事物的内部本质联系和规律性的过程。思维的基本方法就是实事求是。“实事”就是客观存在着的事物，就是从实际对象出发；“是”就是客观事物的内部联系及发展规律；“求是”就是认真去追求、探索、研究，认识事物的本质。要找出事物固有的而不是臆造的规律性，只有顺着事物的基本逻辑关系，才能对事物进行深入的思考和分析。对于实际中遇到问题和挫折，更需要实事求是地进行反思和总结，加深对事物的客观认识和理解，克服思维定式。

理论联系实际。思维是在表象、概念的基础上进行分析、综合、判断、推理等认识活动的过程。理论联系实际是思维的基本途径。一切从实际出发，个体通过书本学习和经验积累的理论知识，需要符合实际情况和针对实际问题；要充分发挥理论知识对实际工作的指导作用，突破认知的局限，提高对实际事物本质和规律的认识；根据理论与实际结合得出的新的认识，需要应用于实际中，并在实际中达到预想的目的。理论联系实际是思维方式从非理性走向理性的一个重点，也是创新思维的必要条件。

(六)开放、独立、换位

在孩子教育的整体格局上要保持开放，要培养孩子在社会上独立生存的能力。世界归根结底是年轻人的，父母完成对孩子的托举之后，最后应该与孩子互换位置，成为一个受教育者。

1. 开放

孩子的教育、成长都是在开放的状态下进行的，要用开放的思想意识接受和适应社会环境，在适当的时候父母要放手让孩子去闯荡。

开放的环境。从婴幼儿开始，孩子的教育环境就是开放的。孩子从跌跌跌撞撞的学步，到小朋友之间的相互追逐，父母应有意识地把孩子放在开放的环境中，让孩子去体验。孩子的模仿和学习能力是很强的，可以在相互接触中学到很多东西。学校的授课也是开放的，每天都有新课程，带来新思想，孩子接触许多新的知识。社会的环境更是开放的，社会多元的思想观念，不同的价值意识，一直伴随着孩子的成长。适合开放时代、开放环境的，应该是开放的教育。

开放的思想。一个人的思想应该是开放的，要善于吸收不同的观念，对新知识、新现象和新成果保持敏感性，避免思想僵化、故步自封、信息闭锁。孩子要吸收历史上累积下来的文明成果，了解当代的新思想、新学说，学会科技进步带来的各种应用技能。父母要有开放的思想意识，帮助孩子辨别不同的思想观念，在孩子小的时候重点做好思想把关工作，引导孩子树立正确的世界观、价值观和人生观。思想的开放是无止境的，要学会沟通、开阔思路、兼收并蓄，努力培养孩子的创造性思维。

开放的管理。孩子的成长最初是非常依赖父母的，之后逐步学会生活自理，最后走向社会。相应地，随着孩子智力、能力的发展，父母对孩子的管理，也是一个由紧到松、最后放手的过程。从小时候衣食住行的全面管理，到孩子后来的完全自由行动，父母对孩子的管理，从横向和纵向两个方面都是逐步放手的。特别是在孩子青春叛逆期，孩子与父母表现出不同程度的冲突。父母可以尝试与孩子做出约定，哪些是孩子可以做主的，哪些是需要与父母商量的，并且可以安排开放管理的时间表，给孩子一个明确界限和时间节点安排，使孩子更加清楚自己的处境和父母对其的未来期待。

2. 独立

人贵在自立，独立性对一个人是非常重要的。在孩子的成长过程中，父母应该注重孩子独立性格的塑造和独立能力的培养。

独立的过程。孩子的独立需要一个过程，也就是孩子的成长过程。这个过程需要在实际环境中得到培养和训练，同时孩子还要懂得如何尊重他人的长处，帮助有需要的人，要培养与他人沟通合作的能力、独立思考的能力、团队协作的精神，以及对周围人和社会的责任感等。实际上，父母一直都在培养孩子的独立性，从最初培养孩子走路、说话、吃饭，到送孩子去读书和教育孩子如何做人，都是为了孩子的最终独立。父母不可能为孩子包办一切，在孩子能做到或应该做到时，需要父母及时放手。父母能做的就是在安全的前提下，多给予孩子一些帮助和鼓励。

独立的性格。独立是孩子的一种天性，孩子在成长过程中总会本能地做出一些尝试，总想表现自己，希望独自去处理。只要孩子自己能做的，就让孩子自己去做，父母不要过度帮助、指导和关心，不要轻易否定和限制孩子的行为。要培养孩子的独立性格，要敢于怀疑，不接受任何自己不清楚的真理；要敢于表达，根据自己的判断和认识，提出意见和观点；要敢于担当，正确面对他人的质疑和可能的责任。中小学时期要特别注重孩子独立性格的培养，孩子的个性和个人特点应受到充分的尊重和肯定。

独立的能力。独立的能力是终身所需要的能力，体现个体的终身学习和终身发展。①学习的能力。即在学习的过程中不但学会知识，而且学会求知，学会"求"的方法，激发更深入去"求"的渴望，从学习本身获得莫大的快乐。②动手的能力。即需要教会孩子的生活能力、劳动能力，具备基本的生活、劳动技能，探索所学知识在生活实践中的实际应用。③表达的能力。表达能力是需要掌握的重要能力。语言表达是人的本能，要学会自信、从容地表达，并且条理清晰、逻辑严谨；文字的表达是另一种能力，是更缜密的思想的展示和传播，也是一种交流的手段。④思考的能力。不管是从认知结构、认知过程，还是理性认识的飞跃来看，最核心的就是要培养孩子学会思考。通过分析、归纳、总结、怀疑、反思，获得领悟，举一反三、触类旁通。独立思考是一个人走向更高层次的能力。

3. 换位

父母与孩子，经常变换位置，可以收到一些意想不到的效果。随着时间的推移和孩子的成长，在学习方面最终父母应该是孩子的学生。

变换关系。我们都有体会，当孩子小的时候，老是缠着你讲故事，而且对一些很简单的故事百听不厌。有的家长就会故意说"累"了，让孩子把这个故事讲给自己听。这种讲故事和听故事的关系变换，实际上是对孩子思维和语言能力的培养，可以产生很好的训练效果。同样，在背诵课文、听写单词、默写公式时，父母都可以变换不同的角色，作为抽查者、比赛者等，以激发孩子的学习热情和想象力，加深学习和记忆的效果。以语言或文字的方式输出信息，实现信息的相互交流，比单一、平面的信息输入可以发挥更大的大脑触发作用，有如我们平时一起讨论问题一样，活跃思维、加深印象。

创造氛围。随着孩子的成长，父母对孩子要去掉一些威严，多一些平等和尊重。对孩子学习和生活中遇到的问题，经常进行相互切磋，各自表达想法，创造良好的交流氛围，并相应做出一些约定，逐步建立家庭沟通的秩序。父母以朋友一样的方式对待孩子，孩子也会愿意向父母倾诉。这对于掌握孩子实际情况和思想动态是非常重要的，尤其是青春期孩子，父母需要更多地关心和引导，告知一些生活和生理的常识，帮助孩子把注意力集中在学习上，为孩子的健康成长打下基础。

当好学生。孩子很快就会长大，到了初中、高中，孩子的知识面已经相当广泛，内心也渐渐独立起来。特别是孩子进入大学，眼界开阔了，见识也广了，有些时候会觉得父母无知，落后于现实生活。最典型的就是智能手机的应用，父母肯定落后于孩子。一些孩子有耐心教别人使用智能手机，就是没有耐心教父母如何操作。这时候父母要放下架子，摆正心态，可以告诉孩子不懂的地方，没有记住的内容，明明白白做孩子的学生。

七、就　业

就业是人生中一个非常重要的节点。当孩子长大成人之后，学习和掌握了一些基本的知识和劳动技能，就需要开始自己谋生，寻找合适的就业岗位，走向社会和融入社会。就业的类型大致可以分为体力型、技能型、智力型，不同的工作有不同的侧重，界限不一定非常清楚，体力型也可能含有一定的技能和智力要求。孩子从学校毕业，如果不准备继续读书，就需要考虑就业问题。初中高中毕业孩子的就业，主要是按照父母的安排，从事一些相对简单的体力型劳动。大学毕业的孩子，多数喜欢智力型工作，就业问题有自己的一些想法，不一定完全听父母的，两者的意见有时相差很远。但无论如何，孩子不能闲在家里，一定要在社会中磨炼。

(一)选择

就业是一件大事，父母非常关心孩子的就业选择。多数情况是父母希望给出一些建议，而孩子往往觉得要尊重自己的内心，与父母的想法不十分一致。因为父母的社会经验丰富一些，多从现实考虑；孩子接触社会少，多按自己的感性选择。

1.途径

从孩子自身的角度，就业选择大致可以有三条途径：

利用专业。孩子经过四年的大学学习，基本上都一个明确的专业，这也是进入社会的最初资本，要尽可能利用专业。如果在就业选择上能发挥自己的专业特长，那是比较理想的，也许能成为孩子的终身职业。但许多单位招聘时对专业要求比较宽泛，主要希望有工作实践经验，重在实际工作能力。例如有的学校招聘授课教师，需要应聘者试讲，看个人的能力发挥，不是学历越高越有优势，而是看讲课的条理、层次、通俗和技巧等。

扩展专业。大学学习的大多数课程都是相近或相似的，只有专业课有所区别。大学毕业的孩子，完全能够适应一般的岗位，特别是相近的岗位。可以考虑在专业方面的扩展，这样就扩大了就业的选择范围，更容易找到工作。实际上，专业的应用是在具体的操作岗位上，个人专业的发展主要是在实践和研究中，并随着行业的发展而发展。

改变专业。中国是熟人社会，如果亲戚朋友有门路推荐，这样进入一个行业就比较容易，但往往可能改变专业。学校学的东西，一是知识，二是能力。需要明确的是，能力比知识重要。专业被压缩在很小的范围内，很多人最后干的都不是所学的专业。具体到某一个单位，只要是大学毕业，实际上许多跨专业工作都是可以做的，例如很多工科的学生就业后，做文字工作，甚至当领导秘书，职业发展也相当不错。

2.顺序

就业选择，最主要的是行业的选择，比如金融行业、电力行业、医疗行业、教育行业，这是就业方向。其次是单位的选择，每一个行业都有许多单位，例如金融行业有银行、保险、证券、监管等单位，电力行业有设计、施工、生产、管理、物资等单位。再次是岗位的选择,希望能学以致用或是与专业相近。最后才是个人的专业特长,如果能发挥个人的兴趣爱好,那就是很理想了。从主观的角度看,就业选择是从个人特长到行业的顺序考虑;从客观的角度看,就业选择是从行业到个人特长的顺序考虑。这两种不同的思考方式,有不同的侧重点,需要结合起来考虑。

3. 原则

从现实的角度看,除了一般的条件之外,就业选择还要考虑工作地点、工资收入、离家远近、发展潜力等,这些也是重要的因素。总体原则:一是资源原则,资源在哪里就考虑选择到哪里,资源包括国家资源和个人资源。二是经济原则,哪里经济发达,就考虑选择到哪里,经济发达地方的人口、资金流动性大,就业机会多。三是发展原则,哪里有利于个人发展,就考虑选择到哪里。发展条件是综合的,包括行业在国民经济中所处的地位,单位在行业中所处的环节,家庭作为个人发展大后方的距离远近等。

需要指出的是,家庭成员之间要能够相互照应,特别是孩子年轻时得到父母的照顾是非常重要的,包括成家、带小孩等;以后父母年纪大了,还需要孩子照顾父母。另外,城市的生活成本集中体现在城市的住房上,但房价最终是要大家承受得起,不要太看重生活成本。经济发达的地方生活成本自然高,相应收入也会高一些,只要能生存就能发展。

4. 困难

就业选择存在许多困难。从条件方面看,国有企业人满为患、学历要求高;公务员除了有学历要求外,还需要参加统一选拔考试;民营企业情况差别大,高学历人才的需求量少一些;中介等服务机构常常需要有一定的从业资格;相对来说,通用的技能型专业,如会计、文秘、人资管理等比较容易找到工作。从过程方面看,缺少信息或者信息过多,不利于具体的选择;网上招聘,投了简历之后,如石沉大海,常常没有回音;人才招聘会上,经常是喜欢的单位不招人,招人的单位又不喜欢,选择和被选择之间处于一种矛盾状态。从个人方面看,刚从学校毕业的孩子,其认识往往跟不上现实。很多孩子都是理想化,或者说是好高骛远。有的甚至想离家远一些,总想逃离父母的监督。年轻人的社会经验少,对求职难度估计不足,考虑问题往往不够全面。

(二)尝试

对于准备就业的孩子,总想进行各种尝试,都想自己去闯一闯。这就需要更加贴近实际、接触社会,尽可能获得一些直观感受。

1. 实习

实习是很好的接触社会的机会,大一、大二的一些社会实践课,可以帮助孩子更多了解社会,熟悉社会的不同行业、不同分工,以及企业的组织、生产、运行和管理等,接触一些基本的工作流程,感受实际的社会生活。到了大四,可以结合自己的就业考虑,选择相应的实习单位。进一步了解单位的业务和发展前景,扩大相关人员和业务的接触,为后续的就业打下一定的基础。很多人都是通过毕业实习,进入就业单位的。

2. 试用

进入一个单位,签订劳动合同,一般都有一个试用期。试用期是用人单位对新招收员工的思想品德、劳动态度、实际工作能力、身体情况等进行考察的期限,最多不超过 6 个月。试用期包含在整个劳动合同期限内,新员工在试用期间享有全部的劳动权利。除了在试用期间被证明不符合录用条件、严重违反用人单位的规章制度等法律规定的情形以外,用人单位不得无故解除劳动合同。一般情况下,试用期满单位和个人都会继续履行劳动合同。当然,个人在试用期内提前三天通知用人单位,也可以解除劳动合同。

3. 适应

从学校学习到社会就业,孩子的生活发生了很大的变化。刚到一个单位,面对的人和事都是陌生的,需要虚心向周围的同事请教;熟悉工作和环境有一个过程,每天可能重复一些简单的劳动,或者做的是最初级的事;上班的时间要自觉遵守劳动纪律,不可迟到、早退;工作时可能长时间站着或坐着,一天下来感到腰酸背痛;原来的同学都已经离开,需要在单位找到新的玩伴,拓展人际关系。所有这些都有一个适应的过程,重要的是嘴甜一点,多主动跟同事打招呼;手脚勤快一点,多做事、多跑腿,这样同事之间的关系也就融洽了。

(三)变换

孩子参加工作,有了一份工资,开始自食其力。但是年轻人可能还有梦想,对自己的人生有更多的考虑,包括工作岗位、所在行业、生活地域等。或许当初的就业,是阴差阳错,不是个人的真实愿望,变换工作也就成必然了。也有一些孩子,开始时自己尝试就业,感到不顺或不理想,后来还是按照父母的安排,或者进入亲戚介绍的单位。

1. 技能积累

参加工作、进入社会,开始了人生的新历程。经历就是财富,到一个单位求职,被问得最多的就是工作经历和业绩。用人单位非常看重实际工作能力,看能够做什么,高学历并不一定能解决实际问题。因此到一个单位,需要爱岗敬业,把岗位上的事做好,这就是自己的资本。要针对行业的特点,结合岗位工作了解单位组织体系和运作机制,不断积累工作经验。对于一些有执业资格要求的岗位,需要利用业余时间复习,努力准备参加考试。取得执业资格,就像给自己插上翅膀一样,职业选择范围无疑就扩大了许多。

2. 等待时机

社会在快速发展,各种业态不断产生和改变,新业态如网店、外卖、快递、宠物店等到处可见,传统服务业持续焕发新的生机,各种中介服务不断涌现,民营企业迅速发展。进入一个行业,开始可以先做伙计,等有了资本和技能的积累,有能力的人也可以做老板。经验表明,机会总会不断出现,特别是当今的社会,即使是在一个行业内也有很多的机会,包括不同级别单位的招聘。关键是要学会等待,要使自己成为一个对社会有用的人,当机会来的时候,能够当机立断,有能力把握机会。

3. 一技之长

进入社会,最重要的是要有一技之长。干一行、爱一行,爱一行、专一行,做员工需要懂行,做老板更需要懂行。学会一技之长并不难,只要肯付出都能学会，关键是不要朝三暮四，不要好高骛远。最不可取的就是什么都理想化，又不愿做具体的事务。很多与民生相关的工作，都是很普通的，但永远不会过时。外卖是餐饮的延伸，网店是商店的延伸，只是结合了新技术，销售模式有所改变，门槛变低了。一技之长是每个人生存的本领，是个人的核心竞争力。

八、成　家

子女长大了，成家也就成为父母心头的一件大事。一个人要找到另一个合适的人结婚，并且生儿育女，确实是一件非常重大的事，也是一件很难的事。有的孩子情商比较高，在读书或工作中自然而然找到了恋爱对象，结婚也顺理成章。但多数人都是经过中间人介绍才找到对象的，过程相对复杂一些。成家以后，子女的生育问题又紧接着摆在了面前。

(一)婚恋

以结婚为目的的恋爱，是多数人需要经历的过程。感情的事是最复杂的，有时是最不讲道理的，也是最没有逻辑的。都说“恋爱中的人最傻”，是因为恋爱中的人被情绪所左右，在一些矛盾、困惑中不知所措。

1. 不顺现象

常常看到一些家庭在子女婚恋问题上出现了意见分歧，子女觉得婚恋是自己的事，应该由自己做主；父母觉得婚恋事关重大，需要多听听家中大人的想法。许多结婚成家的配对中，外人看不怎么匹配的，倒是恩恩爱爱；外人看是门当户对的，可能也只是凑合着过日子。诸多形形色色的婚恋现象，很难说得清楚前因后果，所以人们将其笼统概括为“缘分”。

子女要自主。子女在成长的过程中不知何时对异性发生好感，通过与同学、朋友的一些交往，对某个特定的异性产生了愉快、兴奋、依恋等情感，可能自己也说不清楚是一种什么感觉。也有一些子女知道自己在谈恋爱，但是希望双方关系明确之后，再告诉父母。还有一些子女与父母的沟通不畅，觉得恋爱是自己的事，直到领证后再通知父母，这样与父母的关系就比较难理顺。子女自主择偶，结果并非都是理想的。也有许多子女在婚恋过程中上当受骗，或者是结婚后发现双方性格不合、追求不同，最后选择了离婚。

父母想干预。父母有较多的生活和社会经验，认为子女谈恋爱不是一件简单的事。有许多生活的现实问题不得不考虑。父母想知道子女的恋爱情况，进展是否顺利。对不理想的对象，父母会出手干预，包括劝说、阻拦，甚至放出一些狠话。父母总是根据自己的经验和见识，来理解和要求子女，很多情况是出于一种本能，或者说爱之过甚。确实，有的时候是子女找的对象美中不足，有的时候是因意见不一致而闹僵，父母与子女不能很好地交流和沟通。

匹配有差距。除了父母与子女之间的矛盾之外，一个人能否找到最合适自己的另一半，这还是一个问题。找对象，没有最好，也没有更好，合适就好。优秀男找优秀女，优秀女也找优秀男，结果很多优秀的人年龄拖大了，城市中很多大龄男女都是这种情况。条件一般的人，如身高、学历都低的人，有的可能由于自身积极主动，找到比较优秀的或比较合适的人，也有的可能由于多种原因而没有成家。整体上看，许多人在学校、单位、朋友中找到对象，需要中间人介绍的只是一部分人。实际上，一些外人看来不十分匹配的男女组成的家庭，包括争争吵吵的家庭，倒是稳稳地白头到老。

2.提早教育

大家都说婚姻看缘分，但回顾周边某些人的经历，还是能看出一些人生轨迹的。婚姻恋爱取决于自身的条件、认识和机遇。机遇是可遇不可求的，是外部不断变化的情况；认识是可以做一些准备的，尤其是父母与子女之间的认识，可以早一些沟通；条件包含许多内容，需要逐步积累、努力和调整。

儿时约定。父母应多关注子女的情感成长，在孩子十来岁、还是比较乖的时候，就可以与子女讲明一些道理，为叛逆期、青春期的教育做一些铺垫。可以用身边的事例教育孩子，让孩子认识到情感的事情很重要，对自身的情感要有所控制。“早恋”危害较大，初中、高中时会严重影响学习；“晚恋”也不可取，好的人早就被别人选择了，而且结婚迟、生孩子也迟。对某个异性有好感或谈恋爱应告知父母，最好家中能统一选择对象的意见，包括如何选择对象，选择怎样的对象，主观、客观的条件有哪些认识，见双方父母的时间的大体安排等。这些内容实际可以跟孩子做出约定，使其尽早有些概念，有个整体的考虑。孩子很聪明，只要父母说得对、符合实际，与他有实际的利益关系，还是听得进去，愿意照着做的。

选择条件。从众多的征婚广告中，可以概括出找对象的10个因子：年龄、身高、学历、相貌、职业、家庭、地域、人品、健康、无不良嗜好。父母重理性，主要考虑年龄、职业、家庭，过日子重要的是人要好；子女重感性，首先是眼缘、谈得来、有情趣，其次是年龄、学历等。在征婚现场，男孩考虑：相貌要好，年龄差距大一点，学历不要求太高，家庭、地域过得去，则相对选择范围大、可选对象多。女孩考虑：学历不能太低，相貌要可以，年龄不要差太大，家庭、地域过得去，则相对选择范围小、可选对象少。城市的本地人喜欢找本地人，这也是很现实的考虑。需要注意，这些选择条件只是外部的，关键还是那个人、那份情，才是最主要的实质性条件。

完善自我。恋爱是一个自我完善的过程，要看到自己的长处和短处，不断提升自己。一个人被他人爱，需要有值得爱的理由，也要有容得下他人不足的气度。特别是通过中间人介绍或征婚的，要给“自己”评估，年龄、学历、相貌、职业、家庭，看看排在何处；给“选择”排序，换位思考、结合对方可能的情况，使自己的想法更符合客观实际；给“要求”做调整，必要时调整自身的要求，比如放宽范围，条件表述得弹性一点。面对找对象这件困难的事情，必须摆正自己的心态，要有自信和正确判断，更要坚定信心和戒骄戒躁。心态要开放，内心有定力，尤其是学会把控自己个性，允许对方犹豫、比较，不要过多猜疑。在能改变的范围内，尽可能把自己的条件变得好一点，包括行为举止、个性脾气，不能由着自己的性子。

3. 协商民主

对于子女的恋爱，仅仅由子女自己决定，考虑问题肯定是不周全的；父母强势干预，又常常会干扰或忽略子女的感受。显然，最好的方案是两者结合，发挥父母、子女的各自长处，避免选择盲区，如果两者能够统一思想，一致行动，就能把事情做得比较圆满。这样一种模式及过程，被称为协商民主。

权限划分。子女恋爱是子女自己的事,决定权在子女;子女恋爱对家庭关系重大,父母有知情权、参考权。先把权限归属讲清楚,大家就有了协商的基础,可以统一拟定大致的外部条件。父母帮助进行外围的寻找、联系、了解等,提供一些见面的机会;子女负责具体的接触、观察、交流,感受对方的为人处事,以及对相貌、身高等条件的认可。即使是子女自己认识的人,如果有进一步发展的想法,也要及时告知父母。父母作为过来人,可以对交往中的注意事项给一些提示,告知子女一些重要的原则,而且要求必须遵守;子女对于交往过程中遇到的困惑,可以与父母讨论、商量,做一些分析和心理准备。这样可以集思广益,面对实际问题也有心理疏导的渠道,父母与子女在认识上有冲突时,以子女的意见为准。

核心要求。从过日子角度出发,真正的家庭生活,首要的是经济基础,除了父母家的条件外,单位职业比较重要;社会中主要看能力和位置,学历并不十分看重。关键是人,两个人要合得来,双方要有好感,这个要求不简单,最核心就是双方的真诚、尊重、信任。不同的人,必然有不同的经历、不同的性格、不同的认识、不同的偏好,要谈得来就要求双方有所妥协、认同和理解。一方面提高自身素养,要有生活方面的谈资;另一方面要有自己的观点,有自己的判断力和情绪控制力。相貌等条件当然很重要,但如果双方熟悉之后,有一技之长、为人真诚、给人安全感,那么相貌方面只要过得去就可以了,而且身高、学历、房子、地域等条件也并不是那么重要。需要提示的是,"三观一致"的确非常重要,但主要体现在具体的生活和选择中,也是很难"谈"清楚的。

形势分析。对子女的恋爱状况要做初步的分析,努力在整体上争取主动。特别是那些大龄男女,父母心里比较着急,尽力通过各种途径帮助寻找。帮衬式相亲,父母是一道关,父母侧重过日子,容易框定条件范围,不够灵活;子女又是一道关,包括子女与父母的沟通,以及子女对拟选对象的内心认可。即使初步符合,也可能仅限于微信聊天,出现久拖不决的情况。父母与子女,有些观念是一致的,有些是不一致的,并且相互影响,可能干扰有效的选择。在城市长大的人喜欢挑选本地人,多数是受父母观念的影响。在城市里征婚,挑选的机会多,男女都有选择的余地,特别是男孩挑选范围大,可能会造成很多的选择错觉。实际上相亲接触是一个过程,成家后又是另一种状态，既不要把一个人的缺点放大，也不要把一个人的优点抹杀。要能够找到共同的生活基础，最根本的还是自己要强大。

(二)结合

子女经过恋爱，双方觉得合适，接着就是结婚成家。通过结婚登记，小两口结成法律上认可的夫妻，也就是成了一个小家，具有相应的权利和义务。结婚也是两家的结合，双方父母结成了亲家，都会对子女做一些资助。同时，子女成家还会在父母心理上产生一些微妙的反应，并且后续的整个生活格局也会发生一些变化。

1. 财产问题

子女成家必然涉及一些财产，这是一个不得不考虑的问题。法律规定了婚前财产和婚后财产，婚前财产归个人所有，婚后财产归夫妻共同所有，包括婚后继承或赠予所得的财产，除非双方另有书面约定。而实际情况又是各式各样，千差万别的。

愿意资助。父母在自己力所能及的范围，都会极力资助子女成家，除了聘礼、嫁妆之外，主要就是婚房。一些经济条件比较好的家庭，为了子女成家，早早准备了婚房；有的家庭在子女谈得差不多，还没有领取结婚证的时候，就考虑为子女买房；还有的家庭在子女结婚后，亲家双方商量，决定给子女凑钱买房。父母资助自己子女买房，肯定是无私的，发自内心的，但又考虑买房的钱不是小数目，而且子女婚后的情况存在不确定性，所以不管是婚前还是婚后，父母希望出资的部分购房款都是单独给自己孩子一个人的。这种想法符合人之常情，可以理解，如果双方父母开明，可以放在桌面谈，包括婚前一方购房，婚后共同按揭和加对方名字等事宜；如果担心伤感情，特别是两家经济实力相差比较大，也可以通过其他方式加以表达。

注重感情。子女往往注重感情，夫妻二人甜甜蜜蜜比什么都好，结婚成家应该是感情、经济融为一体，你的就是我的，我的就是你的。如果一方提出婚前财产公证，容易伤及两人甚至亲家双方的感情。尤其是女方，传统上处于弱势地位，希望从男方处获得更多安全感，如果财产方面这样计较，以后的日子就不知道怎么过了。也有的女孩可以接受婚前财产公证，主要是个性比较独立，或者是家境比较好，大家平起平坐也不是坏事。

想法复杂。因为掺入了感情因素，财产问题就显得比较复杂。客观上，父母的想法和子女的想法都对，当今的婚姻关系确实不是很稳定，子女常常按照自己的性子行事，但在父母给子女资助时，有些问题又不便摆在桌面上谈。现实中也有一些反面案例，例如结婚蜜月期时，女方要求男方做出承诺，写下“男方×××的一切都属于女方”，几年后有了小孩，双方闹离婚，女方拿出那张承诺，要求男方净身出户。又如，结婚后女方提出，要求把居住的房子以“低价买卖”的方式从男方父母过户到小两口名下，以便以后孩子读书。过两年有了孩子，离婚时女方提出，孩子由女方抚养，房子归女方。社会上的诱惑很多，夫妻之间的感情也很复杂，近些年来离婚率一直居高不下，没有人能够为爱情提供“保险”。

2. 心理失落

子女结婚成家是一件喜庆的事，也完成了父母的一桩心愿。但无论女儿出嫁，还是儿子娶亲，作为父母，心里都会有一种异样的感觉，有一种失落感。很多做子女的可能没有注意到这一点，或者注意得不够。

情感落差。常言道“儿子是母亲的心头肉，女儿是父亲的小棉袄”，子女成家后，显然要把一部分精力用在自己的小家，比较明显的是母亲对儿子、父亲对女儿的情感落差。那“心头肉”“小棉袄”都有了自己的心上人，有了自己的小日子，辛苦了二十多年养大的子女，就这样突然成了别人的丈夫或妻子。尤其是那种父亲或母亲过早离世，子女由单亲一手养大的家庭，这种情感落差就更加明显。

格局变化。子女成家后，原来那个家的格局发生了变化。原来的家成为父母的家，子女的家成为小两口的小家。在法律方面，小家也是一个法律主体，有独立的法律地位，可以发生许多经济行为。在日常生活中，如果子女成家后与一方父母同住，那还比较简单，主要表现为增加一两个人吃饭；如果在同一个城市，但不与父母同住，总要确定哪天有空回家吃饭，连一起吃饭这件事，父母都要与子女预约。如果子女是远在外地成家，那么逢年过节能否回来也不确定，可能要到亲家那边团聚。

经济关系。子女成家后，与父母的经济关系也发生了重大变化。子女成家之前，已经参加工作的，其工资收入可以自己留存，也可以交给父母。如果在父母家吃饭，情理上至少需要交伙食费；有的子女没有交饭钱，而是代父母支付家中的水、电、煤气等费用，当然也可以。子女成家之后，收入应该归子女自己管理，如果平常不在父母家吃饭，那只要在过节的时候给父母一些礼物或红包即可，如果平常都在父母家吃饭，还是需要交自己的那份伙食费。简单地说，就是子女家和父母家是两个独立的经济实体，双方之间借款是借款，赠予是赠予，送礼是送礼，日常开支是日常开支，最好能坐下来聊一聊。不要大家都不说，父母觉得了女只顾自己的家，子女觉得给父母送了很多实物，双方心里都感觉不畅快。实际上，很多事情说开了，也就过去了。

不知未来。父母都希望子女好，但不知未来如何。小两口日子过得是否顺利，是否自己开始学会做饭，营养是否跟得上，两口子感情是否融洽……这些问题父母虽然不问，或很少问，但一直都放在心上。尤其是子女远在外地成家，特别是女儿出嫁到千里之外，父母的那种牵挂是难以言表的。父母因为不知未来，所以心里忐忑。子女与父母又往往交流不充分，也就加重了父母的心理失落。

3. 学会放手

子女成家立业是必然的事，父母要学会放手，对此多数父母也是想得通的。父母要适应子女成家后的生活，并有一个相对长远的规划，最终放手让子女自己在现实社会中打拼。

适应过渡。子女与父母同住的，父母要适应与儿媳或女婿共同生活，包括作息时间、家务安排的适应等。既然是一起生活，最好是有规律地作息，子女也要做一部分家务。至于子女的事，让小两口自己决定，能提建议的提点建议。子女不与父母同住的，父母要适应简单的生活，给自己安排好饮食、运动、游乐、睡眠等。在情感方面，父母也要做好自己的心理疏导，逐步适应客观现实。

做好规划。子女成家后，父母要根据具体情况，分阶段做好自己的生活规划，并把想法与子女沟通。如果子女愿意，也可以帮助子女进行生活规划。这样，父母与子女能够了解对方的打算和安排，可以提供一些参考意见和帮助，对于增进父母与子女之间的感情是非常有利的。通过这种生活的安排，保持一种纽带联系，子女了解父母的想法，父母也了解子女需求。有条件时，父母与子女可以一起去旅游，使生活更加充实和乐。

最终放手。有些父母对子女管教比较严，尽管子女已经成家，父母的管教仍然没有停止。有些子女可能不怎么成器，也确实需要父母的管教。但不管怎么说，子女成家后，是一个独立的小家，有事由子女自己决定。除非一些重大的原则问题，诸如涉及违法、作风、诚信等，父母应做一些提醒和警示，其余的都应该放手。实际上，到了成家年龄，子女的很多方面都已经定型，父母管教起的作用比较有限。当然某些问题上，父母的立场很重要，比如感情出轨的事，父母推一把或拉一把，结果可能是完全不一样的。父母不可能永远陪护子女，最终放手是必然的。

【链接】

最牛上海婆婆写给儿媳妇的信

提要：多数人认为婆婆与儿媳妇的关系是较难处理的。上海婆婆采用写信的方式，主动提出家庭中有关经济、房屋、日常生活等问题的处理意见，体现了对儿媳妇的一种尊重。言辞通情达理，思考高瞻远瞩，是婆婆与儿媳妇之间的一种约定，可以减少日后相处中的许多摩擦、误会和不愉快。

亲爱的媳妇：你好！

在你即将与我的儿子组成新家庭的前夕，为了今后若干年家庭的安定团结，希望我们能够就相关一些问题交换一下意见。

一、经济问题

所谓经济基础决定上层建筑，我们首先来谈一谈这个问题。

1. 我儿子名校毕业，现在看来就算换工作，也基本不用担心经济问题；他现在年收入 30 万元以上。我想，按照上海现在的生活水平，在不负担贷款及房租的情况下，你们两个人生活应该是够了。这个打算是基于你不工作的基础上的，如果你有喜欢的工作，我为你高兴；如果你有收入好的工作，我更为你骄傲，你们的生活品质也会得到相应的提高。如果你没有工作，我也没有任何意见，男人养家天经地义，你只管玩得开心就好，作为婆婆我非常支持。

2. 作为我们老人，在今后的日子里也不会向你们伸手要钱的。我们辛苦大半辈子，挣的足够我们的开销了。在这一点上，不劳你们费心，希望你们把所有的收入都用来建设你们的小家庭，建设得越来越好。

3. 我和他爸养了他30年，不求回报，也不用你们给生活费什么的。但是，我们将不会就你们的生活再提供经济支持，希望你们能够自力更生，愉快生活。

4. 你的家庭养育了你，你应该满怀感激之情；你的家庭没有养育我的儿子，所以请你们不要希望他对于你的家庭有所回馈。如果他基于对你的爱情和对你家人的敬重，愿意承担相应的责任，我也理解并且非常支持。但是，我和他爸爸将不会有任何经济上的帮助，这一点请你谅解；当然，如果你的娘家实力比我们还雄厚的话，我们也不会对你的娘家要求任何经济上的帮助的，我们说到做到。

5. 我们的资产和有价证券，将会由律师陪伴，在公证处的公证下进行遗嘱的签订，我们会把遗产放在儿子和孙子的名下，当儿子不在世，而孙辈未满20岁时，这部分资金将由专人托管，并有律师监督，你将不会有机会接触到我们的资产。当然，你对于我们的房屋是有居住权的，希望你对于我们的决定表示支持，毕竟我儿子今后挣的钱全是你们两个人的，我们也绝不会惦记。

二、房子问题

1. 你们居住的房子我们会提供，保证商品房，内环以内，90平方米以上，社区成熟；房子的购买在合理的价格范围内，尽量以你们的意见为主，但是房产证上将不会有你的名字；装修及家电给你们60万元的预算，希望你们心疼我们，尽量节约，以发票价格实报实销；装修的时候我会尽量控制自己，不发表任何意见，因为我十分理解媳妇对于婆婆提出装修意见时的反感情绪，而且我也同意你们对装修做出的决定。

2. 你们居住的房子我们将保留一套钥匙，主要是为了你们没带钥匙或有突发事件(如漏水、跑电)的准备。我以人格向你发誓，在未经你们同意的情况下，决不会擅自进入你们居住的房子，而且我们也不会不打招呼就去拜访你们，更不会带些不相干的人去你们的小家参观及居住。

3. 我们居住的房子你们手里也会有一套钥匙，功能同上。随时欢迎你们来，午夜或凌晨能免则免。

4. 如果以后你们买了自己的房子，我们将会视情况提供一定额度的祝贺，以表示心意，除此之外我们将不会指手画脚发表任何意见。

三、日常相处关系问题

1. 儿子是我亲生的，是我血脉的延续，我不可能爱你超过爱他，请你谨记这一点。但你同时也是这世界上除了我老伴和儿子之外最亲的人，因此当你和外人有任何的冲突时（不管是来自你的亲人、朋友、同学、同事还是来自我家的亲朋好友），我将坚定地站在你这一边。

2. 请你要理解，儿子再怎么不好，他在我眼里始终是那个躺在摇篮里的可爱宝宝，是那个满脸泥水的顽皮小男孩，而你在我眼里一出现就是一个成熟懂事的大姑娘，自然我总会觉得儿子是容易被原谅的。这一点十分不好意思，我想当你做了母亲之后就会理解。因此，我会尽量在你们有争执的时候偏向你（儿子是亲生的，不会记仇），但请你尽量少对我讲那小子的不是，好吗？

3. 儿子是我生的，我会在你们结婚前尽量客观地把我眼中的他，尤其是缺点部分和你交流一下。但另一方面，丈夫是你挑的，你们结婚以后他的思想教育工作就与我无关了，请你自行进行后期改造，我不会帮忙也不会阻挠的。

4. 对于你，毕竟不是我亲生女儿，我会首先做到尊重，希望能进一步喜欢你。如果你有一些我看不惯或不喜欢的什么，如果不关我的事，我会闭嘴；如果与我的事有关，我会尽量委婉地与你交换意见，希望我们能达成共识。

5. 对于我，希望你尊重，如果能喜爱就更好，我如果有一些什么你看不惯或不喜欢的，如果不关你的事，请你闭嘴；如果与你的事有关，请你不要在第三人面前表达，在我们独处的时候请直接坦白对我讲，我们找出合理的解决方案。

四、日常生活问题

我们毕竟不是一家人，没有共同生活的经历，因此总会有一些磕碰，希望我们能共同遵守以下原则：

1. 你来我家时不用干活，不过如果你愿意在开饭时摆摆筷子，我会非常开心的。

2. 你家有没有保姆我不管，但是当我们去你家的时候，我是不会帮忙干活的。你要是嫌麻烦，你们请我出去吃饭倒是没问题。

3. 在我的家里，请你遵守我的生活习惯和卫生标准。

4. 在你的家里，我会尊重你们的生活习惯，不说三道四、指手画脚。

5. 如果我做了讨厌的事或不合时宜的事，你也可以直说。

6. 每年春节、中秋、"五一"、"十一"四个大节，请你们做如下安排：如果前夜在我家，过节当日请去你娘家；如果前夜在你娘家，过节当日请来我家，如此循环往返，公平安排。

五、孩子问题

1. 以后有了孩子，你坐月子我不想管，主要是产妇情绪不稳、容易拌嘴。我也绝不会去瞎指挥、说些讨人厌的话，伤了和气就不太好了。我会给你雇一个月嫂，雇一个保姆，请你事先确定人选，我来付钱。我每隔一天会去帮忙采购一次，如果对我买的东西及品牌有异议的话，请你列出单子，我会照买。如果你的母亲愿意来照顾你的话，保姆、月嫂我照样雇，另外负担你母亲的费用。

2. 我支持母乳喂养，我支持孩子每天洗澡，我支持年轻点要……但是一切以你的意愿为重。不过建议你以医生的意见为重。

3. 孩子的教育问题，我觉得是最易引起矛盾的。在我承认最终决定权在你们手上的前提下，希望我们充分讨论，请教专家，尊重科学，以安全为前提，以培养一个正直的人为目的，使孩子健康成长。

六、两家相处问题

这真是一个沉重的话题，我实在不想多谈。但根据我以前的惨痛经历，还是先说的好。总的意见就是，多玩乐、少共事、经济互相不往来、关系互相不借用。如果两家旗鼓相当，以期多多玩乐倒是好办；如果条件相差太远，最好两家少来往（我不是嫌贫爱富，要是你娘家十分显赫，我们其实也没有什么共同话题）。

综上所述，亲爱的媳妇，希望我们能共同遵守，相信我们能快乐相处，其乐融融。最后祝你们小家和美，好好过日子。

（来自网络）

(三)第三代

子女成家后,生育第三代的问题就自然摆在了面前。子女的生育也是家中的一件大事,从法理上说是小两口的事,从情理上说是双方家庭的事;从生物学的角度看是家族的繁衍,从社会学的角度看是家庭的承继。孩子是一个家庭的希望和未来。

1.要不要

照理说要不要生孩子不是一个问题。孩子是父母爱情的结晶,既然因为爱情结婚,就自然要生孩子。就家庭和个人的角度看,一是传宗接代,二是养老送终,三是财产继承,生孩子也是天经地义的事。但现实生活中也存在要不要生孩子的问题。

犹豫生。小两口结婚之后,常常不着急考虑生孩子的事,先过二人世界。刚刚脱离父母的管束,又没有小孩,经济上也没有太大的压力,所以小日子过得比较滋润。有的考虑游玩,趁着年轻多走几个地方,增长一些见识;有的考虑事业发展,准备考级考证,增加自己的职业资历;有的考虑岗位升职,希望自己在职场上能上一个台阶,否则可能错过机会。但是,时间过得很快,转眼女孩也过了35岁,才想起还有生孩子的事,这时父母已经临近70岁了。

不能生。有的小两口结婚之后开始考虑生孩子,但是一直没有怀上。不能怀孕的原因很多,男方、女方都可能不孕不育。有的是体质方面的,有的是生理结构方面的。现在医学比较发达,可以比较准确查出原因。采用中医调理,可以调整双方的体质,使身体符合生育的条件;采用试管技术,也能解决器质性的不孕不育问题。有的人采用人工受孕,一次性“种”出一对龙凤胎,真是一件皆大欢喜的事。

害怕生。有些小两口,结婚之后害怕生小孩,除了考虑家庭负担外,主要是女方怕生孩子时的疼痛,怕生孩子后体型改变,尤其是怕生孩子时的风险。看到的都是生孩子带来的一些不良后果,特别是引起的妇科疾病和剖腹产带来的后遗症。实际上生孩子和不生孩子都会有妇科疾病,只要调整得好是可以避免剖腹产及一些后遗症的。生孩子是人类百万年进化的结果，是一种自然的过程。千千万万的人都生孩子，绝大多数人生孩子后都很健康，事实上不需要过于敏感和担心。怕生孩子的核心问题还是认知问题，而结果也可能是怕什么来什么。没有积极的态度和行动，什么都害怕，事情就容易向坏的方向发展。

2. 何时要

成家后何时要孩子，各家有各家的实际情况，比如因外派培训、阶段性任务、身体不适等，或者是经济负担、孩子护理等方面的原因。但在整体上想法要统一，小两口不要被一些困难、问题所阻碍。

早生好。现在结婚的年龄一般都偏大，尤其是在城市里打拼的上班族，学校毕业时已经是二十好几了，加上找工作、熟悉业务，到了成家都已经是三十岁左右。特别是学历高的女孩，基本上已经到了理论上优生优育期的后期。无论男女，最佳的生育期都不是很长。生育将给家庭带来根本的变化，也有一些独特的好处。特别是女孩，通过生命的养育可以打通各个生理系统，对身体机能进一步地调理，能有效减少一些妇科疾病，延缓身体衰老和器官退化，因此早生孩子好。另外，在双方父母的年龄都不是很大时，大家可以搭把手，有的男方或女方的母亲也愿意帮助带孩子。

可调整。早生孩子，可以有充足的时间进行身体调理和计划调整，包括备孕的时间等。怀孕第一胎的过程中，可能会出现胎儿发育不良，需要终止妊娠，身体恢复和重新备孕都要有时间。对于一些暂时不会生育的夫妻，有充足时间进行检查，着手身体调理或采取人工辅助生育。对于极少数孩子出生后有些残缺或不完美的，除了尽力医治之外，还可以查找养育过程中遗传或药物等方面的原因，在条件允许时第二次生育。对于万一孩子出现意外情况，因病因事故夭折的，第二次生育就更加紧迫了，这也需要时间。在早生孩子的基础上，这些情况都有时间得以调整。

精力旺。早生孩子，首先是争取在比较合适的年龄生儿育女，这是对孩子最大的爱，可以给孩子一个良好的身体基础；也是对女方最大的爱，可以减少怀孕困难和生育风险。同时早生孩子，有利于产后母乳喂养和产妇各项机能调整，产后适应能力强、身体恢复快。在孩子喂养方面，小两口精力旺，晚上自己照看孩子不会觉得很累，偶尔遇到孩子发烧、咳嗽需要送医院的，也能有较多的精力应付。

3.要几个

在实行计划生育的年代，响应政府号召，只能生一个，大家都没有选择。二孩政策放开之后，要不要二孩的问题也就摆在了育龄夫妇家庭的面前，连带的还涉及双方的父母，有时还要考虑大宝的想法，事情就更复杂了。

家长态度。对生一个孩子的，双方家长的态度和思想都比较统一，但对于二孩，有些不同的想法。一种认为要不要二孩是小两口的事，做父母的不必多说，特别是女方的父母不便多说；一种认为，有一个孩子就可以了，如果小两口要二孩，还是要拖累父母的，特别是一些平时轻松惯了的父母不希望要二孩；还一种认为最好有个二孩，特别第一个是女孩的，家长很希望有个二孩，说不定就儿女双全了。家长的态度是多样的，一定条件下也是可以改变的。

子女想法。子女对于二孩的想法也是多样的。一种是无所谓，一些家庭由于负面的事情看得多，反正也不指望孩子养老送终，有一个孩子也可以了；一种是需要鼓励，如果双方父母能帮一把，有人帮助带孩子，或者做子女的只负责生孩子，那还是比较乐意的；还一种是积极的，认为现在政策放开了，应该要二孩，或者至少是二孩。一个家一定要有人，有人才能办事、才有一切，才能争取更多生存的空间和机会。最典型的就是那些打工者，他们大多没有要不要二孩的问题，一般早早就有了二孩，有的甚至是三孩了，认为眼前艰苦一点，孩子很快就会长大了。

付出很多。生养一个孩子需要付出大量的精力，确实不简单。特别是现今，都想给孩子创造最好的成长条件，在经济方面的付出也是巨大的。在孩子的教育方面，陪伴孩子学习、检查功课，也要付出很多时间和精力。尤其是情感方面，有的子女对大宝倾注了全部的感情，平时对孩子担心得太多，可能会排斥生二孩的愿望。当然还有许多具体的困难，但困难都是可以克服的。很多事情标准放低一点，心态放宽一点，眼光放远一点，或者想个具体的办法，也就都过去了。面对困难和问题，重要的是要有勇气和行动。需要指出的是，对二孩的付出，也不是一孩的两倍，至少时间方面是可以省出一大部分的，而得到的回报却是更多。

问题实质。要不要二孩当然由小两口决定，关键是小两口要静下心来想一想，是否有个二孩更好一些。家庭内部的事都可以协商，实际上有了二孩之后，双方父母都愿意出把力，会尽力提供帮助。有个二孩，孩子之间可以相互照应和帮助，遇事有个亲人商量。同时，也可以分担以后孩子照顾父母的压力，这既是替孩子着想，也是替自己着想。最重要的是生存风险，孩子的成长过程中存在许多风险，可以看到很多家庭的孩子因疾病或事故走在父母的前面，有的家庭甚至是后继乏人，这就比较可惜了。毕竟"人是第一个可宝贵的"，其他"神马都是浮云"。

【链接】

关于生二孩的十二条私房理由

每个人对孩子、对家庭和对自己的爱，都应该从长远的角度深思熟虑，由此我们自然可以发现生二孩的诸多理由：

1. 孩子们之间有个照应。生个二孩，不仅使孩子小的时候有个玩伴，而且在父母终老之后，让他们在世上还有亲人可以走动，有事可以相互照应、商量和帮助，感受血浓于水的亲情。尤其是危难时刻体现出那种一母同胞的情结，心手相应、共克时艰。这是生二孩的深远意义。

2. 减轻子女照顾老人的负担。虽然现在大家都有养老和医疗保险，但老人生病时需要身边有自己的亲人，至少要有亲人的照料，绝对不能请保姆替代。有两个子女照顾老人，可以适当轮换，从而减轻他们时间、精力方面的负担。

3. 可以调节生理、预防疾病。女性通过生孩子和哺育孩子，打通体内多个系统，实现内分泌均衡，从而减少可能的疾病。可以看到很多人生完孩子后，身体匀称、脸色光鲜，像是十七八岁的少女，那是任何美容和保健品都无法达到的效果。

4. 趁身体好、年龄合适。生孩子还是要趁早，马路上经常可以遇到年龄较大的女人挺着大肚子，也是怀二孩的上班族。她们趁年龄还合适时努力孕育未来的生命，脸上流露出满满的自信和幸福。

5. 二孩普遍更加聪明。通过长期的观察，可以发现在先天的智力方面，家中的老小比老大聪明。这是一种普遍现象，在民间非常认可，孩子确实是越生越聪明。我们要把好的基因延续下去,也算是为国家和民族做出自己应有的贡献。

6.人是第一个可宝贵的。这是毛主席老人家说的,事实也确实如此。人的宝贵在于他是有感情的、能动的,可以创造出无限的可能性。有了人才有一切,没有人就必定丧失一切,包括需要有人继承家庭财产和精神财富。

7.平均分享社会福利。国家财政用之于民,这是一块很大的福利。国人移居海外的一个重要原因,就是享受发达国家的社会福利,其中典型的就是生孩子。我国的教育、医疗、社保等条件越来越好,生二孩可以平均分享社会福利。

8.工作是永远做不完的。现在的上班族好像都非常忙,但许多工作实际上忙得无意义,而且事情越做越多、越做越繁杂。到了退休之后,不管曾经取得多大的成绩,你所做的工作都将与你关系不大或毫无关系,而家庭才是你的最终归宿。

9.事业只是自我安慰。把一项工作作为自己的事业,可以给自己很大的心理满足。当我们用专业的技能解决实际问题时,觉得很有成就感,但这种感觉很快被时间冲淡。时代飞速发展,每个人都渐渐老去,所谓事业也就淡如云烟了。

10.增加生命的宽度。人们不知生命的长度,但可以努力增加生命的有效宽度。有人养宠物,给小狗擦屁股,当然不如养孩子,给孩子擦鼻涕。陪伴孩子的成长,父母也会在成长的烦恼中体会到快乐。随着经济社会的发展,人民的物质财富将逐步得到满足,亲情的作用必定越来越重要。

11.按逆向政策走。国家实施计划生育三十多年,现在政策方向逆转、全面放开二孩,符合人们内心的真实愿望,这是很好的机会。就像买房子一样,国家宏观调控,采取措施限制购买,说明买房子是件好事情,而且房子还有保值增值的功能。生二孩与此同理,今天的每一分努力和付出,都会得到加倍的保值和增值,不要被表面的困难和问题所干扰。

12.向农民朋友学习。除了城中村、城郊之外,农民普遍比上班族困难一些,但他们一般都有两个小孩。进城打工的很多人有三个小孩,他们没有考虑那么多、想得那么复杂,也很少考虑孩子今后的教育和费用等。他们要争取社会的生存空间,觉得一个孩子不够,并且不保险,就这么简单。

第五章　家与父母

子女成家后，以婚姻关系建立起来的小家，就是一个经济实体。小家与父母的家同时存在、并排运营，特别需要经常交流情况、互通有无，保持密切联系。小家一方面承担着对老一辈思想和技艺的传承，另一方面也接受父母家的各种扶助，到了父母年迈时，小家还要承担赡养、守护等责任。此外，还要处理好小家与父母家及兄弟姐妹之间的其他一些关系。

一、交　流

交流就是彼此把自己掌握的信息、资源提供给对方，作为个人之间的交流，还可以是思想、感受、体会、经验等主观抽象的内容。交流是合作的基础，也是家庭生活的重要内容。尤其是子女成家后，如何与父母开展交流，是许多家庭面临的普遍问题。

(一)需要交流

子女与父母的交流是非常重要的，也是非常必要的。父母希望了解子女的安危冷暖，工作是否顺利，生活中有何困难，这是做父母的天性；时代在发展，子女也需要把经济社会发展的新情况、新动态，向父母描述和介绍，讲述一些新闻趣事，使父母的思想观念能跟上社会的发展。在家庭生活方面，子女需要把重大事务和重大活动告知父母，尤其是与父母直接或间接相关的事务，包括生育第三代等事情；父母在知情的情况下，会在力所能及范围内提供支持和帮助，或者提供生活经验和社会经验，而且这些经验都是亲眼所见或经过亲身体验的，应该说是非常有价值的。特别是子女与父母同住，双方的交流就更具体、更有必要了。

现实中有许多子女不愿意与父母交流，认为自己的事或者小家的事，与父母没有关系，没有必要让父母知道，而且有些事情父母可能听不懂、不理解，问来问去觉得啰嗦。同时子女也不太关心父母的事，不关注父母的交往和日常生活，只要父母能吃能喝、不生病住院就行了。子女也不经常回父母家，平常电话联系也很少。所以，有些保健品推销员就了钻空子，鼓动购买高价保健品，而且父母还深信不疑，子女发现后怎么劝都不听，这时候总让人觉得有点难受。

在家中，一般儿媳与婆婆、女婿与丈母娘的交流少一些，或者只谈论一些新闻和消息。这主要是由于彼此间没有直接的血缘关系，感到有一些陌生。特别是涉及家庭的经济活动、权利义务等重要事务，常常由子女与父母进行交流，儿媳、女婿会退后一些，不直接发表自己的意见。但如果子女成家后与父母同住，时间长了交流也会流畅一些。对于第三代教育等问题，双方就很需要敞开交流，大家把想法都谈谈，在重大原则方面统一思想，这样才有利于第三代的健康成长。

（二）学会交流

交流至少是两人的事，由于双方的认识不同、位置不同、利益不同，加上有时一方没有表达清楚，有时一方没有正确理解，实现顺畅交流还是有难度的，如何交流是需要探讨的问题。

语气态度。交流是在说事，只有两个人心平气和，才能达到交流的预期效果，所以需要注意交流的语气态度。我们经常看到是子女对父母的不耐烦，或者父母对子女的训斥，这样往往达不到交流的目的。从本质上说，心理上处于平等地位，才能更充分地表达自己。当然，有时心急或事情急，父母语气重了，子女也要理解。

说清楚。交流的内容很宽泛、很庞杂，有些是知识性的，提供一些信息；有些是属于期望，提出参考建议和意见；有些是要求防范的，提示预防注意事项。这些都需要按照一定逻辑关系，把事情说清楚。特别是经济往来、重大事务安排等，重点是把事实、过程、观点、要求等说清楚。

要真实。交流内容要真实，要求真实的事实、真实的过程、真实的想法、真实的理由。有时觉得不便表达,可以暂时不表达,或者采取婉转的方法表达。但绝对不可以虚假编造,或者把事情反过来说,或者强词夺理,或者刻意隐瞒。大家都是聪明人,几次之后就会产生不信任感。要避免把简单的事情变得越来越复杂,甚至越来越糟。

可重复。一些重要的事务,可能一次没有说清楚,或者没有听明白,或者没有接受,当然应该重复交流。何况,“重要的事情说三遍”。例如,教育第三代,子女与父母的很多观念、做法都不一样。但如何做更加有利于孩子的健康和成长,子女要单独与长辈说清楚。

不猜疑。对小家与父母家之间的,以及涉及兄弟姐妹家庭的事,不可以妄加猜测,不说不利于团结的话。需要对某个问题进行讨论时,可以做客观的分析,对事不对人地提出意见和建议,说清楚利弊关系、关键点、可能发生的情况等。对一些不应干涉的事,尽量不要干涉,让当事人自己决定。

一事一题。事情一件一件说,不要东拉西扯,也不要把一件事扩大到几件事。交流双方在谈论一件事时,要围绕一个话题、一个顺序、一个事理说,说完一件事再说另一件事。这样可以集中双方的注意力,提高交流的效率。

(三)注意倾听

倾听也是一种交流方式。一方在说话,另一方需要认真听,这样才能连贯、完整听懂另一方的意思,有时还可能灵光闪过,出现一个新思路、新点子。不要随意打断对方说话,不要随意转移话题,更不要在对方说话时玩手机、发微信。如果确实有事,不能继续倾听,可以声明一下,这样不失礼貌。

子女与父母交流,在父母说话时,子女要用心听,这样父母会感到被尊重,感到说话有意思。父母说话内容可能是身体有点不舒服,可能是对某个亲友有个小心愿,可能哪件事需要帮助等。父母可能是想表达,可能在犹豫着,或者没有表达清楚。特别是父母年纪大了,需要有人说说话,有时是唠唠家常,有时是说说气话,有时是叮嘱几句。有些话可能说了很多遍了,虽然不怎么中听,但也是满满的爱。子女对父母要有耐心,学会倾听并不复杂,倾听就是对父母爱的回馈。

二、传 承

子女的生命来自父母，成长在父母家，如果能传承父母家的优良传统，那就是一笔巨大的财富。这是用钱买不到，也是在其他地方学不到的。但是很多子女都忽略了家庭的传承，或者觉得自己的思想应跟上时代，或者觉得自己应有区别于父母，或者觉得父母的思想观念已经落后，由此造成子女与父母之间的传承断层。

（一）思想理念

在社会生活中，每个家庭都会有形无形地积累一些思想理念，并指引着家庭成员的行动。有人说，富人是有遗传基因的。这话很有道理，富人都是接受上一代的家庭思想熏陶，有着切实可行的理念，所以能够积累比较多的财富。即使社会财富重新平均分配后，大家在同一条起跑线上，这些带有富人基因的人，也容易先富以来。所谓基因，是这些思想理念已经刻在骨子里、融化在血液中。主要有三个方面：

经济观念。富人比较有经济头脑，这是一般人不得不佩服的。能把握社会发展、变革的方向，专注经济社会的主要增长点，从中寻找经济要素和规律，并抢占先机，在政策和法律允许的范围内，获得较大的经济收益。富人往往着眼重点、长远的事务，比一般人有更长远的眼光，能抓住历史的机遇，在普通的事务中发现商机和盈利点。在日常生活中，富人也是抓大放小，事事先人一步，不会拘泥于局部的、微小的琐事，不会在小事上斤斤计较。

勤劳奋发。富人一定都是勤劳的，这是必要条件。把精力集中到要做的事情上，把要做的事情搞清楚，再把要做的事情做好，这些都要亲力亲为。如果当“甩手掌柜”，事事都是指挥别人去做，那肯定不能积聚财富。富人对新鲜事物保持敏感性，敢闯、敢试、敢拼搏，积极获得感性经验，这是需要胆量和气魄的。富人懂得风险管理，及时识别重大经济活动中的风险，能够平衡风险与收益，有效控制过程中的一些风险。有的人虽然有一定的经济头脑，但不能把控经济风险。例如，有些人要么是远距离投资，要么是高利息民间借贷，最后都血本无归，还欠了一屁股债，就像《金鱼与渔夫》故事所讲的一样，最后回到原来的贫穷状态。

为人友善。富人一般都为人友善，有自己的社会活动圈子，做事情有人合作，不然就难以在社会中立足，为富不仁的只是极少数暴发户。富人的社会活动特点：有朋友，一般广结良缘，俗话说一个好汉三个帮，遇事有人相助；有信息，在对外交往过程中，出于对经济的敏感，注意有关的经济信息收集、积累，为投资、经营服务；能办事，按情理处理好关系，按照规定的节点顺序办理，办事有板有眼、步步推进、层层落实；不惹事，善于平衡关系，懂得和气生财，不节外生枝。

(二)家规家教

家规是指一个家庭所规定的行为规范，是由上一辈流传下来并结合时代特点进行补充完善的规矩和准则。好的家规是治家教子、修身处世的重要载体，也是中华民族传统文化的重要内容。好的家规有利于孩子的成长、家庭的和睦，需要每一个家庭好好总结和传承。

道德品质。自古以来，家规都非常重视道德品质教育，用现代的话来说，就是社会主义核心价值观中的"爱国、敬业、诚信、友善"的具体化。主要有：坚持正义，心有公平，廉洁奉公，遵纪守法。诚实守信，勤劳致富，君子爱财，取之有道。家庭和睦，邻里相亲，以德交友，以诚服人。行善积德，谦恭礼让，尊师重道，励志自强。勤恳做事，清白做人，恪尽职守，团结友善。

礼仪孝顺。如何处理人与人之间关系，包括与自己家人的关系，是家规的一个重要内容。主要有：礼貌待人，与人为善，孝顺为先，诚信为本。尊敬长辈，主动招呼，遵从父母，懂得感恩。手足相助，夫妻相从，长幼有序，邻里宽容。亲朋好友，人情来往，多予少取，薄财重义。

行为举止。行为举止都要从点滴做起，勿以善小而不为，勿以恶小而为之。子女要重视父母的感受，尽可能分担父母的忧愁，积极为父母做一些力所能及的事情。听从父母教导，不与父母顶撞，不狡辩、不推辞、不无理取闹，出门、进门与父母打招呼。自己能够做到的事情要独立完成，今日事今日毕，不马虎了事，不无故拖延。家庭就餐应有规矩，坐有坐相，吃有吃相，吃饭时嘴里不发出响声，不边吃边玩，不浪费粮食。要勤劳节俭，严于律己，读书明理，修身养性，刻苦拼搏，自强不息。

需要指出的是，父母对子女进行有关道德品质、礼仪孝顺、行为举止等方面的教育是十分必要的。一般家庭都有一些家规教育，主要是父母结合具体的事例，进行言传身教，潜移默化地发挥作用。但现在也有一些父母认为，对孩子教育不要太严格，孩子长大了自然会懂得道理。很多家庭已经缺少家规家教，更不会总结梳理家规，对孩子进行系统教育。这是需要引起注意的。

（三）专有特长

每个父母都有一定的特长，有些是特殊技能和爱好，不仅能够作为谋生的手段，也能为社会提供服务和特定价值，值得子女传承。最简单的是摆摊、卖菜、打字等，专业一点的是教师、律师、医生、会计等，高雅一点的是绘画、音乐、戏剧等。专有特长的传承主要有三个方面：

专长。掌握一技之长，除了知识的学习之外，还需要很多实践经验。比起自己独自去摸索，有人手把手教学，传授一些方式方法、经验体会，可以更快提高相应的技能水平。许多子女从小跟在父母身边，在耳濡目染中也学会了父母的一些技艺，比如简单一点的开店做生意，高雅一点的戏剧、音乐。在环境的熏陶、引导下，子女对父母的职业发生浓厚的兴趣，因而有所掌握并长进明显，如学习戏剧、音乐等，再加上一定的天资和努力，很快可以出类拔萃。最典型的还是我国的中医，有大量的实践经验积累，需要很好地传承，子承父业是最理想的。家庭中技能的传承，是国家文化传承的重要组成部分。当然也有一些子女对父母的职业不感兴趣，有自己的爱好和向往，这样就需要他自己更多地探索。

人脉。社会中的人脉是非常重要的，如果子女能接续父母的人脉，可以扩大自己的交往和活动范围，获得更多机会。那些做营销的人，特别需要利用人脉，包括父母的人脉，开辟自己的业务。至于现在经常谈到的社会阶层的跃迁，反映出一定程度上人脉的重要性。有机会获得更高层面的人的指点，自然更有机会取得进步。

市场。这里说的市场是社会对一个人的综合认可，可以是父母的客户、熟人、亲朋好友，包括对于父母的信用、为人处事的了解，以及在熟悉人群中的影响等。甚至给子女找相亲对象时，也会基于对这家人父母不错的考虑，乐意给他的孩子介绍对象。至于父母生意中的伙伴，如果子承父业，则可以直接开展业务。

三、扶 助

日常生活中，即使子女已经成家，子女与父母之间也有着许多相互扶助的活动。这些扶助是亲情的互动，是日常生活的延伸，是子女与父母的情感联络，是经济上的相互支援。日常生活中多数是父母对子女扶助，子女对父母的扶助相对要少一些。

（一）经济资助

经济方面，除了子女成家时父母给予一定的资助之外，日常生活中父母主要对子女家庭和事业发展，给予资金、实物、房产等多种形式的经济资助。相反，子女对父母的经济资助一般很少。

必要性。子女成家不久，经济实力有限，用钱的地方很多，父母有必要给予一定的经济资助。例如，帮助子女归还住房按揭贷款，买车给子女跑运输，为子女开办的企业提供周转资金等。特别是子承父业，父母与子女一起经营业务，父母的经济资助占比更大，而且会逐步把经营控制权交给子女。

可能性。父母有一定的积蓄，并且还有一定的经济来源，如退休金、租金的收入、股份的分红等。有的父母认为，现在子女用钱紧张应当给予一定的支援，特别是对子女的职业提升、后续教育或者是第三代的教育培训等，父母都比较愿意资助。当然也有的父母认为，自己的手里要准备一些钱，以便临时急需之用，如果都给了子女，用钱就不那么方便了。

习惯性。父母对子女的经济资助具有习惯性，婚前婚后一直给子女提供资助，子女也习惯于从父母这里取得资助。特别是父母对儿子，有些人的传统思想观念里还是觉得女儿是嫁出去的，已经不是自家人，儿子才能传宗接代，是血脉的延续，因此愿意资助儿子。甚至，早早把自己的房子过户给儿子，平时自己手头有点钱也“借”给儿子，希望儿子能把事业做起来。

(二)帮带小孩

父母退休后身体还比较好,帮助子女带小孩是常见的事,也是父母扶助子女的内容。父母要不要帮子女带孩子,具体到每个家庭,各有各的现实情况。

比较辛苦。小孩从婴儿开始,吃喝拉撒睡都要全面管理。许多事情看看都是小事,但一点都不能马虎。哺乳期母乳的收集、储存、加温等,婴儿的夜间喂奶,给小孩把尿、换尿布、洗澡等;孩子有时夜哭,白天睡觉,晚上却不肯入睡;婴儿6个月以后,从母体带来的免疫开始消退,需要逐步建立自身的免疫体系,一些常见的感冒、咳嗽等也随之而来。特别是孩子生病去医院,几个人还忙不过来,原有的生活规律也被打乱。照顾幼儿期的小孩,可能是大人最累的时候,刚刚学会走路,时时要向外走;体重增加了许多,外出抱着已经很吃力;小孩什么都不懂,没有丝毫安全意识,身边时刻需要有人看管。到小孩上幼儿园后,情况开始好转,剩下的主要是接送任务,平常大人也能做一些其他事情了。

时间较长。帮助子女带孩子,时间比较长,少则三四年,到小孩上幼儿园;多则十来年,到小孩能够自己上学。其间的每一天,都有一些琐碎的事情要做,包括买菜、做饭、接送、洗衣、游玩,以及一些简单的教育等,到了寒暑假又是全天的陪同。有些年纪稍微轻一点的父母,还能坚持下来;年纪大一点的父母,可能就很难坚持,特别是一些身体有"三高"等老年病的父母。当然,如果子女长期与父母同吃、同住,一起生活比较习惯、融洽,子女自己多担当一些,大家都能出把力,情况就会好很多。

没有义务。在传统观念里,父母都是为子女奉献一生的,而且没有附加条件,帮子女带孩子自然是顺理成章的事。很多子女都希望父母帮助带孩子,甚至可以请保姆,只要父母在旁边照看一下就可以了。但是,父母也有自己的想法和安排,比如担心年纪较大、身体吃不消,或者有自己的生活安排等,无法帮助子女带孩子。为此,一些子女与父母闹出矛盾和不愉快。从亲情上讲,父母应该帮子女带孩子;从法律上讲,父母没有义务帮子女带孩子,或者说父母有不带孩子的权利和自由。是否帮助子女带孩子的选择权在父母,而非子女。子女应该体谅父母,尊重父母的选择。

(三)协商平衡

正所谓清官难断家务事，父母对子女的扶助源于亲情，很难分出你我，也不是等价交换，相互之间需要协商，做好相关的平衡。

子女与父母的平衡。 父母不能或者没有给子女扶助的，子女应该理解，要尊重父母的想法和决定。毕竟子女成家后是一个独立的经济体，要独立面对社会，不能永远依靠父母。有的子女长期以来形成对父母的依赖，这是需要尽快调整的。父母扶助子女，子女应该感恩，而且应该有语言或者行为上的表达，最简单的就是接受父母经济资助时，子女应该说声“谢谢”。父母帮助子女带孩子，情理上不能让父母再补贴伙食费用，子女可以在合适的时候，给父母买点适用的物品，或者带父母到附近走走，或者安排出去旅游等。这样一家人的关系就会比较融洽。

双方家长的平衡。 在经济资助和帮助带孩子方面，双方家长的付出肯定是不一样的。就经济资助来讲，经济宽裕的父母一方，自然可以多资助一点；经济紧张的父母一方，自然少资助或者不资助，没有严格比例规定。在带小孩方面也一样，具体看两家父母的情况。一般来说，男方的父母会主动多承担一点。因此，有的男方父母，有时觉得女方父母很少帮助带孩子，心里会有点不平衡。这时做子女的要多理解男方的父母，多说说亲热的话，也就很快过去了。当然，也有的女方喜欢自己的母亲帮助带孩子，特别是坐月子的时候，自己的母亲照顾比较周到，说话也随意一些，这也是可以理解的。主要是夫妻双方及双方父母多协商。

多个子女的平衡。 有的父母有多个子女，那么父母要做好多个子女之间的平衡。一般父母会端平一碗水，都是自己的亲生孩子，会一视同仁。父母心里也清楚，哪个子女困难一点，哪个子女需要多资助一点。主要是做子女的要认识到，父母的资助那是父母的心意，不要老是惦记父母的那点钱，要立足于自己。做父母的，要么经济资助情况不公开，子女之间没有攀比；要么理直气壮跟子女讲明理由，特别是子女知道经济资助的情况下。在帮助子女带小孩方面，也可以跟其他几个子女一起协调。当然，一些家庭的子女及其配偶的觉悟高一些，那就没有这方面的问题。

【链接】

小孩的抚养

对于上班族，养个小孩很不容易。孩子降生后，如何抚养，无非两条途径，一是请保姆护理，二是请父母看护。现在老年人有养老院，包括政府资助开办的养老院，但还没有社会化的育婴院，小孩上幼儿园之前只能放在家里照顾。

请保姆经常是短期的，而月嫂工资高，一般的家庭很难负担得起。同时还有许多顾虑，如找合意的人难等。细心、耐心、放心等很多东西是钱买不来的。

如果是父母照顾第三代，父母年纪大了，身体可能吃不消。这是客观存在的实际问题，做子女的要十分体谅，身体健康也是钱买不来的。生活中比较典型和普遍的情况，一种是父母能力特别强的，他们强调培养子女的独立性，一般不太愿意接手照顾第三代；还有一种是父母比较悠闲、平常不太愿意做事的，也不太愿意照顾小孩。遇到这种情况，就需要多做思想工作了。比较理想的情况是，双方父母轮流照顾小孩，每周各三天，各方都有休息的时间，周日由子女自己管孩子，但很多家庭客观上不具备这样的条件。

需要注意的是，父母与子女要在平和的气氛中充分沟通和协商。父母除了给予经济上的资助外，要多给予子女安慰、鼓励和帮助，提高子女的信心，在实践中逐步培养子女的独立性。子女也要关心、体谅父母的难处，关注父母的身体，多问寒问暖，有困难大家共同克服。

养育小孩是件最值得做的事情。小孩如雨后春笋，长得非常快，这也是双方父母所期望的。在这件事上子女和父母应该可以达成共识。

四、赡　养

孩子从生下来到长大成人，直到成家立业，父母就一直不停地为子女奉献。但是慢慢地，父母年纪大了，腿脚不那么灵活了，特别是到了 70 岁以后，也就需要子女照顾了。赡养父母是子女的义务，除了给予一般生活费用之外，重要的是子女对父母的关心和扶助。

(一)陪伴

陪伴是最好的爱。如同小孩一样,父母年纪大了,也需要有人陪伴。特别是只剩父亲或母亲一人的,更需要有人陪伴。

同住。现在子女都比较忙,有的父母年纪大了选择去养老院。也有的父母不愿意到养老院,认为自己有多个子女,去养老院会被人笑话,而且养老院也不一定都好,由于听了一些负面报道,所以选择留在自己家。当然也有一种"抱团养老",几个说得来的老人住在一起,相互有个照应。政府也在推"居家养老""日托养老""社区养老"等。父母上了年纪,最好是与子女同住,这样便于子女照料。父母是到儿子家还是到女儿家住,要看父母与子女的意愿,以及儿媳或女婿的态度。

走动。父母无论在养老院住,还是在自己家居住,或者以其他方式养老,子女都要经常走动,回家看看父母,陪父母聊聊天。父母住在兄弟家的,做子女的更要多去看看,不要只是在几个大节日才见个面,一起吃餐饭。有时间,可以把父母接过来小住几天,这样父母也可以在子女之间走动走动。另外,子女与父母同住的,饭后也要陪父母外出走走,使父母每日保持一定的活动量;遇到节假日,陪父母到附近走走看看,赶赶热闹,接触一些社会气息。对老年人来说,走路是最合适的运动,可以保持身体的协调、五脏六腑的运转和体内气血的流畅,增强体质。

出游。出游也是陪伴父母的一种方式。尽管父母已经过了70岁,在年纪还不是太大的时候,如果父母身体还可以,子女可视具体情况陪父母外出旅游。现在高铁方便了,一些线路的游玩也比较轻松。另外,有一些短距离的旅游,如一日游、二日游,都比较可行;还有一些采摘游,到果园看看,顺便采摘购买一些水果。子女可以带上小孩,一起外出旅游,这样可以一带两便,一大家子外出,其乐融融。外出旅游只是一种形式,不在于路途远近、风景是否秀丽,重要的是陪父母一起出去走走,接触自然和社会。

(二)饮食

饮食是人体获取赖以生存和维持生命必须物质的基本途径。老年人的日常饮食是一个问题,如果自己做饭,做多了吃不完,做少了又不够吃,而且一些老年人经历过灾荒年代，特别珍惜粮食，往往菜品单一、质量不高。因此，做子女的要特别关注父母的饮食。

均衡。①要保持食物种类的均衡，膳食结构应以谷类为主，肉类为辅，蔬菜为充，水果为助，并保持食物的多样性，包括主食、副食、蔬菜、水果都需要多样，避免偏食带来的身体问题。②要与季节保持均衡，自然界的果实与时节都是对应的，要按照季节调整食物，吃当季生产的瓜果蔬菜，不吃或少吃反季节的食物。③要与自己身体保持均衡，保持一定的饮食量和饮食规律，不要过饥、过饱，不要食无定时。

营养。①要保持基本营养，人体所必需的营养成分有五十多种，主要分为六大类，即碳水化合物（糖类）、脂肪、蛋白质、维生素、水和无机盐（矿物质）。其中蛋白质占有非常重要的地位，是生命的物质基础。人体的一切细胞、组织等主要是由蛋白质构成的，人体中许多与生命活动有关的活性物质，也是以蛋白质为主要成分。②要保持营养平衡，维持良好的饮食习惯，注意低油、低盐、低糖饮食，不要营养过剩或营养不良，每日需摄取一定的纤维素。营养过剩带来代谢失调，引起肥胖、高血压、心脏病等，同样营养不良也会带来正气亏虚、神疲乏力、抗病能力下降，这些都是疾病的根源。③营养要跟上季节变化，比如秋季，俗话说"一夏无病三分虚"，人体在伏天大量出汗，消耗了很多内在的精气，所以三伏过后容易秋乏，这时最重要的就是秋补。可以吃一些山药、莲藕、花生、百合粥和梨等，把之前的消耗补回来，这样秋后的各种小毛病自然就少了。

冷热。饮食的冷热有两个方面：一是食物本身的温度。食物不要过烫，食管黏膜比口腔黏膜娇嫩，吃到嘴里觉得烫的食物，咽下去就可能烫伤食管。受伤的食管反复被烫伤，来不及修复，就可能形成食管炎，慢慢发生癌变。食物也不要过冷，老年人肠胃虚弱，对食物的冷热比较敏感，不可吃过冷的食品。二是注意食物的性质，即寒性和热性的平衡问题。吃太多的"寒性"食品，易损脾胃阳气，可至寒湿内生，出现腹部冷痛、大便溏泻等；吃太多的"热性"食物，导致胃肠积热，身体容易"上火"，出现口渴、口臭、腹胀或便秘等。

（三）身体

老年人的身体逐步衰老，运动、平衡等机能逐步退化，对外界温度变化的敏感度变差，容易发生摔伤和疾病。同时，老年人身体常常会出现一些症状，需要及时到医院进行必要的治疗。

防摔。老年人最怕摔，加上很多老年人患骨质疏松，摔一跤容易发生骨折。由此带来住院、开刀、接骨、卧床，加上老年人身体恢复慢，如果不能尽快康复，就会引发一系列问题。因此如何防止老年人摔跤是每一个家庭应该做，而且能做到的事，这对年迈的父母是必要的、基本的保护。家中家具的摆放要方便走动，鞋子需要防滑，卫生间、厨房、阳台等有地砖的地方要保持干燥，浴缸或淋浴房要有防滑垫；雨雪天尽量不要外出，下雨后一些花岗岩地面非常滑，下雪后雨雪混合的地面、台阶就像浇了油一样，老年人是不适合走的。

温度。中医学中的人体外部病因，有风、寒、暑、湿、燥、火六种外感病邪，称为“六淫”，与季节和温度密切相关。①要根据气温及时加减衣服。颈部、腹部和肩膀都应根据气温变化保暖，春秋季节外出带一件外套，可以挡风和调节冷热；冬季湿冷天外出时，需要给老人加外套、帽子和围巾等，防止因冷风受凉。②要合理使用空调。一般采取自然通风，尽量少用空调，且室内外温差不要太大。即使在夏天，老人身体也要保持一定的出汗量，以排除体内的代谢物质。空调房比较干燥，特别是冬天的热空调会使老人头脑发昏、咽喉干痒，容易引起便秘、上火、咳嗽等症状。③要留意睡觉盖的被子。被子盖少了容易感冒、肚子着凉，盖多了也会“上火”、便秘，需要根据季节及时调整床单和被子。冬天，睡觉时最好还是用热水袋，比较安全和方便。需要注意的是，热水袋必须有外套，水也不能太烫，防止烫伤老人手脚。

看病。老年人多少都有一些疾病，需要到医院检查和治疗。上了年纪的老年人去医院，需要有人陪同，否则不但找不到窗口，身体也吃不消。这时最好是自己的子女陪同，子女对父母的身体、医院的环境情况、来去乘车的线路都熟悉。还有医疗费用的支付、结算、报销也需要子女来完成，这是其他人不能替代的。特别是一些心脏病、脑溢血等老年病，要及时送医院急救，更需要有子女在场。即使是在养老院或者医养一体化医院，一些紧急抢救也需要转到大医院或专业医院，也需要子女陪同。

五、守 护

父母到了80岁以后，身体可能一天不如一天。特别是每次生病住院，身体机能都有更加明显的下降，就需要子女的守护。

(一)护理

父母因疾病、外伤等各种原因，卧床或行动不便，需要专人护理。护理得好坏对父母的身体恢复有着直接的影响。在医院可以请护工，在家里也可以请保姆，但最好还是子女护理，或者说主要还是要靠子女。

专业知识。护理人员要有一定的护理专业知识。这些知识也不是很复杂，向医生或专业人士咨询一下，就能基本掌握。如定时翻身、按揉四肢，接屎接尿，擦身、换衣服，注意饮食、冷暖，观察服药后的感觉和反应，关注监视器一些参数，紧急情况时进行呼叫等。

明确中心。护理病人，一切应该以病人为中心，要照顾病人的感受和情绪。病人身体比较虚弱，如果护理人员嗓门很大，或者半开玩笑地说话，病人的感受肯定不好。重要的是，护理人员要明确自己的职责、定位，要关心、体谅病人，不要凌驾于病人之上。病人对药物有不良反应的，应及时向医生和护士提出，医生可以更换药物或加减药量，达到同样的治疗目的。在饮食方面，要照顾病人的口味，经常变换一些食品；定期给病人擦身、换衣服，在冬天要特别做好防寒保暖工作。

要用心做。护理父母需要用心去做：需要耐心，认真听父母说话，切实了解父母的想法和需求，有时父母为了少给子女添麻烦，不说或者很少说自己的需求；需要细心，要掌握好饮食的营养、温度，把握父母身体的微小变化；需要专心，父母的一些感觉和药物反应，需要专心对比才能体察出来。护理父母不能是做做样子，或者只安排保姆去做。保姆做和子女做，父母的感觉是不一样的。

(二)困难

父母到了行动不便、需要人护理的时期，就使子女面临许多困难。这些困难是需要子女想办法解决的，对于父母有多个子女的情况，还有一个合理安排分担的问题。

人手不够。父母需要护理时，总感到人手不够。有的是子女还要上班，手头工作一时放不下；有的是子女不在身边，紧急情况没有人照应；有的是父母要上医院，上楼下楼、打出租车有困难；有的在医院需要检查，挂号、付费、送单、排队、等结果都需要人手；有的虽然子女在身边，但子女只有一个，没有帮手，做事很困难。

距离较远。父母在自己家中接受护理的，可能子女家到父母家较远，有的还不是同一个城市，又不便接到一起居住，外地子女只能一个月回去一两次。父母在医院接受护理的，可能子女的家到医院较远，拿换洗衣服或送菜送饭，路上要花很多时间。即使是小县城，从家里到医院也有一段距离，医院与家两头难以兼顾。距离产生了很大的困难，尤其是刮风下雨或者严寒酷暑，如果还要携带物品和移动病人那就更难了。

安排分担。多子女的家庭，在守护父母方面有一个分担的问题，需要妥善安排。一般是已退休子女多照顾一些，在父母身边的子女多照顾一些；没有退休、在外地的子女肯定少照顾一些，但可以在资金方面多资助一点，常回家看看。父母年纪大了，每个子女都有照顾的义务，多一个子女就多一份照顾父母的力量。只要兄弟姐妹之间坦诚协商，做好具体详细的时间安排，大家分担、轮流照顾，问题都是能解决的。当然，有的兄弟姐妹之间也会出现一些攀比，加上儿媳妇、女婿的想法干扰，情况就比较复杂。如果每个子女都只替自己想、斤斤计较，那问题就比较难解决了。

(三)临终

老人真正需要抢救时，养老院、医养护一体化医院都不能解决问题，需要把老人送到大医院。临终有一个过程。

尊重老人想法。很多父母对自己的身后之事会有一些考虑，包括从哪里走，安葬在哪里，后事如何办。有的老人希望从自己居住的家里老去，不愿意从医院走。所以即使在医院抢救，只要能出院，父母就会催子女赶紧办理出院手续；那些从县城到大城市就医的老人，更是希望回到自己的出生地，从那里走。公墓的准备和后事的办理，也可以跟父母商量，听取他们的意见。当然这个话题有点敏感，思想开通的父母有时会自己提出来，子女也可以在父母身体还比较健康时，以讨论或征求意见的方式提出。

不过度治疗。老人对自己的身体有一定的感知，他们会体谅子女的处境，不愿过度加重子女的负担。在尊重父母想法的基础上，治疗原则方面可以达成一致的意见。总的原则是不过度治疗、不过度抢救，一般80岁以上老人不宜动大手术，否则不但身体恢复很慢，而且很难控制手术并发症，最好是在家里平静地走完最后的人生。

临终准备。神志清醒的老人，在临终前会提出与一些亲友，特别是老人年轻时一起生活过的亲友见见面，实际上是与亲友告别，也是老人对这个世界的最后交代。另外有关丧事的办理，子女可以请熟悉这方面的亲友帮忙，询问了解当地的风俗，掌握葬礼的主要流程，落实亲朋好友的通知、接待、用餐等，确定出殡、火化、安葬的日子和时辰。葬礼的事情非常多，需要早些做准备。

六、继　承

一般家庭的父母走了，留下的遗产不是很多，可能就是一套房子，加上少量的存款。有些城市的房子比较值钱，有些城市的房子行情差一些。父母留下了财产，就有如何继承的问题。

（一）偏见

有的父母，特别是年纪大的父母，内心比较倾向儿子，常常在财产安排上，给女儿的少，或者没有给女儿相应的份额，还是那个“女儿是嫁出去的”观念。老人存在这种偏见，有历史的原因，也有现实的原因。客观上男性在体力等生理方面优于女性，具有社会活动的天然优势，一些社会文化与习俗上会表现出重男轻女的思想。父母有这些想法也很自然，而且一时也难以改变。有的女儿也有偏见，认为已经出嫁，自己没有照顾父母的义务；或者认为既然父母看重儿子，财产都给了儿子，那么女儿也就没有赡养父母的义务。

（二）失衡

一是父母方面的失衡，父母根据自己与子女之间亲疏远近不同，即便同样是儿子或女儿，生前在财产分配时没有一碗水端平，分配不均匀带来家庭内部的纷争，有的甚至闹到法庭。二是子女方面的失衡，子女念念不忘父母的财产，而恰恰忘记自己的义务。当父亲或母亲一人亡故后，有的子女就急着提出财产分割。虽然法理上是可以分割死者的遗产，但在情理上站不住脚。此时分割财产不但造成父亲或母亲生活、经济上的困难，而且也造成了父母与子女之间的内心隔阂。

（三）规则

要摈弃养儿送终、传宗接代的重男轻女思想和其他一些偏见，在家庭财产继承方面应按照法律的有关规定，这样不仅有依据，而且公平合理。

子女在继承权方面实行男女平等。子女无论男女，都作为父母遗产的第一顺序继承人，继承遗产的份额一般应当均等。分配遗产时，应当照顾生活有特殊困难，同时缺乏劳动能力的继承人。对被继承人尽了主要扶养义务或者与被继承人共同生活的继承人，分配遗产时可以多分。有扶养能力和条件的继承人，不尽扶养义务的，应当不分或者少分。对于那些不属于继承人，但对被继承人扶养较多的人，可以分给他们适当的遗产。

此外，老人可以立遗嘱处分个人财产，并可以指定遗嘱执行人。老人通过立遗嘱，将个人财产指定由法定继承人的一人或者数人继承，这样可以减少子女之间为争夺遗产而产生的纷争。法律规定，继承开始后按照法定继承办理；有遗嘱的，按照遗嘱继承或者遗赠办理；有遗赠扶养协议的，按照协议办理。

七、大　家

在家与父母的关系中，父母有多子女的，就会涉及家与兄弟姐妹的关系。有时还会涉及小两口双方的父母和双方的兄弟姐妹，再远一点还会关系到爷爷奶奶和外公外婆。这里有个大家庭的关系处理问题。

(一)小家与大家

“小家”以婚姻关系为基础,包括小两口和未成家的第三代,是一个经济实体。“大家”是以血缘关系或姻亲关系为基础,是小家加上一方或双方的父母、兄弟姐妹及爷爷奶奶(继承法中的第一顺序和第二顺序)。大家中各成员在经济关系方面一般是松散的,主要通过父母这层关系联结。因在父母家一起成长,兄弟姐妹之间的关系是最近和最密切的。

由于关系到经济利益和一些权利义务,加上各个小家有不同的需求,并涉及不同的人,大家中的兄弟姐妹关系,有的处理得不是很好,或者很难处理好。或许是对良好的兄弟姐妹关系视而不见,许多人看到较多的是兄弟姐妹之间的争吵、反目。有些人可能自己也没有处理好这类关系,觉得兄弟姐妹多不见得带来好处。这甚至也成了不生二孩的理由。

大家中的关系,特别是兄弟姐妹之间关系的处理,是需要重视的问题。关系处理不好的原因是多方面的:社会发展了,客观上家庭的单元越来越小,小家的生存已经没有问题。主观上,作为父母对大家庭中相互关系的处理,或者没有意识到,或者对子女教育得不够;作为子女在自己的成长过程中,对大家庭的作用和关系的处理认识不到位;在处理涉及具体利益和权利义务的问题时,成员之间缺少坦诚、充分的沟通和协商,没有达成一致意见。

事实上,在子女没有成家,父母还是家庭决策重心时,就要教育子女处理好兄弟姐妹之间的关系,树立相帮相亲、团结一致解决困难的理念;到了子女成家后,子女各自成为决策重心时,还要用这种理念把兄弟姐妹凝聚在一起。特别是父母年纪大了,在大家庭中说话分量轻了,要靠大哥大姐把大家聚集在一起,否则大家庭成为一盘散沙,人多不解决问题,甚至制造出一些问题和矛盾,这是做父母不愿意看到的。

(二)互相帮助

俗话说“打虎需要亲兄弟,上阵还靠父子兵”,血缘关系基础上建立的信任关系,比社会中的其他关系更加稳定。良好的兄弟姐妹关系,可以带来许多便利和实质性利益:①互相联系,兄弟姐妹之间的交流和经验传授,可以保持对社会更大接触面,及时了解掌握经济、社会、文化、科技等信息,改变一些陈旧的观念。②互助照应，兄弟姐妹之间的人力、物力、财力支援，是常见的行为。比如一人生病住院，其他人帮助护理或提供协助；一人手头短时，其他人帮助通融部分资金。③共同分担，对各家的困难，兄弟姐妹之间可以共同分担。特别是照顾父母这种尽义务的事，能比较容易解决时间冲突、距离冲突相关问题，而且实际上常常是女儿在承担，在默默做贡献。

（三）互相谦让

建立良好的兄弟姐妹关系，最需要各自的实际行动。大哥大姐要关照到弟弟妹妹的实际情况和困难，在尽义务的事上，要带好头、做好榜样，要有吃苦和奉献精神。做弟弟妹妹的也要体谅大哥大姐的处境，有钱出钱、有力出力，要自觉承担自己应尽的义务。经济上的事，亲兄弟也要明算账，对于借款应有借有还；父母给予的财产或者继承父母的遗产，要在平等的基础上，保持公平合理，既能照顾困难的人，也能体恤贡献多的人。

（四）一致行动

“兄弟齐心，其利断金”，兄弟之间的合作和配合，可以把事情做得比较圆满。①共同的事，采用共同协商的方式，相互配合、共同完成。例如照顾重病住在医院的母亲，兄弟姐妹各轮流三个月，每天把饭食做成流质的，定时送餐到医院。②共同投资，配合完成投资渠道的寻找和选择，风险的评估与控制，资金的往来和结算等。投资方式可以是分别作为投资人，也可以是兄弟姐妹联合，以一人出面投资。③配合购房，一起了解房源信息，进行性价比较，分析选房要素，筹集购房资金等。例如余先生考虑为儿子准备婚房，但苦于信息和资金都不充足。余先生有六个姐妹，大姐知道后主动帮助收集房源信息，并提出房子的首付由几个姐妹解决，按揭款由余先生承担，这样余先生顺利购买了房子。后来，余先生收入增加了，还上了姐妹帮忙出的首付款。

第六章　家的重组和扩展

家庭的组成是多元的，除了因血缘关系组建起来的家庭之外，还有多种形式的重组家庭；家庭成员也可以是多种来源，除了因婚姻结合并共同生育子女之外，还有其他一些情形带来的新的家庭成员或准家庭成员。现今社会，离婚或丧偶的人重新组合家庭，或者老年人找老伴，已经是一种普遍现象。同时因重组家庭带来的继子女，因家庭收养形成的养子女，还有因月子育儿、照顾老人、疾病护理等需要而请来的保姆，与一般的家庭成员有所区别，可以归为家庭的扩展成员。

一、离婚重组

现在离婚已经比较常见，人们感到离婚是一件平常的事，好像风吹过一样，既不便多问，也不便发表意见。当然，离婚总不是一件什么好事，除了熟人、朋友之外，当事人尽可能降低影响，不会在外面多说。很多人离婚后，经过一段时间的心理调整，慢慢开始寻找另一半，试图重新组建家庭。

（一）心有创伤

离婚的人从破碎的家庭走出来，身心都受到了一定的创伤。离婚虽然是个人的事，但很多情况如果摆出来说，还是能够分出有过错和无过错的。法院在判决离婚案件时，也会照顾无过错一方。离婚确实给无过错一方带来更多的心理打击。常见的离婚主要原因有：

一方外遇。这是一种比较常见的情形，或者是办公室恋情，或者是出轨舞伴搭档，或者是暗恋同学，或者是出轨麻将玩伴。如果守不住道德底线，出轨也是必然的事情。

感情不和。有话不能好好说，坚持自我为中心，听不进对方的意见，遇事不能商量，总是拌嘴吵架，一方或双方赌气长期分居，感情难以弥合，容易导致离婚。

家暴虐待。有的人在家里搞一言堂，一人说了算，一不顺意就谩骂，甚至实施家庭暴力或者虐待。施暴一般男方多一些，也有的女方，除了对丈夫随意训斥外，还采用一些软暴力。

沾染恶习。有的人因交结一些不良朋友，沾染赌博、吸毒等恶习，而且屡教不改，导致赌债累累，家庭不能安生。

其他情形。包括生理缺陷、不能生育，以及与对方长辈关系处理不好等。

上述各种原因，有的是单独的，有的是相互交叉的。特别是有外遇的一方，会反过来说婚前了解不够，婚后双方性格不合，百般编造理由，采用各种手段，以求达到离婚的目的；也有的是沾染恶习，从小赌到大赌，在牌桌上搭在一起，越陷越深，以为找到真爱而闹离婚。

(二)情有所需

离婚者无论从自己内心感受和生活需要的角度，还是从社会世俗观念和人际关系的角度，都需要努力重建家园。同事朋友也会积极相帮、相助，促成离婚者实现再婚。

寻找希望。离婚虽然如同经历了一次死亡，但挺过来之后就是一种新生。离婚之后，生活还得继续，任何消极沮丧、自怨自艾都没有用。一切都从头开始，要振作起来，寻找新的希望。除了日常的生活工作之外，最重要的就是寻找另一半，这既是感情的需要，也是生活的需要，更是未来的需要。离婚的人年纪一般都大一点，情感方面已经成熟一些，主要心态是宁缺毋滥。同时，在单位业务中开始挑大梁，工作负荷相对比较重，找对象的事容易被耽搁。

避免世俗。离了婚的人，在部分人眼中有一种异样的感觉。如果这个人各方面都不错，条件也比较好，周围的人就会想，这样好的人为什么会离婚？如果这个人不准备再找对象，周围的人又会想，是不是有什么心理阴影或者身体有问题？离了婚的人有时难免会遇到一些世俗的眼光。

同事相助。有一些热心的同事，有成人之美之心，会主动关心离婚者的再婚问题。他们会推荐一些人选，介绍情况，联系会面，甚至请双方一起吃饭见面。有的领导、老乡、同学在暗暗相助，长期关注、广泛寻找，帮助牵线搭桥。根据对离婚者的了解，包括人品、能力、为人、经济条件等，周围的同事会留心，帮助推荐或介绍。

(三)存在困难

离婚者毕竟与未婚者有很大的区别，少了一些激情，多了一些经验，看问题更加现实。离婚者的选择范围更小，有的人还顾虑重重或者前后比较，重组家庭存在很多困难。

更加现实。在再婚问题上，离婚者更加现实。已经过了轰轰烈烈谈恋爱的年纪，也很难在自己身边发现合适的人选，所考虑的问题都比较具体。一般离婚者不会去找未婚的，因为离婚者和未婚者各方面差异较大；没有孩子的离婚者也不愿意找有孩子的结过婚的人，尽管孩子可能不跟随这一方。这两条杠之后，才是年龄、身高、职业、家庭等条件的比较。由于看重的是一些条件，或者只能看到某些条件，两个人的接触比较少，难以深入了解，发展比较缓慢，找不到感情的共鸣，离婚者要找到合适的对象也是比较难的。

财产独立。离婚者经历了感情波折，有了生活的经历，在找到合适的人选，准备再建家庭时，财产方面会比较独立。有的人考虑双方财产的多寡问题，不愿意将自己的财产进行混合；有的人考虑双方的消费习惯不一样，用钱和理财的方式不一样；有的人考虑对方带来孩子，教育方面的开支是一个无底洞。财产各自独立，这样相互关系处理比较简单，用钱比较自由；同时，必要时可以相互支援，在购房等重大事情上可以暂借或赠予，双方客客气气。

例外情况。因第三者离婚的，只要条件满足，有外遇一方的离婚者与第三者的结合一般是迫不及待，或者说本身就是在第三者的催促下离婚的。这种离婚重组不存在困难，本身是双方的目的，但是这种结合能否维持长久，是很难说的。因为一方作为第三者拆散了他人的家庭，另一方是不顾家庭责任坚持离婚，两者都缺乏应有的道德底线，是这种重组家庭可能面临的问题。

二、丧偶重组

社会上有些人因各种原因丧偶，他们曾经有过幸福的家庭或者已经有了孩子。丧偶的人如果短期内重新组建家庭，要比一般人曲折、困难一些。

（一）遭遇不幸

丧偶的人是从残缺的家庭走出来的，身心同样受到创伤。丧偶者曾经遭遇配偶死亡的打击，经历了迷惘、无助，有的还会出现情绪无法自控，甚至因抑郁而患病。常见的丧偶情况有：

因灾害死亡。地震、海啸、台风、洪水、泥石流等，属于不可抗拒的自然力量，会给人类带来巨大的灾难，造成大量的财产损失和人员伤亡。远的有唐山大地震，近的有汶川大地震，很多人在灾难中失去了生命。灾害带来的死亡，没有给人思考、选择、告别的时间，瞬间带走了一个鲜活的生命。活着的人都是幸存者，因而尤感生命宝贵。

因事故死亡。车祸、火灾、溺水等，以及企业生产过程的各种安全事故，也极易带来人员死亡和财产损失。例如发生在杭州的保姆纵火案，导致女主人和三个孩子窒息死亡。事故带来的死亡都是有原因的，可以找到责任者。如果是自己的责任，活着的人会自责、自省，吸取教训；如果是他人的责任，活着的人要维权，为死者讨一个说法。也有的人会想到“妻克夫”“子克父”的迷信说法，假借一个责任主体，作为发泄的对象。

因疾病死亡。有些人由于饮食、感染、环境、遗传等原因引起的疾病，经医治无效而死亡。例如，因环境中的甲醛严重超标污染，包括新装修的房子、新购买的车辆等，引发白血病或其他疾病，医治无效而导致死亡。因疾病死亡的，常常经历一个治疗、护理的过程，有时过程还相当长，需要付出大量的财力、物力和精力。活着的人有一个较长焦虑、痛苦的时期。

（二）心有所托

丧偶者对前配偶留有思念，是一个人的正常心理。但每个活着的人，都要更加珍惜生活。丧偶者如果重组家庭，需要妥善处理对前者的感情、与父母及子女的关系。

留有思念。丧偶者毕竟前段感情是良好的，自然会思念已经故去的前配偶。有些丧偶者常常留有已故配偶的遗物，或者是先前共同生活的照片，偶尔翻阅这些东西，在交谈中也会涉及先前的生活片段。这是一段难以抹去，也是不应抹去的记忆。

珍惜生活。丧偶者只要挺过来，一般会更加珍惜生活。他们看到了生命的脆弱和短暂，看到自己肩负的责任和使命，会更加努力工作和生活。特别是已经有了孩子，会倍加关心和爱护，因为这是家的未来和希望。有的丧偶者考虑孩子，担心孩子在新家庭的成长受影响，而选择单身，不再组建家庭。

关系处理。丧偶者如果准备重组家庭，需要处理好三方面关系：一是处理与已故配偶的关系，主要是思念和心中的地位，不能过多沉溺于先前的感情；二是处理与已故配偶父母的关系，应保持一定的日常来往，完成有关扶助，有条件的尽自己一份赡养义务；三是处理好与原有子女的关系，既不能过于宠爱孩子，任由其性子，而损害重组家庭的关系，也不能放手由原配偶的父母管理，冷落与子女的感情联系。

（三）特别情形

有一种特别的丧偶情形，就是原配偶被宣告死亡。宣告死亡是经申请，由法院判决做出的，相应被宣告死亡的人的民事权利能力终止。

宣告死亡的条件。法律规定，自然人下落不明满四年，或者因意外事件，下落不明满二年的，利害关系人可以向人民法院申请宣告该自然人死亡。因意外事件下落不明，经有关机关证明该自然人不可能生存的，申请宣告死亡不受二年时间的限制。

死亡的确定和撤销。被宣告死亡的人，人民法院宣告死亡的判决做出之日视为其死亡的日期；因意外事件下落不明宣告死亡的，意外事件发生之日视为其死亡的日期。被宣告死亡的人重新出现，经本人或者利害关系人申请，人民法院应当撤销死亡宣告。

对婚姻关系的影响。因下落不明或者因意外事件而被宣告死亡的人，其婚姻关系自死亡宣告之日起消灭。被宣告死亡的人重新出现，经人民法院撤销死亡宣告的，婚姻关系自撤销死亡宣告之日起自行恢复，但是其配偶已再婚或者向婚姻登记机关书面声明，不愿意恢复的除外。婚姻关系是一种特殊的人身关系，不是随死亡宣告的撤销而完全自行恢复。

三、老年重组

老年人重组家庭，也就是老年人的再婚，指的是一个人到了退休年龄之后，进入了一个新生活阶段，早年离异或丧偶的老人，重新考虑自己的感情生活，组建新的家庭。如今社会大环境越来越宽容，给老年人迈出再婚这一步创造了比以前相对宽松的舆论环境。

（一）情况复杂

再婚老人面对的情况比较复杂，老人年纪大了，很多观念已经固化，常常不能与子女的思想一致，同时再婚双方各有实际需求，还要面对财产处理的一些问题。

年龄较大。再婚老人年龄都比较大，绝大多数都有自己的子女，而且子女基本上都已独立生活或成家，对老人再婚，他们有自己的想法。而有的老人只考虑自己，不考虑子女感受，认为年轻人不能干预老人再婚和寻找幸福。老人和子女的思想不统一，可能带来很多后患。

再婚的老年人与对方的子女没有血缘关系，也没有共同生活的经历，年龄又相差很大，很难融洽相处。老人最好是在再婚前与对方子女多交流，听听他们的想法。如果等到婚后双方再进行沟通，相对来说晚了一些。

再婚老人之间相处，也是一个难点。因为年纪大，老年人的性格、习惯、口味都已经固定，甚至思维模式也已经定型。重组家庭不仅改变了原有的家庭结构，还可能要改变生活习惯。老年人情绪变化快，由于不能处理好生活中的各种事务，容易表现为激动、愤怒、悲伤或压抑。老年人再婚家庭，无论以何种形式存在，可能都有一些不太稳定的因素。

各有需要。老人选择再婚，情况是多种多样的，有各种内在需求。

情感需要。单身老人，特别是丧偶多年的老人，如果能找到合适的老伴共度晚年，感情上有了依托，确实是一件好事。对许多子女不在身边的独居老人来说，如果能找到一个人成就一段黄昏恋，或许能度过一个愉快的晚年。

陪伴需要。老年人最需要的是陪伴，陪他们唠唠嗑，说说身边发生的事，就算是坐在身边不说话，他们也是极开心的。陪伴对老年人来说极为重要，可以缓解失落感、孤独感、恐惧感、抑郁情绪等。

照顾需要。有的老年人独立生活能力差，想找个“保姆”型的老伴。这类情况主要是男性老年人，他们没有与子女住在一起，做饭、洗衣等基本生活都很难做好，希望有一个能操持家务又说得来的老伴，现实中有的再婚配偶本身就是从保姆过渡来的。

生活需要。有的老年人经济条件差一些，养老方面没有保障，希望找到一个经济方面还可以的老伴，为今后生活奠定基础。这类情况多数是女性老年人，她们希望趁年纪还不是太大的时候，在经济上找一个依靠。

少量财产。老年人一般或多或少有一些财产，多数老年人都有面积不大的住房，少量的存款，有的每月还有退休金收入。这既是老年人再婚后的生活保障，也是双方及子女的重要关注点。老年人要求自己对财产的实际控制，子女担心财产的无端流失。有的老年人或子女会提出，再婚双方事先通过协商，约定婚前、婚后财产的归属情况，或者通过财产公证等法律手段加以解决。对于涉及老人之间借款等经济问题时，应做好相应的法律手续，必要时进行公证，避免日后产生纠纷。

（二）相关问题

在现实生活中，看似美好的黄昏恋背后伴随着一系列问题。子女对于老人的再婚，在潜意识里有一种不愉快的情结，主要原因在于感情不易融合，担心财产处理方面吃亏和老人赡养方面增加负担等。近年来，因为财产纠纷、赡养老人、照顾儿孙等问题，导致黄昏恋离婚案件不断，不少老年情侣因为处理不当，最终劳燕分飞。

子女排斥。对于老年人再婚，子女在情感上天生存在隔阂和排斥情绪，很多子女明确表示不赞成老年人的再婚。老年人再婚涉及两个没有血缘关系的大家庭，老年人与对方子女接触不多，子女在感情上不太容易接受，一个安静的家庭往往再也没有往日的和谐。有时候子女们出于无奈，虽然嘴上不反对，但内心很矛盾。

财产问题。财产成为老年人再婚的一个大问题。一种是老年人常常把自己子女的财产利益放在首位，夫妻双方容易产生互不信任，导致再婚老人最终分手。一种是老年人优先考虑再婚老伴的财产利益，而子女顾虑自己的利益受到损失，并且担心由于是半路夫妻，老人容易上当受骗。因此，再婚家庭经常伴随着财产纠纷，有的是再婚老年配偶之间关于财产归属和处置的争议，也有的是再婚老年人与子女之间关于财产处置问题的纠纷。

赡养问题。老年人的赡养问题也是再婚中的一大拦路虎。尤其是在农村，由于家庭经济的原因，子女特别强烈反对老人再婚。有的甚至认为，老人给子女再找一个后爹或后妈，等于捡了个老人来孝敬，增加了子女的赡养负担。有的是儿子同意了，儿媳妇不同意，因为以后照顾老人担子太重了。

儿孙问题。子女都希望老人为自己照看孩子。但是，有的是因为老人再婚，需要与另一半一起生活、外出旅游等，影响照顾子女的孩子，子女很不乐意。老人因为要照顾自己子女的孩子，导致再婚另一半有意见，再婚老人为此而离婚，这种情况也较为常见。

(三)对等付出

老年人再婚的幸福，掌握在老人们自己的手中，唯有努力珍惜，唯有用心用情，唯有懂得付出，幸福才可能相伴。

双方付出。对于再婚家庭，双方老人都要努力付出。常常碰到的问题是一方要求对方付出更多，例如对于女方来说，希望男方及其子女来关心和照顾自己，但是过多地提出这种要求，女方自己又少有付出，男方心里会产生不平衡感。有些老人只考虑自己，只想维护自己的利益，经济上斤斤计较，平时对另一半缺少应有的关心，最终就容易导致感情破裂。双方付出长期不对等，必然成为再婚老人生活上的矛盾焦点。

如果想要和谐的再婚生活，双方的付出在一定程度上需要对等。除了老人之间的双方付出之外，在对待子女方面，切忌亲己疏彼的世俗之见。老年人再婚，双方子女在感情上都比较敏感，此类问题如果没有处理好，容易引起子女的反感，进而影响再婚老人的感情。在一方有困难时，双方老人也要一起想办法帮助解决。这样才能使婚姻长久，再婚老人才能共同安享晚年。

注重感情。大多数的老年人再婚前，认识对方的时间短，感情基础不扎实，某些老年人还带有一定的目的，婚后容易出现一些问题和矛盾。因此，要以感情为首要取舍因素，慎重选择，不能急于求成。双方老人婚前应彼此进行一些必要的观察，了解对方的思想、品德、作风、性格特点和习惯爱好等，对自己婚后幸福指数有一个基本的评估，再决定是否结合。

感情是维护婚姻关系的最主要纽带，要靠双方努力用心去经营。老年人再婚，很难像年轻人那样感情浓烈、爱意绵绵。正因如此，老年人再婚后，更要注意感情培养，要互相多沟通，求大同存小异，每遇到一件事情尽可能达成共识。要共同参加社会活动，发展共同的兴趣爱好，把生活圈扩大。同时，要注意感情的磨合，有宽容情怀，有谦让对方的雅量，要忠诚于对方，这样才能使两人的感情越来越好。

要与子女多沟通。沟通是相互的，再婚老人要多与子女沟通，子女也要主动与老人沟通。双方的子女要在生活和情感方面多关心老人，尽可能多陪伴老人，在经济条件允许的情况下，给予适当的照顾。这样子女与老人的关系就会比较融洽。

三个不变。经济因素是制约老人再婚的一个主要障碍。很多子女阻挠父母再婚，就是顾虑继父或者继母将来会分去一半的遗产。如何妥善处理财产与子女、老伴的关系问题，成为老年人再婚成功与否的关键。为此，可以考虑通过协商，双方及子女达成一致意见，落实三个不变：

第一，双方婚前财产所有权不变。第二，双方婚前财产继承权不变。第三，双方亲子关系不变。第一个不变，固定了老人婚前财产的状态；第二个不变，解决了子女对财产继承的顾虑；第三个不变，包括称呼不变、赡养关系不变、护理关系不变、养老送终关系不变，从而减轻了子女今后的负担。子女可以不赡养父母再婚的老伴，也没有护理继父、继母的义务。对于再婚老人婚后所形成的财产，夫妻之间有相互继承的权利，而继父母与继子女之间没有法定继承权，只有遗嘱继承权利。制定和遵循一定的规则，可以有效降低老人再婚后的离婚率，双方子女心理也得到了平衡，相互之间的关系也就容易处理了。

四、继子女

继子女是因生父或生母重组家庭，而成为新家庭的成员；生父或生母的再婚配偶成为继母或继父。继子女在社会上很普遍，只要是再婚，常常带来继子或继女，表现为继子女与继父母的一种特定关系。需要区分继子女尚未成人和已经独立两种不同情况，明确继子女与继父母之间常见的权利义务。

（一）尚未成人

尚未成人的继子女，随生父或生母的再婚来到新家庭。继子女会有一些情感反应，也会有自己的想法，但由于年龄较小，与继父母的心理隔阂不会很深。

生活依赖。继子女对新家庭有生活的依赖，年龄越小依赖性越大。继父或继母需要用一部分时间和精力来照顾继子女。如果是学龄前或是上小学，继父母需要帮助接送、辅导功课，多做一些家务劳动。

经济帮助。继子女的成长，有较多的费用，包括学杂费、培训费、服装费等，需要再婚家庭支出。毫无疑问，继父母应当给予继子女经济上的帮助。如果仅仅是一方的继子女，则要考虑再婚家庭收入和各项支出的平衡，作为生父母不能只顾自己的孩子，而不顾及家庭，作为继父母也不能太斤斤计较，不顾及继子女的实际需要；如果双方都有继子女，也要考虑整体的支出平衡，以及双方继子女之间的平衡。

教育问题。在继子女的教育问题上，由于继父母与继子之间没有血缘关系，不方便对继子女进行教育，而且轻重程度较难掌握。一般继子女知道自己与继父母之间不是亲生，心里也会有一定的隔阂，对继父母的教育只是表面顺从。因此，最好是由生父母自己教育孩子，继父母可做一些引导和提示。当然，如果继父母与继子女关系亲密，也可以教育继子女，但应以鼓励、表扬为主，少一些批评、限制和严格要求，话语也要平和一些。

特殊情况。离婚重组的家庭，由于生父和生母都要支付孩子的生活费、教育费，所以一般情况下，不存在继父母对继子女的经济帮助。如果生父母将自己的子女交给爷爷奶奶或外公外婆照看，生活方面也很少与继父母发生联系。这种情况下，在教育方面，继父母也只能是做一些引导和提示。

（二）已经独立

父母再婚时，已经独立的继子女会有自己的想法，与继父母的心理距离也会大一些。但既然也算是一家人，相互之间的关系还需要妥善处理。

已经工作。已经工作的继子女，有自己的工资收入，经济上已经独立，因此与继父母之间的关系也会疏远一些。一般继子女会尊重继父母，但由于不是经常在一起，双方交流也不是很多，大家客客气气。作为继父母应当关心继子女的工作生活情况，可以适当地询问了解，在工作经验、找对象等方面，为继子女提供一些信息和建议，

已经成家。已经成家的继子女，不但有自己的经济收入，而且还有自己的小家庭，因此关注自己的小家庭更多一些。小家庭也有许多琐碎的事，包括事业发展、家庭计划、外出旅游、人情来往等。小家庭有了孩子之后，他们希望生父母帮助看管，继父母应当给予支持，这是一个阶段性的事情。到了孩子上学不需要接送后，自然也就解脱了。如果生父母不能帮助自己的子女照看孩子，需要生父母把情况和理由告知自己的子女，以免对继父母产生不必要的误会。

提供帮助。对于已经到了成人年龄，但尚未工作的继子女，继父母可以给予一些经济的帮助，包括上大学的费用支出等。对已经工作或成家的继子女，一般不需要经济上的帮助，主要是给予一些生活建议或人力上的帮助。比如购房、装修方面提一些意见和建议，一起到装修市场挑选材料。一些重大的事项，继父母应当主动提供帮助。当然，继子女也要为继父母提供一些力所能及的帮助。

（三）权利义务

继父母与继子女之间的权利义务，根据继父母对未成年继子女的抚养教育，以及继父母与继子女之间有无扶养关系而不同。

抚养教育。在抚养教育方面，继父或继母与受其抚养教育的继子女之间的权利和义务，相当于亲生父母与子女的关系。即继父母对继子女有抚

养教育的义务,有保护和教育未成年继子女的权利和义务。

赡养扶助。在赡养扶助方面,继子女对抚养教育其长大的继父母有赡养和扶助的义务。如果继父母与继子女之间没有经历抚养教育的过程,则继子女对继父母也就没有赡养和扶助的义务。简单地说,有抚养才有赡养,或者说付出了抚养才能得到赡养,权利义务是对等的。

财产继承。在财产继承方面,有扶养关系的继父母与有扶养关系的继子女,可以作为第一顺序继承人相互继承。如果继父母没有扶养继子女或继子女没有赡养继父母,则根据权利义务对等的原则,没有扶养和赡养就没有继承权。

五、养子女

有的家庭没有生育能力,或者不愿意生育,同时又希望身边有个小孩,就会想办法去收养孩子。一个家庭收养孩子其实并不容易,除了收养法规定的条件之外,家庭的经济条件、环境以及教育等因素,对养子女的成长都有很大的影响。

(一)收养规定

国家制定了专门的收养法,法律对收养人、送养人、被收养人,以及签订协议、公证和登记等,都做出了规定。

收养人。收养人应当同时具备无子女,有抚养教育被收养人的能力,年满三十五周岁,只能收养一名子女等条件。收养孤儿或者残疾儿童可以不受收养人无子女和年满三十五周岁以及收养一名子女的限制。无配偶的男性收养女性的,收养人与被收养人的年龄应当相差四十周岁以上。有配偶者收养子女,必须夫妻共同收养。

送养人。符合条件的自然人、组织可以作送养人,包括孤儿的监护人,社会福利机构,以及有特殊困难无力抚养子女的生父母。生父或生母想要送养子女的,必须是生父母共同送养。

被收养人。年龄不满十四周岁的未成年人,包括丧失父母的孤儿,查找不到生父母的弃婴和儿童,生父母有特殊困难无力抚养的子女,可以作为被收养人。收养年满十周岁以上未成年人的，应当征得被收养人的同意。

协议和登记。收养人与送养人，必须出于双方自愿。双方应当依照法律规定的收养、送养条件，订立书面收养协议，并可以办理收养公证；收养人或者送养人一方要求办理收养公证的，应当办理收养公证。收养那些查找不到生父母的弃婴和儿童，或者社会福利机构抚养的孤儿，应当向民政部门登记。收养关系按照收养协议约定，或者经公证、登记成立。

（二）寻根情结

收养孩子的情况是各式各样的，年龄上有婴幼儿、少儿，途径上有送养、遗弃或者是孤儿，生理上有残疾的、健全的，来源上有明确的生父母或者福利机构作为送养人。除了收养旁系血亲的子女以外，一般收养人都不知道孩子的生父母。养子女与一般孩子的根本区别，就是与养父母之间没有血缘关系，由此带来一些不同的心理感受。

血缘关系。人类的血缘关系是非常神奇的，父母与亲生子女之间，尤其是父母亲手养大的孩子，相互之间存在天生的亲近感，有时会有一种心灵感应的感觉。血缘关系是由婚姻生育而产生的人际关系，如父母与子女的关系，兄弟姐妹关系，以及由此而派生的其他亲属关系，这是每个人先天的与生俱来的关系。血缘关系是社会的基本关系，是社会家庭组织的基础，在社会生产及人们的生活中发挥着重要作用。我国传统上一向重视血缘关系，并体现于家庭的各种活动中，特别是在广大农村，家族、宗族观念仍十分浓厚。

心理认亲。孩子在成长的过程中，血缘关系是最早认识和感受到的一种社会关系。当养子女感到或者得知自己与所处的家庭没有血缘关系时，心里会产生一种巨大的失落感，与养父母及其亲属之间的关系也就拉开了距离。不知自己生父母的养子女，会在心里默默思念；知道自己生父母的养子女，会千方百计寻找机会与生父母相见。养父母与养子女之间关系融洽的，养子女的这种思念表现得缓和一些；养父母与养子女之间关系不融洽的，或者养父母有自己孩子的，养子女内心对生父母的思念就会更加强烈。

缺乏自信。不管养父母如何对待养子女，养子女的思亲心结都难以解开。特别是机构送养的大一点的孩子，早就知道自己不是养父母亲生，内心会更加敏感。养子女总觉得自己不是家庭的正式成员，内心缺乏安全感和坚实的依靠，在处理家庭内外事务时常常会显露出自卑和胆小，与养父母的日常交流也会存在一些阻隔，时间长了可能带来一定沟通障碍。遇到一些困难或不顺心的事，常常缺乏应有的自信，不能妥善处理与养父母、兄弟姐妹及其他亲属之间的关系。因此对于养子女，需要格外关心，尤其是关心其心理的健康成长。

(三)关系可变

养子女与养父母之间的收养关系，在一些情况下是可以改变的，同时养子女与生父母及其他近亲属的关系也会随之改变。

关系成立。自收养关系成立后，养父母与养子女间的权利义务关系，等同于父母与子女的关系；养子女与养父母的近亲属间的关系，适用法律关于子女与父母的近亲属关系的规定。同时，养子女与生父母及其他近亲属间的权利义务关系，因收养关系的成立而消除。

保护权利。为了保护未成年人，收养人在被收养人成年以前，一般不得解除收养关系，除非收养人、送养人双方协议解除。养子女年满十周岁以上时，解除收养关系应当征得被收养人同意。收养人不履行抚养义务，有虐待、遗弃等侵害未成年养子女合法权益行为的，送养人有权要求解除养父母与养子女之间的收养关系。当养父母与成年养子女关系恶化、无法共同生活时，也可以协议解除收养关系。但成年养子女，对缺乏劳动能力又缺乏生活来源的养父母，应当给付生活费。

达成协议。当事人解除收养关系时应当达成书面协议。如果收养关系是经民政部门登记成立的，应当到民政部门办理解除收养关系的登记；如果收养关系是经公证证明的，应当到公证处办理解除收养关系的公证证明。不能达成协议的，可以向人民法院起诉。

关系恢复。收养关系解除后，养子女与养父母及其他近亲属间的权利义务关系即行消除，与生父母及其他近亲属间的权利义务关系自行恢复。但成年养子女与生父母及其他近亲属间的权利义务关系是否恢复，可以通过协商确定。

六、住家保姆

很多家庭都有请保姆的经历和体会。因为养育孩子、护理病人、照顾老人,需要请保姆到家里工作,保姆也就成为家庭的临时一员。东家与保姆之间的关系是一种特殊的劳务聘用关系。

(一)善意对待

保姆居住在东家,与东家朝夕相伴,双方相处如何,直接关系到保姆的工作效率以及东家的感受。一般来说,东家都会善意对待保姆,目的是使保姆能安心工作。

感情联络。保姆刚到东家,双方都有一个熟悉的过程,东家也会特别关照。有的东家把保姆当作客人来对待,为的是保姆能够尽快融入家庭,希望能像自家人一样没有拘束。不同东家的经济条件有差异,联络感情的方式和内容也有所不同,但都会注重感情方面的交流。有的东家会把多余的衣服送给保姆,减少保姆服装方面的支出;有的东家在过年时会给保姆一个红包,以表示对保姆工作的奖励;有的东家在保姆回家时,会让其带上一些礼物,体现感情联络。

平等对待。现今社会大家都比较开明,东家一般都会平等对待保姆,保姆不会受到歧视。保姆的工作主要是买菜做饭、拖地洗衣、做卫生、带小孩,很多时候是东家一起帮着做,或者东家起到示范、引导作用。在就餐方面,需要照顾小孩、病人的,一般东家都会请保姆先用餐,避免保姆吃剩菜,心里感到委屈;一般情况下,东家也会招呼保姆,大家一起上桌用餐。如果东家外出参加亲戚聚会,也会带上保姆一同参加宴席。

希望好报。有些东家也很替保姆考虑,包括对保姆家里遇到的困难,给予关心和支持,希望能帮助解决。在时间方面,带小孩和照顾病人的情况一般离不开人,照顾老人的时间比较有弹性。东家会请保姆出去走走,看看热闹,有的东家甚至让保姆带回一些副业来做。东家对保姆好,目的是希望保姆能好好照顾东家的小孩、病人或老人。当然在经济方面,多数东家不一定能给出很多钱,或者东家不希望通过加工资、送红包来提高保姆的工作积极性。

(二)不同心思

保姆的想法与东家显然不同,保姆出来干活,愿意付出自己的劳动,一般会尽可能做好工作,主要目的是取得经济报酬。相对于东家,保姆毕竟是外来的人,有其自己的考虑。

自己是外人。保姆大多是通过亲戚朋友介绍,或者是到家政公司请来的。保姆与东家素来不相识,没有共同生活经历,感到自己是一个外人。不管东家如何努力,双方始终存在隔阂,归根结底是两家人。因此有的保姆会感到拘束,站立坐卧都觉得有些不自在;有的保姆做事得过且过,不会主动多做一点家务;有的保姆心里早有其他打算,只是把东家当作临时客栈;也有的保姆不把自己当"外人",看电视坐在沙发最中间,有事情吩咐其他人去做,实际上还是把自己当外人。

目的是赚钱。保姆的目的是赚钱,其本身没有错,但是仅仅为了赚钱是远远不够的,是不能适应东家的要求的。保姆市场竞争不充分,虽然有很多家政公司,但从农村出来做保姆的人,有一定季节性。比如,每逢春节保姆都要回家,一般是过了正月十五才出来找工作。很多农村出来的,不识字、电话用不来,东家遇到一个认识阿拉伯数字、能打电话的,保姆就觉得自己很了不起,价格就要往上提。还有的做了一段时间保姆,就要求东家加工资,不然要到其他地方去做。东家觉得人熟悉了,做事也已经顺手,新来一个保姆还要教她如何做家务,想想还是加工资省事。保姆赚钱目的太明确,与东家的关系就会紧张起来。当然,也有的保姆不是为了赚钱,觉得在家里闲着没意思,出来做事可以打发时间,但这是很难遇到的极少数。

有些不自觉。保姆市场不规范,保姆素质参差不齐。保姆缺少应有的基本素质、职业操守和行为规范,很多新来的保姆不会做家务事。有的保姆经过短期培训,拿到一本培训证书,就可以称"金牌月嫂";在一家东家服务之后,获得一定的实践经验,就能开月嫂公司。有的保姆喜欢串联,在谈论中比较哪家工资高,谁的红包大,不想想自己在东家做的家务质量如何。有的保姆将朋友、亲戚带到东家串门,干扰东家的生活和休息。也有的保姆喧宾夺主,买菜不与东家的老人商量,买自己喜欢吃的,把东家当作自己的临时住所。还有网上晒出来的保姆虐待东家小孩、老人的视频,实在令人发指。

(三)需要管理

东家的愿望与保姆的追求之间有很大差距,这是客观存在的。东家与保姆的基本关系是:东家出钱,保姆干活;活要干好,才能给钱。在实际雇用保姆的过程中,双方需要不断磨合,东家需要掌握主动权,行使一定的管理权。很多人忽视了对保姆的管理,认为把保姆当作自家人,希望通过感化,能够促使保姆自觉,但实际上是不可能的。有的东家请来照顾老人的保姆之后,就什么都不管了,这样照顾老人的目的往往不能很好实现。管理保姆需要做好以下几个方面。

要求须明确。①谈清楚要求。在聘请保姆之前,双方需要说清楚工作范围、工作内容、工作要求,包括一些可能的工作,有的东家在请保姆时把工作内容说得含糊其辞或很简单,怕保姆不愿意来,会留下隐患。②可以做示范。保姆初到东家,人生地不熟,东家要耐心介绍需要做的家务,帮助保姆掌握要领和要求,特别是一些家电的使用,首先注意人身安全,其次是正确使用,对此东家可做一些示范。③确定相应标准。很多家务活,不同的要求就会有不同的结果,一些能够量化的家务尽量明确,比如卫生间如何保洁,抽水马桶如何清洗,每月做几次内务整理或者说是大扫除等。否则,就会越做越简单,污垢越结越厚。

安排要妥当。东家给保姆安排工作,也要有时间顺序等方面的适当考虑。①事务连接。很多事情是有先后顺序的,比如先到农贸市场还是先到超市,可以减少往返路程、提高效率。②时间选择。有的事情跟时间、天气关系密切,比如买菜的时间要早一点,拖地板需要选择天晴、湿度低的日子等。③具体布置。有的家务内容比较多,花费时间比较长,需要提前交代,让保姆有所准备。④必要的授权。一些小的家务活,可以让保姆自主处理,买菜方面一般是东家采购,这样比较容易掌握,东家有特殊情况无法前往的可以请保姆去买,但最好是明确买什么菜和多少数量。

监督应到位。东家对保姆的监督,听起来不是很顺耳,但确实有必要,是一种机制的设置。这种监督是灵活的、具体的、及时的,而不是生硬的、机械的、僵化的。监督主要应做好以下几点：

检查要具体。东家布置的工作，保姆需要按时做好。东家有必要检查工作的落实情况，对于拖延时间的，要问明原因，给予宽限期；对于没有达到质量要求的，可以要求再做一下。保姆感到东家在督促，也会自觉加以调整，提高责任心，这样就能把工作做得更好。对于看护孩子和老人的情况，必要时东家可以装设摄像头，以便及时了解家中情况，可以对保姆的工作提出意见和建议。

问题要指明。对于保姆已经完成的工作，东家发现达不到要求的，要及时向保姆指出，重点讲明是什么问题，明确具体的要求和标准。能够修正调整的，及时请保姆修正调整；不能修正调整的，要求保姆下次务必注意。东家语气要平和、态度要和善，切不可训人、骂人、指责人。如果保姆不小心用坏了家用电器，只要能修理的，也不是什么大事情。需要特别明确保姆不能在东家兼职副业，因为保姆兼职副业对东家的服务肯定有很大影响。出现保姆兼职副业或经常独自长时间外出的情况时，东家要及时指出、加以纠正，不要碍于面子。

家人要沟通。请了保姆之后，家人之间一定要有单独交流的时间，东家要了解保姆工作的真实情况。特别是对老人的照顾，要向老人了解保姆的工作态度和工作情况，有不当的地方应有机会让老人单独提出。这是很重要的，否则保姆随时都在旁边，老人为了照顾保姆的面子，或担心保姆对自己不利，而不敢直言。对老人反映的情况，东家也要本着解决问题的态度，选择适当的时间和机会核实清楚。特别要防止保姆当面一套背后一套，甚至挑拨家人之间的关系。

【链接】

聘请保姆的小经验

家庭聘请保姆是一件常见的事，也是一件大家公认的难事，东家聘请保姆常常有许多不顺心。保姆虽不是家庭成员，但每天与家人打成一片，类似家庭成员。从感情上我们应善待保姆，把其作为家庭一员来对待。但保姆的家庭背景、经历认知、为人处事、理解能力、照护水平、性格脾气等情况，东家不可能尽知，因此必须进行一定的管理。

1. 明确联系人。东家要确定一人作为联系人，明确待聘保姆的要求（年龄段、地域、习惯、文化水平）、中心任务以及管理要求；了解保姆出生地、风俗习惯、家庭情况以及身份信息等；保持对聘用保姆的重要事项联系，包括聘用、解聘，按月结算、支付工资等；不随意对保姆授权或支付其他费用；负责牵头协调、处理与聘请保姆有关的事务。联系人不宜多个，避免多头管理。

2. 明确工作要求。对保姆做出明确的工作指示，包括工作内容、工作要求、工作时间等，介绍家用电器等工器具的使用，协调家庭成员的作息时间。明确最基本要求，如不要把饭、菜、药烧焦，不要把衣服洗破，定期做卫生，包括整理房间、大扫除等。在时间、次数、程度等方面，能具体的尽量具体，便于执行。

3. 东家掌握主动。保姆由东家聘用，应由东家安排保姆的具体工作；保姆的核心任务是提供良好的照料；住家保姆是 24 小时在东家，按公历月结算工资，一般没有休息日；约定休息日的，休息时间应由东家安排为主，并由东家确定休息日是否需要照料，类似单位的加班。

4. 沟通反馈意见。保姆与东家双方存在文化、习惯差异，也存在认识、感知的差异；东家要多与保姆交流、沟通，让保姆尽可能理解工作要求，双方形成共同的认识；对保姆所做的工作，东家应采取一定的方式进行检查、检验，对工作质量不符合要求的，应及时提出意见和建议；要给保姆解释、说明的机会，但不能以保姆个人的想法为标准，保姆不应狡辩和自说自话、一意孤行。

5. 注意适当回避。家庭成员必须有单独交流的时间，保持基本信息互通，共同商量相关事务的处理及其步骤；保姆总会觉得自己是外人，其想法与家庭成员有所区别，有些事情或信息需要回避保姆，以避免出现无端的猜测和一些不愉快的感受。

6. 了解照顾对象。婴幼儿、病人、老年人都有一些自身的特点和特殊的需求，保姆了解照护对象才能更好开展照护工作。例如老年人的特点：(1)多数老人的情况是多话、多心、多病；(2)老人长期形成的生活习惯，主要是饮食和作息时间，不要轻易改变；(3)老人一般都较为节俭，这是一种习惯，并不是吝啬；(4)老人有自己的观念，喜欢以自己的标准衡量事物。针对老人的特点，保姆重点是照顾老人的生活起居，按时给老人服药，掌握老人的身体状况，以及服药后的感觉和反应等。

7.保姆注意事项。保姆务必注意用火、用气、用电安全，做饭、做菜、做卫生不清楚时要多看、多问；自觉回避东家的来客、来电，不干涉与服务无关的东家内部事务，不外传在东家获知的信息；保持东家的清静，注意保持卫生，不要在外面捡垃圾或在家里做副业，不要把保姆自家杂务带到东家；避免保姆、老乡、亲戚相互串门，不要攀比报酬待遇，更不要在背后对东家说三道四；服务方面，大的工作范围、内容和要求等按联系人指令执行，具体的服务应及时满足服务对象的实际需求。

8.终止服务协议。保姆家中有事或与东家不合拍，可以终止服务；东家原定的事务终结或不满意保姆的，也可以终止服务。终止服务的，应及时提出，双方可以进一步协商，安排好后续工作。对于确定终止服务的，至少有1—2天的缓冲过渡。终止服务后，联系人与保姆结清费用，保姆交还东家的钥匙。

东家与保姆之间，重点是联系人、服务对象和保姆三者关系的处理。保姆的服务过程是动态的，需要双方的协调和适应，也需要东家的管理。双方要加强交流、沟通，不断积累经验，逐步形成和谐的关系。只有这样，保姆才会干得舒心、称心，东家也会顺心、放心。

第七章　家与家族

家族是以血缘关系为基础而形成的社会组织，包括同一血缘的几辈人。家庭是组成家族的基本单位，家庭中的每个人一出生就属于其特定家族。不同的家族，按照其人丁的兴旺程度、规模的大小、成员的社会地位等，对社会产生不同的影响力。如孔子家族被誉为中华第一家，属于名门望族，对我国的历史文化和社会发展产生了深远的影响。

一、家族形成

家族是具有血缘关系的人组成的一个社会群体，是在人类长期的自然和社会活动中形成的，有其自身的历史过程和演变规律。家族随着社会的发展而发展，随着经济制度的变化而变化，并在新的时代下呈现出新的状态。

(一)历史成因

家族是伴随婚姻制度发展而逐渐形成的。人类在原始社会的杂居时期，不会形成家族。到了母系氏族时期，实行男从妻居的多偶通婚，世系以母系为准，形成了母系家族，氏族内部实行生产资料公有制，这时的家族是大家族。随着生产力的发展和生产方式的改变，到了父系氏族时期，实行女从夫居的多偶通婚，形成了父系大家族。但这时由于相对个体的生产方式，要求相对个体的婚姻，便有了专偶通婚的个体家庭，父系大家族中出现了若干父系小家族，最后发展成现在的一夫一妻婚姻制度。

在我国漫长的封建时期，曾经出现过许多父系家长制的大家族。他们聚族而居、守望相助，有族产、族规、族谱，家族事务由族长掌管。家道富裕而辈分高的族人也有一定发言权，族内组织常常与地方政权组织混成一体。不论大家族内部的小家族、个体家庭有多少，族人始终保持着强烈的“同姓一家族”的观念。

（二）主要基础

家庭是由夫妻关系和亲子关系构成的最小的社会生活单位，维持着人类社会最直接的延续。家庭成为家族存在的前提，也是组成家族的基本单位，在家庭的基础上形成家族体系。因此，家族是以婚姻和血缘关系结成的亲属集团，是一种社会群体组织。

家庭是缔结婚姻的结果，婚姻是产生家庭的前提。一夫一妻制度下，在婚姻的实施过程中，长期以来实行的是女子出嫁到男子的氏族中，与丈夫同居并生儿育女。婚姻的宗旨是维持父系社会的发展，延续父系家庭的繁衍，其结果是保证子女与父亲的直系血缘联系，保证了家庭的财产继承权由男系掌握。

家庭的经济水平以及家庭之间的经济关联，对家族的发展有着重要的影响。生产力的发展和生产工具的改进，带来了生产方式的改变，使劳动可以成为单个人的行动，人们的生存不再过分依赖群体。从而使父系大家族中的小家族或个体家庭，从封建的家长制下解放出来，形成了若干规模较小的家族，由较为单纯的血缘关系结合而成。可见在家族关系、家族规模、家族活动的演变过程中，家庭经济的自给能力起到了重要的基础作用。

（三）整体现状

在我国，随着科学技术的进步和思想观念的提升，尤其是改革开放以来经济社会的快速发展，从而在很大程度改变了家族存在的条件，家族的整体状况出现了明显的变化，家庭生存及个人活动都表现出许多新特点。

经济依赖减弱。社会的发展和经济制度的变革，推动社会生产力进一步解放，现在吃穿用产品琳琅满目、应有尽有，温饱问题已经基本解决，家庭和个人的自主程度正在迅速加深，家庭之间的相互依赖正在减弱。

活动范围扩大。户籍制度的放宽，使家庭的活动范围不断扩大，农村人口进城务工、做家政、开店经商，孩子读书、就业并在大城市落户，企业家扩大经营范围，把生意做到全国乃至世界各地。很多家庭由于务工、就业或经商，举家迁徙，远离故土。

独立性增强。在市场经济环境下，各家各户的独立意识不断强化，人们自我拼搏、自我提升、自我实现，以及自我管理、自我服务、自我调节，以个人为中心的思想进一步确立，并在家庭活动中发挥着极大的作用。

生活节奏更快。新鲜事物层出不穷，生活的便捷性不断增强，发达的通讯使远隔千里如同近在咫尺，高铁、飞机给人们出行带来便利，产品更新换代提速，人们的认识、思维、行动都处于一种快节奏的变化中，旧的观念、意识、物品不断被摈弃。生活节奏不断加快，使人感到自己总是赶不上时代。

家族观念淡化。当今社会，人们心中的家族观念正逐渐淡化，家族的范围进一步缩小，家族的凝聚力、影响力逐步减弱。特别是实行计划生育政策之后，家庭的人口更加单一，独生子女的家族意识更加淡薄。年轻人理解的家族概念一般是爷爷奶奶辈，上两代的旁系血亲已经很少来往。相对来说，农村家庭的家族观念比城市的家庭强，而一些活跃在市场上的人，也会比较注重家族关系，包括姻亲关系。

二、家族作用

尽管家族观念逐步淡化，家族的规模越来越小，且家族内部的活动也在减少，但家族成员之间的关系还是客观存在的。那种基于血缘的亲情关系，铭刻在人们骨子里，有时还发挥着非常重要的作用

(一)凝聚亲情

每个人的亲情都是独一无二的，也是用金钱买不来的；每个人的亲情都是特定的，根据辈分及养育关系区分远近亲疏。家族的基本作用，就是把家族成员紧密地联系起来，形成不可分割的团体。俗话说“同姓三分亲”，更何况家族成员存在清晰的世系辈分，并且有的人平常还保持亲情来往，参与共同的家族活动，体现家族凝聚亲情的作用。

(二)互利互助

家族成员之间的互利互助,是家族最直接的作用。在古代,家族负有维持共同生计的使命,即同吃、同住、同劳动的家族经济职能,用以提供一个家族物质生产与消费的保障,维持家族的延续和扩大;同时,履行管理、制约、调整内部成员行为的职能,维系家族成员间的融洽感情。在现代,虽然家族成员的经济相对独立,但成员之间可以提供信息、交流经验、协调行动,对有困难的家庭可以提供一定的人力、物力、财力支援,实现互利互助的目的。

(三)社会义务

在对外关系中,家族通过各种形式履行自身的社会义务。响应政府的号召,参与各种公益活动,相应地向社会提供适当的智力、财力支持,包括对社会上老、弱、病、残、孤、寡的扶养义务。家族对外所结成的错综复杂的社会关系,构成社会运行的十分重要机能,成为促进社会发展的纽带。家族对社会有一定的影响和制约作用,是社会的一个基本单位。

(四)延续传承

在民间,传宗接代、延续香火是最重要的事情,而这就是家族的延续和文化的传承。家族延续是家庭后代延续的最佳展现形式,家庭后代延续是家族延续的具体体现。因此,家族关心其成员的配偶、成家以及生儿育女等问题。家族成员主动问询,提供信息,并给予大力协助。文化的传承,是基于后代、教育、活动的一个完整体系。通过家族的各种活动,教育后代如何传承家族的优良文化。

(五)家族企业

家族企业是指以血缘关系为基础,以家庭的管理模式为特征的企业。在家族企业中,家长权威和家族亲情交织,一方面家长独断、权威、事必躬亲,另一方面又对企业成员施以亲情。企业把家族利益放在首位,追求家族的兴旺、发达和荣耀,个人利益服从家族群体利益。企业实行子承父业的世袭制,由儿子接替父辈的事业,不断提高家族的社会地位。

家族企业中，血缘关系是信赖的基础，信任只存在血亲关系之中，家族企业的领导者由创业者及其继承人担任，重要岗位由血缘、亲缘关系的近亲组成，一般岗位由远亲和朋友组成。血缘关系带来了凝聚力，特别是在企业创业初期，有血缘、亲缘等亲情关系的家族成员，在追求家族利益感召下，可以暂时放弃个人利益。大家不怕苦、不怕累，拧成一股绳，共谋企业的发展。

家族企业建立在家长权威的基础上，企业领导独断专行，决策效率高。家族成员担任着重要的管理岗位，家族利益和企业利益高度一致，大家为了共同的目标而努力，所以政令通达，容易协调各部门的关系。一般员工对企业管理人员心知肚明，抱着按老板的指示行事的心理，所以家族企业易于控制和管理。

家族企业把家族的作用发挥到了极致，是父系家长制大家族的现代版。家族企业以血缘为纽带，把亲情关系与经济关系有机地结合在一起，是一种很值得研究的社会现象，当然家族企业也有一些固有的不足方面。

三、家族文化

家族文化，一般是指以家族的存在与活动为基础，以家族的认同与强化为特征，注重家族延续与和谐，并强调个人服从整体的文化体系。家族文化是在家族多年的演变、发展过程中，不断积累形成的。在家族活动中，由最初的潜移默化到逐渐成形，经过漫长的积累、发展与传承，最终形成一套文化体系。家族文化对家族及其成员的生存发展，起到了明显的思想引领作用，现在还有很多人怀有强烈的家族观念，就是比较看重家族文化。

（一）家训家风

家训是家族成员的行为规范，是宗法、族规的核心价值和精神特质的体现，是通过长期的一系列约束而沉淀下来的文字记载。家训是指家族对子孙立身处世、持家治业的教诲，也是家庭规矩的重要组成部分，对个人的教养、做人原则都有着重要的约束。家训在中国由来已久，是中国传统文化的重要组成部分，在历史上对个人的修身、齐家发挥着重要的作用，同时对稳定社会秩序也有特定的功能。

《颜氏家训》是中华民族历史上第一部内容丰富、体系宏大的家训，号称“家训之祖”，历千余年而不佚，对后世产生了重要而深远的影响。浙江浦江郑义门的《郑氏规范》，内容详备，凡168则，历经三世修订、增补而成，是维持该庞大家族存续几百年的精神支柱和家法依据。《郑氏规范》核心意旨主要有三个方面，即敬祖尊长孝道、修身齐家治业和重义倡廉戒奢行善，内容涉及家庭成员的生活起居、家政管理、子孙教育、为人处世等具体方面，成为中国封建社会大家族家法规范的杰出代表。

家风与家训密切关联。家风作为一个家庭或家族共同认可的价值准则，是长期培育形成的一种文化和道德氛围，是家庭伦理和家庭美德的集中体现，有一种强大的感染力。家风是由父母或祖辈提倡并身体力行和言传身教，用以约束和规范家庭成员的风尚和作风。家风具有榜样性、社会性和传承性，是一种不必刻意教诫或传授，仅仅通过耳濡目染就能获得的精神气质，具有潜移默化的教育意义。家庭和家族共同倡导的家风有：讲究道德、诚实守信；重视学习、崇尚知识；勤俭持家、尊重劳动；家庭和睦、合理教子；尊老爱幼、邻里互助；等等。可见，家风是一个家族世代相传沿袭下来的家族文化风格，体现家族成员的精神风貌、道德品质、审美格调和整体气质。家风对家族的传承和民族的发展都有着重要的影响。

(二)宗族家谱

家谱是本族世系和重要人物事迹等内容的文字记录。许多家族都有修编家谱的历史，每隔几十年就有族人发起重新修编家谱的倡议，制定修编方案，包括组织修编委员会，确定主要框架和基本原则，明确基本格式、篇章结构，资金筹集、使用、监督等，把家族中的一些新成员、新事件等编写到家谱中。特别是现在，生活条件好了之后，族人修编家谱的积极性比较高。

在许多家谱中都有极为详细的家族制度资料，如家族的组织系统、家族的财产管理、家族的赈济方法等，反映家族在社会中的地位、作用，以及家族的组织形式、管理方法等。家谱的中心部分是家族人口的世系传承，在家谱的“房派图”“支派分布图”“迁徙图”“先世考”“世系图”以及家谱的一些序跋中，记录了家族人口的数量、迁徙、分布、婚姻状况等情况。家谱记录家族的世系，主要以同一父系家族的成员为主，即记录男性家族成员、配偶及子女；

女性家族成员只记录其出生，一般不记录配偶及其子女。

传略是家谱中重要人物的事迹记录，是家族文化的重要组成部分。一般请本族有影响的人士撰写，记录某人物的经历过程、事迹特点、精神内涵，文章凝练、隽秀，文字精简、朴实，内容生动、感人。人物事迹是家族精神的集中体现，也是家族文化的文字传承，有利于家族成员了解家族的发展历史，把握家族精神文化的核心内涵。

（三）礼仪习俗

家族文化还包括家族礼仪、家族称谓、家族习俗等。家族礼仪主要体现在婚、丧、祭祀等活动中。在古代，人生历程中最重要的就是加冠、结婚、丧葬、祭祀四件大事，这方面的礼仪是当时的家庭和家族所要践行的最重要的礼仪。通过这些礼仪活动，把家族成员凝聚起来，传递家族的共同价值观念，培育家族成员间的亲情和认同感；同时，使家族成员进一步明确自己的身份地位，以及在家族活动中所要遵循的行为规范。

家族礼仪不仅代代相承，而且也结合社会时代的实际不断演化。在践行各种家族礼仪时，往往受到地方风俗的影响，家族陆续纂修本族的族谱，兴建本族的宗祠，并制订本族的宗祠祭礼。这些宗祠礼仪，以及在家族墓地举行的祭礼礼仪等，无疑也成了传统家族礼仪的组成部分。

此外，家族中的称谓也有严格的规定，并且对家族成员有明确的辈分划分，以及与身份等级相应的礼节，体现家族内部管理层次和组织运作机制。家族习俗很多都表现出区域性的特点，比如清明踏青、扫墓、祭祖，端午门前挂青蒿、菖蒲，喝雄黄酒，吃粽子等。到现今，很多家族习俗已经逐步演变为全国性民族风俗。

四、祭祀祖先

祭祀祖先是一项重要的民俗活动，表达对祖先的崇敬、怀念和希冀，逢年过节时后辈们没有忘记祖先。因各地礼俗的不同，祭祀形式也各异，但对祭祀祖先的重视程度是相同的，成为中国特色礼仪之一。

(一)祭祀活动

祭祀是从祖辈流传下来的一种传统,在老一辈人的观念里已经是根深蒂固了。从时间方面看,春节、清明节、中元节、重阳节是我国传统的祭祖节日,有的地方在冬至节也要进行祭祀;从地点方面看,主要是在族人祠堂、祖先墓地以及家庭;从人群方面看,有家族祭祀和家庭祭祀等。祭献礼仪具体视各地的风俗而定。

家族祭祀。每逢除夕,许多家族在族人祠堂举行祭祀,由同一姓氏宗族人员参加,仪式较为隆重。除夕祭祖是我国流传至今的传统风俗之一,一方面是源于“百善孝为先”和“慎终追远”的传统观念,在辞旧迎新之际对祖宗先辈表示孝敬之意和表达怀念之情;另一方面是由于人们深信祖先神灵可以保佑子孙后代,使子孙后代兴旺发达。这一传统习俗代代相传,人们每逢除夕举行祭祀仪式,感恩追始,祈求保佑。

家庭祭祀。以家庭为单位进行祭祀是最常见,也最主要的祭祀活动。家庭祭祀的场面较小,但次数会多一些。传统上,在除夕,家庭一般都在吃年夜饭之前,在家中将祖先牌位依次摆在正厅,供奉美酒佳肴,陈列各种供品,然后按长幼的顺序上香跪拜。在城市,家庭空间比较狭小,也不一定有祖先神龛,一般只在餐桌上摆好供品后,由家长燃香邀请祖先入席,并在门口烧一些纸钱。此外,在中元节、重阳节、冬至节等,一些家庭也会采用较为简单的方式对祖先进行祭拜。

清明祭祀。清明祭祀的民俗已有数千年,具有深刻的传统意义。清明节是中国的传统节日,也是最重要的祭祀节日之一,为此国家将清明设为法定节日。清明祭祀在祖先墓地进行,先砍去坟墓上的树枝,锄去杂草,再给坟墓培土。然后摆好供品,在南方,菜品包括笋、青菜、香干、肉块、米饭或清明团子等,并斟上酒;还要为左后方的土地爷摆一份供品。清明祭祀已经成为全国性的民俗活动。

(二)祭祀目的

祭祀活动不仅仅是一种仪式,而且也有相应的现实作用。祭祀除了怀念祖先和向祖先祈福之外,还能给人以安慰,并且可以实现亲友相聚。

祈福。按照传统观念，自己的祖先和天、地、神一样，是应该认真顶礼膜拜的。因为列祖列宗的在天之灵，时刻关心和注视着后代的子孙们，尘世的人要通过祭祀来向他们祈求庇护和报答保佑。在各种祭祀现场，后辈们举着香跪拜祖先，祈求祖先保佑平安、健康，儿孙学业有成、人丁兴旺，家中有孩子高考、中考的，家长会请求保佑孩子能考个好学校。

相聚。现代家庭越来越小，子女工作、就业也常常在异地，亲戚之间平常很少走动，家族成员也渐渐疏远。每年的祭祀活动，也就提供了一次很好的相聚机会，可以联络族人、互通信息。远房亲戚见个面，问个平安，拉拉家常。清明节在仲春与暮春之交，又叫踏青节，旧俗当天有扫墓、踏青、插柳等活动。清明节的祭祖和扫墓，是任何家庭都不会缺省的，很多人要从外地赶回故乡，到亲人的墓地祭拜。清明前后出现高铁、公路的客流高峰，许多城市还开通了扫墓公交专线。山上形形色色的装点，山下熙熙攘攘的人流，店铺里各式各样的祭品，汇集成独具特色的景观。

缅怀。亲戚相见，最主要的还是回顾过往，尤其是回忆祖先们的迁徙历程、艰苦打拼、养育后代，以及对家族和社会做出的贡献。怀念祖先给予的亲情关怀，感恩祖先的无私奉献，表达继承祖先遗志的心愿。有的家族祭祀，场面比较宏大，仪式比较隆重，显示家族人丁兴旺，参加的人员还可以得到红包和纪念品，留下一些念想。祭祀彰显的是一种血脉传承和责任，站在祖先的坟墓前，才清楚地知道自己从哪里来，还可以思考向何处去。祖先是每个人的根，是融入血脉的眷念，是内心的精神寄托。树高千丈、枝繁叶茂，扎向大地的根只有一处。没有根，就没有树；没有根，就不会开枝散叶；没有根，就像浮萍一样到处漂流。

安慰。在中国人的传统观念里，祖先的坟墓能影响子孙的兴衰，故在下葬时，大都聘请风水先生，仔细勘察地理风水。坊间常常有关于坟地的传说，某某家坟地风水好，后辈人丁兴旺，出了许多读书、做官的人；某某家的坟地风水不好或是下葬的时辰不对，后来家族中出了一些不顺心的事等等。这些传说，有时看起来还有那么一点意思。所以，长辈们对于祭祀都是非常认真、严肃、恭敬的。有些人相信坟地的风水，每年都会带上自己小孩参加祭祀，有的还要争取第一个祭祀，认为风水可以传到后代。中国人是认祖宗的民族，古人信佛、信祖宗、信神明，相信祭祀能获得风水的福荫，从而给自己带来很大的心灵安慰。

(三)祭祀意义

缅怀自己的祖先,可以激励后人。祭祀祖先具有良好的教化功能,有助于培养家族成员的品德,加强成员之间的团结,维护社会的稳定。祭祀对一个人的观念意识以及个人成长,有着特定的意义,而且有些作用是潜移默化的。

保持敬畏之心。无论从唯物的角度,还是从唯心角度,人都应该保持敬畏之心。每个人对于自己的祖先,应该怀有敬畏之心;对于自然,应该怀有敬畏之心;对于法律,应该怀有敬畏之心。有了敬畏之心,才能有所顾忌,才能谨慎行事,才能取得成功。我们常说的"人在做,天在看",就是怀有敬畏之心,有着心中的尺度,有着基本的自觉。

传承家族文化。每个家族的繁衍,都会形成一些习俗、仪规,以及核心的价值取向,并逐步成为一种家族文化。家族中的一个个真实故事,是祖先的亲身经历,都是鲜活生动的教材。祭祀就是对家族文化的一个很好的传承,通过回顾发展历史、重温往事历程、讲解世事变迁,容易使族人从中得到家族文化的熏陶,可以加深家族内部的感情,增强家族的凝聚力。

做好道德功课。心中有祖先,就会想到做事要凭良心,做人要对得起祖宗。人不是活一时,而是活一世,要做一个好人,做一个有益于人民、有益于社会的人。如果做了恶行,违反社会人伦道德,是得不到祖宗认可的。清明祭祀,更象征着一种精神,教给你做人的道理。清洁、清廉、清净,无非一个清白;明事、明礼、明法,无非一个明白。清白明白之人,才有清风拂面涤心,才有明月皎洁般的真善美。

修复家庭秩序。家庭秩序是很重要的,但有些人可能没有意识到。长者为先、尊老爱幼、孝顺父母,这些规则很简单,也都很重要。许多难解的是非、困惑,一放到这些规则面前就可以得以缓释,作为父母该做什么,作为儿女该做什么,一切皆明白无误。通过祭祀活动,可以在潜意识层面建立或者强化这种秩序意识。

协调与社会的关系。积极参与祭祀的人,虽然不能保证其百分百地事事顺心,但是不敬重祖先、自以为是的人一定会与现实格格不入,在社会上处处受阻。有些孩子读书好、有出息,长辈们就说那是应承了祖先的风水,好像理所当然。事实上，可能是这些孩子接触的族人多，无意间有更多机会了解人情世故，更贴近社会生活实际，并知晓自身血脉的延续，体味责任、礼仪和感恩，传承了家族的好传统，再加上自身的努力和感悟，才取得好的结果。很显然，这也是一个潜移默化的过程，在身体力行的祭祀活动中，懂得生命一代代传承的使命，比言传百遍千遍更加有效。

第八章　家与社会

家庭存在于社会，家庭与社会的关系是一个非常重要的关系。从社会的起源，可以看到家庭和个人的生物属性，社会分工、交换的必然要求，以及社会的多元发展。社会为家庭提供生活和生产条件，家庭为社会提供劳动和智力，家庭与社会相互作用、同步发展。家庭和个人主要通过具体的人和事与社会发生联系，不能脱离社会存在，具有明显的社会属性。家庭和个人要充分认识这种属性，积极参与社会共建，推动社会共同进步。此外，只有主动融入社会，才能使家庭和个人得到更好的发展。

一、社会起源

社会的产生和发展有其自身特定的规律。人类社会是由低等生物经过漫长的进化而来的，带有自身的生物属性；同时人类逐步演变为高等动物，创造了自身的文明，促进了人类社会的发展。社会分工带来了生产力快速提升，带动社会文化的多元发展。当今时代，科学技术突飞猛进，社会更加多元化，进一步促进了社会的文明和进步。

（一）生物属性

人类社会的起源，可以追溯到远古时代。从细胞群体，到动物群体，再到人类群体，都带有明显的生物属性。

细胞群体。地球上出现单细胞后，一些单细胞逐渐形成细胞群落。随着群落内部的发展，分工逐渐明确，并逐渐产生了多细胞生物。多细胞生物本身就是一种细胞集群。之后，这些多细胞生物逐步进化，其中有些进化为强大的掠食者,而那些进化为小型的容易被掠食的生物,为了躲避、迷惑掠食者,以及更好地生存、繁衍,形成了一个个多细胞生物群体。

动物群体。地球上出现动物以后,延续了多细胞生物的群体属性。动物们为了躲避掠食者,寻求更好的生存环境,得到更多的食物和水源,在自然进化中形成群体。随着这些群体内部等级和分工的逐步明确,母子关系和配偶关系也为形成动物群体助力。群体中个体行为的基本规则,是互不冲突、互不损害,具有互助性和利他性,有利于群体的生存和发展。

人类群体。人类是杂食性动物,继承了生物的基本属性,从一开始就过着群体生活。群体生活可以大大增加生存能力,包括对抗猛兽的侵袭,抵御各种自然灾害,开展狩猎、采摘、种植、养殖等生产活动,以及人类自身的种族繁衍。生产活动使人类渐渐形成原始部落,并因环境影响而迁居或定居,慢慢养成共同的生活方式,进而演变出语言、文字,形成独特的部落文化。部落之间的相互联系、相互影响,逐渐形成了生活圈、文化圈。当这些部落群变得人数众多时,就会在某个地方定居,建立起一个聚居区,并有了共同的生活习俗。

社会是人们交互作用的产物。在特定环境下共同生活的人群,具有独特的文化和风俗习惯,能够长久维持一种相互依存的关系,从而形成社会。社会是以一定的物质生产活动为基础而相互联系的人类生活共同体,物质资料的生产是社会存在和发展的基本条件,也是人类社会与动物群体的根本区别。人类最主要的社会关系包括家庭关系、共同文化以及传统习俗。家庭是社会最基本的细胞,是最重要、最基本、最核心的经济组织。社会是一种历史现象,按照它本身所固有的规律向前发展变化。

(二)分工合作

人类的群体生活是自然的选择,同时也带来社会分工;分工的发展,剩余产品的出现,形成了产品交换。在社会分工和产品交换的条件下,生产力得到快速发展,社会经济单位之间的依赖和相互作用进一步增强。

社会分工。分工产生于群居生活,为群居动物所特有。人类社会为了使群体能更好地生存下去,需要提高各种活动的效率,因而产生了分工,最早的分工是自然分工。随着生产力的发展,在自然分工的基础上,逐步形成了社会分工。在早期的人类历史上,就有三次社会大分工,即畜牧业与农业的分离,手工业与农业的分离,以及出现专门经营商品买卖的商人。人类社会分工的优势,是让擅长的人做自己擅长的事情,使平均社会劳动时间大大缩短,生产效率显著提高。

社会交换。社会分工是劳动的社会划分,使各种劳动独立化、专业化。社会分工是人类社会的标志之一,也是出现产品交换的前提。社会分工的产生和发展,使各个生产者专门从事某种产品的生产。生产者或经济单位之间,彼此都需要对方的产品作为生产资料或生活资料,从而产生了相互交换产品的必要。随着生产力的进一步发展,社会上出现了专门用于交换的产品,即商品。因此,对于人类而言,没有社会分工也就没有商品交换,市场经济也就无从谈起。社会分工是商品经济产生的一般前提条件,或者说市场经济是社会分工的必然产物。

社会依存。社会是一个整体。社会分工是超越一个经济单位的社会范围的生产分工,在社会生产过程中逐渐出现具有某些相互依赖关系的生产部门,包括社会生产分为农业、工业等部门,并且这些部门可以再分为重工业、轻工业、种植业、畜牧业等产业或行业。在社会分工的条件下,社会的物质生产有赖于各产业、各行业的密切协作、相互配合。与此同时,社会分工下产生的固定职业,比如农民、手工业者、工人、商人等,这些劳动者一生可能只从事一项工作。个体劳动者为维持家庭生计,在生产和生活上与社会、行业以及其他个体,形成更加密切的相互依存的关系。

(三)多元发展

社会发展带有时代特征。人类社会经过几千年的文明历史,到现在已经发展为多元社会。社会有多种行业、多种主体、多种需求,社会结构趋于多元。文化服务于社会,随社会的发展而发展,并逐步形成复杂社会背景下的多元文化。多元社会提供更多的生存资源,家庭和个人有了更多的选择,也可以得到多元的发展。

结构多元。社会分工带来了生产力的不断进步,物质生产的丰富,使得一部分人完全摆脱了体力劳动,专门从事生产监督、社会管理,以及科学、艺术、教育、宗教等活动,从而促进社会整体结构更加完善。经过长期的发展,社会已经多元化，表现为：主体多元，包括政府部门、企事业单位、社会团体、各类机构，以及个体经营户；产业多元，除了传统的第一产业、第二产业之外，第三产业蓬勃发展，包括科研开发、金融保险、数字经济、教育培训、仓储物流、家政服务、养老健康等；层次多元，从社区到街道，从乡镇到省市，都有各类主体相应的体现。多元社会中，不同民族、宗教或社会群体间相互尊重和容纳，在一个共同文明体或共同社会的框架下，持续并自主地参与发展自有传统文化或群体利益。多元结构是现代社会的最重要特征之一，也是科学、社会、经济等发展的关键性推动力量。

文化多元。社会发展过程中，我国文化实现了多元发展，在继承中华民族优秀文化的基础上，兼收并蓄其他国家或民族的优秀文化，从而形成以本国文化为主，外来文化为辅的百花齐放、百家争鸣局面。在多元的社会文化中，各种文化都有平等的生存权利和发展空间，互相之间平等共处、和谐发展；社会成员互相包容、彼此尊重，任何人不论年龄、性别、民族、宗教等，不会受到歧视或差别对待，其信仰、习俗、思维以及意见和观点都能得到尊重。虽然文化是多元的，但整个社会的自由、平等、公正、法治等主流价值观是统一的，并不是没有是非标准、没有秩序的。

选择多元。多元社会存在多种运行机制，包括经济体制、经济模式多元，社会劳动、医疗保障体制多元，社会教育、就业体制多元等等。当今社会已经进入信息时代，社会科技信息越来越发达，技术进步和更新日益加快，各行各业发展均面临着不同的机遇和挑战，新的产业将层出不穷。在这样的背景下，要求各种不同的要素服务于社会的多元发展，经济单位和个人有多种机会和选择，社会进一步走向民主和法治。对于家庭和个人而言，专业发展、职业选择、工作条件、生活居住等，都有更加广阔的空间和选择的余地。当然，家庭和个人对社会的依存也进一步增加，社会属性也进一步显现。

二、家与友人

家庭与社会的联系，主要通过其成员的活动。家庭成员平常接触到的同学、同事、老乡、朋友以及邻居、熟人，是家庭联系社会的最直接、最主要的主体。通过与这些人的交往,完成家庭成员的工作、生活等具体事务。

(一)同学、同事

同学、同事是特定时间、特定地点一起学习、工作的人。每个人都有自己的同学和同事,这是一笔非常宝贵的财富。同学、同事之间的脾气秉性相熟,成长经历相似,有较高的相知度和亲密感。

同学。同学,又称同窗,是指曾经在同一时间一起学习的人,主要是同班级或同年级的学员。一般而言,同学友谊比较纯朴,由于没有重大的利益冲突,不少人与同学成为好友,甚至知己、密友。尤其是青少年时期的同学,如高中、初中的同学,会感到特别的亲切。同学之间承载着青葱的岁月,流动着青春的往事,用心与心的交流,交织成一片真情。同学情始终伴随着人的一生,是一生中的宝贵财富。无论世事如何改变,无论经过多少风雨,永远不变的是同学情。有的同学情发展成了爱情,延续成了亲情。同学之间有事可以直言,需要帮忙时只要喊一声,无须客套、无须铺垫,可以为家庭提供许多的便利和帮助。

同事。同事,是指在同一单位工作的人。做同事是一种缘分,能够一起共事也非常难得。有的人每天朝九晚五,与同事相处的时间比与自己家人的时间还长,与同事说的话比对父母说的话还多。工作中遇到的问题,可以向同事请教;生活中碰到的困难,可以请同事帮助解决。年长的同事社会经验相对丰富,可以提供工作生活方面的一些咨询。同事可以亦师亦友,是人生的一大资源。当然,由于在同一单位,同事之间存在潜在的利益冲突,如何和谐相处显得非常重要。最基本的要求是:注意礼仪,办公室内不要大声嚷嚷;要有担当,不要牢骚太多;参与群体,不要离群索居;放弃虚荣,不要逢迎拍马;做好清洁,保持良好环境。

在职场中与同事相处是一个门学问。要与同事建立亲密的友谊关系,成为工作和生活上的朋友,需要从点滴做起:职责工作不要推诿,自我表现别过分,敢于承认自己的错误,有好处要想到同事,别人成果不要争,相互帮助、共同进退。很多深厚的友谊都是从同事之情开始培养的,与同事建立一种亲人般的关系,对大家有很大的帮助。良好的同事关系,有利于共同联手、克服难题,顺利完成工作任务;也可以相互扶持,面对生活中的突发事件和情感冲击。

(二)老乡、朋友

一个人离开了故乡就会有老乡,一个人与他人交往就会有朋友。老乡和朋友的概念比较宽泛,具有相对性和不确定性。老乡、朋友注重的是一种内心感受,是一种价值、文化、体验的认同。

老乡。老乡,是指与自己同一个地方出生或长大的人。狭义上是指具有相同或相近的习俗、风俗、方言口音等文化背景的同胞;广义上是指来自同一县、同一地区、同一城市或同一省区的同胞,在国外可以是对同一个国籍同胞的统称。老乡只是相对的概念,老乡的范围可大可小。但是,无论同乡、同城或同省区,还是同国籍,无论在他乡还是国外,一句"老乡"可以拉近人与人之间的距离,给人极强的亲切感。每到一个新的地方,听到相同口音,如同遇见了知音,内心有一种信任和依靠。有时还可以找到当地的同乡会,参加相关活动,或者通过老乡的介绍,迅速扩大自己的社会接触面,熟悉当地的经济社会文化环境,给家庭生活和个人活动提供一定的便利。

朋友。朋友,简单地说是彼此有交情的人。成为朋友,有的是因为趣味相投、志趣相仿,有的是因为文化相近、心灵相通。作为朋友,双方的认知在某些层面上关联在一起,双方的行为符合各自的心理预期,有良好的情感体验和共同语言,交谊深厚、相互认同,并且可以在对方需要的时候给予帮助和支持。双方心理契合更深时,可称之为知己。同学、战友、同事都可以是朋友。马克思与恩格斯之间的友谊是世人的典范,《资本论》就是他们伟大友谊的结晶。朋友可喻为雨中的伞、指路的灯,俗话说"一个篱笆三个桩,一个好汉三个帮",很多事情是离不开朋友的支持和帮助的。

朋友是人际关系中重要的交际对象。如何与朋友交往,除了真诚和宽容外,需要注意几个原则:要区分亲疏,成为朋友的原因,有一面之交、市道之交、莫逆之交等,对其品行应有所考察、有所选择;要学会倾听,朋友遇到挫折和烦恼,要耐心地倾听对方的诉说;要及时到场,在朋友需要帮助的时候,要及时出现,帮助其渡过难关;要适可而止,求朋友办事要考虑对方的承受能力,不可得寸进尺;往来要有"度",每个人的处世态度、家庭情况等都是有差异的,朋友之间的交际不宜过往甚密;不要理想化,要容忍朋友的缺点,尊重朋友的隐私，让朋友保留自我，给朋友留有空间；要学会说“不”，对违反原则、超越承受能力以及违背自身意愿的事，应该说明情况、耐心相劝，予以拒绝；不要功利性太强，交友互利是人之常情，但切勿单纯为了功利与朋友交往。

有的人与朋友交往有始无终、半途而废；有的甚至反目成仇、相互暗算、攻讦。因此，选择朋友是很重要的，选择什么样的朋友意味着选择什么样的人生。好朋友是你的老师，坏朋友会把你引向地狱。与积极上进的人交朋友，你也会勤奋好学、努力进取；与游手好闲的人交朋友，你也会学会无所事事、得过且过；与思想偏激的人交朋友，你也会出现认知偏差，什么都看不顺眼。特别注意不要交那些“损友”，防止被带到“沟里”，或者被卖了还帮着数钱。

（三）邻居、熟人

每个人都有自己的邻居和熟人，都能从他们那里得到许多帮助、学到许多东西。邻居与家庭的居住、生活密切相关，熟人关系也是生活中的必然现象。处理好与邻居、熟人的关系，是每个家庭和个人建立良好外部联络的一项基本任务。

邻居。邻居，也称为邻里，是指住处紧靠或邻近的人，距离最近的就是住在隔壁的另一家人。由于住地毗连，形成密切的互动关系，有着显著的认同感和情感联系，由此构成相对独立的小群体。俗话说远亲不如近邻，邻居关系处理得好，会带来很多生活的乐趣，也会为生活创造一些便利。邻居之间可以在小范围内，提供合理的相互保护和相互帮助，在生活中互通有无，共同解决生活难题，增加相互间安全感和信任感。同时，可以提供一些共同的行为规范和多方面的社会交往，也是家庭与外界社会交往的一种媒介。

过去，大家住在大杂院，邻居之间亲密无间，有好吃的大家尝一尝，有什么事大家搭把手，小孩之间是玩伴，一起上学放学，其乐融融。左邻右舍可以天天见面，给自己的孩子多一些活动范围，增长一些社交技能。现在，大家住楼房，早出晚归，邻居之间不熟悉，甚至都不知道对门是谁。因此需要主动建立良好的邻居关系，并注意几点：不要只图自己方便，给邻居带来不便或影响；相互之间要真诚，遇到困难帮一把；麻烦他人有尺度，不要事事找邻居；日常生活有往来，适度人情不可少；相处意见不同时，不要太计较；流言蜚语不要信，彼此的秘密不外传；关系不宜太亲密，不要把邻居家当自己家。

熟人。熟人，是指彼此比较熟悉的人。俗话说“一回生、两回熟”，因为经常见面、一起活动或曾经打过交道，所以相互熟悉而成为熟人。熟人之间的关系不一定很密切，但因为熟悉，所以容易接近或者愿意接近。这种现象是人类原始生存本能的具体体现，是一种正常的社会现象，可以带来多种潜在的机会。中国是一个熟人社会，熟人好办事。遇到熟人，打听一下消息，问一下办事程序，还是比较方便的。多数人都是乐于助人，在不违反规则的前提下，也会提供一些便利。很多人从熟人开始，经过长期的交往，慢慢成了朋友。熟人是家庭联系社会的一个重要的群体，熟人见面，打招呼是基本的礼节。

熟人之间的关系比较松散，平时除了相遇或者有事之外，一般不会有过多的交往。熟人是有阶段性的，随着居住、工作、生活环境的不断变化，过去素昧平生可能现在成了熟人，今天的熟人也许成了明天的陌路，聚合离散，不留多少痕迹。与熟人交往要把握好分寸，可以请熟人帮助，但不能过分；同时不要一味接受熟人的请托，不要被熟人关系所蒙蔽，特别是对于可能违背公平、公正的社会伦理道德，甚至违反法律规定的行为，包括“拉关系、走后门”等违反专业制度、组织原则的做法，要学会拒绝、予以抵制。

【链接】

“熟人”带来的巨大损失

李女士通过几次打牌，认识了王女士。李女士准备将几件衣服送给王女士，请王女士到家里看看是否喜欢。王女士带着小孩来到李女士家，因为是大热天，李女士把王女士请进了有空调的卧室，并到厨房的冰箱取一些冷饮给王女士的孩子吃。过了两个来月，李女士发现自己放在床头柜抽屉里的钻戒不见了，价值10多万元。因为没有其他人到过家里，更没有其他人到过卧室，而且放在床头柜抽屉里的现金没有少，反而是放在现金下面的钻戒少了。李女士心里怀疑王女士，但因为过了较长一段时间，加上没有确切的证据，所以也不便报案。这里的教训：一是李女士仅仅是在牌桌认识王女士,只是熟人关系,对王女士并不知根知底;二是每个家庭都有私密的空间,如卧室等,是不能随便让外人进入的。

三、家与单位

这里的单位,是指家庭成员工作上班的地方,或者说人们获得自身生存需要、参与社会劳动的一种特定场所。除了个体劳动者之外,多数人都在某个单位工作,包括机关事业单位、公司企业、社会团体等。各种单位创造不同的职业,提供不同的工作岗位,开展不同的业务活动,发挥不同的社会作用。单位与员工及其家庭有着非常密切的关系。

(一)社会单位

单位是指机关、团体、事业、企业等非自然人的实体及其下属分支机构。单位又分为:政府单位、事业单位、企业单位三类。企业单位按组织形式、投资主体、所有制性质等,还可以有多种划分。

链接社会。单位是以自己的名义拥有资产、发生负债、从事经济活动并与其他实体进行交易的经济实体,是社会的重要组成部分。单位的共同特征和必备条件,是经过行政许可或批准:企业单位通过工商登记获得企业法人资格,事业单位通过民政登记获得事业法人资格,政府单位获得上级政府的批准取得机关法人资格。企业是社会的物质生产单位,承担社会产品的生产制造、流通分配、交换消费等职能,目的是通过经营来获取利润;国家建立的科技、教育、文化、卫生、交通、社会福利、城市公用等事业单位,是社会的公共机构,为社会提供公共服务,以满足国家行政或社会公共利益的需要,不以营利为目的;政府机关及其各部门,负责社会的管理和监督,维持社会的运行秩序。各种单位组成社会的有机整体。

分工管理。单位也是一个小社会。每个单位按照职能定位和内部分工,设立自身的组织机构,包括人事部门、财务部门、业务部门、综合部门等,企业还设有生产部门、销售部门,大型企业配备基建部门、质量部门等,有一个完整的管理架构。单位中员工之间实行分工合作,可以划分为:领导层,负责决策指挥,研究决定重大事项;管理层,负责落实决策层的决定,开展日常的管理;执行层,负责完成管理层安排的具体工作,实现单位的运行目标。特别是一些大型的企业,设有多级子公司、分公司,内部机构健全,后勤服务配套完备,是一个庞大的组织。此外,单位根据自身的活动和管理需要,建立各种规章制度,以规范单位和员工的行为。各种单位因为领导人的理念和长期的经营活动,还会形成不同的文化。

参与社会。单位存在的意义,在于为社会提供产品和服务,参与社会的整体运行,发挥自身的积极作用。单位与社会的接触是全方位的,除了生产经营或监督管理活动之外,单位自身的日常运作,包括基本建设、后勤服务、品牌宣传等,也与社会发生密切的联系。单位的对内、对外活动,主要通过员工的活动实现。员工参与单位的内部活动,熟悉单位的运作机制、相关制度、历史背景、理念文化等,借此间接了解和认识社会;员工参与单位的外部活动,与社会中的人和事接触,可以直接观察和感知社会,获得真实的社会体验。

(二)职业平台

单位是一个人的工作场所,也是一所大学。单位为个人提供一个广阔的平台,带来各种学习和成长的机会,对于个人及其家庭来说是非常重要的。

工作学习。一个人参加工作之后,后续的学习绝大多数都是在单位完成的。在工作中学习,在学习中工作,逐步成为一种常态。单位中的学习是多方面的,包括文件通知的起草,迎来送往的礼节,兄弟单位的联络,工作中的配合,同事关系的处理,领导安排任务的完成等。单位中的工作也是锻炼人的,可以训练对常见现象的分析,对客观事物的理解,对各种机制的认识,对社会规则的感受,不断提升认识问题、分析问题、解决问题的综合能力。每项工作完成之后或每年年终,可以进行回顾、分析和总结,认真思考工作中的收获、业务的提高、业绩的亮点以及工作的不足和努力的方向。经验总结是很重要的工作,有总结才能有提高,才能更系统地看问题,才会有更大的进步。

职业成长。个人参与单位活动的基本目的和愿望,是实现专业方面的提升。在学校学的知识,仅仅是书本的内容,是一般的理论、概念、流程,缺少实践的感受。专业知识和专业能力的提升，迫切需要具体的工作实践，而且在工作中还可以接触许多新的知识。个人的成长要靠工作岗位的历练，工作中遇到问题和困难时，能够激发个人的胆识和创造意愿，也是个人提高专业能力的开始，可以学到很多书本上没有的技能和方法。将工作中的体会、发现、收获，整理成论文在刊物上发表，不但培养自己的写作能力，也可以提高系统的思维能力和解决专业问题的能力，还可以提高在专业范围内的知名度。有机会参与单位的课题研究，可以全方位梳理某一专业问题，深入分析问题的起因、实质和难点，提出系统的解决方案，指导工作实践，同时可以学到一些思维和工作方法，结识课题组的同事，建立良好的工作联系。所有这些都是很重要的收获，有利于个人的职业发展。

需要单位。工作单位也给了一个人安身立命的条件，使家庭有了稳定的经济来源，解决基本的生存问题。个人的发展需要在工作中磨炼成长，需要在实干中提高自己的能力，需要单位这样一个平台。个人的力量是非常有限的，很多事情需要一个团队，由单位出面进行组织，才能顺利开展。当一个人以单位的名义对外活动时，人们认识的首先是你所在的单位，信任的是单位，然后才是具体的个人。况且对于很多事务，个人是没有资格和能力的。所以，每个人都要爱岗敬业，努力做好自己的本职工作。这也是单位对每一个员工的殷切期望。

（三）资源共享

单位和个人都有许多资源，这些资源成为单位运行和个人成长的基础。实现资源共享，有效发挥资源的作用，可以促进单位、个人的全面发展。

单位资源。每个单位都有职业发展和开展工作所必需的许多资源。常见的图书资料，可以使我们了解专业的发展情况，国际国内的最新动态，一些专题的研究进展等；信息资料，可以使我们及时掌握社会发展趋势，各行各业的统计数据，科学技术的创新前沿，专业发展的最新理论观点等。尤其可贵的是，“三人行，必有我师焉”，身边的同事中总有一些良师益友，能对一些问题提出非常专业的看法和切合实际的解决方案，这是在单位之外很难找到的。即使是一些常见的电脑文件操作、办公设备的应用等，都可以方便地找到相应的老师。

个人资源。每个人都有一定的专业知识和技能，除了本职工作之外，还有其他的一些特长，包括个人爱好，如摄影、书法、绘画，以及一些写作、采访、编辑等知识。每个人都有同学、老乡、朋友等，他们从事各行各业的工作，可以提供各方面的信息。个人的知识、技能和人际关系等资源，可以为单位的有关活动提供服务。特别是在企业的业务活动中，员工与客户建立良好的互信关系，当企业经营遇到困难和问题时，可以通过客户提供帮助，寻找资金、技术、管理等要素，帮助企业渡过难关。

相互促进。单位与个人是互利的。单位为个人提供便利，实现资源共享，促进个人职业发展；个人为单位贡献相应的资源，服务于单位，并且很多情况下可以使个人的资源得到扩展，提升个人活动能力和范围。个人应主动关心单位的重点工作、难点问题，发挥个人的资源优势，促进单位的健康持续稳定发展。单位要主动关心员工，了解员工家庭的困难，在力所能及的范围内提供帮助，增加单位的凝聚力和人文关怀，从而实现在单位发展的同时，助力员工个人和家庭的发展。

四、融入社会

家庭的社会属性，需要家庭主动融入社会。除了一般的日常生活工作之外，遵纪守法是对家庭和个人最基本的要求，同时要自觉遵守和维护社会公德，主动与社会进行信息等各方面的交换，积极参与社会共建，并通过参与公益和赈灾捐助等活动回馈社会。尤其注意不要自我封闭，脱离社会现实，脱离社会发展，脱离社会建设。

（一）遵纪守法

遵纪守法指的是每个人都要遵守纪律和法律，尤其要遵守职业纪律以及与职业活动相关的法律法规。遵纪守法是现代社会公民的应尽义务和必备素质，是保持社会和谐安定的重要条件，也是一个家庭融入社会的基础和前提。

规则意识。凡事皆有规则，没有规矩，不成方圆。社会由众多的主体组成，社会的运行必须建立相应的规则。规则是制定出来供大家共同遵守的制度或章程，是社会运行的“软件”。规则就是秩序，在市场经济条件下，要进行正常的经济社会生活，必须遵守一定的规则，否则就会处于混乱无序的状态。规则就是效率，表面上遵守规则似乎影响效率，但规则能发挥其引导、预见和规范作用，个人及社会的实际效率都会大大提高。规则就是自由，遵守规则可以取得预期的效果，免遭违法违规带来的追诉，能够获得最大的人身、财产自由。规则就是安全，很多规则都是用生命和鲜血写成的，遵守规则也是对自身和他人的最好保护。最典型的就是交通规则，有人对交通法规毫不在意，违规驾驶车辆或横穿马路，当灾难降临时，不仅贻害自己，也贻害他人。牢固树立规则意识，自觉做到遵纪守法，是家庭平安和谐的必要保证，也使家庭融入社会的成本降到最低。相反，有的人热衷于走后门、拉关系、打擦边球，希望在规则之外谋取一些利益，结果不仅费时、费钱、费力，而且还会带来违规违纪的隐患和一系列法律风险。

遵守纪律。纪律是党政、机关、团体、企业等单位和组织，为了维护集体利益并保证工作的正常进行而制定的规章、条文，要求单位和组织中的每个成员遵守。常见的有劳动纪律、财经纪律、保密纪律、组织纪律、群众纪律等，有的企业专门制定了员工奖惩规定。遵守纪律就是自觉遵守单位、组织的相关纪律，规范自己的日常行为，这是每个职业人的基本要求。有的纪律看似简单、不严厉，但如果不认真执行，也会造成一些负面影响，例如不遵守劳动纪律，习惯性经常迟到、早退，就会在同事心中留下不良印象、降低信任度，带来同事关系的疏远。有些岗位有专门的职业纪律，遵守职业纪律是专业人员的基本要求，例如财务、法律等岗位，重点对获知的信息负有保密的义务，并保持自身工作的独立性。遵守组织纪律更是一件严肃的事情，违反党纪党规、人事管理等组织纪律将受到相应的处分，党的十八大以来已有很多这方面的例子。

敬畏法律。当前我国已经构建了比较完备的法律体系。无论日常生活，还是经济社会运行，法律都与我们息息相关。法律是最高的社会规则，不仅代表人民的基本意志，而且也是对社会各方面活动的深刻总结，反映社会发展的客观规律。每一个人都应该敬畏法律，自觉维护法律的权威。敬畏法律就是要知法、学法、增强法治意识，要自觉学习新颁布的有关法律，熟悉专业工作方面的法律，掌握有关家庭、社会的基本法律，平时多听法律讲座，多收集法律资料，多查看法律裁判案例。敬畏法律就是要懂法、用法、维护正当权益，要树立强烈的权利意识，熟悉法律赋予家庭和个人的权利，用法律保障自己各种活动和获利的合法性，在遭受侵权时能够用法律维护自身的合法权益。敬畏法律就是要守法、护法、履行规定义务，要自觉遵守法律的禁止性规定，不做违法违规的事情；认真履行法律规定的各种义务，尽到家庭和个人的社会责任；积极行使法律的倡导性规定，向身边的人宣传法律、推广法律。每个家庭都要从自身做起，要熟悉社会的法律空间，用实际行动完善法律环境，不断增强法律思维、推动法律进步，逐步习惯于用法律解决纠纷和争议，努力促进社会的公平正义。

【链接】

违规经营受责难

2015 年 10 月某投资管理有限公司成立，甲股东占 30％股份、乙股东占 20％股份，其他 5 名股东各占 10％股份。随后，投资公司出资接手某事业单位，由甲股东担任该单位的法定代表人。经过 3 年的运作，事业单位的业务量稳步上升，同时传来事业单位可以改制为企业的风声。2018 年 12 月，乙股东见有利可图，如果改制成功可以获得巨额收益，遂以甲股东管理经营的事业单位有违规行为作理由，要求甲股东按照乙股东单方确定的价格转让股份，退出其在投资公司的全部股份，并以举报违规经营相要挟，而且态度蛮横、不讲情面。无奈，甲股东觉得乙股东排挤他在投资公司大股东地位，目的是取得投资公司的控股权，双方的合作已经没有意思。为了避免股东之间的纠纷，最终甲股东全部退出投资公司的股份。

(二)遵守公德

社会的运行除了要求遵纪守法之外，还需要遵守一定的社会公德。只有自觉遵守和维护社会公德，才能使家庭更好地融入社会。

公德的含义。社会公德是指人们在社会交往和公共生活中应该遵守的行为准则，是维护社会成员之间最基本的社会秩序，以及保证社会和谐稳定的最起码的道德要求。社会公德是社会生活最基本关系的反映，是在长期社会活动中逐渐积累起来的、为社会公共生活所必需的行为规范。社会公德的主要内容是:文明礼貌、助人为乐、爱护公物、保护环境、遵纪守法和维护公共安全。

基本的要求。遵守社会公德是维护社会公共生活正常秩序的必要条件,也是对每个人的最低层次的道德要求。文明礼貌是人与人之间和谐相处的最起码要求;助人为乐是调整公共生活关系最一般的行为规范;爱护公物是维护社会公共服务的重要内容;保护环境是维持社会成员身心健康的重要保障;遵纪守法是每一个社会成员的基本义务;维护公共安全是社会运行的基本条件。在社会生活中,不仅要形成遵守社会公德的良好舆论氛围,而且遇到突发事件,特别是危害公共安全时,每个人都不应是旁观者。

家庭的作为。每个家庭和成员都要增强社会公德意识,自觉以社会责任考量自己的行为,遵循社会群体的公共规范;要注重社会公德,在公共场合注意自己的言行,妥善处理邻居及小区其他成员的关系,展现自身良好的精神风貌。只有自觉按照社会公德行事,才不会妨碍他人的正常活动,并可以保证自己所从事活动的顺利进行;也只有自觉遵守社会公德,才不会给他人造成损失和伤害,保持社会公共生活的和谐稳定,保证社会的健康发展。

(三)主动交换

交换的基本含义,是指通过提供某种物品,作为回报从别人那里取得所需物品的行为。社会生活中的交换可以超出物质的范围,有更广泛、更深刻的内容。交换是社会生活不可缺少的一个环节,是联结人与人、人与社会关系的桥梁。

交换的意义。家庭存在于社会之中,是社会的组成部分。家庭参与了社会分工,因此家庭也参与社会交换,即生产过程中,在劳动者之间分工和协作基础上的交换。此外,家庭的存在,不仅在于向社会取得什么,更重要的是向社会贡献什么。家庭可以用来交换的东西越多,对社会的贡献也越多,家庭的存在意义就越大。同时,应该看到家庭对社会贡献得越多,自身的收获也会越多。在市场环境下,有意识利己的交换,客观上可以产生利他的结果;在非市场环境下,有意识利他的交换,客观上可以产生利己的结果。

交换的内容。通常来说,交换是指在等价基础上的商品交换,即以物换物。作为家庭，交换的内容更加丰富，除了生产、分配、消费环节中一般产品和商品的交换之外，还有生产、生活中发生的各种活动和能力的交换，包括信息、技能、经验，甚至是情感、意见的交换。在社会生活中，家庭交换的性质、深度、广度和方式等，是由个人拥有的物质、能力、水平所决定的。

交换的作用。家庭作为社会群体中的一员，要有奉献意识和利他行为，要对群体做出自身的贡献，才能使群体得到更好的发展。家庭与社会之间的交换，主要体现在人与人之间的交换，这种交换不局限于物质产品，很多情况具有非物质、非市场的性质。交换发生在社会成员之间，可以互通有无、互通信息，极大促进社会的和谐发展；交换发生在家庭内部成员之间，尤其是情感、意见的交换，可以消除隔阂、误会，统一思想观念，加深相互之间的感情。好东西与他人分享，通过交换可以营造良好的人居环境，这对家庭和个人的意义是非常重大的。

（四）参与共建

社会由众多的家庭组成，家庭融入社会的一项重要活动，就是共同参与社会建设。

社会建设。社会建设是指社会主体根据社会需要，进行改善民生和推动社会进步的社会活动。社会建设首先是实体建设，诸如社区建设、社会组织建设、社会事业建设、社会环境建设等；其次是体制机制建设，包括社会管理、社会安全、社会保障、社会利益关系协调等体制机制的建设。通过社会实体建设，为社会提供公共产品和公共服务；通过社会体制机制建设，使社会更加有序、和谐。社会在快速发展，社会建设对于每个家庭都具有重要的现实意义。

家庭参与。社会建设需要每个家庭的共同参与。家庭可参与社会共建的内容很多，包括发展社会事业、优化社会结构、完善社会服务功能、促进社会组织发展等活动。最重要的是要健全民主权利保障制度、公共财政制度、收入分配制度、社会保障制度，以保障社会成员的权利公平、机会公平和分配公平。最直接的是参与社区建设，参与教育、医疗、卫生、劳动就业、社会保障等方面的建设，建立和完善社会支持、帮助、救援的公共服务体制。最受益的是参与生活小区的物业管理，参与或协助业委会开展工作，制定小区居民规约，通过有关活动和规范，约束小区居民的行为，调整居民之间、居民与业委会之间以及居民与物业服务机构之间的关系，维护小区生活的平安、有序、和谐，实现共建、共治、共享。

（五）回馈社会

家庭与社会密切关联，取之于社会就应该回馈社会。每个家庭无论能力大小，都可以通过各种方式、途径，为社会贡献自己的一分力量。

感恩之心。家庭应对社会常怀感恩之心。社会的平安与和谐，给予我们基本的生活条件；社会的分工与合作，使我们能专业从事某项工作；社会的文明和进步，给我们提供人文的关怀和温暖。心存感恩，可以帮助人从正面、乐观的角度看待社会及身边的人和事，有利于化解和应对各种压力和紧张情绪。懂得感恩，能增强人与人之间的情感交流，促进人际间的和谐相处，也会让人珍惜当下幸福，对未来更有信心。如果将生活视为赐予，那么生活也将回馈给你丰厚的礼物；相反，如果将生活视作理所当然，你将常常感到失望。常怀感恩之心，心态就会谦逊和谦卑，就会对外界产生友善的敬畏感，这是通往幸福快乐的捷径。

多做公益。家庭应积极参与社会公益组织和公益活动，借此深入接触社会，为自己提供认识社会、理解社会和服务社会的机会。要参与公益宣传活动，宣传国家大政方针、新的政策规定、共同价值理念、城市形象等，形成正确的社会思想引导；要参与社会公益咨询活动，提供政策解读、法律解释、办事流程讲解等，为普通市民答疑解惑，找到正确的办事途径；要参与公益服务活动，利用自身的专业特长，为社区居民提供帮助，解决日常生活中的问题；要参与公益主题活动，为所在城市的重大会议、重大活动等献计献策，贡献一分力量；要参与公益监督活动，抵制社会不良行为，打击假冒伪劣产品，维护社会的公共利益。

赈灾捐助。人是社会性、群居性的动物，群居的目的是相互扶持，帮助他人和得到他人的帮助。对家庭来说，有能力帮助他人本身就是一种存在的体现，同时还能让人们意识到，陷入困境、需要帮助时，也会有人伸出援手。这样就可以增加社会的凝聚力，人们就能够更好地面对未来。家庭可以根据自身的特长，参与包含支持、帮助、救援等职能的社会公共服务体系建设，在组织赈灾救灾、扶贫济困等方面发挥作用。最简单的就是为受灾地区适当捐款捐物，为希望工程提供适当的资助，或者主动关心、帮助身边有困难的亲戚和朋友。这些都可以很容易做到，也是很有效的。你对别人的点滴付出，即使是日常普通的事情，别人也会铭刻在心，牢记一辈子。

第九章　家与国家

国家在社会生活和社会发展中起到极为重要的作用。每一个家庭都与国家有着密切的联系，科学地认识国家，理解国家的本质和作用，对于正确处理家庭与国家的关系，促进家庭的全面健康发展，具有重要意义。每一个家庭都参与国家的建设，并且能够在国家的发展进程中，找到适合自身的发展方向和机遇，在为国家的建设成就感到自豪的同时，也为国家的根本利益贡献自身的一分力量。

一、国家由来

国家是一种历史产物。根据国家的产生和发展过程，人们可以更深刻地理解国家的本质和作用。只有科学地认识国家的含义，了解国家的对内对外职能，熟悉我们自己国家的历史，保持一份真切的国家记忆，才能从历史进程中感受家庭与国家的关系。

(一)国家含义

国家是阶级社会内部矛盾运动发展的结果。国家的起源和阶级一样，也是一种历史现象。国家是由国土、人民(民族)、政府三个要素组成的。从广义上看，国家是指拥有共同的血统、种族、语言、文化、领土、政府或者历史的社会群体；从狭义上看，国家是一定范围内的人群所形成的共同体。

历史产物。在原始社会，没有私有制，没有阶级，也没有国家。随着物质资料生产的发展，家庭私有制的出现和奴隶阶级的形成，构成了国家产生的前提。私有制一经确立，社会分裂为相互对立的阶级，逐步陷入自身不可解决的矛盾之中。为了缓和社会矛盾,把冲突控制在一定的范围内,从社会中产生了一种居于社会之上,并且日益同社会分离的力量,这就是国家。国家的出现是人类社会发展的必然结果,是私有制出现、阶级形成后,阶级矛盾不可调和的产物和表现。同样,国家也必然随着阶级、阶级矛盾的彻底消灭而自行消亡。这是国家的产生、发展、消亡的客观规律。

政权机构。一般来说,国家行政管理当局——政府,是国家的象征和代表,是一个拥有治理社会权力的机构,在所辖的领土内拥有内部和外部的主权。合法的政府是一个法人,是国家公共权力的执行者,在一国政治生活中扮演一个非常重要的角色。国家意志需要通过政府行使,政府拥有制订法律规范的权力,享有合法的强制权。在国内事务中,政府行使公共权力,合法地管理着人民,公正地处理人民之间的冲突,并作为中央权力机构,处理与其他国内法人的关系。在对外事务中,政府代表国家与其他国家政府谈判、协商,签订合作、商贸协议,参与国际公共事务等。当然,在现代法治国家中,公共权力的行使也必须在国家法律规定的范围内。

国家机器。国家是阶级社会中的一种组织,是经济上占统治地位的阶级进行阶级统治的工具。国家组织与其他社会组织的主要区别,在于它有强迫被统治阶级服从国家意志的能力和有行使这种权力的政府和公职人员,有实现这种权力的军队、警察、法院、监狱等强制机关,以及供养政府、公职人员、强制机关的捐税和国债。这些构成了一种组织力量和物质力量,即特殊的社会权力。可以形象地说,国家是由许多部件所组成的互相联系的有机整体,即国家机器。国家机器的每个部分,虽然具体任务、目的、活动方式不同,但它们都是为国家的总任务、总目的服务的。

(二)国家职能

国家职能是国家在政治统治和社会管理中的职责和功能,是为解决社会的基本矛盾服务的。国家职能由国家的阶级本质所决定,反映了国家活动的基本方向、根本任务和主要作用。

职能划分。国家职能是国家实质的表现,也是统治阶级的利益、意志和要求的具体反映。国家各职能部门构成国家职能的主体,国家职能主要体现为国家各机关的依法设立和确定职责划分,落实任务分配和执行方式。

国家的职能，分为对内职能和对外职能。国家对内承担政治统治职能和社会公共管理职能，对外主要是进行国际交往和维护国家安全及利益。需要指出的是，国家以对内职能为主，国家的公共管理职能与政治统治职能紧密联系，从根本上说，国家的公共管理职能服务于其政治统治职能。

对内职能。国家对内职能主要是：①政治职能，即维护政治统治和社会稳定，包括健全社会民主制度，依法打击犯罪活动以及敌对势力的破坏活动。②经济职能，即组织经济建设，包括经济调节、市场监管、社会管理等。③文化职能，即组织文化建设，包括加强对全体人民的思想宣传教育，组织发展教育、科技、文化、艺术、卫生、体育等各项事业。④社会公共服务职能，即为国家发展创造良好的社会环境和自然环境，包括建立和健全社会保障制度，维护社会治安，保护公共财物，兴办公共设施，以及环境保护和整治等。

对外职能。国家对外职能主要是：①防御外敌。防范抵御外部敌人的渗透、干扰、侵犯和颠覆等活动，捍卫国家的主权和领土完整。②国际交往。开展国际交流合作和经贸往来，创造有利于本国发展的国际环境。③维护和平。参与联合国事务，维护世界和地区和平，促进各国在平等互利基础上的共同发展，积极发挥在国际社会中的作用。④国际救助。履行国际主义义务，开展国际经济、医疗等援助，参与重大灾害的国际救援，树立良好的国际形象。

(三)国家历史

国家历史是一本很好的教科书，是民族文化的源头。每个人都需要了解自己国家的历史，从国家历史中汲取文化营养和精神力量。作为中华儿女，我们不仅需要了解中华民族的辉煌历史，更要铭记国家的苦难岁月，保持深刻的国家记忆，增加对国家的归属感和认同感。

辉煌历史。中国是一个文明古国。在几万年前，中华民族的祖先就劳动、生息、繁衍在这片土地上。大约在5500年前，中国出现了稻作文化、彩陶文化，黄河流域、长江流域等地先后进入文明时期。约公元前2070年建立的夏王朝，是中国历史上第一个王朝，后继的商朝是第一个有文字记载的朝代，之后是周朝取代商朝。春秋战国是中国历史的大变革时期，出现了孔子、墨子、庄子、老子等思想家，诸子百家的思想对后来社会的意识形态产生了深远的影响。公元前221年秦始皇统一六国，建立了中国历史上第一个多民族统一的封建专制中央集权国家，所辖疆域泛称为“中国”。之后历经汉、三国、南北朝、隋、唐、宋、辽、元、明、清、民国等朝代或时期，“中国”的专称从未改变过。

几千年来中华民族创造了举世瞩目的华夏文明。战国时期的《黄帝内经》是中医学发展史上的里程碑，那时的“干支记日法”沿用至今；汉朝的造纸术、唐朝的火药、宋朝的指南针和活字印刷术，称为“中国四大发明”，为人类文明做出了巨大贡献；中国的瓷器、丝绸、茶叶在世界上享有极高的声誉；先辈们创造了伟大的文艺作品，包括诗经、楚辞、汉赋、唐诗、宋词等，留下了万里长城、故宫、颐和园等伟大建筑，都江堰等水利工程至今发挥着灌溉、防洪的作用。中华民族的灿烂文明，是永远值得骄傲的。

苦难岁月。1840年，英国发动了侵略中国的鸦片战争，清政府被迫签订中英《南京条约》，中国的独立和领土完整开始遭到破坏。经过第二次鸦片战争、中法战争、中日甲午战争，清政府被迫签订了《天津条约》《北京条约》《中法新约》《马关条约》等不平等条约，使中国丧失了更多的领土和主权。1900年，英、俄、日等八国联军侵略中国，清政府被迫签订丧权辱国的《辛丑条约》，标志着中国半殖民地半封建社会的形成。1931年，日本发动了侵略中国东北的“九一八”事变，东北三省沦亡。1932年，日本发动了“一二八”事变，取得了日军驻留上海的权利。1937年，日本发动了“七七”卢沟桥事变，开始全面侵略中国；同年12月13日日军攻占南京，持续了6周的大规模屠杀、强奸、纵火、抢劫等血腥暴行，制造了震惊中外的南京大屠杀，30多万中国同胞惨遭杀害。中华民族经历的这些苦难，是永远不能忘记的。

国家记忆。中国人民为国家独立、民族解放和民主自由进行了前仆后继的英勇奋斗。20世纪以来，中国发生了翻天覆地的历史变革。1911年，孙中山先生领导的辛亥革命，废除了封建帝制，创立了中华民国。1945年，经过多年浴血奋战，中国人民付出了巨大的牺牲，终于取得抗日战争的伟大胜利，这是近代以来中国人民取得反抗外敌入侵的第一次完全胜利。1949年，以毛泽东同志为领袖的中国共产党领导中国各族人民，在经历了长期艰难曲折的斗争以后，终于推翻了帝国主义、封建主义和官僚资本主义的统治，建立了新中国。从此，中国人民掌握了国家的权力，成为国家的主人。2014 年，十二届全国人大常委会决定，将 9 月 3 日确定为中国人民抗日战争胜利纪念日，将 12 月 13 日设立为南京大屠杀死难者国家公祭日，并将 9 月 30 日设立为中国烈士纪念日。以国家名义进行正式纪念与公祭，缅怀逝者、提升民族精神，可以更深切地体会国家存在的目的和价值，体会国家统一强大的重要，激励各族人民共同以史为鉴、开创未来。

二、国家之基

国家是由千千万万个家庭组成的。国家的建立和运行需要确立国家的根本制度及其基本的政治制度、经济制度和法律制度。国家经济是国家的物质基础，国家开展经济建设，夯实国家经济基础，以满足人民日益增长的美好生活需要。

（一）家国天下

宪法是国家的根本大法，是治国安邦的总章程，是一切组织和个人的根本活动准则。我国宪法规定了国家的根本任务和根本制度，包括国家权力的归属、国家的性质和国家政权的组织，以及公民的基本权利义务等内容。

权力来源。国是千万家。在组成国家的三个要素中，人民是构成国家最重要的基础，是国家权力的来源。在现代国家中，人民是国家政治生活中的一个最重要角色，是一个国家政治权力合法性的唯一来源，是一国的真正主人。我国宪法规定，中华人民共和国的一切权力属于人民，人民依照法律规定，通过各种途径和形式，管理国家事务，管理经济和文化事业，管理社会事务。

国体。国体是指国家的性质，亦称国家的阶级本质，是由社会各阶级、阶层在国家中的地位所反映出来的国家根本属性。具体地说，就是社会各阶级在国家中所处的地位，包括各阶级、各阶层在国家中所处的统治与被统治地位，以及各阶级、阶层在统治集团内部所处的领导与被领导地位。我国宪法第一条规定了我国的国体，即工人阶级领导的、以工农联盟为基础的人民民主专政的社会主义国家。

政体。政体是国家政权的组织形式,即统治阶级采取何种形式来组织自己的政权机关,行使自己的权力。国体决定政体,政体反映和体现国体,二者是内容与形式的关系。我国的政体是民主集中制的人民代表大会制度。我国宪法规定,人民行使国家权力的机关是全国人民代表大会和地方各级人民代表大会。国家机构实行民主集中制的原则,全国人民代表大会和地方各级人民代表大会都由民主选举产生,对人民负责,受人民监督。

(二)国家制度

国家的运行需要有政治、经济、法律等制度。这些制度是与国家的国体、政体相适应的,是在国家宪法的统领下,通过法定的程序制定的,是国家社会生活的根本保证。社会主义制度是我国的根本制度,与之相应的有基本的政治制度、经济制度、法律制度。

政治制度。我国的根本政治制度是人民代表大会制度。此外,还有三个基本政治制度:①中国共产党领导的多党合作和政治协商制度。它是马克思主义政党理论、统一战线学说与中国实际相结合的产物,是我国政治制度的一大特点和优势。各民主党派、各人民团体和社会各方面代表人士通过政协组织,发挥政治协商、民主监督和参政议政的职能。②民族区域自治制度。它是指将少数民族聚居地方作为民族自治区域,在民族自治地方设立自治机关,依照宪法和法律的规定,行使地方国家机关的职权和区域自治权,这是创造性解决民族问题的一项基本政治制度。③基层群众自治制度。改革开放以来,随着我国民主政治建设的发展,基层群众自治制度逐步建立起来。这是中国社会主义民主政治的重要内容,是人民依法行使民主权利,管理基层公共事务和公益事业,实行自我管理、自我服务、自我教育、自我监督,实现人民当家做主最有效、最广泛的途径。

经济制度。经济制度是构成一个社会经济基础的基本前提。经济制度是国家依据社会性质及基本国情,通过法律对社会经济秩序做出明确规定,其中生产资料归谁所有是社会经济的最基本规定。我国实行社会主义制度,经济制度的基础是生产资料的社会主义公有制,即全民所有和劳动群众集体所有制。社会主义公有制消灭人剥削人的制度,实行各尽所能、按劳分配的原则。国家在社会主义初级阶段,坚持公有制为主体、多种所有制经济共同发展的基本经济制度,坚持按劳分配为主体、多种分配方式并存的分配制度。国家实行社会主义市场经济,国有经济是国民经济的主导力量;个体经济、私营经济等非公有制经济,是市场经济的重要组成部分。国家保障国有经济的巩固和发展,保护个体经济、私营经济等非公有制经济的合法权利和利益。

法律制度。法律制度是一个国家的所有法律原则和规则的总称,是立法制度、司法制度、执法制度的总和,是运用法律规范来调整各种社会关系时所形成的各种制度。体现社会根本制度的各种法律制度,可以分为实体法律制度和程序法律制度。实体法律制度可分为行政法律制度、民事法律制度和刑事法律制度;程序法律制度,可分为行政诉讼、民事诉讼、刑事诉讼以及仲裁等法律制度。我国实行依法治国,国家法制的基本要求是“有法可依,有法必依,执法必严,违法必究”。宪法具有最高的法律效力,是制定其他法律的依据,一切法律、行政法规和地方性法规都不得同宪法相抵触;一切国家机关和武装力量,各政党和社会团体、各企业事业组织都必须遵守宪法法律;一切违反宪法和法律的行为,必须予以追究,任何组织或者个人都不得有超越宪法和法律的特权。

(三)国家经济

国家经济是社会生产关系的总和,是上层建筑赖以竖立的基础。国家建立在物质资料生产的基础之上,是为巩固和发展其经济基础服务的。我国的根本任务是沿着中国特色社会主义道路,集中力量进行现代化建设。

经济发展。经济发展是国家发展的基础。①明确经济发展理念,继续深化改革和扩大开放,贯彻落实创新、协调、绿色、开放、共享的新发展理念,不断壮大国家经济实力和综合国力。②确立经济发展目标,经济保持中高速增长,在提高发展平衡性、包容性、可持续性的基础上,到 2020 年,产业迈向中高端水平,实现全面建成小康社会;到 2035 年,国家经济实力、科技实力大幅跃升,基本实现社会主义现代化;到 21 世纪中叶,把国家建成富强、民主、文明、和谐、美丽的社会主义现代化强国。③编制经济发展规划,国家经济发展规划是我国国民经济计划的重要部分,关乎经济社会发展全局,是对国家重大建设项目、生产力分布和国民经济重要比例关系等做出规划，为国民经济发展远景规定目标和方向。④落实经济发展计划，根据国家经济发展规划制定实施计划，具体落实各领域发展中具有基础性、关键性、引领性、战略性作用的重大任务，包括重大建设项目、重大行动、重大改革等。

经济调控。经济调控最重要的就是根据经济的实际运行情况，完成发展方式的转变。①推动动能转换。实现经济发展从依靠要素驱动转向更多依靠创新驱动，强调人的全面发展、人力资本的积累、劳动力素质的提高，注重科技创新在创新驱动当中的引领作用，优化资本和劳动力配置，提高创新能力，加快经济发展的新旧动能转换。②促进结构优化。开展供给侧结构性改革，减少无效供给、扩大有效供给，提高供给结构对需求结构的适应性。顺应居民消费升级趋势和产业升级方向，不断优化结构、提高供给质量和效率，在增加有效供给、满足有效需求的循环中，为经济持续发展注入新的动力。③补齐发展短板。围绕经济社会发展中的突出问题，通过改革、补齐短板，使资源要素得到优化配置，经济社会更加协调，同时也可以增加有效供给，满足有效需求，有效解决经济发展的结构性问题，提高经济发展的质量和效益。

重点项目。国家重点项目是落实国家发展规划的有力抓手，是国计民生的重要支撑，是经济社会发展的助推器，对整个国民经济的发展起到关键作用。重点项目具有宏观效益显著、工期紧迫性强、投资量较大、处于相关项目群的中心等特点。重点项目的确定，取决于一定时期各部门、各行业在国民经济整体中的地位和作用，以及实现国民经济综合平衡的需要。重点项目建设，是国民经济和社会发展的大事，是经济建设的重大战略决策，需要举全国之力来实施。国家布局交通基础设施工程、能源发展工程、扶贫攻坚工程等项目，我国的高铁、三峡水电站、港珠澳大桥等工程，都是举世瞩目的，值得每一个中国人骄傲。随着世界新技术革命的迅速发展，我国的重点建设将逐步从劳动密集为主的产业转向以知识与技术密集为主的产业。

三、家国相依

家庭与国家的兴盛休戚相关。国家为家庭提供了基本的生存条件，体现有国才有家的基本道理。国家由家庭组成，家庭参与国家建设的同时，也促进了自身的发展。国家最重要的是要有共同的目标和方向，维护统一是人民的共同利益和国家有效运行的基本前提。一个人爱国有多种表达，可以为国家的建设成就感到自豪，也可以参加国家的经济、政治、文化等建设，还需要自觉维护国家的重大利益。

(一)有国才有家

家庭的生存和发展，有赖于良好的社会秩序、基本的社会保障以及和平的国际环境。这些仅仅靠家庭、单位或者社会是不能完成的，需要通过国家的力量来实现。

社会秩序。社会秩序是家庭生活的基本前提。国家在市场经济的条件下，组织经济、文化生活，进行经济调节、市场监管和社会管理，开展多种公共服务，打击假冒伪劣产品，为家庭生活创造良好的社会秩序。国家加强社会治安防控体系建设，依法打击和惩治黄赌毒黑拐骗以及其他违法犯罪活动，镇压国内敌对分子的破坏和反抗，维护社会治安，保护人民人身权、财产权和人格权。国家加强和创新社会治理体系，维护社会和谐稳定，确保社会长治久安、人民安居乐业。

社会保障。社会保障是家庭发展的基本依靠。增进民生福祉是国家经济发展的根本目的。国家建立粮食储备，稳定消费价格总水平，保障人民基本生活；国家建立义务教育制度，推动教育事业的全面发展；国家建立多种形式的医疗保障制度，大幅提高人民健康和医疗卫生水平；国家建立社会养老保险制度，形成覆盖城乡居民的社会保障体系；国家设立失业保险制度和最低生活保障制度，解决失业和困难人群的基本生活；国家深入开展脱贫攻坚，保证全体人民在共建共享的发展中有更多获得感，不断促进人的全面发展和实现全体人民共同富裕。

和平环境。和平环境是家庭生存的必要条件。国家全面推进和平外交，形成全方位、多层次、立体化的外交布局，为我国发展营造良好外部环境。国家实施共建“一带一路”倡议，发起创办亚洲基础设施投资银行，倡导构建人类命运共同体，促进全球治理体系变革，进一步提高国际影响力、感召力、塑造力，为世界和平与发展做出新的贡献。国家加强军队和国防建设，建设一支听党指挥、能打胜仗、作风优良的人民军队，防御国家外部敌人的颠覆活动和可能的侵略。国家严密防范和坚决打击各种渗透颠覆破坏活动、暴力恐怖活动、民族分裂活动、宗教极端活动，保护国内广大劳动人民的根本利益。

【链接】

中国政府利比亚撤侨

2011 年 2 月发生了利比亚事件，整个利比亚局势极度混乱，子弹嗖嗖地从眼前、头顶上飞过。在那种危难的时候，利比亚中资企业项目部经理黄细林收到了一条短信：各位领导，据王大使通知，中共中央国务院对利比亚形势变化非常关注，并向驻利比亚使馆和中资企业全体人员致以亲切慰问。外交部、商务部和民航总局，正在商讨运输方案，并与联合国等机构进行协调。请大家放心，努力维护内部稳定团结，早日渡过难关。

在炮火纷飞的时候，祖国没有放弃，也没有忘记大家。一条短信来自身后强大的祖国，给了大家足够的信心、希望和安慰。当时中国人举着红旗从工地一直到港口。当到达港口时，看到国家接侨的军舰已经早早停留在那里，大家从心底里涌现出来的那种激动，确实很难用语言表达。遇到那样的情况，国家想方设法帮助侨民撤离，中国护照就是一张回家的船票。

从 2 月 22 日至 3 月 5 日，中国政府协调派出 91 架次民航包机、12 架次军机，5 艘货轮、1 艘护卫舰，租用 35 架次外国包机、11 艘次外籍邮轮和 100 余班次客车，通过海陆空三种途径进行撤侨。最终将 35860 名中国公民平安撤出利比亚，并护送他们安全回家。当大家踏上祖国的土地时，都发自肺腑地呼喊“祖国万岁”。人们常说只有国家强大了，你在世界任何一个地方才能扬眉吐气。生活在祖国的土地上，也许这样的感觉并不强烈。但是，当你遇到了利比亚那样的危机，你就会真正感受到这句话的含义。

以利比亚撤侨为原型的电影《战狼 2》，再现了当时的过程和场景，感动了很多人。利比亚撤侨让大家认识到，不管你身在何方，我们都有一个强大的后盾——祖国。

（二）参与建设

国家推动经济政治建设、民主法治建设和道德文化建设。家庭和个人作为国家的组成部分，一方面应当在工作生活中积极参与国家建设，另一方面也可以从国家的建设中直接受益，促进家庭和个人的全面发展。简单地说，国家的治理、发展方向，也就是家庭和个人的努力方向。

经济政治。国家大力推进经济建设，转变发展方式，实施供给侧结构性改革，发展数字经济等新兴产业，不断优化经济结构。"一带一路"建设、京津冀协同发展、长江经济带发展、粤港澳大湾区发展等战略规划的实施，不仅需要社会各经济主体的参与，也给家庭和个人的发展带来前所未有的历史机遇。

国家不断发展社会主义民主政治，积极稳妥推进政治体制改革，推进社会主义民主政治制度化、规范化、法治化、程序化。个人作为国家公民，需要提高政治权利意识，依法通过各种途径和形式，参与管理国家事务、管理经济文化事业、管理社会事务等政治事务，不断完善政治制度模式，维护安定团结的政治局面，推动国家治理体系和治理能力现代化。

民主法治。人民当家做主是国家的本质要求和特征。国家积极发展社会主义民主，扩大人民有序参与政治，保证人民依法实行民主选举、民主协商、民主决策、民主管理、民主监督；完善基层民主制度，丰富民主形式，拓宽民主渠道，保障人民有效治理国家。个人作为国家公民，享有广泛的权利和自由，需要积极参与国家政治生活和社会生活，依法行使知情权、参与权、表达权和监督权。

国家实行全面依法治国，深入推进科学立法、公正司法、严格执法、全民守法，促进法治国家、法治政府、法治社会建设，完善中国特色社会主义法治体系，不断增强全社会法治观念和规则意识，并内化为人们对规则秩序的普遍信仰与遵守。法治社会已经是当前的全民共识，家庭和个人需要积极参与国家的法治建设，推动相关的立法活动，用法治的思维和方法解决身边的问题，维护自身的合法权益，促进社会的公平正义。

道德文化。国家加强社会道德建设，培育和践行社会主义核心价值观，提倡爱祖国、爱人民、爱劳动、爱科学、爱社会主义的良好风尚，普及爱国主义、集体主义、国际主义和共产主义的思想，提高全民族的思想道德素质，并通过在城乡的群众中制定和执行各种守则、公约，强化道德、纪律和法治教育。家庭中的道德教育构成社会道德建设的基础和重要内容，诚实、信用、爱国、敬业、和善等基本道德要求，需要从小在家庭环境中熏陶和培养。

文化建设可以为经济建设提供精神动力、智力支持和思想保证，保证经济建设的正确发展方向。国家加强社会文化建设，弘扬中华优秀传统文化，发展社会主义先进文化，提升国家文化软实力和中华文化影响力，不断增加民族文化自信，提高全民族的科学文化素质，推动中华优秀传统文化创造性转化、创新性发展。家庭承担着中华文化的传承和发展，是社会文化的重要载体，家风是社会文化的重要组成部分。家庭在社会文化建设中发挥基础性作用，是推动和加强社会精神文明建设的基本力量。

(三)维护统一

国家统一是国家安全、国家利益的根本保证，是全国各族人民的最高利益。国家统一主要是政令统一、法制统一、领土统一，维护国家统一既是各族人民不可动摇的意志和庄严神圣的使命，也是每个家庭和个人应尽的义务。

政令统一。政令统一是安邦定国的必然要求和重要基石，是落实国家安全战略和国家安全政策，维护国家安全的基本前提。国家在总目标、总任务、总体布局、战略布局等方面需要政令统一，各级政府在发展方向、发展方式、发展动力、战略步骤等方面实现步调一致，优化国家管理结构、管理资源和管理措施，推动经济社会的统筹协调发展。国家健全依法决策机制，构建决策科学、执行坚决、监督有力的权力运行机制，确保国家大政方针的执行不打折、不走样。各级国家机关要增强民主意识，发扬民主作风，接受人民监督，全面落实国家战略布局，完成国家经济社会发展的各项任务。国家政令统一，国家政权才能坚强有力，国家统一局面才能稳固。维护国家政令统一，最重要的就是坚持党的领导。

法制统一。国家维护社会主义法制的统一和尊严。坚持立法统一，推进科学立法、民主立法、依法立法，以良法促进发展、保障善治。坚持司法统一，深化司法体制综合配套改革，制定司法解释和司法政策，统一案件裁判尺度，全面落实司法责任制，努力让人民群众在每一个司法案件中感受到公平正义。坚持执法统一，建设法治政府，推进依法行政，严格规范公正文明执法。树立宪法法律至上、法律面前人人平等的法治理念，加强宪法实施和监督，维护宪法权威。任何组织和个人都不得有超越宪法法律的特权，绝不允许以言代法、以权压法、逐利违法、徇私枉法。国家加大全民普法力度，建设社会主义法治文化，形成人人尊法、学法、守法、用法的良好氛围。

领土统一。领土作为国家的基本要素，构成了国家的历史、文化、宗教等记忆的一部分，是人民自我认同和互相联系的纽带。祖国统一是全国各族人民长期愿望和根本利益所在。香港、澳门回归祖国后，国家把维护中央对香港、澳门特别行政区全面管治权和保障特别行政区高度自治权有机结合起来，确保"一国两制"方针不会变、不动摇，确保"一国两制"实践不变形、不走样，保持了香港、澳门长期繁荣稳定。实现祖国完全统一，争取和平统一台湾，是实现中华民族伟大复兴的必然要求。必须坚持一个中国原则，坚持"九二共识"，深化两岸经济合作和文化往来，推动两岸关系和平发展，携手两岸同胞共同反对一切分裂国家的活动。

第十章　家是一种约定

深刻认识“家是一种约定”的理念，除了明确日常生活、具体活动的内容，协调家庭成员之间的关系，做好家中不同时期的重要事务，以及摆正家庭在社会中的位置等之外，还需要进一步加深对该理念的理解，以便在行动上增加自觉性、主动性和积极性。为此，需要对家庭加深认识，深化约定的概念和体系，进一步探讨约定的意义，分析约定的组成，明确约定的方式，划分约定的边界，保持约定的开放性，强调约定的执行，最终把约定落实到行动上，实现家庭的持续、健康、有序发展。

一、约定的意义

家庭是一种基于婚姻产生的社会单元，是由有亲情、血缘关联的人组成的，是关系密切、利益相关的群体。随着社会的发展，个体生存的压力越来越小，个人的独立性越来越强，各种新思潮、新观念不断涌现，家庭中会出现种种不和谐的状况。为了维护家庭有序稳定，确保家庭成员健康成长，需要对家庭事务有一个总体筹划和长远安排，需要找到一种行之有效的方法。

（一）现象

人们对于家的认识可能有些习以为常、熟视无睹，好像家就是一把钥匙、一个独立的空间，或者再加上自己的一些亲人一起生活。但是，从一个人的日常活动和生命历程考察，家不仅仅解决吃喝拉撒睡这样的简单事，人生的一半时间是在家中度过的。只有用历史、社会和人生的大视角，我们才能更加看清家的地位和作用。

离不开家。人们每天从家里出发，又回到家里。上班族朝九晚五，在各种场合进进出出，最终回到自己的家；打工者不分昼夜，忙忙碌碌完成各种生活，最终回到自己的家；学生或由大人接送或自己上学，在学校接受文化教育，最终回到自己的家；老大爷清晨出去锻炼，回来时顺便买一把菜，最终回到自己的家；老大妈去逛商场、赶市场，最后大包小包拎回家。如果你出差或旅游，过几天回家；如果你离开故乡，每年或隔几年回家；如果你出去跳广场舞，跳得很开心，最后还是要回家。总之，世界再大、再精彩，你走得再远、再久，都要回家。家成为一个人离不开的地方。

承载生命。你的第一声啼哭，表示新的生命来到了你的家；你的最后一次呼吸，则带着家人的哭声离开你的家。你身心疲惫时，家是你休养的最佳场所；你头疼脑热生病时，家就是你最佳的康复中心；你遭受创伤时，家就是你最佳的疗伤基地；你年老体衰时，家就是你最佳的救援站。一个人的孕育、诞生，成长、发育，读书、就业，恋爱、结婚、生子，以及生病、衰老，都离不开家；不管你是贫穷还是富有，都需要依靠家。家不仅给了你的生命，解决你的衣食住行，帮助你接受教育，而且还给了你关注、关心、关怀。家给了你浓浓的真情，是一个有真爱的地方。家承载着个人生命的整个过程和全部内容。

社会细胞。从社会的角度观察，家是社会的细胞，是社会的最基本组成部分。社会离不开家，有家才有社会，社会是家的集合体。家的和谐是社会和谐的基础，家的健康发展是社会健康发展的前提。同样，家也离不开社会。社会为家庭提供基本的生活物质和生存环境，家庭需要为社会提供劳动，实现家庭与社会的物质交换；家庭参与社会，需要共同遵守社会的道德、法律，建立共同的社会秩序。家庭中的个体既是家庭的成员，又是社会的成员；既影响社会，又受社会的影响。家庭与社会相生相长，共同发展。相对来说，社会更多元、更复杂，社会对家庭的影响是全方位的、多层次的，因而也是更有力的。

（二）困惑

人总是容易对自己最亲近的人发脾气，而且很多情况是非理性的。仅仅就这一点来说，家家都有一本难念的经。常常看到家中一些令人困惑的现象：有人对同事、对朋友很耐心、很和善，但对家人有时就很不耐烦；对领导、对老师很尊重、很听话，对父母、对长辈有时就随意训斥、争辩、闹别扭。家人之间由于各种原因，出现想法不一致、做法不协调、各自为政等不和谐现象，甚至发生吵架、冲突等无序情况。

夫妻之间，结婚时间长了，双方都回归到真实的自我，为日常的生活忙碌，没有了恋爱时那种甜言蜜语。本应是最密切、最信任的人，日子长了，有的同床异梦，有的移情别恋，有的分道扬镳。

兄弟姐妹之间，原来血脉相连的亲热关系，现在渐渐淡化了：原来在一个屋檐下，现在都各自成家了；原来都是为父母的家考虑，现在需要为自己的家考虑了。兄弟姐妹之间为了父母的赡养、照顾等问题不能达成一致意见，常常还为父母的遗产而发生争执。

父母与子女之间，原来的"跟屁虫"孩子现在自己玩了，原来听话的孩子现在跟父母反着来了，原来都是由父母做主的事现在孩子要自己特立独行了。以前，是父母牵着儿女的手，教他们学会走路，教他们做人的道理；现在子女参加工作了，经济已经独立，重大事务也自己做主，父母的话很难听进去了，甚至故意回避父母。

王朔在《致女儿书》中写道："我不记得爱过自己的父母，小的时候是怕他们，大一点开始烦他们，再后来是针尖对麦芒，见面就吵；再后来是瞧不上他们，躲着他们。一方面觉得对他们有责任，应该对他们好一点，但就是做不出来，装都装不出来；再后来，一想起他们就心里难过。"正如蒋方舟所说，"大部分父母和子女的关系很残酷"。

父母不善于和子女交流，子女也不善于跟父母说话。大家没有好好说话的习惯，或者没有把要说的话恰如其分地表达出来，家里的人常常在客套，就是没有做到很好地沟通。父母们多半冷漠或矜持，对子女不善于表达爱意；而子女心里有父母的位置，也不善于表达情感。有时候一谈到亲情，不论父母还是子女都没法理智对待。双方都觉得在为彼此考虑，而且实际上也在为对方考虑，做了很多事。双方都是真心，但结果却是两颗真心常常走不到一起。

最典型的就是大龄青年的婚姻问题，表现为父母着急、子女不着急。一种情况是子女躲着父母，不愿意父母干涉自己的生活；一种情况是子女假意接受，但依旧是我行我素；还有一种情况是子女与父母对着干，你说向东我偏向西。这样，父母一直在努力，子女一直在拖延。说多了，子女扔下一句“我现在过得好好的，不结婚有什么关系”，或者“要结婚你们自己去，我这辈子不结婚了”。这些情况在从小受到溺爱的子女身上，显得尤为突出。

普遍的情况是，家人之间有情况不及时通气，有“爱”不善于表达，有问题不明确提出，有事情不共同商量。家人之间的矛盾和冲突，往往带来：生气、记恨、不理睬、不配合、离家出走；寻求外援、引来外部干涉或干扰；拖延争议事件或自作主张；失去改善关系或提升能力的机会等。所有这些都给家庭带来诸多的不利，有时甚至造成极大的危害。

事实上，如果父母对子女没有表达出爱，子女就感到家中没有温暖；如果父母对子女表现满溢的爱和关心，子女又觉得令人窒息。家人之间在饮食、娱乐，习惯、风俗，恋爱、成家，工作、就业，待人、接物，事业、成就，时间利用、财物安排，以及衣食住行、言行举止中出现不协调，常常令人困惑又欲罢不能，进也不是、退也不是，说也不是、不说也不是。

【链接】

乐清虚假“寻人启事”

2018 年 11 月 30 日 19 时许，陈某到温州乐清市公安部门报警，称自己 11 岁儿子黄某在放学路上走失。接警后，温州、乐清两级党委政府和公安机关高度重视，立即启动重大警情处置机制，以最高等级组成联合调查组，投入大量警力，全方位开展查找工作。

其间，社会各界和广大群众纷纷出人出力，积极投入搜寻工作。乐清共有 6 支民间救援队参与进来，台州、宁波的 2 支救援队还专程赶到温州。此外，上千社会志愿者自发参与搜寻，加上孩子所在村的村民，参与此次搜救的社会力量有 2000 多人。

在各方查找期间，陈某配合搜寻，并在乐清公益寻人平台和微信朋友圈等网络媒体发布求助信息。寻人信息的传播量达到上千万次，志愿者们 24 小时值守，接到了上万个来自全球各地的电话。在微博话题榜上，关于“温州 11 岁男孩失联”的阅读量超过 3 亿。

12 月 4 日晚黄某被找到后，警方发布调查通报称，此事系男孩母亲陈某因与在外经商的丈夫存在感情纠纷，为测试丈夫对其及其儿子是否关心、重视，蓄意策划制造了该起虚假警情。12月5日，陈某因涉嫌编造、故意传播虚假信息罪被乐清市公安局刑事拘留，乐清市检察院也已提前介入该案。

因为家庭纠纷，陈某蓄意藏匿儿子、制造虚假"寻人启事"。陈某的行为严重损害了社会诚信和良知，消耗了大量的公共资源，严重扰乱了社会秩序，已涉嫌故意犯罪，公安机关将依法追究其刑事责任。

(三)出路

家人之间的矛盾、冲突或者不协调，来源于各自感知和认识的不同，受到家族、社会、习惯、风俗以及同事、朋友、亲戚等影响。家庭中的不和谐，有时给家人带来极大的痛苦和无奈。处理这些家庭问题，可以有很多种表现形式，有的是"放任自流"，有的是"独断专横"，有的是"稳扎稳打"，有的是"和稀泥、玩折中"，有的是"矛盾对抗""各行其是"。这些也许是一时一事的办法，但是都停留在表面，处理效果并不理想。

解决家庭中的问题，需要整体、全面、系统考虑，找到一种路径，养成一种习惯，建立一种良好的机制。比较、权衡多种解决家庭问题的方式，可以说"家是一种约定"理念是一种可行的、有效的方式，能从根本上解决家庭中的诸多问题。

例如，父母与孩子之间关于教育问题的矛盾，最常见的可以有四种处理方式：

一是顺其自然，全面放手。所谓"爱就是放手"，爱孩子就是让孩子自由发展。但是，这是有前提的，孩子自身积极上进、基础知识全面，各方面都比较优秀，"响鼓不用重擂"。否则，养成不良习惯或者学坏了，就很难纠正。

二是严加管教，坚决纠正。所谓"严父出孝子"，很多大师都是在大人的严加管教下成才的，甚至是从没有兴趣到最后职业成为爱好。但是，管教太严格了，又担心压抑孩子的天性，影响孩子的全面发展。

三是矛盾对立，各自行动。这主要出现在年龄稍大的子女身上，父母与子女各持已见，父母认为不能做、有风险的事，子女认为没有风险、要试着做；父母认为已经出现不良情况苗头，子女认为这是正常现象，谁都不听谁的。

四是做出约定，各司其职。首先是父母之间约定，确定不同时期教育孩子的总原则，在孩子不懂事的时候多加看管，这既是做父母的责任，也是父母对孩子的爱；在孩子的成长过程中，学会逐步放手，培养孩子的独立性，这也是对孩子的爱。其次是父母与孩子做出约定，在孩子认知和能力有限时，在孩子逐步成长时，明确哪些是可以做的，哪些是不能做的，哪些是需要在父母监护下做的。

过去，父母和子女之间是一种基于孝顺和等级管理的相处模式。父母以自己的生活为依据，认为孩子应该接受父母的生活经验，避免父辈们曾经犯过的错误，这样可以较快成长。可是，这种模式放在现在的环境里已经不十分适用，孩子们接触现代社会，看得多、见得多；孩子们更适应现代社会，而父母的适应能力相对迟缓一些。因此父母和子女相处模式，也要有相应的变化。针对孩子的教育做出约定，可以兼顾“全面放手”和“严加管教”，避免“矛盾对立”。通过协商让孩子也作为一个主体参与进来，父母可以最大限度知情和发挥孩子的积极性，使孩子体会父母那种陪伴和深深的爱。

同样道理，处理家人之间的关系和其他重大事务，也可以通过约定的方式。约定，首先是把一件事情提出来，这就是非常大的进步，而不是一个人自说自话，自作主张，一厢情愿做事情。其次就是协商，相关人员参与，各自有表达意见的机会，可以畅所欲言表达自己的想法，也可以设想事情的未来进展，并对可能出现的情况做出预判。最后就是商定，把做一件事情的道理、要求、期限等都讲清楚，大家协同行动。如果是与孩子约定，可以增加检查、考核、奖惩等内容，给孩子一个合理的预期，以提高孩子的积极性。

对于家人之间的矛盾、冲突或者存在的问题，还可以约定处理的程序。实际上家人之间没有根本的利害冲突，大家把事实、过程解释清楚，很多事情就过去了。如果涉及财产利益的争议，也可以共同请一位德高望重的人来主持，就像以前请“老娘舅”分家析产一样。

据上，可以定义：约定就是家庭成员之间通过协商，对家庭事务的处理达成共识，并按照预设的理念、规则、程序、要求，指导和约束个体的行为、语言、思维，以取得人、事、物关系协调的良好效果。

（四）起点

要解决家庭中的问题，或者希望对家庭有一个长远的安排，就需要深层次理解家的含义。对于家的理解,应该从对人的生命的理解开始。如果人是一个分子,那他只需要参与化学反应;如果人是一个细胞,那他只需要简单的水和营养物质;如果人仅仅是以个体单独存在,那可以由其做出自身的所有决定。但是,显然人既不是以一个分子存在,也不是以一个细胞存活,更不是以个体单独生存。人是经过长期进化的群体动物,并以社会的形式开展活动。人是在家中出生,在父母呵护下成长,然后走向社会,成为社会的人。站在社会的角度看,人生有三大任务,即生存、发展、延续。每个人要通过家来完成这三大任务,毫无疑问,家承担了生命休养生息、承前启后的职能。

人是有意识的动物,人与人之间充满情感交流。特别是在家中,家庭成员以血缘关系为纽带,既充满动物那种“老牛舐犊”的情感,也充满人类特有的理性的爱。人生的三大任务,既是父辈与子辈的生命延续,也是每个人需要承担的责任,家是一个有生命的整体。

因此,把家作为一种约定,其逻辑起点可以确定为:家是家庭成员的命运共同体。这种命运是事关家庭成员的命运,是长远的、根本性的、方向性、决定性的生存和发展;这种共同体,表现为家庭成员之间的最直接、最密切、最有影响和难以分割的关联,要求在重大事件和关键环节上不抛弃、不放弃。每个家庭成员的荣辱兴衰,都与整个家以及家庭中的其他成员息息相关。就是最常见的小事,一人生病,也会涉及全家,包括寻医问药、陪伴就诊等。

从命运共同体的起点出发,需要每个家庭成员以更加积极的态度,对待家中出现的问题和矛盾。同时,也可以找到我们思想和行为的参照系,这就是社会。要把家放在社会中去认识,放在社会的历史进程中去理解,个人的思想行为需要符合客观现实。

还是以大龄子女的婚事为例。子女的婚姻如何,不仅关系子女自己的生活,也关系到父母的生活,包括子女和父母的老年生活,这是社会现实。子女迟迟没有找到合适的对象,特别是年龄到了 30 岁以后,父母心里自然很着急。父母对子女的婚事说多了,子女觉得烦,双方容易发生争吵。有的父母也觉得结不结婚是子女自己的事,与其争吵、被子女训斥,不如放手不管,或者干脆分开居住;有的子女明确说这辈子不结婚,父母也没有更好的办法，最后只能说想通了，不再管子女的婚事了。如此，子女的婚事肯定被拖延，甚至最终就没有结果。

但是，从命运共同体的角度来看，无论父母还是子女，赌气、争吵、放手不管，这样的想法和处理方式都是不正确的。做父母的不能不管，重点是如何管、管到什么程度；做子女的也不能放弃婚姻这件大事，关键是如何找到合适自己的人。当然找对象是一件非常难的事情，正因如此，父母应该帮助子女，配合子女梳理思路、分析难点、调整标准、寻找机会，并把最后选择的决定权交给子女。要做到这样，父母与子女就要充分交流，明确各自的定位，分工合作、协同行动、相互鼓励、坚定信心，只要不放弃，终究都是有机会的。

由上述事例可见，如果都由着每个人的想法，家中就很难形成统一的思想，也就没有了商量的前提。而从命运共同体出发考虑，每个人都应该顾及家庭的整体，因此才会有商量的意向和愿望，有了共同行动的思想基础。至于如何约定和约定结果如何，是可以在实践中不断摸索、磨合、提升的。

(五)目的

家庭是一个复杂体系，所谓清官难断家务事。在这样一个复杂的环境中，很多问题已经不能通过就事论事来研究和解决，非常需要系统性的方法和战略性的眼光。即对于家庭所涉及的问题有系统性的思考，对解决问题方案有战略性的设计。尤其对于一个家庭的运作来讲，规则和流程的建设更需要做到这一点。把家看作一种约定，是从处理家庭事务的角度，寻求一种方法和机制，目的是解决家庭普遍的、一般的问题，保障家庭最基本的生活和最基本的秩序。

建立一个理念。把家看作一种约定，这是一个全新的理念。对于家庭，以前可能没有什么系统思考，也可能是家庭成员的各自发展，现在需要考虑约定什么和怎么约定；以前可能是各吹各的号、各唱各的调，现在需要通过约定，有一个统一的思想和行动；以前可能靠强势或吵架做出决定，现在需要协商、需要听取大家的意见后，再做出决定。简单地说，家庭中的事需要商量着解决，而不是争吵，争吵解决不了问题，而且可能使事情变得更糟。这样的理念虽然简单，但真正做起来、做到位并不简单。

形成一种机制。约定的过程也是探讨、酝酿、协商、分析、比较的过程，是较为系统、全面的考虑。多个人考虑问题，可以从多个角度进行考察，从多方面进行论证，总比一个人考虑问题全面。重大事情通过一个“约”的过程，可以集思广益，经过由表及里、去伪存真，从而尽量避免失误。此后进入“定”过程，“定”是协商的结果，是一致的意见，是明确的决定，大家心里都知道应该做什么和怎样做，应该如何配合，进度实现有哪些要求，过程中有哪些节点，期限上有哪些限制等。

确定基本规则。处理家庭的内部事务，需要遵循“情、理、法”的顺序。家人之间首先是讲情，情是家人之间的天然纽带，是血缘和亲情关系的自然表现，是内心感受的必然联系。其次是讲理，情不能是无限制的，做事要符合社会的一般常理，符合人与自然之间的相处原则，以及事物发展的自身规律。再次是情和理还应受到法律的约束，那就是不违反法律的强制性、禁止性的规定，履行法律规定的义务。

处理家庭与外部的关系时，应该遵循“法、理、情”的顺序。首先是讲法，要知法、学法、用法、守法，自觉做到依法合规、遵章守纪，不做违法乱纪的事。其次是讲理，法律条款的规定比较刚性、比较原则、比较局限，很多事情需要遵守法律的前提下，按照事理去做，顺着事物本身顺序发展。最后，有些事情按照社会大多数人的情感，可以通融的应该通融，或者照顾大多数人的认识和理解去处理，也有可能是暂时非理性的，如家长对待学生参加校外培训、辅导，要看到多数人的非理性选择。

安排具体内容。既然家是一种约定，就应有具体的约定内容。尽管各家有各家的具体情况，但总体来说无非是实体和程序两大方面。实体方面，通过对某些具体事务进行商讨，统一思想和行动；程序方面，针对某些事务的处理流程、环节和方法做出约定，便于更加有效解决问题和提高办事效率。

如何选择约定的具体内容，这是方法的问题。可以分轻重缓急，内外兼顾，近远结合；具体选择内容时，可以是多层次、多方位、多角度；在思想方法方面，要求实事求是，对事不对人，理论联系实际。要有宏观的视野，中观的衔接，微观的措施。首先解决普遍的、一般的问题，从最基本的生活和最基本的家庭秩序着手，把远大的目标分解为日常的细小努力，集中心力、财力、物力办好大事，抓好人生的各个关键节点。

落实最终目标。约定的目标是对家庭和家庭成员进行有效的管理，使家人身心愉悦，并在家庭重大事项上能达成共识。①维护家庭安全，保护家庭的人身安全、财产安全、信息安全，防止外部的侵扰，能有效应对紧急突发事件。②家庭关系和谐，观念意识相近或相通，思想文化相互融合，有心灵的默契和良好的家庭氛围，家人心情舒畅。③家庭生活稳定，日常生活有序，家庭计划执行有序，家庭的各事项管理有序，重大事务处理有序。④家庭健康成长，家庭整体健康发展，家庭成员积极上进，知识、能力、经济等方面不断提升；子女健康成长，良好的心智和身体，德、智、体、美、劳全面发展。⑤战略性、前瞻性考虑，对家庭事务有整体的规划和长远的安排，对生存、发展、延续有大格局、大方向的把控。

二、约定的组成

明确了约定的含义和意义后，进一步要明确约定什么。为了更加清晰表达约定的概念，需要对约定的主体、客体、内容进行整体的概括和划分，以区别前面各章的具体表述。约定的依据是道德传统、法律规定和客观规律，体现在约定的内容中，在处理具体事务的约定时，还需要有可操作、指导性的参考标准。

(一)约定的范围

对约定的范围进行探讨，需要了解约定主体范围、客体范围、内容范围，以便进一步明确约定概念的含义。约定的主体、客体、内容有自身的特点，范围比较宽泛。

主体范围。家庭事务约定的主体，是参与协商、达成共识的家庭成员，享有相应权利、承担相应义务，接受约定的约束、指引，并执行约定。作为一个小家，最核心的主体是夫妻双方，其次是子女；夫妻双方是最直接的约定主体，对整个家的运营起到决定性的作用；子女是家庭关注的重心，是家庭的未来，也是最直接的约定主体。作为一个大家庭，主体范围还包括夫妻双方的父母，以及双方的兄弟姐妹，子女成家后的亲家，有的还可以是爷爷奶奶和外公外婆。有些家族人丁兴旺,必要时家族事务可以进入约定的范围,这时主体人数众多,涉及范围更大。需要指出的是,在处理家庭与外部关系时,外部的人员不作为约定的主体,只是一定条件下作为约定所指向的客体。

客体范围。家庭事务约定的客体,是主体行为、语言、思维所指向的对象,包括主体权利义务所指向的对象和非权利义务性质事务指向的对象。家庭事务约定的客体,概括来说可以是物、行为、事件、智力成果、人身利益以及特殊情况下的人。从流程顺序角度,可将约定客体划分为:①规则。要对事项进行约定,就需要有基本的规则,即规定出来共同遵守的方式、方法、标准、程序。这种规则可以是多种形式的,也可以是多方面的。②设想。对家庭未来发展的一些设想或者是规划,虽然不一定很具体、很完整,但可以是方向性的分析判断,也可以是理想性的描述,以增加内心的美好感受以及意志和信心。③计划。这是行动以前的预先拟定的具体内容和步骤,是准备实施的具体安排,有比较详细的时间节点和具体措施。④行动。为实现某种意图而具体地进行活动,执行计划需要具体的行动,对行动中的具体要求、相互配合可以做出约定。⑤目标。想要达到的境地或标准,是计划和行动的指向对象,是要实现的程度、状态。其中,设想、计划、行动、目标可以是单独的,也可以共同构成一个事项的基本内容,而规则是针对各个环节的流程性要求,这样五个部分构成约定客体的初步体系。此外,还有一种特殊客体,即家庭事务涉及的外部特定人群,以及子女或父母作为照顾、护理、监护的对象,此时子女或父母的身体、行为、感觉、想法等都可以作为约定的客体,需要认真加以对待。

内容范围。约定存在于家庭成员之间,约定的内容是对主体及主体之间的行为、语言、思维等提出要求。由于约定客体的多样性,生活的多姿多彩、纷繁复杂,因此约定的内容也非常丰富。除了主体之间的一些权利和义务之外,约定内容也包括个体需要做到的许多事项,其中还有许多是非权利义务性质的内容,大大超出法律概念上的权利义务。例如,使用家用电器等注意的事项,家人之间说话需要注意的礼节,做事方式方法方面的共识,认知和思维的基本要求等。尤其是家人之间基于亲情联系,在如何表达情感、丰富情感交流方面,也可以有许多具体的内容。这些内容既不是权利,也不是义务，更不是利益和责任。概括而言，在处理家庭对内、对外事务时，约定的内容涉及人与人、人与自然、人与社会三大方面的关系。

(二)人与人的关系

在约定的家庭事务中，经常涉及有关人的内容，包括家庭成员以及朋友、同事等人。涉及人的问题都是比较复杂的，除了人的经历、习惯、性格等复杂之外，还在于人的情感、意识和思想的活动不同，导致做出一些理性和非理性的行为。为此，需要客观认识有关人的规律，提前做好思想方面的准备。

成长发展规律。要了解掌握人的成长发展规律。好动、好奇、好探索，希望自由自在，不喜欢被拘束，这是孩子的天性，需要针对孩子的特点进行引导教育；孩子到了青春期，出现逆反、冲动、自作主张，是孩子成长的自然过程，也是性格形成的必然经历，需要提前进行疏解、引导，及时调整好心态。

行为思维规律。要了解掌握人的行为思维规律。人有很强的模仿能力，人的很多行为都是从模仿开始，而且学得很快，所以父母教育子女需要以身作则，自己要做出好榜样；人有随众心理，喜欢结伴而行，领头的人发挥较大作用，所以交什么朋友显得非常重要；人的思维经常从局部的经验出发，逐步形成一种定式，从而阻碍接受新的知识，常常表现为父母或别人的话听不进去；此外，人的思维容易受到紧张、恐惧、焦虑、悲伤等心理的干扰和影响，而做出错误的判断和决定。

交往相处规律。要了解掌握人的交往相处规律。与人交往的基础是相互尊重，没有尊重就没有交往；与人相处的前提是相互信任，没有信任也就很难相处；设身处地站在对方角度考虑问题，相互交往就必然融洽。不管别人怎么抱怨人心不古，做人要有基本准则，礼尚往来、和谐相处，遵守社会公德，守住基本的道德底线。与他人有意见分歧时，需要换位思考，分析多种可能的因素，以宽容、积极的态度处理遇到的问题。需要特别指出，要善于学习他人的长处，这是迅速提高自己的一条捷径。即使是一个你不太喜欢的人，他也有特长和值得学习的方面。

(三)人与自然的关系

在家庭事务中,有许多涉及自然方面的内容。人生活在自然中,自然界存在着一个人赖以生存的阳光、空气、水等必要条件。每个人都需要尊重自然、敬畏自然,与自然和谐相处。要认识自然规律、顺应自然规律和利用自然规律,而不是违背自然规律。

自然运动规律。物质的自然运动遵循自身的规律,生活中可以感受到多种物理现象,如物体热胀冷缩,加速、减速运动,水气的升腾、凝结,重力的吸引作用等。人们通过科学技术,制造机器设备、家用电器、交通工具等,改变了活动、出行和生活方式。我们运用自然规律,如利用空调使家庭室内温度四季如春,乘坐高铁、航班使千里之外如近在咫尺,驾车出游、探亲访友感到轻快便捷,尽情享受着现代文明带来的舒适便利。当然不应忘记,在安全方面也要认识水火无情的自然规律,人身触电、高空坠落都会危及生命。

自然季节规律。一年四季,循环往复,春季明媚,夏天热烈,秋日成熟,冬令宁静。二十四节气按序流转,气温、湿度、光照如期变化,人们春耕、夏种、秋收、冬藏,按照时令节气安排生产和生活。大自然非常慷慨,随季节给人们提供五谷杂粮、新鲜瓜果、当季蔬菜等食物,以及各类生产原材料。人们的日常活动也随季节变化,各类节日的安排、各种外出活动的计划,都与不同季节相关联,与不同气候相结合,甚至晴雨、风霜、雾雪等天气情况也是影响人们出行的因素。

自然生命规律。人本身就是自然界进化的产物,人与自然息息相通。从中医的角度看,人的身体是一个有机体整体,由五脏六腑、气血精津、经络系统等构成,讲究的是阴阳平衡。人的健康,需要关注饮食、运动、睡眠、心态和医疗等方面,做到均衡饮食、适度运动、充足睡眠、良好心态,辅以合适的医疗。人的疾病,很多是自然中一年四季变化,如风、寒、暑、湿、燥、火等因素造成的,防病治病需要遵循自然规律,认清主要的致病因素,抵御和排除外邪入侵。

(四)人与社会的关系

社会构成家庭生存的大环境和外部条件。在约定的家庭事务中,很大程度涉及社会的内容。家庭和个人总是与社会发生关联，衣食住行游、生老病死残等都与社会有关，接受教育、参加工作、举行聚会等都是社会活动的一部分。一个人走出家门，外面就是社会。处理家庭、个人与社会之间的关系，需要更多地理解社会的运行规律。

社会发展进程。从社会的起源和发展进程，可以更加深刻地理解家庭与社会的密切关系。社会总是不断发展的，社会发展的根本动力是社会生产力，社会发展的最基本任务是物质资料生产，在此基础上实现政治、经济、文化等方面的发展。当今社会已经形成多元发展的格局，家庭随着社会的发展而发展，不同的社会发展阶段，出现家庭的不同形态和运营模式。在多元结构的社会中，家庭和个人的选择也是多元的，可以得到多方面的发展。家庭需要紧跟社会的发展，认清社会发展的历史阶段，从中找到自身的定位和发展方向。

社会经济运行。从社会的经济运行，可以看到经济发展在社会发展中的基础作用。经济运行是由各类产业的相互协调推进，各生产部门的协作配合，各具体生产单位的参与下共同完成的。在市场经济条件下，经济运行是以市场需求为导向，通过产品的生产、分配、交换、消费等环节进行运转；在微观层面，“时间就是金钱、效率就是生命”，人们以合法的途径追逐利益。家庭参与社会经济的微观层面活动，主要是提供自身的劳动或智力产品，与社会的其他成员完成相互交换，并消费社会生产的产品。家庭的经济活动与社会的经济运行密切相关，家庭的需求汇集成为市场的需求，个人的劳动汇集成为社会的劳动，从而推动社会经济不断发展。同样道理，家庭经济，既是家庭的主要经济来源，在家庭的运营中也起到基础性作用。

社会规则秩序。规则和秩序是社会运行的必要条件。法律是国家立法机关制定的管理社会的规则，是国家强制力保障实施的社会成员的行为规范，以保障社会的有序运行。社会中的各行各业各单位都必须遵守法律，这是对社会成员的基本要求。家庭和个人在与社会关联互动中，同样必须自觉遵纪守法，这是家庭和个人诚信的体现，是与他人相处的条件，也是顺利融入社会的前提。在此基础上，家庭和个人积极参与社会活动，为社会做出自己的贡献，取得相应的社会评价、事业发展、业务开拓、经济报酬、能力提升等。与社会运行相类似，家庭的运营也需要建立一定规则和秩序。

(五)约定的标准

家庭事务的约定基于主体的认识,哪些事务应该约定,哪些内容需要约定,有时难以能达成共识,因此需要有划分、辨识、判断的标准。这里的标准不是具体的指标,而是一种格局性、方向性和方法性的选择。任何一件事务,在微观上可以无限细分,正反两方面都可以找到例证,如果在大方向上没有共同的标准,可能出现"公说公有理、婆说婆有理"的情况,很难形成统一的约定。

以社会为参照。对家庭事务进行约定,不是随心所欲、异想天开,而是要结合实际,符合针对性、可行性、操作性。个人的思想、观念、行为,应该以社会绝大多数人为参照,看到社会的发展大势并融入社会,而不是自我为中心、标新立异、我行我素。需要特别指出的是,个人的价值判断最终是以社会的、客观的评价尺度来检验的。社会的评价尺度是社会的需要,只有符合社会需要的事物,才是具有社会价值的事物。而所谓社会需要,就是反映社会发展规律、符合社会发展趋势、推动社会历史进步的需要。在社会安定的条件下,普通人做好普通的事,也可以幸福满满,家庭其乐融融,从而在客观上获得社会的良好评价。

向正方向努力。无论处理家庭内部关系还是外部关系,每个人都应该持积极的态度,选择正向的方向,即人们常说的正能量,这是非常重要的。有的人以自己身边的小圈子为参照,总是看到负面的、阴暗的、不利的情况,在重大问题面前犹豫不决、停滞不前,甚至畏缩、倒退。例如,有的人尝试几次找对象没有成功,对自己丧失了信心,同时看周围一些人也没有找对象,或者结婚后又离婚了,因此认为,相比结婚还是一个人过日子好,成家后两个人磕磕碰碰问题也很多,结婚后如果再离婚就更麻烦了,从而萎靡不振。这就是典型的阴暗心理在起作用,最终很可能会错失良机。一件事如果有多种可能性或者多种意见,做还是不做,以及何时去做,需要在大方向上进行把握,促使事情向正方向发展,这是很重要的。否则,犹豫、退缩或者放弃,就没有成功的机会。

坚持正确方法。除了方向和努力之外,正确的方法是取得成功的关键。一件事情没有成功,说明认识、计划和行动等方面存在不足。可能是对客观事物的认识存在偏差，对客观的环境、条件、对象的认识不到位，或者是主观的理解、分析、准备不充分。这时需要静下心来回顾、梳理、总结，向有经验的人请教，找知心的人商讨。如果是计划不周到、不完整，与实际情况相差较大，就需要积累经验、完善计划、细化步骤；如果是行动不到位，超越客观条件的行动，或者迟后于客观时机的行动，往往也是失败的重要因素。克服失败，除了勇气和毅力之外，还需要特别注意从方法上找原因，很可能是一些固有的想法、做法干扰了正确的认识和决断。因此，主体之间要在方法论和认识论上达成共识，指导家庭事务的约定，并在实践中检验方法的正确性。

三、约定的方式

做好家庭事务的约定，需要一定的方式、方法，要明确约定的基础，把握约定的原则，了解约定的过程，注重约定的形式，用好约定的手段，抓住约定的重点，掌握约定的时机，做好约定的变更。

（一）约定的基础

相互交流是约定的重要基础。要对家中某事务进行约定，需要充分表达各自的态度、立场、观点，在意见分歧的方面，需要进一步切磋、协商、探讨，交流是不可缺少的步骤和环节。没有交流或者交流不充分，都会影响对事务的认识和理解，从而影响对具体事务的约定。因此需要保证能说得上话，而且要好好说话，这是非常重要的。

照理说，家人之间不应有交流障碍，但现代生活有许多影响交流的因素。①时间少，这是主要因素。上班族早出晚归，忙于事业、交友、应酬，夫妻双方也很少有交流的时间；在校学生，忙于幼升小、小升初、中考、高考，上学、培训、兴趣班、考级、考证等连轴转，没有时间与父母交流。②不习惯。忙于应付日常的生活、工作、学习，忙于事务性活动，没有时间对家庭问题进行深入的思考和系统的梳理，更没有交流的意识和表达的习惯。③干扰多，这是普遍情况。现在可看、可听的事情太多，可去、可玩的地方太多，大大分散了人们的注意力，即使面对面，微信、手机无时不干扰着生活，两个人的心可能远隔千山万水。没有一定的自制力,很难静下心来商量一件事情。

(二)约定的原则

约定的总体原则:生命至上,心情舒畅,有利发展,家庭和谐,整体优化。家庭中需要约定的事务很多,不同的事务也有许多相同、相似的节点和规律,可以建立起普遍的共性原则,满足操作性方面的具体要求。以父母生病住院为例,约定处理事务时可以参考以下原则。

中心任务。不同时期家中有不同的中心任务,需要集中精力处理,明确相应的要求。父母住院期间,治疗和康复是这一时期的中心任务;以病人为中心是最高准则,即以病人感受、意愿、决定等为重,以使病人处于最优状态,这应是我们联系、选择、处理事务的依据。

对象需求。凡是涉及人的事务,都应以人为本,明确主要对象和最核心需求。住院父母是关心的主要对象,最核心需求是及时的安慰、对症的药物、妥善的医治以及合适的一日三餐供应。

主体地位。明确家庭各成员在具体事务中的地位和作用。父母神志清醒时,子女处于服务、服从的地位,发挥联系、专递、移送、问讯、配合的作用;父母神志不清时,子女处于监护和决定的地位,发挥分析、核实、决断的作用。

分工配合。明确家庭各成员的分工,落实最基本的配合与协助。父母住院期间,确定人员及时联系医生、按时送餐(一般病人用餐时间比平时早一点),并安排陪护和轮换休息,以及筹集、支付医疗费用等。

沟通反馈。处理家庭事务,交流沟通非常重要,要学会倾听和理解。父母住院期间,需要关心药物反应、副作用,胃口和食物味道,体温、血压、排便等情况;耐心倾听病人的感受,理解不同文化、经历、语言的表达差异,设身处地站在病人角度考虑;保持与同病房人员的沟通与协作,借鉴一些医疗经验;听取医生对病情的描述和解释,在整体上对病人的病情和医治情况做到心中有数。特别需要让病人与家人有单独说话的机会和时间,了解基本的需求和想法,很多事情都是护工不能代替的。

信息限制。并非所有的事情都要让家中人员全部知晓,每个人的知情权都应做适当的限制,如何限制、限制什么应结合具体情况来确定。一般情况下，病人对病症病情、治疗方案、医疗费用等享有知情权。但是，对于不应知道的或者不需要知道的情况，应予以一定的限制，例如不利于病情稳定、可能刺激病情的通报等。

排除干扰。处理家庭事务，要梳理思路，明确事务内在的逻辑关系，排除影响中心任务的各种干扰。父母住院期间，少一些闲言碎语、张家长李家短，先前的矛盾纠纷和不必要的攀比、唠叨等都应该放下；做子女的应不听、不信、不传那些与治疗、康复无关的烦人话题。

冲突处理。很多事情都会有冲突，有人与人的冲突、事与事的冲突，这就需要明确冲突的具体处理。父母住院期间，按医嘱服药，如果出现胃口、血压、呼吸等严重不适时，病人或子女应提出减量或者中止用药，及时调整用药方案。根据以病人为中心的原则，住院期间与病人有关的事务，先听听病人的意见，再参照病人意见决定具体处置。

后果承担。事情的发展会出现不同的结果，如果是好的、顺利的结果，大家皆大欢喜；如果是坏的、不理想的结果，应该明确后果和承担。父母住院期间，子女帮助父母了解医疗方案以及可能的后果，配合父母做出选择；如父母神志不清，由子女权衡、选择。父母住院的医疗后果，实际上病人是直接承担者，子女需要认真做好相应的配合。

总结调整。很多事情都需要总结，总结就是梳理、分析、归纳，得出有指导意义的观点、结论。及时总结经验和教训，可以纠正错误，使我们更快接近和实现目标。父母住院看病的情况也一样，需要从自身和相近病例、病情吸取经验教训，及时调整医治的方式方法，以利于身体的康复和今后的寻医问药。

（三）约定的过程

约定的形成一般有一个过程，或者说需要经历一个过程，才能对家庭事务形成约定。不同的事务，形成约定的过程有长短，但大致都有如下步骤：

关注。家人对某事务关注，可能由于该事务新奇，也可能由于该事务重要，还可能由于该事务给家庭带来问题、不顺畅。该事务可能已经发生，也可能尚未发生；可能是家庭内部，也可能是发生在家庭外部其他人身上。总之，根据个人的生活经验，认为值得引起关注的，与家庭或家人有关的，已经发生、正在发生，或者未来可能发生的事务，都可以作为关注的对象。

跟踪。观察该事务的发生、发展过程，事务的影响范围，事务的作用和结果等。思考该事务发生的原因，相关主体的行为和心态，原因与结果之间的联系，相关的影响因素，共同的特点和性质，相应的逻辑顺序关系，以及有无相同的规律等。跟踪可以是一个较长的时间，也可能是突发事件触发的瞬间。

提议。在一定的认知积累基础上提出议题，这是很关键的一步，表明该事务进入家庭共同关注的范围。提出事务，说明不是某一个人的事务，也不是某一个人能够处理好的事务，需要家人协同配合；摆出问题，可以给家人提供共同解决问题的机会，而不是一个人单打独斗或者一厢情愿处理问题。

协商。针对拟约定的事务，家中各相关人员进行协商讨论，根据自身的经验、感受、体会、设想等发表意见，可以更加全面收集信息，认识该事务的特质，把握处理问题时机、节点和步骤，明确重点、难点、要点所在，协调相关资源，针对关键因素制定相应策略，利用有利条件实现预定目标。

共识。通过协商，形成比较系统的、完善的共识，包括：对事务的重要性、必要性以及性质特点的认识；家庭成员在该事务中的各自分工，应该起到的作用，时间的分配和安排；处理该事务的整个过程，以及具体处理某个节点的流程、需要注意的问题；相互之间有哪些配合，如何配合，有哪些具体要求；事务执行中的检查、督促、催办，各部分之间的协调推进等。

当然，由于认识的角度不一样，协商的过程中可能掺杂争辩和一些不一致的看法。但是，如果是从家庭整体利益出发，把握情理、事理、法理，应该说绝大多数的事务都能统一思想，加上还可以对内容进行补充、修改、调整，一般都能够达成一致意见。即使经过解释、说明、讲理，最终不能形成一致意见，也比一个人闷在肚子里好。因为提出了问题、症结，阐明了观点、愿望，表明了态度、立场，可以引起家人的注意和重视，也就有了改良的机会。

（四）约定的形式

约定的形式是指有关约定的意思、想法、内容的表达形式，包括过程的形式和结果的形式。约定的形式有明示和默示，具体形式主要有口头、行为和书面。

口头。口头是一种最便捷、最直接的明示形式，可以随时提议，即时协商，取得共识。对于一些简单的事务，采用口头的形式，说到了、理解了，也就做到了；对于一些相对复杂的事务，也可以先通过口头的形式做出提议和协商。因此家中的多数约定，都可以采用口头的形式。口头形式表达的不足方面是系统性、完整性、精确性差一些，比较难留下痕迹。特别是口头形式的约定结果，缺乏一种有效的载体，较难进行重现、传递、分享以及监督。

行为。人类有行为语言，行为也可以表达一定的意思，或者说一些习惯、愿望、要求等从行为中体现出来。许多社会习惯，都是由人们经过长期的实践而认定或形成的。特定的环境、特定的行为，甚至是特定的行为结果，可以反映出特定的习惯、爱好等。例如家中的女主人非常爱清洁，桌面、地板一尘不染，甚至厨房地面洁净如镜，可以穿袜子进出，这就是一种行为表示。采用行为的形式，多数是一种默示，不一定能很完整表达意思和要求，或者说没有明确的主观愿望，而且很大程度依赖于观察者的细心和理解能力，约定的意思不一定很清晰。但是，国人的一些含蓄表达，或者对自我的要求，是可以通过行为来实现的，至少行为在某些方面可以起到示范的作用，如所谓的以身作则、身体力行。

书面。书面是一种比较正式的明示形式，采用书面的形式可以比较系统、完整、准确表达想法、愿望、意思等，特别是一些重大问题或需要深入讨论的事务，需要比较全面描述事务的状况、整体框架等，宜采用书面的形式，当然可以是简洁的提纲形式。采用书面形式，有利于对事务进行整体、深入、全面、长远、系统的思考、描述、安排、预想等，在纵向、横向以及时序等多个维度进行层次划分和逻辑展开，寻找和安排最佳的可能结果。对于规划和一些战略性思考和安排，应采用书面形式。当然，书面形式比较烦琐，响应速度比较滞后，文字组织需要一定的能力。

（五）约定的手段

约定的手段，是指为建立约定而采取的具体方法，常见的有以下几种：

明示为主。建立约定，主要是通过明示的方法，即提出问题、讲明道理、明确要求。对于一些基本的问题，特别是重要的事务应该明示。提出问题要抓住要害，讲明道理要抓住根本，明确要求要抓住落实。明示的方法比较直接，可以直奔主题；遇到不清楚的情况，或者有问题、意见，都可以马上提出；具体行动配合时也更快捷、有效。

适当强制。人都是有惰性的，无论积极工作、学习，还是改变不良的卫生、作息习惯，都需要付出努力，有些创业、打拼是非常艰辛的，所以需要有一定的强制性。比较典型的就是小孩教育，小孩无知、贪玩、调皮、缺少自制力，没有一定的强制手段是很难教育好的。如果小时候百依百顺，长大了也就很难成才，这样的例子比比皆是，人们常说“隔代很难带好小孩”也是这个道理。很多事情，只要稍微努力一下、坚持一下，慢慢地也就理顺了、习惯了。“宽是害，严是爱”对小孩和大人都适用，要有一定强制性，没有人能够轻轻松松成功。

以身作则。榜样的力量是无穷的。在家里也一样，提出要求的人自己首先要做到，要以自己的行动为榜样。在父母与子女的关系中，父母的言行举止、待人接物，都影响孩子的成长，有时是被孩子模仿，有时是潜移默化。特别是在教育孩子方面，做父母的要言行一致，起到良好的表率作用。否则言不由衷、言行不一，就很难教育好孩子。

养成习惯。习惯是经过较长一段时间养成的、一时不容易改变的行为、倾向等，甚至是认知模式，或者说是思维定式。养成良好的习惯，需要有一个过程，需要付出一定的努力。特别是有意识培养一种习惯，需要认识、行动、强化等过程，最后成为一种自觉的行动。好习惯有助于提高生活工作效率，有助于孩子的顺利成长；而坏的习惯一旦形成，纠正起来比较难，也会对孩子的成长带来极大的负面影响。

区别对待。针对不同问题的约定，需要区别对待。基本的问题应该明示，并加以适当强制、以身作则和培养习惯等手段；一些次要的问题，口头提醒几次即可，没有必要过多重复，例如有些道理等孩子长大了会自然懂得；敏感的问题需要适时、谨慎处理，涉及情感方面的问题，说话需要有基本的事实依据或消息来源，分析需要恰如其分，处理可以多提正面意见；困难的问题需要分解、分步处理，先把大的问题分解成几个小问题，分别处理之后，再集中力量解决大的问题。

（六）约定的重点

家庭中需要约定、可以约定的事务很多，应该抓住重点事务，在重点事务上多下功夫。结合大龄青年的婚恋问题，分析家庭事务的主要问题、主要方面、主要逻辑以及主要路径和策略。

主要问题。家庭的建立和发展，在不同时期都会有不同的中心任务或者说是主要问题。从家庭初建时期的磨合，到生育、培养子女；从子女成家立业，到照顾父母老人；从自身的退休养老，到第三代的生育抚养等，不同时期都有主要矛盾。家中的子女过了30岁还没有成家，自然就成为家庭着重关注的对象，需要认真对待。

主要方面。任何问题都存在主要方面，主要方面在问题的发生发展过程中起到主导作用，是需要特别关注的。解决了问题主要方面，整个问题也就容易解决了。子女未成家，问题主要方面是在己方还是他方，子女自身的态度如何，有无渠道或合适的人选，心理要求是否符合客观实际，接触的人选中主要是何种问题。事实上，婚恋问题常常在于主观认识与客观实际的差距，重点表现为子女的心态。

主要逻辑。在家庭重要事务上，需要把握大方向、大格局、大节点。大方向就是社会的、普遍的做法和家庭发展的方向，大格局就是同类或相关情况的分布状况，大节点就是事务发展主要环节和阶段性转折点。具体到子女婚恋，人生的大方向就是成长、成家、生子，如果子女提出这辈子不结婚了，就违反了人生一般规律；城市里找对象，大格局是女多男少，本地人喜欢找本地人，学历高的男孩可以找学历低的女孩，而学历高的女孩一般要求男生与自己至少是同等学历；在时间节点上，过了30岁就会越来越难，挑选的范围也会越来越小，特别是一些本地的优秀女孩，很可能错过最有利的时机。

主要路径。解决问题需要具体的路径，即通过何种步骤、方式、措施达到预想的目的。路径的寻找和选择，主要解决可行性、操作性问题，把远大的目标落实在日常的行动中。子女的婚恋，可以有自主式、帮衬式和中介式三条路径。自主式比较直接，但机会比较少；帮衬式可以大大扩展选择范围，但因为是间接性质，信息传递有时不是很准确；中介式可以增加机会，但中介收费昂贵、良莠不齐。如果选择父母帮衬式，则既可以大大增加机会，又可以避免信息失真，父母与子女之间的沟通也比较方便，可以根据实际情况，有侧重地选择地域、学历、身高、职业、家庭条件等，并可以灵活调整，因此不失为一条较为现实的路径。特别是对于一些爱面子的女孩子，父母帮衬式是比较可取的主要路径。

主要策略。策略是根据形势发展而制定的行动方针、具体思路和处理方式等，引导家庭重要事务的发展方向和有序实现预定的目标。大龄青年的婚恋，可以考虑的策略：外松内紧、积极推进，利用一切有利因素，做好家人的配合，女方也需要主动，摆正自己的心态，寻求新的途径，采取开放的思路，重在男女双方调整，需要不断总结经验，形成共同思想基础。其中最重要的就是摆正自己的心态和配合好家人，只有这样才能调节好自身的状态，积极处理好对内对外的关系。

（七）约定的时机

家庭事务都有一个发生发展的过程，对某项事务做出约定，需要抓住一定的时机，尤其是利用一些具有时间性的客观条件。各种具体事务的发展规律不同、时间节点不同，约定的时机没有统一的标准，但对某项事务只要有一定的认识积累，就可以先提议，等条件相对成熟或出现一些触发因素，包括出现一些典型的事例或事件时，应抓住时机及时协商、形成约定。按照家庭事务的大类划分，可以有以下的时机选择。

重要的事务。家庭中的重要事务，宜早提出约定。这样可以进行较长时间的观察、讨论、酝酿，形成初步的意向、理念。一些事关长远的重要事务，需要进入家庭的规划，进行整体的安排和考虑。对于重要事务的考虑，开始时可能只是一个念想，或者是粗线条的，经过一段时间，认识和感受会逐步加深，对事务的发展过程、相互关系也会更加清晰。特别是经过一定时间的实践，可以进一步体验事务的发展规律和内在关联，更加深刻把握事务的本质属性，从而形成更加系统的认识，采取更加全面的措施，更好地实现目标。

子女的事务。有关子女的事务，很多本身就是重要事务，并且具有自身的特点，也是宜早提议或提出约定。有些事务与子女的身心成长和认知能力密切相关，有些事务与外部的大众趋向和学校的要求有关，早提出约定主要是使思想有所准备，可以提前向他人请教，积累一些经验。对于与子女成长有关的问题，也可以早一些与子女做出约定。实际上孩子是很聪明的，三岁孩子就能看大人脸色。一些做人的基本道理和要求,可以早一些告诉孩子。等孩子大一点的时候,还可以一起探讨兴趣爱好、职业理想、经济观念、恋爱对象、工作成家、家庭财务、赡养老人等问题,以及对待困难、艰苦、挫折和情感处理、人事关系等。很多简单的道理要在平日的生活中潜移默化教育,要放在人生全过程考虑,要从小让孩子对家庭和社会有一个整体、系统的概念。例如,有人从小就跟女儿约定,无论什么原因,包括生气、不顺心、遇到挫折等,绝对不可以反锁着门,把自己关在房间里。从小做好这样的规矩,有利于父母对孩子的监护、督促,也有利于相互之间的交流和沟通。办法虽然简单,但很管用,可以免除很多麻烦。

急迫的事务。急迫的事务一般是突发性的,对家庭造成较大影响的事务,可能是发生在家庭内部的,如家人受伤、生病等,需要应急响应,送医院、办理手续、治疗、护理、后勤配合等;也可能是发生在社会上的,如交通事故、小孩坠楼、电信诈骗等,需要紧急通报,引起家人注意,并根据事发的情况、家庭的特点等,理出几条具体的处理建议,要求家人迅速予以落实。针对真实的事件,及时提出相应的约定,虽然可能简单一些,但比较容易接受,如果有些不全面,后续还可以补充。

成熟的事务。成熟的事务一般是常规的,或者是习以为常、视而不见的事务,虽然不一定很急,但也应进行梳理,及时做出约定。好的方面给予鼓励,继续保留;不足的方面及时指出,提出要求,加快改进。例如用餐习惯、作息习惯、看电视习惯、微信聊天习惯等,事情虽然很小,但影响一个人的形象、身体、注意力、精神状态等,长此以往可能影响个人职业发展和事业成就。当然对于一些成功的经验,包括工作中的成果收获、生活中的小发现等,也可以进行梳理总结提炼,传递给家人,不仅大家可以分享快乐,也可以从中获得启发或灵感,激发创意、共同提高。

(八)约定的变更

已经形成的约定内容,经过一段时间的运作,可能与客观实际发生了偏离,需要进行相应的变更。约定内容的变更是经常的、普遍的,有利于及时跟上内部、外部的情况变化。

条款调整。对于已有的约定条款,在实际执行过程中发现一些内容不合适，可能是对象识别偏差、理由不够充分、关系没有理顺、机制不合适，需要对约定的条款内容进行相应的调整。

补充完善。已有的约定内容不完整，可能比较简单，考虑不够周详，缺少某方面的内容；也可能根据实际情况，需要深化、细化原有的约定。为此需要对约定的内容进行补充完善。

过时撤销。尚未执行完毕的约定，因为外部条件变化或者其他因素，出现某些约定内容过时、没有必要等情况，需要予以撤销。撤销已有的约定应该采用明示的方式，说明理由和原因，如果主体之间对撤销有不同意见，需要及时协商统一。

及时终止。原约定已经执行完毕或内部条件变化，包括主体条件、客体条件发生重大变化，需要终止整个约定。典型的是一些阶段性约定，到期或完成后应即行终止。此外，针对一些主体、客体的突变情况，也需要及时终止原约定。

四、约定的边界

任何事物都有其边界。约定的边界，主要是对约定事务的客体进行一定划分，明确约定事务的不同层次，正确看待和妥善保护个人隐私，掌握不同事务约定边界的动态变化，区分与家庭无关的、不需约定的事务。

（一）层级划分

家庭事务有些是根本性的，有些是一般基础性的，有些是日常生活的。对约定事务进行层级划分，主要是掌握各层级事务的特点、作用和需要注意的问题等。

根本事务。根本事务是对家庭的存在具有根本性、方向性影响的事务，主要体现在观念意识上，有时反映在处世理念上，很多时候处于一种潜意识。例如家人之间，相互的心理方面需要真诚、尊重、信任，相互的行动方面需要交流、配合、协同；家人的行为基础方面需要勤劳、节俭、和善，家人的内心意志方面需要坚强、勇敢、担当。信仰、三观、理念等深层次的意识，也常常会在具体事务上表露出来，有一定的仪式或活动。作为普通的家庭，与社会接触的基本要求是爱国、敬业、诚信、友善、遵纪守法，这是根本的理念意识。

重要事务。重要事务是一些对家庭的发展具有决定性、影响较为深远的事务，需要投入较多的精力加以关注。经济方面，购买房产、资产保值增值、参与投资运作，以及借贷担保、购买证券、家庭理财等。发展方面，职业变更、工作调动、自主创业、家庭迁徙等。医疗方面，医疗救治中的病情确诊、方案论证、医院选择等流程考虑，家人之间的信息沟通、医院联系、后勤支持、心态调节等。安全方面，人身安全、财产安全、信息安全，防止侵权的意识，以及健康管理等。诉讼方面，遇到一些经济纠纷等诉讼事务时，需要梳理案件事实，确定法律关系，落实诉讼证据，摆正位置心态，争取最大权益。子女方面，包括生育、子女教育、子女入学等。父母方面，包括父母的退休、养老居住地、赡养照顾等。规划方面，对家庭做出长远考虑和安排，包括职业发展、子女培养、重大经济活动等。

一般事务。一般事务是一些基础性的生活事务，是日常家庭运营所需要具备的条件。经济来源在家庭建立和存续期间都起到最基础作用。基本安全，首先就是要解决居住条件。思想文化，直接影响个人的日常行为和判断，需要相互适应，包括一些风俗习惯。互相融合，对于家庭中不协调、不一致的情况，包括不同信仰、理念，需要家人能相互接受。自我提升，家庭需要有自我提升的内生动力，积极上进的态度，才能得到不断发展。

日常生活。日常生活事务是家庭的一些日常具体活动，是每天的基本生活。家庭模式方面，根据各人的性格、特长，形成内外的不同分工。职业工作方面，有一个稳定的职业，做好自己的本职工作。每日生活方面，具体落实每天的吃喝拉撒睡、衣食住行游。财务管理方面，解决家庭财务预算、收支平衡、储蓄理财等。社交活动方面，朋友聚会、人情来往，接触和融入社会。应急准备方面，保持日常联系，了解日常活动，外出报个平安，有事应及时相互告知。计划执行方面，落实计划中的具体事务，有序完成各类计划。

个别事件。个别事件是一些在特定条件、环境、状态、阶段下发生，并且对个人或家庭有较大影响的非普遍事务。可能是偶然事件，是个人成长中的特例；也可能是新的苗头，是一种思想行为的倾向。如果是出于客观原因，需要注意观察事件的来龙去脉，发生发展的经过和结果；如果是主观原因的，需要引起足够的重视，区别是心理问题、习惯问题还是品德、意识问题。对于个别事件不能轻易忽视，也不能用“以后会好”来敷衍，需要认真对待。

(二)个人隐私

家庭中有的事务涉及个人隐私，不应作为约定的对象，或者说约定的时候要把握分寸。保护个人隐私权，不仅有助于树立良好的社会道德风尚，而且有利于家庭成员的和睦相处。在约定家庭事务过程中，需要注意保护个人隐私，做好知情权和隐私权的平衡。在具体行为中，需要树立隐私意识，尊重他人隐私和加强自我隐私保护。

隐私的含义。每个人都有不愿让他人知道的秘密，个人隐私就是个人生活中不愿为他人非法侵扰、知悉、收集、利用和公开的个人生活秘密。隐私权是一种人格权，是自然人享有自己个人信息、个人事务和个人领域的支配权利，且与公共利益无关。隐私是个人的私事，如个人的私生活、信件日记、通信秘密、生活习惯、身体缺陷、个人财产、社会关系，以及姓名、肖像、住址、身份证号、电话号码等个人资料。个人享有的私人生活安宁与私人信息秘密，依法受到保护。个人秘密未经本人许可不得公开，个人住所不得非法侵入、搜查，个人生活不得非法跟踪、监视。随着社会文明的不断进步，个人权利与人身尊严越来越引起人们的重视，隐私权已成为公民的一项重要权利。

家人的隐私。家人之间是一种特定的关系，应当坦诚相见，但家人之间也有相对独立的私人信息、私人活动和私有领域，夫妻之间、兄弟姐妹之间、父母与子女之间都有一些个人的生活秘密，或者说不愿为他人知悉的个人生活，以免引起不必要的误会和麻烦。夫妻之间应该相互尊重、相互信任，既有共同支配、共同保护的隐私，同时也有相对的个人隐私，例如不能随意查看对方手机、短信，或过多干预对方的私人空间。兄弟姐妹之间一般不要过多打听收入和财产情况，但如果是购房、卖房最好还是能通报一声，这样相互之间可以知情和适当地配合。父母可能对某个子女关心、照顾多一点，但不希望其他子女知道，避免产生家庭矛盾。家人之间一方面需要知情，了解一些基本的情况，特别是共同关注、共同行动的一些事务，要尽可能互通信息;另一方面,那些不利于家庭和睦的话不要说、不要传,除了需要与之商量的可信朋友之外,家中的隔阂、矛盾、争吵等情况也不要对外人说。需要特别指出,夫妻之间尊重隐私,是建立在信任和忠诚的基础上的,隐私的范围不得影响家庭和谐,尤其是不能背叛家庭。家人之间可以打听一些私人信息,但应该适可而止。

孩子的隐私。孩子也有个人隐私,也需要保护。但是,孩子作为一个未成年人,其认知和辨别是非的能力是有限的,因此需要父母的监护。父母要细心关注孩子的日常活动和思想状态,包括结交朋友、生活习惯、特殊嗜好、早恋倾向等,要注意观察言行,掌握思想行为动向,以便对症下药,给予孩子正确的引导。父母要尊重孩子的独立人格,转换自己的角色,以朋友的身份与孩子相处,平等地进行对话和情感交流,让孩子敞开心扉,主动把隐私告知自己,而不能采取偷看日记、私拆信件等手段来了解孩子。要提高孩子辨别是非的能力,根据孩子的性格、爱好和特征,有针对性地采取相应的措施,引导孩子在学习和生活中检查、论证自己的思维过程和内心隐私的正确程度,以规范自己的思维和行为。

隐私的保护。隐私的保护是很重要的,作为自身和相互的行为,需要做到以下方面:

树立隐私意识。加强自我保护,管理好含有个人隐私的物品和信息,包括身份证、信件、记事本、通讯录、存折、银行卡、信用卡、消费卡、手机、电脑等有形物件,登录密码、邮箱地址、电话号码、工作单位、财产收入、投资理财、健康状况、活动踪迹、个人嗜好、私人文件等数据信息,以及个人使用的抽屉、办公桌、卧室、书房等区域。

尊重他人隐私。明确每个人都是独立的个体,不干涉他人私人空间,不搬弄是非、揭人短处、扰人安宁;不因好奇而热衷于打听他人私事、传播他人的秘密。亲人、朋友之间常常会分享一些自己的个人秘密,这是基于彼此之间的信任。此时,要承担起这份信任,不要随意外传、互传。这不但是对他人隐私的保护和尊重,也是对自己隐私的一种保护。

主动维护隐私权。发现侵犯个人隐私的,要及时提示和制止。遇到朋友、同事无意中打听、传播自己或他人的个人隐私时,应指出该行为性质和可能带来的影响,矫正不尊重他人隐私的陋习。侵扰他人私生活、公开他人隐私的行为，既是违反社会道德的行为，也是违法行为，情况严重、造成损害的，可以运用法律武器维护自己的隐私权。

(三)动态边界

动态边界主要是指随着时间、环境和客观条件的变化，约定事务的范围不断发生变化，比较集中在以下几个方面。

家庭发展方面。基于爱情的婚姻，在婚礼上双方做出的承诺，构成组建家庭时的基本约定。这种约定主要是在情感方面，是比较高层次的感受和体验，也是比较抽象的概括表达。从爱情进入婚姻，要把基于爱而做出的约定，转化为日常具体的家庭生活，表现出爱情与婚姻有着本质的不同。伴随着家庭生活的开始，各种具体事务接踵而来，需要进行约定的事务范围迅速扩大，以便保持家庭的良好运营，最简单的一日三餐、过年先去谁的父母家等都需要协商确定。随着家庭的发展，会遇到一些大大小小的具体问题，需要在经济、文化、习惯、风俗等方面进行磨合，有时还会在价值观、世界观等方面发生碰撞，需要开展深层次思想观念的讨论和约定。家庭中约定事务的边界向深度和广度不断扩展。

子女管理方面。由于孩子是非观念不强、安全意识弱、自控能力差，容易受到外界不健康因素的影响，在处理诸如学业、情感、人际关系等问题时，不能把握好尺度。因此，父母对孩子的管理是非常必要的。但是管理范围需要根据实际情况做动态调整。在少儿年龄段，重点是安全管理和是非教育；随着年龄的增长和独立人格的形成，父母要通过交流、讲明道理，了解孩子的思想和同学交往等情况，防止脱离父母的监护。特别是进入青春期的孩子，有不断增强的自主意识，加上萌发的情感，可能出现一些情绪性行为，此时父母需要帮助孩子养成正确的人生观。即使到了成人年龄，孩子的生活经验、工作经验和社会经验还是很欠缺的，需要父母与孩子加强沟通，在重大事务和大方向上提出一些建议。

父母照顾方面。一直以来都是父母照顾子女，但是父母也会慢慢老去。以父母退休为分界线，之后子女需要开始关注父母的身体健康。做子女的将进入“上有老、下有小”的时期，即自己的孩子还需要照顾，又需要照顾身体衰弱的父母。这时子女需要跟父母约定有关日常生活、身体保健、疾病防治等事项，平时多走动看望，多关心体贴。如果父母出现失能情况，包括行走、语言等方面的障碍，子女就担当法定监护人的角色。需要注意的是，有些年迈体弱的父母非常体谅子女，身体不舒服时自己扛着，有病也不愿告诉子女。结果小病拖成大病，大病拖成重病，直到最后送到医院抢救，住进ICU病房。这类情况如果事先通过交流，与父母约定清楚，一定程度上是可以得到缓解或避免的。

（四）无关事件

无关事件，即对约定没有实质意义的事务，没有必要约定和约定了也没有作用。家庭中的约定虽然涉及方方面面，但注意不要面面俱到，否则会冲淡注意力，还可能自寻烦恼，增加心理负担。

正确看待。要正确看待外部发生的事件。有些事件在其他家庭会发生，但在自己家庭肯定不会发生；有些事件只是风传，没有真凭实据，包括微信上的虚假消息、视频；有些事件的发生与影响后果之间没有必然的因果关系，或者是非常间接。这些事件的发生，不能作为约定的参照依据，也没有必要刻意结合家庭事务进行相应的约定。

妥善处理。要妥善处理家中出现的问题。一些事件发生在家庭内部，但确实是偶发事件，不涉及道德品质，没有普遍意义；一些事件是认识能力不足引起的，随年龄或认识能力增长会自动纠正；有些事件非常微小，没有必要小题大做、上纲上线，例如不小心摔了一个碗。对于家庭中出现的问题，既要重视和关注，又要保持一种定力，无需对没有实质性意义的事务进行约定。

提高辨别能力。要提高辨别无关事件的能力。增加科学知识，对一些健康理念、保健品、治疗方案等，保持自己的判断，不要随大流，典型的就是曾经广泛流传的酸碱性体质和食物，最后证明是编造出来的虚假概念。对体检报告、检查结果，向自己熟悉的专家请教、咨询，既要重视，又不要过度紧张，不要无端增加烦恼。对医疗手段保持审慎的乐观，对医疗水平寻找一定的核实和验证渠道，对网络上销售的特效药物保持高度警觉，不要上当受骗。

五、约定的开放性

社会在发展,开放是社会的一种本质特征。家庭与社会紧密关联,受到社会的各种影响,家庭的状态也必然是开放的。针对外部条件的变化,采取开放的姿态是做好家庭事务的一种基本态度。要与时俱进,不要害怕变化。要认识家庭事务的开放性,避免所做的约定脱离实际,防止落后于客观现实。要积极对待开放,开放带来变化,变化才能带来新的增长点。

(一)观念开放

人的改变最主要的就是观念的改变,观念无时无刻不在影响人的思维和行为。约定的开放性首先要有开放的观念,要培养紧跟形势、主动求变、积极应变的意识。

时代在发展。当今社会已经进入信息时代,互联网、大数据、新一代人工智能飞速发展,科技深刻改变生活,创新不断引领未来。仅仅在通信领域,通信技术不断更新迭代,每一次都是一场颠覆性的革命,极大地改变了人们的生活方式。4G时代已经将人类带入了移动互联网的时代,更快的传输速度让移动社交、在线购物、高清视频、互动游戏风生水起,成了我们生活中的日常。转眼间,被誉为第四次工业革命基石的5G又已经到来。5G时代,不仅带来更高速的网络,还会给社会管理、工业自动化、智能交通、智慧家庭等方面带来革命性的改变。随着5G时代的到来,人和人的沟通将更亲密、更高效,也让社会、医疗、文化、教育、科技等领域的信息传递变得更加迅捷,让人类的生活更加智能、更加美好。

思想在进步。世界正处于快速变革的时代,科技改变生活的同时,也推动思想的进步。社会更加开放,国家放宽市场准入,实行"最多跑一次"的行政审批,不断优化营商环境,不断提高行政效率;舆论管制更加宽松,每个人都可以发表自己观点,提出批评意见;监督更加全面,群众监督无处不在。经济更加发展,"互联网+"的创新模式,改变了传统的观念,带来了各种新业态;共享经济的理念,整合了单家独户的资源,激发了新的市场,带动了多种产业的发展;共享单车,虽然开始时带来一些混乱,但在解决最后一公里方面还是有一定的贡献。法治更加健全，各行各业的立法不断进步，新业态的立法不断完善；互联网领域不再是法治的真空，各种法律法规快速建立，责任界限不断清晰；网上销售的假冒伪劣产品遭到打击，互联网平台治理力度进一步加强。

意识要开放。家庭是社会的组成部分，社会是家庭的生存空间。每个家庭都要有强烈的开放意识，紧跟社会的进步和时代的发展。要看到市场的快速发展，有条件的可以创业，发展自己多种职业，找到适合自身的商业模式和营销渠道。要看到科技的快速发展，专业人员通过技术创新，研发新产品、策划新方案、抢占新市场。要看到技术应用的快速发展，利用已有的新技术，改变自己的生活方式、交往方式和信息传递方式，有条件的可以改变自己的经营方式和生产方式，为社会创造新的价值。要对新事物、新思想保持应有的热情，开放自己的“视觉”“听觉”“触觉”，感受社会的脉搏，紧跟时代的步伐，坚决摈弃那种故步自封、闭关自守、自我封闭的旧观念。

(二)内容开放

随着外部条件、环境的不断变化，及其带来的思想观念的不断进步，家庭事务约定的内容也必然是开放的，需要及时调整和修改相应的约定。

内容完善。对原有的约定内容进行补充完善，这是最基本的、最经常的。外部情况的变化是多种多样的，自身的工作调动或者社会整体环境的变化，需要调整与环境相关的约定，包括作息、交通、家庭采购等活动；不同时期，接触的人和事的变动，需要调整相应的内容，包括聚会、走访、专业关注、职业规划等；不同时期的发展变化，改变了原有的思想认识，需要相应调整与思想观念相关的内容。例如，外地子女原来约定每周给父母打一次电话，现在电话费便宜了，可以经常打电话，并且除了打电话之外，还可以加微信，随时保持信息联系。

内容创新。社会在发展，每天都有新事物，有些是新东西，好吃好玩好用；有些是新事件，从正反两个方面教育人们；有些是新苗头，需要引起大家的重视和警觉。相应地，需要对家庭原有约定增加新的内容。例如照顾父母，除了普通的衣食住行之外，还可以教会父母使用电脑和智能手机，这样不仅可以增加父母平日的活动内容，而且可以促使父母多动脑子，多接触社会，多联系亲朋好友。有位母亲退休后，在陪伴孙女上学的同时，自己开始跟着孙女识字学文化，后来觉得应该写点东西，到了70多岁的时候，在子女的帮助下出版了一本书。这样不但丰富了自己的生活，也为家庭树立了榜样。

新的事务。不同时期有不同的家庭事务，而且有些是预先没有考虑到的新事务。社会的经济、政治、文化、科技的发展，都会给家庭带来需要考虑的新事务，其中有的还带有明显的时代特征和社会属性。例如计划生育政策实施了30多年，父母们都习惯了只要一个小孩。二孩政策全面放开之后，是否要二孩、何时要二孩，以及抚养、教育费用开支、大宝小宝关系的处理等都是新的问题，特别纠结的是那些靠近40岁的父母。家庭中有关二孩问题是一件大事，需要好好酝酿、沟通、协商，做出切实可行的约定。

(三)方式开放

时代的进步带来经济社会的飞速发展，交通方式、通信方式的改变，使人们的交流、活动更加丰富多样，家庭约定的方式也需要快速跟上这种变化。

交流的方式。交流是家庭约定的基础，原先习惯于面对面的交流，加上电话和短信的联系，现在可以采用电子邮件、微信，甚至是视频通话。家庭的交流要适应时代变化，特别是有老人的家庭。目前微信的交流已经非常方便，包括传递语音、文字、文件、图片、视频等。需要注意的是，交流方式不是简单求先进，而是要家庭成员能够适应，或者帮助家庭成员适应，实现家庭交流方式的整体提升。同时，需要注意现代的交流方式虽然效率高，但容易使信息碎片化，对一些细节或者重要的事务，有时还是需要当面交流。

活动的方式。家庭活动是家庭亲情的表现，也是形成家庭约定的过程。社会的发展，带来生活方式的改变，过去大家过年都赶回家，一起吃团圆饭、走亲戚，现在很多人过年选择了外出旅游，有的还带父母出国游。家庭的活动方式也越来越多样化，高铁、航班便捷，很多人可以说走就走，家人时常参加组团旅游；随着健康理念的普及，家人参与健步走、健身操、广场舞；各类市场的兴起，可以方便网购和快递，表达家人亲情的物品可以快速送达。活动方式的变化，带来约定的过程和约定的具体时机的变化，包括关注、跟踪、提议、讨论、协商等环节，有更多的酝酿回旋余地。

表现的方式。交流方式、活动方式的改变，必然带来约定表现方式的改变。约定可以采取口头、行为、书面的形式，采取聊天、视频等方式。约定的手段可以从明示为主、适当强制、以身作则等，过渡到培养习惯为主，或者在一些活动中进行潜移默化的引导和教育。约定的重点需要从主要问题、主要方面、主要逻辑、主要路径和策略，向整体思路、认识方法等方面延伸，以适应快节奏生活、快餐式文化、碎片化信息等。

六、约定的执行

约定的执行是一种实践活动，是很重要的一个环节，也需要非常用心。约定只有付诸行动，才能发现原来的认识是否正确，存在哪些问题和不足，也才能检验认识和方法是否符合客观实际。同时，约定也只有付诸行动，才能产生实际的效果，才有可能达到预想的目的。约定如果没有落实到行动上，就只能是空中楼阁、纸上谈兵。

（一）自觉行动

约定是家人之间经过协商对某事务达成的一致意见，协商时已经把该事务的意义释明，道理已经清楚，流程已经确定，在执行过程中应该成为自觉的行动。

按要求执行。家庭事务在约定的过程中，已经明确了要做到的要求，要达到的状态，要实现的目标。约定的执行，首要的就是按约定的要求执行，实现预定的设想、状态和目标。但需要指出的是，有些事务在约定时不可能很具体，很多情况都是发生在执行过程中，因此在具体执行时并不是机械、刻板的，还应该有一定的机动性，可以发挥主观能动作用。重要的是沿着约定事务的大方向执行，在一些节点性事务上进行控制，实现方向性和机动性的结合。

按顺序落实。很多事务的发展都是有顺序要求的，先前的事务是后续事务的基础或条件，有的是时间上的配合，有的是空间上的配合，有的是因果关系上的配合，有的是思想认识上的配合。对于一些有进程要求的事务，需要按时序落实，完成各个节点的进度。如同建造房屋时打基础，只有打好基础，才能开始地面上的建筑。抓基础可能成效一时不显著，但基础的作用是根本的、长期的。这在孩子的教育方面尤为突出，要根据孩子的认知能力施教，循序渐进才能取得良好的教育效果，切不可拔苗助长。有些孩子不是不聪明，而是基础知识不扎实，心急气躁，没有循序渐进，满足于似懂非懂，不能正确运用定理公式，所以不能取得好成绩，久而久之产生为难和厌学情绪。

按需要配合。很多事务是需要家人的共同配合的，良好的配合才能取得良好的效果。需要配合的事务，必定要有主导人或主导事务，由主导人或主导事务引导整体事务的发展。实际上，家庭事务需要有主办人，或者按分工明确各自的主办事务，大家合力做好整体的事务。信息交流是做好配合的重要条件，无论主办人还是配合人都要及时互通信息，包括有关事务的进展情况、存在哪些问题、有哪些原因、后续的可能趋势等，以便大家做好相关准备。在配合过程中需要做好协调，使大家的配合得以更加顺畅、有效，主办人或协调能力较强的人可以承担该角色。

(二)自我调节

个人的认识与客观实际总会存在一定的距离，需要在约定的执行过程中自觉适应和调整。

主动回顾。家庭事务的发展都有一个过程，在过程的不同阶段，可以主动回顾约定的提议、协商的经过，尤其是已经处于执行的阶段。考察是否按要求执行，是否按顺序落实，是否按需要配合，是否达到了预定的阶段性目标。回顾的目的，就是梳理执行过程的事实，肯定正确的做法，发现存在的问题。简单地说就是用心关注执行的过程，及时掌握阶段性的偏差。

自我检视。在回顾的基础上，针对存在的问题，需要静下心来进行认真剖析。家庭事务的约定是家庭的私事，别人不能也不会干涉，这时就特别需要自我检视。要客观看待已经发生的事实，客观看待个人的内心想法，客观看待外部的条件和环境。自我检视是很难的，就像以前说的“狠斗私心一闪念”，客观情况本身比较复杂，尤其是掺杂了许多人为的因素；主观的认识需要比较超脱，还要有比较科学的思维方法，而且能够检讨自己、否定自我。

反馈调整。经过回顾和分析，查找问题的症结和根源，可以对症下药开展约定执行的调整。将执行中的问题、调整要求等信息反馈到各主体，对于小的调整可以直接进行，明确执行的具体要求；对于大的调整，可以进一步制定方案，落实措施。涉及管理对象的，如有关孩子教育的问题，必要时向其解释调整的原因和理由，使其充分理解调整的必要性，以便形成合力、完成调整。

（三）监督机制

家庭事务约定的一大特点，就是主体之间基于家庭亲情、理解和信任，约定的执行一般不是强制、不设定违约责任。即使一些类似合同的约定，设定的违约责任也是象征意义的。因此约定的执行，需要一定的监督机制。

适当督促。由于约定没有强制力，多数是自觉行动，个人的个性、脾气、认识的差异，导致具体执行的速度、执行的深度、执行的效果等方面存在差异，或者没有按时序节点的要求执行。因此，需要有人进行适当的督促，或相互督促。尤其是小孩，由于能力、知识、习惯的限制，需要父母多加督促，使约定的事务能很好执行。

分段评价。家庭事务的产生、发展、改变都有一个过程，可以适当分几个阶段，对约定事务的执行情况，包括执行的力度、速度、深度、准确度等进行适当的评价。特别是有时序要求的事务，阶段性的要求更加明显，前一阶段的结果或水平，可能成为后一阶段的条件。评价时，对主观方面的努力应以鼓励为主，对于没有达到执行要求的外部条件或原因，需要客观分析，力求准确、到位。

强化措施。针对约定执行中存在的一些问题、滞后、不到位等情况，需要采取一定的措施。细化执行方案，使认识更加符合客观实际，主观更加努力，计划更加具体，衔接更加紧密，安排更加妥帖；平衡单项用力，集中部分时间和精力，补短板、强弱项，提高整体的执行水平；增加补充措施，弥补方案的不足，促进约定的顺利执行，按时完成节点事项，平行推进执行的进度，全面实现约定事务预定的整体目标

（四）适应突变

家庭事务的约定在执行过程中，常常遇到一些突变情况。有些情况的

突变有利于原约定，有些不利于原约定，还有的需要改变原约定。突变的情况可以分为内因突变、外因突变和特殊事件，需要有思想和心理准备，积极予以应对。在遇到突变的情况时，要注意约定事务的核心，核心理念一般不会轻易改变。

内因突变。内因突变，是指约定事务本身相关的因素发生突然改变，包括主体和客体。主体的突变，包括作为约定主体的工作调动、任职、进修或者下岗、失业、疾病等；主体认识的突变，因多种原因导致主体思想认识的改变，从而影响原约定以及原约定事务的执行；客体的突变，使约定事务已经没有必要，或者因故终止，尤其当客体对象是人的突变，典型的如父母对孩子教育和管理，当发生孩子升学、出国、参加工作，或者生病、受伤等情况时，有关的教育和管理将相应发生重大变化。

外因突变。外因突变，是指家庭约定事务所依赖的外部条件、环境等发生突然改变。外部条件，包括生活环境、居住条件、经济形势、文化氛围、教育招生、国家政策、社会舆论、法律法规等。例如，国家出台房价调控政策，或者是加强调控，或者是放松调控，都会带来购房资格、贷款条件、银行利率、大众心理的变化，直接影响房屋的市场和价格及走势。由此带来家庭是否满足购房条件，是否继续购房，资金是否能够筹集，选房地域是否调整等问题。此外，有关学区的划分政策，中考、高考政策的调整，也都是典型的外因突变情况。

特殊事件。除了约定事务的内因、外因之外，还有一些特殊事件，可能引起原约定事务的改变。特殊事件可以分为两种情况，一是局部的、小范围的、较隐秘的特殊事件，但有导向、触发、带动等作用，例如朋友、亲戚开始购房，同事送子女出国读书等，引起相关家庭的效仿、跟随等；二是普遍的、大众的、公开的特殊事件，但有启发、借鉴、警示等作用，可以发现原有的认识不足、安排不妥。例如中央电视台每年“3·15 晚会”曝光的假冒伪劣产品，讲解的一些科学知识，改变了人们对事物的理解；杭州蓝色钱江保姆纵火案等，带来了安全警示，如需要全面认识建筑安全、消防逃生、聘请保姆注意事项等。特殊事件是现实的生动教材，有些在一定范围可以开展讨论，从正反两个方面吸取经验和教训，对完善约定的执行是很有意义的。

积极应对。应对突变情况，始终要有积极的态度。保持敏感性，要对家庭重要事务进行连续关注，留意相应外部条件的变化，及时收集相关信息，对突发情况有敏锐的洞察力；心有定力，遇到突变情况，要坚定自信，静下心来梳理关系，分析问题、权衡利弊、抓住关键，做最好的设想和最坏的打算；顺应规律，掌握、理解自然规律和社会规律，顺势而为，不要犯常识性错误；把握机会，突变事件尤其是外因突变，常常带来新的商机、职业发展等机会，很多机会稍纵即逝，需要好好把握；迅速反应，对突变事件及时做出反应，进行必要的联动跟随，在行动和实践中不断积累信息、知识和经验，为最终的决定提供条件；转化危机，对于一些负面的突变事件，主要是那些外因突变事件，要持客观的态度和积极的心态，尽可能化危机为机遇。遇到突变事件，要注意自我心理疏导，防止紧张、焦虑、恐惧、犹豫、悲伤等情绪干扰心智和判断，避免做出错误的决策和行为。

后 记

每个人对于家都有自己的感受，同一个人在不同的时期对家也有不同的表达。“家是一种约定”的理念，是从特定角度对家的理解。约定，既是一种形式，也是一种内容；既是一种方法，也是一种路径；既是一种行为，也是一种结果。经过协商而确定，对家庭事务形成一致的认识，既有“约”的过程，又有“定”的目标，促使家庭活动进入良性循环。把家看作一种约定，这种“约定”有其自身的情感基础、生活基础和社会基础，具有非常积极的意义，在很大程度上可以缓解家庭中的摩擦、纷争、矛盾，协调家庭成员之间共同行动，做好家庭日常各项事务，规划家庭未来的长远发展，使家庭关系更加和谐。

萌发这样一个理念，还是在几年前的一个上午，“约定”一词突然出现在脑海，灵感慢慢地弥散、扩展开来。总觉得通过约定来处理家庭事务，有其必然的内在关联和现实的可行性，很想把这种念头表达出来。但是，要把想法真正展开，系统完整地表达，有理有据地阐述，还是需要很多时间的。法理上是否能够衔接，情理上是否有基础，事理上是否可行，如何表述更具有层次关系等问题都涌现出来，所以直到退休才开始着手。

回顾人生历程，经历了曲曲折折的事情，目睹了形形色色的角色，发生在身边的许许多多事，有让人欣喜的，有让人担忧的，也有让人警醒的。自己觉得需要对经历做一点总结，梳理人生各个阶段、各个时期的活动和体验，关注成长的各个重要节点和基本规律，提出一些分析和建议，希望能给人带来有益的启示。

每个人本能地都爱自己的家，对自己的家都怀有一份特殊的感情。家庭中的那种亲情，是其他任何东西不能代替的。家庭中出现矛盾，最主要的还是交流沟通不够，因此“约”的意义就非常重大，把事情摆出来，一起共同协商，是解决问题的前提；紧接着就是“定”，把约定变成家庭中的一种流程和日常习惯，通过协商共同做出决定、明确规则，可以使事务处理更加圆满，心情更加舒畅；“约”“定”之后还有“行”，约定的执行是与约定相关的重要内容。作为个体，我们不一定能改变世界，但可以改变自己的思维和行为，通过约定的执行，以实现和睦相处、家庭有序发展。更重要的是通过约定，可以对家庭事务做出整体性、系统性、战略性、前瞻性的安排。

在整个写作过程中，有时为遇到困惑而纠结，有时也为一些小发现而高兴。其中有几个小观点：一是爱自己，只有爱自己才能爱家人、爱社会，而以往我们只知道爱是付出，没有强调要爱自己；二是生命延续，个体的生命是有限的，需要通过家庭才能延续，没有家庭就没有个体生命的延续，家庭的重要性在任何时候都是不能忽视的；三是命运共同体，家人之间是血浓于水的亲情，是打断骨头连着筋的牵挂，是兴衰荣辱的根本联系，因此是一个命运共同体；四是开放性，从家的形成和发展，看到家与社会的依存关系，无论对个人、家庭以及有关事务，都需要保持一种开放的姿态；五是参照系，个人的认识是具体的，是个体的感知、经历、体验、学识的积累，但检验认识的标准是客观的，最终需要以社会作为参照。只有这样，才能把握大方向，这是认识方面的一种基本的重要方法。

每个家庭从建立的那一天起，就置身于特定的社会历史条件下，生活于相应的社会关系中。家庭需求的产生、发展和满足，都要通过社会才能得以实现。社会对家庭来说具有先在性，家庭不能脱离社会而存在和发展。人是名副其实的社会动物，实践是人的存在方式，个人与社会关系的基础是实践。作为一种关系的存在，家庭、个人与社会处于不可分割的联系之中。因此，家庭事务的约定必定受到社会的道德、法律和客观规律的约束，家庭的发展必须与社会同向发展。家庭要通过其成员的实践活动，满足家庭的生存发展需要，实现家庭与社会的共建、共治、共享。对于“家是一种约定”的理念，实践活动起到重要的决定性作用。

在本书的写作过程中，得到了家人的理解和支持，很多内容他们都是第一读者。其中，有些问题跟他们的现实生活有一定关联，或者说是参与共同处理和实践。同事和朋友也给了我很大的支持，提供大量有关家庭的素材和案例，尤其是王重阳对本书的编写和出版给予了极大的鼓励和帮助，在此一并致谢。

樊进光

2019 年 2 月 25 日

参考文献

[1] 于若木.于若木与中国营养促进文集[M].北京:人民出版社,2011.

[2] 高鹏翔.中医学[M].北京:人民卫生出版社,2013.

[3] 胡承槐.马克思主义的总体方法论及其现实意义[J].新华文摘,2014(22).

[4] 吴向东.论价值评价的多维标准[J].新华文摘,2015(2).

[5] 浙江省普法教育领导小组办公室.市民法宝[M].杭州:浙江人民美术出版社,2017.